HISTORIA OCCULTAE

Revue annuelle des siences ésotérique

HISTORIA OCCULTAE
Revue annuelle des sciences ésotériques

7

LES ÉDITIONS DE L'ŒIL DU SPHINX
36-42 rue de la Villette
75019 PARIS, France
www.œildusphinx.com
ods@œildusphinx.com

© **2016 LES ÉDITIONS DE L'ŒIL DU SPHINX**

ISBN : 979-10-91506-44-1
EAN : 9791091506441
ISSN de la collection : 1976-709X
Dépôt Légal : avril 2016

Illustration de couverture par Emmanuel Thibault ©

HISTORIA OCCULTAE

REVUE ANNUELLE DES SCIENCES ÉSOTÉRIQUES

Directeur
Philippe Marlin

Rédactrice-en-chef
Geneviève Béduneau

Fondateur
Dominique Dubois

Concepteur graphique/illustration
André Savéant & Emmanuel Thibault

LES ÉDITIONS DE L'ŒIL DU SPHINX
36-42 ruc de la Villette
75019 PARIS, France
www.œildusphinx.com
ods@œildusphinx.com

SOMMAIRE

ÉDITORIAL

Historia Occultae, bon an mal an, continue sa route pérégrine aux travers de la grande et des petites histoires de ce qu'il est convenu d'appeler l'ésotérisme. De nouveaux auteurs viennent enrichir cette livraison ; d'autres sont absents, du moins provisoirement. Il faut parfois prendre du recul, ne serait-ce que pour mieux assurer une recherche. Les thèmes traités, sans concertation préalable entre les auteurs, se répondent de manière subtile comme en un jeu musical de résonances. Ils appellent souvent à réfléchir à d'autres parentés souterraines dont les acteurs ne furent pas forcément conscients ; ainsi les théories de Mesmer dont Claude Arz nous présente la biographie intéresseraient-elles un pratiquant de la médecine chinoise et peut-être le médecin viennois a-t-il involontairement préparé la voie à la réception de l'acupuncture par Soulié de Morand un siècle plus tard autant qu'au somnambulisme lucide de Puységur, à l'hypnose de Charcot et, in fine, à Freud, parentés que souligne Claude Arz après Bertrand Méheust.

Mesmer recherchait une médecine de l'homme total, corps et âme ; on retrouve cette même préoccupation chez les chamanes amazoniens auprès desquels Jacques Mabit est venu chercher une méthode de désintoxication et de libération des addictions que nous présente Emmanuel Thibault. L'ayahuasca est à la mode aujourd'hui comme le furent autrefois d'autres psychotropes et il est intéressant de voir que, d'une culture à l'autre, ce ne sont pas les mêmes propriétés des plantes qui sont mises en valeur. A nous qui vivons dans une civilisation de l'image et de l'écrit, les visions et leur sens importent ; mais le chamane s'intéresse d'abord au nettoyage drastique du corps, à l'élimination des toxines. Les rêves induits par la plante s'inscrivent d'abord pour lui dans un cadre traditionnel qui seul peut leur donner une capacité d'information efficace. Le néochamanisme contemporain émerge dans un monde coupé de ses racines et qui tend à réinterpréter l'enseignement des peuples qui n'ont pas vécu la même rupture. Jusqu'où cette démarche mêlant exotisme et transpositions d'un monde mythique dans un autre est-elle légitime ?

Quittons le domaine propre des thérapies pour celui de l'histoire et de ses « au-delà », comme le dit bellement António Telmo pour le Portugal. Il s'agit encore de guérir par le mythe, mais les maux collectifs plutôt qu'individuels.

Cette deuxième partie, ou ce deuxième *leitmotiv*, s'ouvre sur une prophétie, celle du Cinquième Empire qui sous-tend depuis plusieurs siècles l'ésotérisme portugais. Christian de Caluwe la prolonge avec un commentaire de l'*Ecce Homo* de Louis-Claude de Saint-Martin, où se lit en filigrane l'écho d'autres prophéties, celles de Joachim de Fiore annonçant une métamorphose du christianisme. Comme le texte de Saint-Martin est assez court, il était intéressant de le donner à la suite de l'analyse que pouvait en faire un auteur de notre temps. En contrepoint, l'essai d'Emmanuel Thibault qui greffe l'essence de la démocratie sur les exercices d'une école japonaise de travail sur soi, et d'abord sur le corps renouvelle de façon paradoxale l'opposition stéréotypée entre orient réputé spiritualiste et occident réputé matérialiste.

Mais qui dit prophétie suggère un temps cyclique, un éternel retour qui ne serait pas figé comme les vagues gelées qui ne déferlent plus dans l'hiver arctique mais dont les redites évoquent, comme le cours des astres, un hélicoïde plutôt qu'un simple cercle. Et qui dit roue du destin ou hélicoïde suggère un axe, un moyeu, un temps hors du temps et qui le sous-tend, sans oublier les ondes que tout événement ou tout avènement égrégorique déploie dans le récit, dans la création poétique ou romanesque. A cette évidence répondent Lauric Guillaud à partir des résonances littéraires de la Golden Dawn et Jean-Christophe Pichon à partir d'un poème de son père Jean-Charles Pichon, écho de la cyclicité de l'histoire.

Nous retrouvons avec Christian de Caluwe et sa méditation sur le mythe d'Œdipe l'initiation royale, très loin de la psychologie freudienne. Puis Christian Bouchet revient sur la Russie d'avant la révolution bolchevique et la forme spécifique que prit l'occultisme dans l'empire tsariste en pleine réforme industrielle.

Enfin, nous nous interrogerons sur les liens que l'ésotérisme entretient avec la science, comment il a pu se nourrir des découvertes les plus en pointe, comment il accuse pourtant un certain retard qui exprime peut-être les réticences de l'imaginaire scientifique lui-même devant ses propres avancées. A l'inverse, la science aurait à dire pour déchiffrer le sens des arts divinatoires comme on le verra avec le texte de Pascal Pastor.

Viendront ensuite les recensions, chronique habituelle des lectures de l'année, précédées cette fois-ci par l'analyse d'un spectacle musical.

FRANZ-FRIEDRICH-ANTON MESMER

(1734-1815)

ou l'expérience magnétique

par Claude Arz

Mesmer, l'inventeur du magnétisme animal, a inspiré à travers les âges les commentaires les plus contrastés : médecin, précurseur de la suggestion, magnétiseur inspiré pour les uns, mage guérisseur, charlatan, séducteur, illuminé pour les autres. Disons que Mesmer est avant tout un fils subtil du XVIIIe siècle, une époque traversée de courants de pensée contradictoires que l'on pourrait résumer à un choc culturel entre les Lumières et l'Illuminisme, une époque troublée, soumise à une double Révolution, Révolution industrielle et Révolution politique, une époque dont les vagues chaotiques bousculeront les valeurs et les traditions de chaque individu jusqu'au milieu du XIXe siècle.

Mesmer, les origines : un matérialiste au pays des fluides

Le siècle, ce fameux siècle des Lumières, que traverse Franz-Friedrich-Anton Mesmer, possède un double visage. D'un côté, une face solaire, incarnée par les révolutions techniques telles que l'aérostat inventé par les frères Montgolfier et l'électricité naturelle identifiée par Benjamin Franklin ; de l'autre, une face lunaire, résistante à la raison dominante, illustrée par le scientifique Emanuel Swedenborg qui, à cinquante-six ans, sera selon ses propres termes *« introduit dans le monde des esprits »,* une face incarnée aussi par la prolifération de sociétés initiatiques, ésotériques, kabbalistiques dont l'Ordre des Élus Coëns fondé par Louis-Claude de Saint-Martin, le fameux philosophe inconnu, grand pourfendeur du matérialisme voltairien. Une époque, donc, où se confrontaient la raison des Lumières et l'Illuminisme romantique, le clair et l'obscur.

C'est ce que suggère Louis Figuier quand il évoque dans le chapitre premier de son *Histoire du merveilleux dans les Temps modernes* [1] la disposition des goûts intellectuels de la fin du XVIIIe siècle en ces termes : « La raison, ayant dit son dernier mot aux esprits, semblait être devenue impuissante à les captiver davantage : elle ennuyait. » C'est au contact de ce métissage culturel, mélange d'innovations scientifiques et de traditions ésotériques bues aux sources de Paracelse et du philosophe mystique Swedenborg, que la personnalité du jeune Anton Mesmer va s'épanouir. Celui qui naît en 1734 à Iznang, près du lac de Constance, en Allemagne, passe ainsi ses premières années en contact étroit avec la nature. Fils de Jacob Mesmer, grand veneur de Ronald Golon, prince-archevêque de Constance, il restera longtemps un fils de la forêt, immergé dans les brumes épaisses et les forêts profondes. À ce propos, Saïd Hammoun rappelle dans *Mesmérisme et romantisme allemand : 1766-1828* [2] que Mesmer était un solitaire qui « aimait se livrer à des promenades en forêt. Le spectacle de l'eau le fascinait tant qu'il se dirigeait instinctivement, tel un sourcier, vers les cours et les points d'eau ». C'est ainsi qu'il va fréquenter des sourciers, comme Walter Matteau qui l'initiera à la radiesthésie.

Repéré pour sa vivacité d'esprit, il devient écuyer de la chambre de l'Archevêque. Commencent alors ses années de formation, son initiation. Anton Mesmer est doué pour les études. « Sorti de l'Université d'Ingolstadt avec le titre d'*Emeritus studiosus* » [3], il part étudier à Vienne le droit et s'inscrit à l'école de médecine de Vienne où il est l'élève de Van Swieten et de Stoerck. Toujours curieux des univers différents, entre deux cours de médecine, il fréquente des cercles illuministes qui s'intéressent aux pratiques occultes. C'est ainsi qu'à Vienne, il fait la rencontre du père jésuite Maximilien Hell, un professeur d'astronomie, qui guérit les malades avec des fers aimantés, une pratique qui l'influencera dans ses premiers traitements.

C'est dans ce contexte qu'il devient médecin en 1766, écrivant sa thèse de médecine teintée de mysticisme : *Dissertatio physico-medica de planetarium influxu in Corpus Humanum* (De l'influence des planètes sur le corps humain), s'inspirant des théories de Van Helmont (1577-1644) relatives aux influences mutuelles entre les corps célestes et les corps terrestres. Selon Mesmer, sa théorie n'a rien à voir avec l'astrologie et l'influence des astres sur le destin des hommes. En tant qu'*Aufklärer*, il explique qu'il existe un fluide universel qui relie tous les êtres animés et conclut que les planètes, le soleil et la lune agissent à la fois sur l'atmosphère et sur les mers. Il insiste bien : le fluide subtil qu'il décrit agit directement sur les hommes et notamment sur le système nerveux, comme un aimant.

Du fluide universel au fluide magnétique : Mesmer à Vienne

En janvier 1768, Mesmer épouse la riche veuve Maria Anna von Posch et s'installe en plein centre de Vienne dans une luxueuse propriété. Commence alors une vie fastueuse. En effet, mélomane, il aménage un théâtre de verdure pour y recevoir des musiciens viennois tels que Haydn, Gluck et Mozart qui immortalisera Mesmer dans son opéra *Così fan tutte*.

À partir de 1772, il commence à pratiquer le magnétisme minéral. Il entreprend son premier traitement sur la base des idées d'un fluide universel. Pour cela, il utilise l'aimant, celui que Paracelse qualifia de « souverain de tous les mystères » et, plus précisément, il adopte le fer magnétique, un traitement par des plaques aimantées inventées par le père jésuite Maximilian Hell. L'écrivain Stevan Sweig décrit avec précision le traitement que Mesmer applique à ses malades : « Il leur applique le fer à cheval magnétisé tantôt sur le cou, tantôt sur le cœur, en un mot, sur la partie malade. Et, chose singulière, dans certains cas, il obtient des guérisons inouïes et inattendues. » [4] Mais Mesmer n'en restera pas là.

Dans une frénésie magnétique, il décide de transmettre le fluide à tous les objets familiers de la vie courante. Il magnétise ainsi l'eau, des assiettes, des vases, des vêtements, des lits, des instruments de musique pour que, comme le dit encore Stefan Sweig, « la vibration du son transmette, elle aussi, la force curative » [5]. Il fera même fabriquer un fauteuil magnétique en chêne avec des aimants cachés à l'intérieur, fauteuil sur lequel il s'assoit de temps en temps pour se recharger. Pour finir, il magnétise le bassin de sa propriété et les arbres de son parc, auxquels certains malades seront reliés par des cordes au cours de thérapies qui suscitent doute et hostilité de la part de ses confrères, qui entament contre lui et ses méthodes des campagnes de critiques virulentes.

À la suite d'une polémique avec Hell sur la paternité de ce procédé, Mesmer insiste sur le fait que le magnétisme animal est distinct du fluide magnétique minéral. Dès lors, Mesmer se détourne des influences médiévales nimbées d'éther et de créatures invisibles, et fait entrer la thérapie médicale dans la modernité. Il découvre ainsi que ce n'est pas l'aimant qui transmet le fluide mais la main de l'homme, la main du magnétiseur. L'aimant est donc inutile. Dès lors, il abandonne les aimants et se contente de magnétiser les malades, faisant des passes avec ses mains à distance de leur corps. La main dégage une force inconnue, un fluide. Comme l'analyse Stefan Sweig, « magnétiser, pour Mesmer, ne signifie plus : effleurer ou influencer au moyen d'un aimant, mais uniquement faire agir sur autrui la mystérieuse puissance humaine irradiée par les extrémités nerveuses des doigts » [6]. Le succès est spectaculaire. Les malades accourent de tout l'Empire austro-hongrois et Mesmer installe dans sa maison une clinique magnétique. Les déplacements de Mesmer sont toujours chargés d'une aura frénétique. Un jour, par exemple, il doit se rendre au chevet du baron de Horka qui habite à la frontière slovaque. Le baron souffre d'étouffements, de spasmes du pharynx. Celui-ci fait donc chercher Mesmer. Quand l'équipage entre dans le village de Sobotisch, des centaines de villageois l'attendent.

Mesmer loge au château pour la nuit, et au matin, il est réveillé par un terrible tapage. Il ouvre les fenêtres et découvre les villageois malades qui veulent à tout prix le consulter. Le chambellan fait entrer dans la salle d'audience des dizaines de malades venus à la rencontre du célèbre thaumaturge. Mesmer commence à passer devant chacun, décrivant leur maladie et accompagnant ses commentaires de grandes et larges passes rapides horizontales et verticales de ses grandes mains sur leurs visages et leurs membres. Il utilise aussi une baguette de cuivre avec laquelle il touche les thorax. De temps en temps, un malade hurle et s'effondre, pris de convulsions. Les malades sortent un à un, guéris par Mesmer, dans des cris d'allégresse et de joie. De la même façon, ce jour-là, il guérit le baron.

En 1777, il quitte Vienne après avoir tenté de traiter la cécité de la claveciniste Maria Theresia von Paradis, une musicienne de 18 ans aveugle depuis l'âge de quatre ans. Les soins de Mesmer sont parvenus à rétablir partiellement sa vue, ce dont les parents lui sont d'abord fort reconnaissants. Puis le père de la jeune musicienne, qui tient à conserver la pension d'invalidité de sa fille, insiste pour que Mesmer cesse de la traiter. Des échanges haineux s'ensuivent. L'impératrice demande même à Mesmer de « finir cette supercherie ». Mesmer cesse de soigner la jeune fille, et sa vision se détériore à nouveau. Pour éviter un scandale, Mesmer part s'installer à Paris l'année suivante.

Les séances féeriques de Mesmer

La renommée sulfureuse de Mesmer précède son arrivée en 1778 à Paris, où il provoque une vague d'intense passion. Il ouvre dans un premier temps un étrange cabinet dans l'hôtel Bourret, place Vendôme. Coïncidence troublante, la même année Voltaire revient à Paris après 22 ans d'exil. Tout de suite, Mesmer séduit, charme toutes les classes sociales par sa force, son autorité, son charisme. L'hôtel devient une véritable ruche, une maison de santé où se croisent des dizaines de malades, gens du peuple, bourgeois et aristocrates. Des carrosses stationnent toute la journée devant l'hôtel, les malades louent leur places plusieurs jours à

Mesmer

l'avance. En effet, vient le consulter une partie de la noblesse parisienne, La Fayette, la princesse de Lamballe, le prince de Condé… Il soigne tout et prétend tout guérir, goutte, fièvre putride, mélancolie vaporeuse, paralysie, obstruction du foie et cachexie scrofuleuse…

Pourtant, l'Académie des Sciences de Paris, s'inspirant de celle de Vienne, est hostile à Mesmer et refuse dès le début de s'intéresser aux expériences mesmériennes. Mais Mesmer a des soutiens du côté de la franc-maçonnerie. Stefan Sweig cite une lettre que le marquis de La Fayette, lui-même maçon, à la veille de son départ pour l'Amérique, adresse à Washington : « Un docteur nommé Mesmer ayant fait la plus grande découverte, a fait des adeptes parmi lesquels votre humble serviteur… Avant de partir, j'obtiendrai la permission de vous confier le secret de Mesmer, qui est une importante découverte philosophique ». À ce propos, il faut rappeler que Mesmer fonde en 1784 la Société de l'Harmonie qui doit faire concurrence à l'Académie de Médecine toujours réticente à reconnaitre ses cures magnétiques. À cette confrérie aux allures maçonnique adhèrent de nombreux disciples dont le marquis de La Fayette.

Alors, Mesmer se tourne vers le peuple. Il fait distribuer très vite sur les bords de Seine, par ses valets toucheurs, des prospectus qui vantent ses soins et où on peut lire : « Monsieur le docteur Franz Anton Mesmer, médecin de la faculté de Vienne, inventeur unique du magnétisme animal, est capable de guérir une multitude de maladies telles que l'hydropisie, les paralysies, la goutte, le scorbut, la cécité, la surdité accidentelle. » Les malades viennent de partout. C'est un immense succès populaire.

Pour comprendre l'intérêt que suscite Mesmer, il faut voir le contexte de l'époque. Nous sommes à la fin de la monarchie, à dix ans de la Révolution française. Les Parisiens se passionnent pour les sciences, se pressant pour assister aux expériences de Lavoisier, mais aussi pour les mystères de l'alchimie et du magnétisme. Des loges maçonniques s'ouvrent par dizaines. Cagliostro, le fameux comte Balsamo, distribue ses élixirs alchimiques, et les héritiers des convulsionnaires de Saint-Médard se contorsionnent toujours à l'ombre de l'église des jansénistes la nuit du Jeudi Saint de chaque année.

Mesmer change plusieurs fois d'adresses parisiennes, s'installant notamment dans le quartier de Saint-Eustache, rue Coquillière, dans l'hôtel Bullion. Dans la journée, il reçoit les notables et les aristocrates par une porte située de l'autre côté de l'hôtel. Une compagnie du roi fait la police et règle le ballet des carrosses des riches clients derrière l'hôtel. Pour se nourrir, Mesmer boit un café très fort sucré et additionné de jaune d'œuf fouetté et de lait parfumé au kirsch.

Il magnétise de six heures du matin à minuit, des nobles, des employés, des ouvriers, et bien sûr le peuple des Halles dont il guérit une des poissonnières, la célèbre Jane Miotte. Un vent d'enthousiasme souffle alors sur le quartier de l'hôtel de Bullion. Les malades guéris vont à Saint-Eustache faire des prières pour Mesmer et accrochent des ex-votos.

Les séances collectives magnétiques sont accompagnées par une musique éthérée jouée par un orchestre de chambre, ou parfois un orgue de verre, le fameux Armonica, que Mozart intègre dans des quintettes.

Le succès de Mesmer est considérable. Majestueux, imposant, grave, vêtu d'une longue tunique de velours de soie lilas, il passe de malade en malade, leur attribuant des passes magnétiques salvatrices.

Mesmer, très organisé, aménage au rez-de-chaussée de son hôtel une grande salle où il soigne gratuitement les pauvres et les indigents. Vu le flot de malades, il magnétise même un arbre dans la rue, aux branches duquel il accroche des cordes magnétisées. Les malades embrassent l'arbre et se sentent soulagés.

Enfin, il s'installe au château de Longy, à Créteil, assisté du docteur Deslon, médecin personnel du comte d'Artois. C'est ainsi qu'il va soigner la comtesse du Barry, l'ancienne favorite de Louis XV, qui a des insomnies dues à des traumatismes lors de son emprisonnement à l'abbaye de Pont-aux-Dames après la mort de Louis XV. Mesmer passe ses mains à distance de son visage. Elle s'endort, et au cours de son sommeil magnétique, elle raconte son bannissement, les persécutions dont elle fut victime de la part des religieuses qui la gardaient. Le fluide de Mesmer est allé chercher au plus profond de la comtesse endormie les images enfouies, refoulées. Elle sera guérie puisqu'elle retrouvera le sommeil.

Magnétisme animal et fluide

En 1779, Mesmer publie son *Mémoire sur la découverte du magnétisme animal* [7], un document de 88 pages, suivi de ses 27 célèbres *Propositions* décrivant sa théorie. Ses thèses principales peuvent se résumer selon trois principes : un fluide impalpable, insaisissable, subtil, répandu dans tout l'univers, sert d'intermédiaire entre l'homme, la terre et les corps célestes, et entre les hommes eux-mêmes ; les maladies dont souffrent les hommes résultent d'une mauvaise répartition de ce fluide dans le corps humain, et la guérison consiste à restaurer cet équilibre perdu ; le magnétiseur peut ainsi faire une utilisation médicale de ce fluide en restaurant sa circulation dans le corps humain.
Attirant l'hostilité de ses collègues médecins, Mesmer se défend. Pour lui, le magnétisme animal n'est pas un remède secret. C'est une science qui a ses bases, ses déductions, ses principes qu'il résume d'ailleurs dans un aphorisme : « Il n'y a qu'une maladie, qu'un remède, qu'une guérison. » En effet, dès le départ, Mesmer s'inscrit dans une perspective matérialiste et physiologiste, soulignant que l'on peut parvenir par le magnétisme aux mêmes résultats que les prêtres qui exorcisent, faisant référence à une commission créée à Munich en 1775 pour enquêter sur les exorcismes pratiqués par l'abbé Gassner. Mesmer veut introduire en toute bonne foi le magnétisme animal dans la médecine officielle. Avec Mesmer, la relation entre le malade et le magnétiseur est donc sécularisée. Il invente une médecine holistique. À ce propos, l'écrivain Bertrand Meheust rappelle que « selon le médecin viennois, un fluide impalpable, source de vie et de santé, emplit le cosmos ; ou plutôt il est le cosmos, en son fondement. Tant qu'ils

sont saturés de ce fluide, les êtres vivants sont en bonne santé ; mais que des "*obstructions*" l'empêchent d'irriguer les organismes, et c'est alors que survient la maladie. »[8]

Ainsi, Mesmer croit en l'existence d'un fluide universel qui règle les relations entre les humains et les corps célestes. Un fluide qui serait matériel. Une idée en harmonie, pour les esprits de l'époque, avec les théories de Newton sur le mouvement des planètes. Nicole Edelman explique qu' « en cette fin du XVIIIe siècle, l'idée de fluide n'a rien d'extraordinaire à la fois parce que la notion "d'éther", remplissant l'univers, est largement admise, que Newton a montré l'existence d'une attraction universelle, que les premières montgolfières s'envolent et qu'enfin les expériences sur l'électricité débutent. Dans le monde savant et pour un public cultivé, le mesmérisme est donc parfaitement intelligible et crédible dans un cadre cependant plus proche de la physique et de l'astronomie que de la médecine. »[9]

Mieux, selon Mesmer, tous les hommes ont la capacité de guérir grâce à ce fluide naturel. Une sorte de médecine démocratique naît à Paris à quelques années de la Révolution française.

Ce fluide, soumis à des lois mécaniques jusqu'alors inconnues, active alors l'organisme par le canal des nerfs, s'accumule et se transmet chez l'homme. Le magnétiseur utilise des procédés multiples tels que les passes, l'imposition des mains selon le principe de la polarité, ou même le toucher à l'aide d'une baguette de fer. En effet, le magnétisme animal s'exerce selon la polarité universelle : Mesmer fait soit des passes verticales, les mains jointes qui se promènent au-dessus du corps sans jamais le toucher, soit des passes longitudinales. Dans son *Mémoire sur la découverte du magnétisme animal,* il affirme avoir eu de nombreux résultats : « Plusieurs malades m'ont donné leur confiance, dit-il, la plupart étaient dans un état si désespéré. » Par ces moyens, il est possible de guérir les maladies chroniques et tout aussi efficacement les maladies nerveuses. En ce sens, Mesmer innove dans l'histoire des fluides, comme le résume Roland Recht : « Mesmer ajoute en effet à la circulation verticale entre le cosmos et l'homme, une autre, tout aussi importante mais horizontale cette fois, celle de l'interaction entre les hommes. »[10]

En 1780, la technique de Mesmer est acceptée par certains membres de la profession médicale. Il convertit Charles Deslon, l'un des régents de la Faculté de médecine, mais divise Paris en mesmériens et anti-mesmériens.

Le baquet magnétique et les crises

Devant le nombre grandissant de patients, Mesmer organise des thérapies de groupe. Pour cela, il utilise des baquets, de larges récipients en bois de chêne remplis d'eau magnétisée, d'un mélange d'éclats de limaille de fer et de verre pilé. Du baquet sortent des tiges de fer que les patients, reliés entre eux par une corde, agrippent pour recevoir le fluide magnétique.

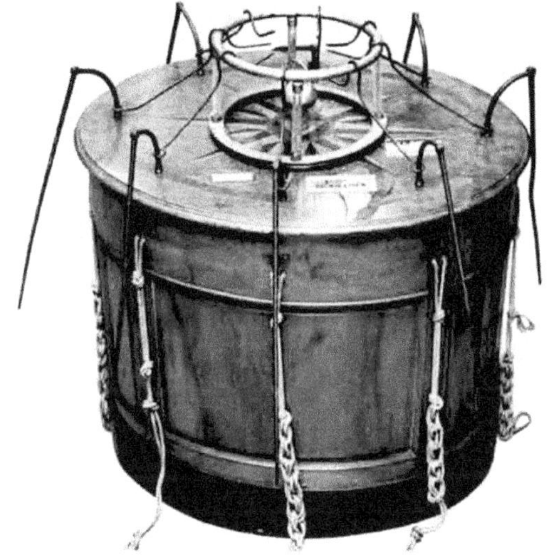
Baquet de Mesmer.

Pour mieux séduire les malades qui viennent le voir, Mesmer n'hésite pas à adopter une attitude théâtrale et met en place un rituel. Au milieu de la foule, toujours vêtu d'un habit de soie lilas, il se promène dans les salles magnétiques et magnétise les malades avec l'aide d'assistants qu'il choisit toujours « jeunes et beaux ». Les « valets toucheurs » qui travaillent avec lui prennent en charge les patients. Une ambiance crépusculaire nimbe la salle des baquets, qui est plongée dans une demi-obscurité. Les fenêtres sont voilées de rideaux, et des glaces reflètent la lumière spectrale des candélabres. Un piano-forte ou un harmonica crée l'atmosphère. Parfois, Mesmer joue lui-même sur un harmonica de verre. Les malades tiennent des tiges métalliques qui transmettent le fluide vital. Voici comment Bailly, rapporteur de la Commission royale chargée par le roi Louis XVI, en 1784, de l'examen du magnétisme animal, décrit la technique de Mesmer : « Au milieu d'une grande salle {…} se trouve une caisse circulaire en bois de chêne : le baquet. Dans l'eau {…} sont immergés de la limaille de fer, du verre pilé et d'autres menus objets. Le couvercle est percé d'un certain nombre de trous d'où sortent des branches de fer, cordées et mobiles que les malades doivent appliquer sur les points dont ils souffrent… L'influence magnétique se fait sentir. Quelques malades sont calmes et n'éprouvent rien. D'autres toussent, crachent, sentent quelques légères douleurs et ont des sueurs. D'autres sont agités par des convulsions extraordinaires. »[11]

Certains de ces baquets peuvent traiter jusqu'à 20 personnes à la fois, et Mesmer en possède quatre dans son salon ; trois payants et un gratuit, réservé aux pauvres. Ces traitements collectifs donnent lieu à des crises magnétiques où les sujets perdent leur contrôle et sont pris de convulsions. Pour Mesmer, ces crises sont le signe que le fluide magnétique fait son effet. Dans la cure magnétique, la guérison est ainsi toujours précédée de crise et de suffocations. Médecin anglais, John Grieve, en visite à Paris en 1784, raconte que Mesmer pouvait traiter jusqu'à deux cents malades en même temps. Il fait une description précise de ce qu'il qualifie de mise en scène de la part de Mesmer, mise en scène destinée à renforcer les influences magnétiques : « J'étais dans sa maison l'autre jour, et je fus témoin de sa façon de procéder, au milieu de la pièce est placé un récipient d'un pied et demi de haut environ, et que l'on appelle ici un baquet. Il est si grand que vingt personnes peuvent facilement s'asseoir tout au tour. Le bord du couvercle est percé d'un nombre de trous correspondant au nombre de personnes qui doivent l'entourer. Ces trous reçoivent des tiges de fer, recourbées à angle droit vers l'extérieur, disposées à différentes hauteurs de façon à correspondre aux différentes parties du corps auxquelles elles doivent s'appliquer ; outre ces tiges, une corde fait communiquer le baquet avec un des malades, puis de proche en proche avec tous ses compagnons. Les effets les plus apparents se manifestent à l'approche de Mesmer, lequel dirige le fluide, par certains mouvements de ses mains ou de ses yeux, sans avoir besoin de toucher la personne en question. »[12]

Une cure collective.

Les controverses

Si Mesmer a le soutien d'une partie de la noblesse et des francs-maçons parisiens, il est cependant perçu par le pouvoir scientifique et politique comme un danger social, qui remet en cause l'autorité de la médecine. En 1784, le roi Louis XVI, plus sceptique que sa femme et ses courtisans au sujet du magnétisme animal, nomme une commission royale pour se prononcer sur le phénomène, une commission chargée d'évaluer la réalité du « magnétisme animal ». Cette commission compte parmi ses membres des scientifiques célèbres comme l'astronome Jean-Sylvain Bailly, le chimiste Antoine Lavoisier et Benjamin Franklin.

Cette commission se livre à une étude très consciencieuse, décrivant une quantité de phénomènes hypnotiques, et constate même certains éléments curatifs. Pourtant, son rapport final condamne le magnétisme animal avec cette phrase définitive : « L'imagination sans magnétisme produit des convulsions… Le magnétisme sans l'imagination ne produit rien » [13]

Parallèlement au premier rapport, un second rapport, secret celui-là, condamne le mesmérisme pour des raisons de moralité publique. Le texte assimile le magnétisme animal à du libertinage. Ce document, qui suggère même des attouchements érotiques de la part du magnétiseur sur ses malades, est particulièrement suggestif dans le passage suivant : « … la plupart des femmes qui vont au magnétisme ne sont pas réellement malades ; beaucoup y vont par oisiveté et désœuvrement, d'autres qui ont quelques incommodités n'en conservent pas moins leur fraîcheur et leur force. Leurs sens sont tout entiers, leur jeunesse a toute sa sensibilité, alors le danger est réciproque… L'homme qui magnétise a ordinairement les genoux de la malade renfermés dans les siens. La main est appliquée sur les hypocondres et quelques fois plus bas sur les ovaires, il passe la main droite derrière le corps de la femme. L'un et l'autre se penchent pour favoriser ce double attouchement. La proximité devient plus grande, le visage touche le visage, les haleines se respirent, il n'est pas extraordinaire que les sens s'allument, le visage s'enflamme par degrés, l'oeil devient ardent, et c'est le signal par lequel la nature annonce le désir, les paupières deviennent humides, la respiration est courte, entrecoupée, la poitrine s'élève et s'abaisse rapidement. » [14]

Mesmer inquiète les tenants du pouvoir royal. Dans un sens, pratiquant une médecine égalitaire, il annonce une société plus harmonieuse, une société sans privilège, celle qui va se réveiller en 1789. Il est soutenu par une foule d'anciens malades qui attestent de leur guérison. Stefan Sweig cite J.-B. Bonnefoy, du collège chirurgical de Lyon, qui apostrophe les membres de la Commission en ces termes: « Comment lutte-t-on contre les maladies nerveuses, ces maladies aujourd'hui encore complètement ignorées ? On ordonne des bains chauds et froids, des remèdes calmants ou excitants, et aucun de ces misérables palliatifs n'a obtenu jusqu'ici des effets aussi étonnants que la méthode psycho-thérapeutique de Mesmer. » Pourtant, désavoué, Mesmer quitte la France en 1784. Il revient à Paris sous la Révolution en 1793 mais sa période flamboyante est passée. Les soins se font plus rares, son cabinet est déserté par son ancienne clientèle qui fuit le tourbillon révolutionnaire. Mesmer retourne alors à Vienne où il est accusé de jacobinisme, puis s'installe à Frauenfeld, en Suisse, où il continue ses recherches et ses soins. En 1799, il publie un deuxième mémoire sur ses découvertes, et en 1813, il se retire sur les bords du lac de Constance, où il meurt le 15 mars 1815.

Mesmer, l'héritage

Raymond de Saussure, l'un des fondateurs de la Société psychanalytique de Paris, a bien souligné l'importance de Mesmer : « Ce que nous devons à Mesmer, c'est d'avoir forcé l'attention du corps médical et des hommes de science sur des phénomènes psychologiques et physiologiques qui jusque-là étaient relégués dans le domaine de la mystique. » [15]

En ce sens, Mesmer fut un médiateur entre l'héritage hermétique et la psychologie dynamique, la psychothérapie, entre les traditions religieuses d'exorcisme et les thérapies du XXe siècle. Quand Mesmer évoque un fluide qui passe entre le magnétiseur et son malade, certains y voient même le transfert freudien entre le médecin et son malade. Ce que le psychiatre Henri Ellenberger, explorant son concept percutant de médecine de l'âme, explique quand il affirme que Mesmer « eut le mérite de donner un statut scientifique aux méthodes de thérapie par les forces inconscientes. » En d'autres termes, Mesmer, ajoute H. Ellenberger, fit « la première tentative réelle de rationalisation des thérapies psychodynamiques. » [16]

On peut donc dire que Mesmer aura une influence multiforme sur ses contemporains et jusqu'au XXIe siècle. Le premier héritage, le plus direct, c'est le magnétisme mesmérien curatif, technique, opérationnel, celui du marquis de Puységur qui invente le somnambulisme artificiel, un mesmérisme dont la tradition se poursuivra jusqu'à la famille Durville et les grands guérisseurs français du XXe siècle tels que Charles de Saint-Savin, Serge Alalouf, Héléna Charles, Jules Burgevin et Henri Arz.

Le second héritage inspire l''hypnose à travers les recherches du docteur écossais James Braid et des expériences hypnotiques du neurologue français Jean-Martin Charcot à la Salpêtrière. Beaucoup de chroniqueurs et d'historiens s'accordent à dire que le mesmérisme a ouvert les portes de la médecine psychosomatique et de l'hypnose. Le troisième héritage, plus philosophique, sera officiellement enseigné au XIXe siècle dans les Universités de Berlin et de Bonn sous le regard bienveillant de philosophes tels que Hegel, Shelling et Schopenhauer. Le quatrième héritage sera celui du magnétisme imaginaire qui s'incarnera dans la fiction, notamment chez Balzac avec son roman *Ursule Mirouët* et chez Gérard de Nerval qui invente les mystiques révolutionnaires dont Mesmer, précurseur de la Révolution française. À noter que l'abbé Augustin Barruel, accusera Mesmer associé aux francs-maçons d'avoir fomenté avant 1789 un complot contre le roi et l'Église catholique.[17]

Enfin, le dernier héritage de Mesmer est la psychanalyse. Mais ceci est une autre histoire…

NOTES

1 – Figuier Louis, *Histoire du Merveilleux dans les temps modernes,* T.3, chapitre *Le magnétisme animal*, Éd. L. Hachette, Paris, 1860.

2 – Hammoud Saïd, *Mesmérisme et romantisme allemand : 1766-1828*, Paris, L'Harmattan, 1994.

3 – Thuillier Jean, *Franz Anton Mesmer ou l'extase magnétique, Paris,* Phébus, 2004.

4 – Sweig Stefan, *La guérison par l'esprit : Mesmer, Mary Baker-Eddy, Freud (Die Heilung durch den Geist : Franz Anton Mesmer, Mary Baker-Eddy, Sigmund Feud*, 1931), tr. fr. 1982.

5 – Sweig Stefan, *La guérison par l'esprit,* 1931, opus cité

6 – Sweig Stefan, *La guérison par l'esprit,* 1931, opus cité

7 – Mesmer, *Mémoire sur la découverte du magnétisme animal*, Paris, Ed ; P.FrDidot, Libraire imprimeur de Monsieur, 1779.

8 – Meheust Bertrand, « Balzac et le magnétisme animal : Louis Lambert, Ursule Mirouët, Seraphita », publié initialement in Léonardy Ernst et al., *Traces du mesmérisme dans la littérature européenne du XIXe siècle*, Publications des facultés universitaires Saint-Louis, Bruxelles, 2001.

9 – Edelman Nicole, « Un savoir occulté ou pourquoi le magnétisme animal ne fut-il pas pensé "comme une branche très curieuse de psychologie et d'histoire naturelle" ? », *Revue d'histoire du XIXe siècle*, 38 - 2009, 115-132.

10 – Recht Roland, « La grande lumière du monde se diffracte en mille couleurs » in *L'Europe des esprits ou la fascination de l'occulte, 1750-1950*, catalogue de l'exposition, Ville de Strasbourg, 2011-2012, 101-121.

11 – Bailly Jean-Sylvain, *Rapport des commissaires chargés par le roi de l'examen du magnétisme animal*, Paris, Moutard, 1784.

12 – Ellenberger Henri F., *Histoire de la découverte de l'inconscient,* traduction J. Feisthauer, présentation de Élizabeth Roudinesco et complément bibliographique par Olivier Husson, Paris, Fayard, 1994.

13 –   Bailly Jean-Sylvain, *Rapport des commissaires chargés par le Roi de l'examen du magnétisme animal*, Paris, Moutard, 1784.

14 –   Bailly Jean-Sylvain, *Rapport secret présenté au ministre et signé par la commission précédente*, Paris, Moutard, 1784.

15 –   Saussure Raymond de, in Vinchon J., *Mesmer et son secret* de, Ed. Edouard Privat, 1971.

16 –   Ellenberger Henri F., *Histoire de la découverte de l'inconscient,* traduction J. Feisthauer, présentation d'Élizabeth Roudinesco et complément bibliographique par Olivier Husson, Paris, Fayard, 1994.

17 –   Brix Michel, « Révélations magnétiques : Mesmérisme et religion », in *Actes du IVe congrès de la SERD* qui a porté sur « Les Religions du XIXe siècle » et qui s'est tenu à Paris, du 26 au 28 novembre 2009

TAKIWASI,
UN CAS TYPE DE PRATIQUE RITUELLE
NEOCHAMANISTE

© E. Thibault, 2013

Cette étude de cas (inédite) a été rédigée en 2006, suite à la conférence donnée par Jacques Mabit et organisée par l'IRETT à Paris à propos de ses activités à Takiwasi, et à une brève interview réalisée à cette occasion. Le texte était alors prévu pour la revue Murmures d'Irem, *qui a cessé de paraître à ce moment. Un second article lui fait suite et met en relief l'articulation entre chamanisme traditionnel et néochamanisme contemporain.*

Jacques Mabit à Takiwasi.

Jacques Mabit, médecin généraliste d'origine nantaise, est un personnage-clef de l'émergence du mouvement néochamanique contemporain. Etabli à Tarapoto (San Martin), au Pérou, il y a fondé Takiwasi [1] un centre de recherches sur les médecines traditionnelles où il travaille en relation avec des tradipraticiens locaux [2] d'ethnie *lamista* [3] et *chazuta*, et accueille des touristes qui veulent étendre leur champ de conscience en suivant la voie des chamanes sud-américains, ainsi que des toxicomanes en quête de sevrage. Ce centre se définit dans cette perspective comme « un projet-pilote intéressé à la formulation d'une alternative thérapeutique à la problématique des toxicomanies qui s'inspire du savoir empirique des guérisseurs autochtones de l'Amazonie péruvienne » [4].

Il peut paraître paradoxal d'y traiter des toxicomanes, puisque l'instrument principal de cette démarche est la consommation d'*ayahuasca* [5], un puissant mélange de plantes à effet psychoactif, mais il apparaît que ce produit, parmi d'autres, se révèle efficace contre les addictions [6].

La conférence du 22 septembre 2006, organisée à Paris par l'Institut de Recherches et d'Etudes en Thérapies Transpersonnelles [7], concernait l'intégration de pratiques d'origine chamanique dans les méthodes psychothérapeutiques modernes, une tendance à la mode dans le milieu. On constate en effet, et notamment depuis la publication des ouvrages de Stanislav Grof [8], un épanouissement de l'intérêt pour l'exploration des états modifiés de conscience, une vogue initiée pendant les années 1960 en Californie, dans des centres comme Esalen et sous l'influence de personnages comme Timothy Leary [9] ou Carlos Castaneda [10]. Jacques Mabit ayant été l'un des premiers en Amérique du Sud à proposer de manière pratique et organisée cette expérience à des étrangers, il fait le point sur les conditions et l'adéquation d'une démarche chamanique pour des personnes de culture non indigène [11].

Les pratiques chamaniques traditionnelles — car il s'agit bien d'un ensemble de techniques et non d'un système religieux — s'enracinent dans un contexte social tribal et nécessitent donc d'être abordées avec circonspection par toute personne issue d'un milieu différent. Ces techniques, répandues dans tout le bassin amazonien et basée sur une initiation incluant l'expérience de substances psychoactives naturelles, puis leur usage comme support diagnostique, thérapeutique et divinatoire [12], visent fondamentalement à purifier, protéger et défendre la collectivité et non au développement personnel, car l'appréhension de la notion d'individu est très différente entre milieu traditionnel et milieu moderne. Chez les indigènes amérindiens, entre autres, l'individu n'a d'importance qu'en tant que participant au devenir du groupe auquel il appartient, groupe qui inclut non seulement les personnes vivantes de son clan, mais également leurs ancêtres et leurs descendants. La fonction du tradipraticien, dit « chamane » [13], consiste à assurer ce devenir au moyen de techniques de guérison, de relations avec les réalités suprasensibles, voire de sorcellerie agressive. Le chamane s'efforce de maintenir l'équilibre communautaire et intercommunautaire conforme à un idéal de justice en se basant sur le principe du don et du contre-don [14]. Cette voie est une pratique solitaire — les chamanes se tiennent d'ailleurs souvent à l'écart du reste de la collectivité, car ils sont craints autant que respectés et parce qu'il doivent se soumettre à un style de vie différent de celui de leurs compagnons et souvent très strict. Ils ne collaborent que très exceptionnellement avec leurs collègues, mais cherchent les occasions de confronter leurs pouvoirs et leurs connaissances avec d'autres chamanes, dans l'espoir de dérober quelque information. Il s'agit d'un contexte plus proche du « guerrier spirituel » que du maître en religion. La voie chamanique ne constitue donc pas un enseignement, mais une mise en condition de l'individu pour qu'il soit en mesure de percevoir par lui-même la part subtile de l'existence. Toutefois, sa perception du monde « autre » demeure purement subjective. Dans cette perspective, les pratiques chamaniques impliquent non seulement la psyché, comme toutes les psychothérapies modernes, mais également le corps, les états dit de « conscience modifiée » (EMC[15]) et une ouverture spirituelle fondée sur le respect de la complémentarité entre monde profane et monde sacré. C'est cet accès à des fonctions essentielles de l'existence humaine qui séduit aujourd'hui les thérapeutes, de nombreuses approches psychothérapeutiques plus classiques y étant encore très réticentes, voire fermement opposées. Par ailleurs, on ne peut contester l'efficacité pratique d'interventions chamaniques qui, lorsqu'elles résolvent de manière directe et remarquable des problématiques hermétiques aux approches classiques, ne peuvent que susciter l'intérêt.

Jacques Mabit choisit donc d'aborder à Takiwasi le sujet d'un point de vue concret — « clinique » est le terme qu'il préfère — plutôt que de discuter les théories issues d'une étude anthropologique non participante. Dans ce cadre ethnomédical [16] et en se basant sur sa propre expérience, il confirme que l'hypothèse de la conscience posée comme une interprétation subjective de processus cérébraux (cf. modèle freudien) se produisant dans un support physiologique déterminé, mais dont les mécanismes biochimiques restent en grande partie à découvrir, le système nerveux, n'est pas pleinement satisfaisante et que le sujet n'a en réalité pas de limites fixes. La conscience constitue par conséquent un événement transpersonnel [17], sans localisation organique précise, et irréductible à une appréhension strictement rationnelle, car il ne s'inscrit pas dans un contexte dualiste. Pour Jacques Mabit, il s'agit bien d'un état subjectif, mais en permanente évolution, qui situe l'individu au sein du processus vital universel en fonction de la perception qu'il en a, précisément selon cet état [18]. L'expérience permet de formuler l'hypothèse de formes d'expression de la conscience extérieures au sujet, quoique les scientifiques soient en général très réticents à admettre l'intérêt de telles recherches. Dans le contexte du chamanisme traditionnel, ces formes extérieures de conscience sont désignées sous le terme d'« esprits », et peuvent, selon Mabit, se comprendre d'une façon similaire aux archétypes jungiens [19]. « L'efficacité du rituel [à Takiwasi] s'enracinerait ainsi dans des soubassements "transculturels" composés de complexes psychiques universels, ce qui n'est pas sans rappeler le concept jungien d'archétype. » [20]

Pour les thérapeutes de tous horizons, l'intérêt des pratiques chamaniques est donc d'expérimenter ces états modifiés de conscience et leur potentiel en tant qu'outil thérapeutique. S'ils s'y intéressent aujourd'hui, c'est que leur propre expérience révèle souvent les limites du modèle freudien ou neurobiologique stricts, et qu'ils cherchent le moyen d'élargir leur pratique à ces dimensions transpersonnelles.

A ce propos, Jacques Mabit souligne vivement l'opposition entre l'attitude rigide, dogmatique, voire inquisitrice de trop nombreux scientifiques dont les affirmations s'avèrent invérifiables par la grande majorité de leur auditoire à cause de leur immense profusion, de leur spécialisation, de leur complexité et du langage utilisé — ce qui débouche donc sur un statut de quasi-religion et exige une adhésion de l'ordre de la foi — et le potentiel d'expérience directe inhérent aux techniques chamaniques. Il discute peu, cependant, la relativité des expériences effectuées sous psychoactifs, considérant sans autres que tout événement psychique relève d'une indéniable réalité, même si celle-ci n'entre pas dans le cadre actuellement reconnu par la science. Mabit remet ainsi en cause l'attitude matérialiste de la science officielle dont il relève les incohérences et les contradictions issues de cette hyperspécialisation, et donc du manque de communication entre différents domaines de recherches, mais il peine lui-même à définir clairement la réalité dont il se réclame, usant de certains raccourcis qui exigeraient eux aussi un sérieux débroussaillage. Il souligne cependant avec pertinence un point fondamental de cette controverse : la science matérialiste consiste à décrire des événements, et non à en expliquer le sens ; trop souvent, on pose la question du « pourquoi ? », alors que la science n'est habilitée qu'à répondre à celle du « comment ? ». De là, résultent confusion et dérives [21]. Si l'on souhaite relier ces deux domaines, il est avant tout nécessaire d'élaborer des outils et un langage adéquats, ce qui reste à faire.

Une apparente incompatibilité existe entre les exigences scientifiques, qui imposent une observation objective, et excluent donc d'emblée l'auto-expérimentation de substances psychoactives, et le point de vue traditionnel qui exige cette subjectivité, cette implication de l'individu dans l'expérience transcendantale. En effet, l'initiation consistant par définition à repousser les limites de la conscience, cette expérience ne peut réussir que de l'intérieur, qu'en se mettant soi-même en question, et non en se posant comme référence. La difficulté consiste à coordonner les deux approches pour qu'elles cessent d'opposer leurs conclusions, mais puissent contribuer au progrès l'une de l'autre. Il devient alors nécessaire de clairement définir les conditions d'expériences pour que les résultats puissent alors être validés.

Les techniques chamaniques traditionnelles, elles, s'intéressent directement aux perceptions et peu à l'analyse. Il est demandé de vivre les événements qui génèrent un effet sur l'individu et sa perception de l'environnement ; leur compréhension est tout à fait subsidiaire, ce qui désoriente l'Occidental moderne. La notion du sens de la vie est, dans ce contexte, une perception implicite issue de l'expérience subjective et corporelle, et non le produit d'une explication, résultant d'analyses menées selon le modèle rationaliste d'appréhension du monde matériel. Mabit reconnaît néanmoins l'importance de certaines approches scientifiques, comme la physique quantique et la physique du chaos, qui apportent de précieuses informations pour mieux comprendre le point de vue des chamanes sur les interactions entre le sujet et son expérience des visions sous l'influence de substances psychoactives.

Qu'est-ce donc, dans le contexte social contemporain, qui pourrait répondre à cette question du sens, étroitement liée à de nombreuses manifestations d'angoisse existentielle, dont par exemple la dépression qui — si l'on en croit les statistiques – est en passe de devenir un véritable phénomène de société ? Il est symptomatique que la psychiatrie se refuse toujours à inclure le système de croyance ou la religion de ses patients parmi les critères déterminants de leur équilibre, alors que l'on sait que ce domaine constitue un aspect fondamental de la vie humaine. On ne peut faire l'économie d'intégrer la conscience dans notre modèle d'appréhension de la vie universelle. Par définition, il est impossible de parvenir à une véritable description de la vie humaine en l'observant uniquement de l'intérieur (système autoréférentiel clos et donc stérile, or un système vivant n'est jamais clos). On ne peut y parvenir que de l'extérieur, d'un point de vue global, transpersonnel et métaphysique. Selon Jacques Mabit, c'est une approche de cet ordre que permet l'expérience chamanique, entre autres voies ; « la vision chamanique consiste à incorporer des expériences de la "dimension quantique" de l'existence » déclare-t-il.
Un certain niveau d'éveil à l'expression de la vie dans la nature, sous ses formes innombrables, permet de tirer de précieux enseignements de l'observation. Dans un tel contexte, il est évident que les capacités d'observation et d'intégration des populations qui connaissent bien le milieu amazonien et y vivent depuis toujours dépassent celles de scientifiques confinés dans leur laboratoire. Sans juger de la supériorité d'un milieu sur l'autre, il est particulièrement enrichissant de respecter et de tenir compte des capacités de chacun. Il semble par ailleurs qu'une certaine forme d'intuition participe à l'accès à cette connaissance du milieu naturel, notamment durant les visions sous *ayahuasca* elles-mêmes. Les initiés font régulièrement mentions de

connaissances nouvelles qui leur ont été transmises pendant les visions, sans que l'on comprenne bien comment ce phénomène se produit. On ne doit pas faire abstraction de ce phénomène, qui semble dépendre en grande partie de l'ouverture d'esprit et du respect du sujet pour son environnement.

Visions sous ayahuasca, tirées de l'ouvrage de Luis Eduardo Luna, Ph.D et Pablo Cesar Amaringo, peintre et chamane, Ayahuasca Visions, The Religious Iconography of a Peruvian Shaman.

Jacques Mabit distingue deux modes d'approche de la réalité subtile : la nature elle-même, notamment à travers l'expérience corporelle, et la révélation mystique, qu'il identifie aux grands textes sacrés. Il considère cette réalité nouménale transpersonnelle comme la matrice de la manifestation physique, un univers difficile à définir qui contient tout ce qui est extérieur à l'ego et qui, psychologiquement, représente l'altérité. Il affirme : *« le chamanisme est une voie spécifique de révélation à travers la nature et le corps »*. L'induction des états modifiés de conscience dans le contexte chamanique se produit toujours à travers le corps, en utilisant l'un ou l'autre des processus courants dans toutes les cultures traditionnelles : soit l'hyperstimulation perceptive, qui produit une exaltation des sens, par exemple au moyen des substances psychoactives, du son, etc. ; soit l'hypostimulation, qui génère un raffinement progressif des perceptions par des privations spécifiques, comme le jeûne, le silence, l'abstinence sexuelle, etc. Parfois, on fait même alterner les deux modes pour que le contraste en multiplie les effets.

On observe dans la nature une sorte de pulsion vitale du même ordre que la faim ou la soif, qui pousse les êtres vivants à élargir leurs perceptions par tous les moyens disponibles, y compris l'absorption de substances psychoactives [22]. Ce n'est pas le propre de l'être humain, car les animaux eux-mêmes y sont sujets. De nombreuses plantes et substances psychoactives ont en effet été découvertes en observant le comportement d'animaux qui s'en révèlent friands. Les sociétés traditionnelles incluent par conséquent volontiers dans leur système éducatif une expérience d'induction aux états modifiés de conscience, dans le but d'initier une relation vive entre le sujet et le monde transcendantal. Une préparation à cette initiation est indispensable, car la relation avec ce monde subtil, véritable conjonction entre différents ordres de réalité, n'est pas facile à assumer et se révèle un rapport de puissance. Les pionniers de l'ère psychédélique ont revendiqué la capacité de contrôler le processus cérébral lorsqu'ils consommaient des substances psychoactives, balayant ainsi sans s'y attarder toute notion de danger, ce qui causa de sérieux accidents parmi leurs prosélytes. L'expérience des chamanes traditionnels réfute catégoriquement cette prétention, ce que les connaissances récentes des mécanismes neurophysiologiques, même incomplètes, confirment avec certitude. Selon Mabit, l'expérience correctement conduite d'états modifiés de conscience permet l'indispensable « saut quantique » qui relie la mémoire somatique à notre mémoire psychique, mais c'est uniquement dans la mesure où l'on parvient à une intégration consciente des expériences vécues sous l'effet des substances psychoactives que l'on parvient à échapper à l'effet de dépendance [23].

Insistant sur la structure intrinsèque des dimensions subtiles auxquelles la vision chamanique donne accès, Jacques Mabit s'oppose à toute approche désorganisée et mal définie de telles expériences, telles que l'on peut en rencontrer dans certaines activités de tendance *new age*, qu'il qualifie d'inconséquentes. Il lui reste cependant à définir plus clairement cette structure, notamment la hiérarchie qu'il suggère, mais n'explique pas, entre le monde des esprits et la transcendance absolue. Tout contact spirituel direct avec l'absolu est-il, selon lui, interdit à l'humain ? Cela reste à confirmer et pour quelles raisons. Toujours est-il que Mabit insiste sur la tendance psychologiquement régressive de la fusion avec une globalité indifférenciée, quelle qu'elle puisse être. Une telle attitude s'opposerait en effet à l'interdit le plus fondamental : le tabou de l'inceste, dont la signification symbolique s'étend bien au-delà des relations physiques. Plus encore que la régression vers le sein maternel, cet interdit sanctionnerait le refuge dans l'indifférenciation de l'origine de la vie, une attitude que Mabit considère comme l'erreur la plus néfaste à l'évolution humaine. Nous abordons ici un thème original qui demanderait de plus amples développements.

En quoi consistent en vérité les effets de la consommation de produits psychoactifs — dans ce cas l'*ayahuasca* — et quel rôle jouent-ils dans l'expérience chamanique ? Jacques Mabit réfute catégoriquement l'expression usuelle « hallucinatoire », laquelle impliquerait que ce qui est expérimenté est de l'ordre de l'illusion et n'aurait aucune valeur réelle, parce qu'elle serait sans objet. Or l'objet de la vision chamanique est, de fait, un objet, un objet psychique qui n'a pas moins de réalité qu'un objet physique. Tout comme les rêves, ces visions ont un effet psychosomatique indéniable qui témoigne de la réalité de ce monde suprasensible. Le terme de « vision » s'avère d'ailleurs peu adéquat, car l'ensemble des perceptions est impliqué dans ce phénomène; on lui préférera celui de *mareación*, terme autochtone plus évocateur. Le chamane n'émet jamais de doute quant à la réalité de ses aventures sous *ayahuasca*, malgré le fait que ce monde subtil lui soit imperceptible en temps normal. D'ailleurs, avec l'expérience, cette frontière devient de plus en plus ténue et tend à disparaître, et les perceptions se font tout aussi vives sans qu'il soit sous l'effet des plantes. Ce phénomène ne constitue évidemment pas une preuve, mais exprime un point de vue : les scientifiques matérialistes considèrent que toute perception obtenue en EMC doit être classée parmi les manifestations pathologiques [24], tandis que les chamanes l'intègrent à leur réalité — ou plus exactement s'intègrent à cette réalité. Si l'on souhaite mieux comprendre la démarche chamanique, la moindre des conditions est d'admettre ce second point de vue comme une hypothèse respectable.

Le mélange d'*ayahuasca*, est composé de deux ingrédients actifs principaux : une malpighiacée causant les visions [25] et une rubiacée, responsable de l'ivresse, qui potentialise chimiquement la première. Avant tout effet psychoactif, la consommation d'*ayahuasca* affecte profondément l'organisme, car il s'agit d'un puissant purgatif. Comme dans toute tradition, on considère indispensable de se purifier avant de pénétrer dans le monde sacré. Ici, la purification de l'organisme — à tous les niveaux [26] — s'opère préalablement à l'accès aux dimensions intérieures. Le néophyte subit une désintoxication physique autant que psychique que la fonction psychoactive de la DMT permet de réaliser consciemment. On peut d'ailleurs s'interroger si une partie au moins des visions ne constitue pas cette forme subtile de purification… « La bonne *mareación* suppose à la fois une véritable ivresse et une imagerie mentale profuse et riche. ». Dans ce cas, la purification est drastique [27]. Que les candidats à l'initiation chamanique authentique ne se leurrent point : ils vont passer plusieurs jours à vomir tripes et boyaux, et c'est résumer sobrement le programme… L'effet physiologique comprend vomissements, diarrhées, sueurs abondantes, salivation, bref, toute évacuation de toxines par le biais de liquides organiques, surtout lors des premières expériences, en début de désintoxication. Les visions ne surviennent qu'ensuite, et il est caractéristique que les chamanes initiateurs s'y intéressent fort peu, alors qu'ils se concentrent sur la qualité de la purification — contrairement aux fanatiques du psychédélisme, un peu trop fascinés par les charmes de l'ego. Tous les candidats en témoignent, on ne leur a pas demandé ce qu'ils avaient vu, mais s'ils avaient correctement vomi. En complément à l'*ayahuasca*, on s'appuie dans ce procédé sur un certain nombre de plantes dites « plantes-maîtresses » qui exercent chacune une fonction de purification organique, spécifique laquelle a également de profondes répercussions psychiques [28]. Dans un contexte chamanique traditionnel, on utilise toujours la plante à l'état naturel, incluant théoriquement ainsi ses aspects subtils, plutôt que des extraits du type « principe actif » isolés artificiellement. Elles sont absorbées suivant des techniques très précises, afin de produire les effets escomptés [29]. Le contexte rituel matérialise une relation de respect entre le néophyte et la plante qu'il s'apprête à absorber, favorisant une interaction positive. S'abstenir d'un rituel efficace génère une dépendance, ce que les tradipraticiens considèrent comme la preuve que le consommateur n'absorbe pas les mêmes qualités de la plante selon les cas. On s'approche là de très près du concept occidental d'« ouverture alchimique »… L'attitude de l'intervenant — notamment son attitude intérieure — est déterminante pour le bénéfice, ou la nocivité, de sa consommation d'une substance toxique, et pas seulement la quantité ingérée, ou sa composition chimique.

La lente cuisson de l'ayahuasca.

La consommation de substances psychoactives comme l'*ayahuasca* favorise une appréhension de la réalité de type fractal [30] et l'exaltation des fonctions cérébrales non analytiques (hémisphère cérébral droit). Dès l'altération de la conscience normale, la perception du schéma corporel, celle du temps et de l'espace — notamment les limites entres les objets physiques — sont modifiées. La vision elle-même consisterait en une résurgence mnésique de souvenirs très profondément enfouis dans le corps [31]. « Les images qui surgissent sous les effets de l'*ayahuasca* en contexte thérapeutique manifestent symboliquement des contenus psychiques de l'inconscient […]. L'exploration de l'inconscient par l'*ayahuasca* permet de façon rapide d'extraire un matériel psychique extrêmement riche et d'une grande cohérence qui pourra ensuite être travaillé par diverses méthodes de psychothérapie. »[32]. L'expérience néochamanique présuppose, en effet, l'existence d'une mémoire somatique subconsciente qui inclut aussi bien des souvenirs personnels, par exemple d'événements vécus durant l'enfance ou durant la période fœtale, que des réminiscences ancestrales provenant des générations précédentes, sans limites dans le temps, sur lesquelles se fondent les notions de lignée, de clan et de tribu, ainsi que des réminiscences encore plus profondes que l'on peut qualifier de totémiques, car elles prennent une forme animale ou végétale, sorte d'identité psychique allomorphe. Mabit classe ces dernières en quatre catégories symboliques, qui correspondraient aux quatre Éléments traditionnels (Terre, Eau, Air, Feu). Chaque individu ressentirait en lui la présence de quatre animaux symbolisant ces Éléments, selon une répartition qui lui est propre, marquant généralement la prédominance de l'un d'entre eux, et ces « totems » se manifesteraient au néophyte pendant les visions. Nous avons posé à Jacques Mabit la question de l'origine de cette symbolique étrangement occidentale, mais n'avons reçu aucun éclaircissement.

L'expérience chamanique révèlerait donc des problématiques individuelles liées à l'anamnèse des néophytes, ainsi que certaines problématiques transgénérationnelles dont ils sont les récipiendaires involontaires — et qui pourraient peut-être s'exprimer jusqu'au cœur du bagage génétique. L'intégration consciente de son identité par le nouvel initié exige d'être complète et d'assimiler autant son vécu personnel que sa propre situation dans l'univers, laquelle se définit par l'ancestralité, le lignage et la filiation. En effet, nul être n'existe de manière séparée, ni ne peut — s'il souhaite accéder à la pleine maturité — faire l'économie de ce processus d'intégration. L'initiation chamanique propose un processus d'intégration spécifique et complet ; la question demeure de savoir comment l'adapter à la vie moderne.

À travers la rencontre de ces traces mnésiques profondes qui resurgissent lors des expériences d'EMC, l'initié reçoit une sorte d'enseignement intérieur spontané qui s'exprime sous une forme symbolique. Ce mode d'appréhension symbolique de l'univers intérieur est primordial dans l'expérience de la vision chamanique. Il constitue en quelque sorte le lien entre la conscience d'éveil et cet univers subtil qui reste habituellement subconscient. Lorsque la fonction symbolique est mal ou trop peu éduquée, les visions chamaniques sont interprétées de manière erronée. C'est l'une des principales raisons qui rendent un encadrement adéquat absolument indispensable. Il n'est pas très difficile en effet de se projeter dans l'univers de l'altérité, affirme Jacques Mabit. L'absorption d'une substance psychoactive, par exemple, suffit à modifier la perception que l'on a de soi-même et de son environnement. La difficulté consiste à s'extraire de cette altérité pour s'enraciner de nouveau consciemment dans la vie normale. Une éducation s'avère par conséquent nécessaire à qui souhaite explorer les mondes intérieurs, afin de poser des repères pour le retour.

Un autre aspect de cette activité psychique inhabituelle est la conviction qu'a l'initié de la véracité des images, sentiments et révélations qu'il reçoit durant la *mareación*. Ce sentiment perdure après la fin de l'expérience et les éléments nouveaux viennent s'inscrire fermement dans la perception que le sujet a de lui-même au sein de son environnement, contribuant ainsi à équilibrer son rapport à l'existence. Toutefois, il faut noter que la progression dans cette expansion de conscience n'est pas linéaire et dépend de facteurs individuels extrêmement difficiles à déterminer ; cette quête constitue une exploration intérieure imprévisible. Le sujet reste conscient au fil de son expérience et en garde souvenir, sauf exceptionnellement en cas d'immaturité flagrante, cas où le passage vers l'altérité peut se révéler trop puissant. Le chamane s'efforce de moduler harmonieusement cette expérience chez chaque néophyte en fonction de ses capacités propres ; il utilise dans ce but les chants sacrés et autres moyens décrits dans l'encadré.

L'équipe de Jacques Mabit avalise l'expérience faite sous *ayahuasca* sur les bases suivantes : les visions de l'initié conservent une cohérence propre ; on constate un certain niveau de convergence, voire d'intersubjectivité, entre les personnes partageant l'expérience collective, ce qui permet de confirmer auprès d'autres participants ce qui s'est produit ou a été ressenti durant le rituel ; le maître de cérémonie est capable de percevoir l'évolution de l'expérience collective et de la moduler, malgré son caractère subtil, l'obscurité et le silence régnant ; certaines visions ont un caractère divinatoire ; l'expérience modifie le rapport de l'individu à lui-même et à son environnement, même si celui-ci n'a pas interprété clairement le sens de ce qu'il a vécu. Il reste cependant primordial de réussir à intégrer consciemment ce sens pour bénéficier d'un enseignement optimal et éviter des interprétations erronées, susceptibles de causer davantage de troubles qu'il ne pourrait s'en trouver de résolus.

Les conditions requises pour une initiation chamanique authentiques sont :

1) que le sujet s'y engage de sa propre intention et sans frilosité
2) qu'il ait choisi un guide expérimenté qui puisse gérer *corporellement* le désordre que l'adepte exprimera dans le cadre du rituel, pendant qu'il se trouve sous l'effet de psychoactifs, c'est-à-dire ce guide soit un initié de second niveau
3) que l'expérience soit correctement ritualisée, pour assurer la structure indispensable
4) que le contexte implique une orientation symbolique efficace (temps & espace)

Afin d'éviter une désorientation psychologique aux effets potentielle-ment pervers et une déstructuration de la personnalité pouvant même s'avérer fatale, il est indispensable d'aborder la démarche chamanique de façon structurée, c'est-à-dire dans en respectant les contraintes et la progression d'un environnement ritualisé, ainsi que l'autorité d'un ini-tiateur. Cette structure, ces jalons, sont assurés par le rituel, qui engen-dre un dispositif de contention et d'intégration des expériences de l'al-térité. Dans ce cadre, c'est le corps de l'initié qui constitue l'outil du rituel, en tant qu'objet réel possédant une dimension et une orientation symbolique. Le corps lui-même représente donc l'interface entre les deux dimensions du noumène et du phénomène ; c'est le cas en perma-nence, mais nous ne sommes souvent que partiellement conscients de cette vaste ouverture sur la double réalité de l'existence. C'est pour cette raison que les initiateurs chamanes insistent tant sur l'importance du corps en tant que référent dans ce processus. Le contexte tradition-nel implique donc notamment une orientation de l'être dans le temps et l'espace au moyen du rituel, ce qui permet d'éviter la désorientation psychique qui guette les néophytes incapables d'intégrer ce dont ils sont les témoins durant leur voyage « de l'autre côté du miroir ». Lors d'une cérémonie chamanique authentique, on met donc en place un ri-tuel de type traditionnel, c'est-à-dire qui implique des actions (dont il n'est pas indispensable de connaître le sens exact, mais qu'il faut exé-cuter) lesquelles suscitent certaines dispositions psychiques particu-lières [33]. Un rituel de ce genre met en forme dans le monde sensible, par le truchement du symbole, un certain nombre de réalités d'ordre suprasensible, afin de relier ces deux dimensions d'une façon concrète.

Chaque plante utilisée implique un rituel spécifique qui exige une bonne connaissance du terrain. Celui-ci est justement dicté au chamane lors de ses visions par ce qu'il a coutume de désigner par le terme « la Mère de la plante ». Il s'agit ainsi d'élaborer une relation de respect mutuel entre le néophyte et la nature, relation dont les termes sont transmis par les chamanes, au fil du temps. La forme de ces rites ne peut donc pas s'improviser, comme c'est malheureusement trop souvent le cas parmi les adeptes du néochamanisme, mal formés et mal informés. Dans ce cadre, l'initiateur doit incarner le représentant d'une certaine vitalité naturelle, intrinsèque au rite qu'il perpétue, ce qui ne peut être que le résultat d'une expérience authentique. Les plantes dites « sacrées » constituent autant de médiums remettant en question les limites, la forme et la situation que l'on s'attribue au sein de l'univers. Plutôt que des produits indispensables pour accéder à des mondes « autres » ou des états de consciences altérés, je propose de les considérer comme autant d'éléments *extraordinaires* favorisant cet accès et, par voie de conséquence, la conversion qui peut en résulter. Dans ses recherches sur Takiwasi, l'ethnologue David Dupuis les interprète plutôt comme un ensemble de moyens de susciter des interactions avec des entités non-humaines — les « esprits » — dont on bénéficiera de l'enseignement [34].

L'expérience de la vision chamanique constitue ainsi un mode d'accès à la connaissance, d'abord de soi-même, puis du reste de l'univers. Dans une telle perspective, toute illusion s'avère pathogène, car seule l'acceptation, puis la connaissance [35] de la vérité permet de libérer la psyché de ses entraves. Ce processus respecte — et DOIT respecter — les lois universelles qui régissent la réalité : lois physiques explicitées par la science ; lois psychiques qu'étudient les diverses psychologies et les sciences humaines ; lois spirituelles qui régissent le monde de l'altérité. Tous ces principes ne représentent pas des concepts abstraits, mais la structure même du réel. En tant que tels, il ne peuvent être niés et l'on ne peut s'en affranchir. Dans un contexte traditionnel, ces principes s'expriment sous la forme d'habilitations initiatiques et d'interdits. Toute habilitation véritable est confirmée par l'expérience de la réalité — jamais par le dogme —, dont l'initiateur se fait l'interprète dans les cas de difficultés à la percevoir par des non-initiés ou des néophytes. D'où l'importance de choisir un initiateur compétent, à savoir un sage désigné par sa propre expérience du monde de l'altérité. Son comportement dans le monde normal n'a, dans un tel contexte, qu'une importance très secondaire. L'important est de faire acte de soumission envers une personne que l'on reconnaît comme supérieurement compétente dans le domaine spirituel, acceptation qui protège l'adepte contre ses propres illusions et pose une référence fermement enracinée dans la réalité. Cette personne validera — ou pas — l'expérience de l'initié durant son ouverture au monde suprasensible.

Le rituel adéquat implique toujours une condensation symbolique [36] ; sa marche à suivre est imposée par l'initiateur, qui sait l'organiser de manière adéquate en fonction des multiples paramètres dont il faut tenir compte. Il n'est donc pas justifié de l'aménager, comme cela se pratique couramment dans les courants *new age*. Cet agencement dépend du choix de l'initiateur et de sa formation, ainsi que de son expérience personnelle. Il implique une identification précise du lieu et son orientation symbolique dans l'espace et le temps, afin d'assurer la protection nécessaire contre toute déstructuration de la personnalité du néophyte. Celui-ci doit formuler clairement la demande qu'il fait aux intermédiaires du monde de l'altérité (les « esprits »), ainsi que celui d'entre eux auquel il s'adresse. Puis en entamant le rituel, l'adepte s'extrait du temps et de l'espace profane pour pénétrer dans le monde sacré. Ce rituel contribue à l'ouverture alchimique du produit utilisé, qui agira ensuite sur l'initié de la façon requise. Dans un contexte non traditionnel, de nombreuses personnes inventent ou aménagent des rituels qu'ils qualifient de « chamaniques » sous le prétexte qu'ils s'en sont plus ou moins inspirés. S'ils permettent peut-être de générer une certaine ambiance, ces accommodements sont absolument incompatibles avec la consommation de produits psychoactifs.

Une habilitation initiatique implique toujours en retour un interdit qui valide la sacralité de cette habilitation, évitant par là même la dérive que pourrait susciter une appropriation égoïste de cette nouvelle compétence [37]. Il ne faut en effet jamais confondre expansion de la conscience et inflation de l'ego… Dans le contexte chamanique, cette habilitation est délivrée pendant la vision par des révélations faites dans le monde suprasensible lui-même. Il est donc particulièrement facile de se fourvoyer avec des illusions ! Là encore, l'initiateur fait office de référent et saura confronter en douceur l'adepte à la réalité de ses propres limites qui viennent éventuellement d'être redéfinies.

En accord avec de nombreux adeptes des pratiques occultistes, Jacques Mabit souligne l'importance de l'intentionnalité dans le processus d'expansion de la conscience, dans son cas lié aux visions chamaniques. Ce point précis mérite réflexion, car comment et dans quelle mesure est-il possible d'exercer un contrôle sur un processus aussi évanescent que la vision sous l'effet de psychoactifs ? Mabit lui-même souligne l'arrogance des papes du psychédélisme lorsqu'ils prétendent y parvenir. Par ailleurs et surtout, dans quelle mesure l'individu pourrait-il faire intervenir sa volonté personnelle, alors même qu'il abolit progressivement les limites de son être, pour s'identifier avec un événement d'une toute autre ampleur où son individualité se dissout progressivement pour ne bientôt plus rien représenter de concret ? …un territoire qui appartient à l'intuition et à la spontanéité, comme on peut notamment le vérifier par son effet sur le corps et la psyché [38]. En affinant davantage ce sujet, on constate que, plutôt que la volonté en propre, le principe impliqué est l'intention, c'est-à-dire la focalisation de l'attention dans une direction ou vers un but précis, ce qui n'a rien de commun avec la force de volonté telle qu'on la conçoit habituellement, sorte de « musculation psychique » soumise au désir mental, un territoire justement soumis, lui, à l'illusion. La focalisation de l'attention, l'engagement de l'énergie, l'acceptation consciente entérinée ensuite par une participation décidée suscitent en revanche au bout d'un certain temps un effet indéniable et concret sur l'individu, à tous les niveaux, y compris sur le corps physique. Ce principe constitue l'une des lois psychiques dont nous parlions plus haut [39].

Tout processus de purification implique par définition une mutation intime, effet de l'acceptation de sa propre imperfection, de ses erreurs et de ses limites, puis du renoncement aux comportements néfastes, suivi d'un engagement sincère et actif vers des comportements mieux ajustés, équilibrés et bénéfiques. La purge n'est qu'un aspect très concret de ce processus. La première des illusions dont on doit s'affranchir est celle de la maîtrise de son propre devenir : l'être humain ne pouvant être séparé de son environnement, il est par conséquent interdépendant et ne maîtrise jamais tous les aspects de son existence. Son passé, son état présent et le contexte qu'il rencontrera dans le futur le hantent et le conditionnent ; impossible pour lui de s'en abstraire. Première étape de la transmutation, il faut donc paradoxalement — si l'on souhaite mieux gérer son devenir — se rendre à cette évidence et renoncer à la suprématie de la volonté personnelle. Ainsi seulement, celle-ci pourra commencer à s'exprimer en meilleure harmonie avec l'environnement humain et naturel, qu'on aura appris à accepter, et en accord avec lequel on pourra enfin agir. En débordant, parfois brutalement, la capacité de compréhension humaine, l'expérience de l'*ayahuasca* et d'autres substances psychoactives peut constituer un premier pas sur cette voie initiatique.

Comme c'est le cas pour la quasi-totalité des rites de passage traditionnels, l'initiation chamanique implique de se confronter véritablement à la peur de mourir. La vision chamanique suscite ainsi souvent des expériences très proches de certaines NDE (*Near Death Experiences* [40]), l'impression de vivre, parfois même violemment, sa propre destruction, mais elle évoque également une mort psychique, c'est-à-dire la possibilité de sombrer dans une folie sans retour. Ces épreuves très intenses ne laissent pas le néophyte indemne ; toutefois, contrairement à certaines autres initiations traditionnelles, les aspirants ne risqueraient pas véritablement leur vie. Là encore, l'encadrement ritualisé permet une intégration sécurisée et progressive des expériences visionnaires.

La toxicomanie constitue une expression désespérée de l'aspiration à donner un sens à sa vie, ainsi que de l'intuition de devoir, pour y parvenir, être confronté de près au processus de mort physique. Manquant cruellement d'un environnement social et familial équilibré et de l'accompagnement adéquat, l'aspirant — souvent jeune, rebelle et impatient — exige l'immédiateté et utilise des substances psychoactives sans en retenir les dangers. Le contexte chamanique reconnaît la motivation originelle de cet acte, la respecte, mais la recadre au sein d'un contexte initiatique qui ne nie pas l'espérance du toxicodépendant — laquelle s'avère souvent sa seule certitude intime — mais au contraire l'accomplit. C'est sans aucun doute un aspect non négligeable du succès des thérapies de désintoxication du type de celle proposée à Takiwasi.
On doit rechercher la source de ce désir de « transcendance à tout prix » dans le fait que l'environnement moderne habituel n'offre pas de réponse satisfaisante aux angoisses existentielles. On relève ici l'importance de l'éducation dans une telle démarche. C'est pourquoi le contexte socio-familial, et surtout éducatif, a une énorme influence sur les comportements à tendances addictives. C'est pourquoi, également, le contexte rituel est approprié pour répondre à cette carence éducative qui peut pousser à l'usage de psychoactifs. L'élan naturel vers l'indépendance qui s'exprime pendant l'adolescence, notamment à travers la quête d'une identité propre, d'une intégration de soi dans l'environnement, d'une place adéquate dans le cosmos et dans la société, dégagée, autant que faire se peut, de toute référence aux choix de ses prédécesseurs — surtout des parents dont l'influence psychologique est indéniable —, cet élan favorise la transgression et l'affirmation de soi.

Malgré cela, l'accès au sacré ne peut pas procéder d'une transgression, ni de l'orgueil, mais uniquement du respect des lois universelles et de l'humilité qu'elles impliquent. Le sacré est en effet, par définition, ce qui dépasse le soi et dont la réalité s'impose par elle-même. Il ne faut toutefois pas négliger l'importance de cet élan vital qu'exprime la jeunesse, car il est révélateur de l'insatisfaction suscitée par un état trop statique — frustrant, parce que niant l'évolution, et paraissant déjà obsolète. Le risque indéniable est la difficulté à se trouver un nouvel équilibre, mais c'est là le fonctionnement même de l'évolution naturelle, un processus auquel n'échappe pas l'être humain, quelles que soient ses prétentions à vouloir tout contrôler.

Le refus du sacré, la crainte que ce domaine suscite souvent, surgit d'une peur d'être confronté au sentiment d'insignifiance. Le jeune être vivant a intimement besoin d'affirmer son existence, à ses yeux propres et à ceux du monde, pour conforter sa position dans la société et pour pouvoir perpétuer son espèce. Or — dans le cas de l'espèce humaine en tout cas —, ce sentiment doit être dépassé pour atteindre le niveau d'une véritable intégration de l'individu dans son environnement. L'être humain doit assumer le rôle d'un médiateur *conscient* — et non passif, comme l'animal — de l'évolution collective, ce qui implique l'acceptation de l'insignifiance de son propre devenir personnel, mais qui a pour corollaire l'importance de sa contribution à l'évolution cosmique globale. On ne peut manquer de mettre cela en rapport avec la verticalité humaine, un phénomène unique dans l'évolution terrestre [41]. Je considère donc que l'on peut pas comparer la sensibilité élargie d'un animal sous l'effet de substances psychoactives à l'expansion de conscience qu'expérimente un être humain, dont les mécanismes de cognitions sont plus développés et seuls permettent une intégration consciente de l'être dans le cosmos.

Les perspectives actuelles de traitement des toxicomanies suivent presque exclusivement le modèle allopathique, basé sur l'absorption de médicaments de substitution, et/ou psychothérapeutique, qui cherche à analyser les motivations psychologiques poussant les patients à préférer le fantasme exacerbé par les drogues à l'acceptation pure et simple de la réalité. Ces deux approches nient toutefois toute dimension spirituelle au mal-être du patient, alors que c'est un aspect fondamental du problème. Jacques Mabit les considère donc comme mutilantes et aggravantes, comme n'apportant pas de solution efficace, et il leur préfère une approche transpersonnelle, pour laquelle il a choisi de s'inspirer des traditions amazoniennes [42]. Les modèles psychologiques favorisent l'intégration par la verbalisation, jusqu'à exiger la verbalisation d'expériences indicibles qui appartiennent au domaine du sublime, tout en négligeant l'aspect corporel des toxicomanies. Il ne doit pas être considéré comme bénin, par exemple, que certaines toxicomanies transgressent les barrières naturelles de l'organisme (injections), ce qui n'est jamais le cas dans un contexte ritualisé.

Jacques Mabit relève un fait d'expérience essentiel à une bonne compréhension du phénomène d'intoxication par des substances physico et psychoactives : ce sont le plus souvent les mêmes plantes qui, utilisées différemment, génèrent des effets positifs (l'expansion de la conscience) et négatifs (l'intoxication). Le tabac, la coca, la vigne, le chanvre, le pavot en sont quelques exemples connus. L'interprétation traditionnelle répandue dans de nombreuses cultures est que le toxicomane — quelle que soit la substance qu'il ait choisie — ne respecte pas la nature sacrée de cette substance et de la plante qui la produit, et ne ressent par conséquent que les effets destructeurs (addiction, intoxication, dégénérescence, etc.) qui vont à la longue l'emporter sur l'euphorie temporaire et de plus en plus fugace à laquelle il ne cesse de s'attacher. C'est la description d'un contexte typique de profanation.

L'addiction en tant que telle n'est donc pas un phénomène propre aux produits absorbés par les toxicomanes. Elle dépend en réalité de la conjonction de trois facteurs : une dose excessive — car aucune substance n'est toxique en soi, mais tout dépend de la dose absorbée, certaines substances s'avérant plus actives que d'autres ; le consommateur lui-même, c'est-à-dire son terrain psychosomatique, sa capacité à assimiler et éliminer les substances absorbées ; l'objectif de la consommation, soit une orientation structurante ou au contraire déstructurante de la démarche. Le classement de substances en addictives ou non addictives, dangereuses ou non dangereuses, est donc par définition inadéquat, car il dépendrait de ces trois facteurs combinés. Toute généralisation se révèle par conséquent incorrecte. Jacques Mabit insiste par conséquent sur l'importance d'éviter tout ostracisme envers un comportement addictif, qui se révèle beaucoup plus fréquents qu'on ne le pense (drogues types, mais également médicaments, alcools, excitants, tabac, sucres, etc.) et que l'on devrait s'attacher à mieux comprendre, si l'on souhaite le contrôler.

Mabit utilise souvent comme un argument que certaines substances psychoactives ont une structure moléculaire similaire à celle de neuromédiateurs utilisés par le système nerveux et que, pour cette raison, ces substances ne peuvent être toxiques en elles-mêmes. Cet argument n'est pas valable, similitude et identité ne devant pas être confondues — on sait d'ailleurs que la substitution dans le système nerveux par des substances exogènes similaires peut causer de graves dommages — et, quoi qu'il en soit, des substances endogènes peuvent également avoir un effet toxique, selon les variations de leur concentration.

Le processus de purification de l'organisme met en évidence que l'expression émotionnelle est intimement liée aux substances intoxicantes. On peut en déduire que l'un et l'autre sont liés dans ce phénomène d'intoxication. Allant plus loin, on pourrait même poser l'hypothèse que la tendance à absorber des produits en doses excessives (tendance à l'addiction) est l'expression d'un réflexe subconscient visant à rétablir l'équilibre au sein d'un organisme émotionnellement perturbé, pour d'innombrables causes que les psychologues sauront mettre en évidence. L'appétence est vue ici sous un jour nouveau.

Jacques Mabit remet en cause le modèle de vie occidental moderne, qu'il considère comme favorisant toutes sortes de dépendances, dont les toxicomanies ne sont qu'un aspect. A la lumière de notre analyse, on peut cependant déduire que ces dépendances sont en réalité suscitées par un contexte général de vie anti-initiatique qui maintient l'individu dans un état d'immaturité et d'irresponsabilité, notamment en ne lui proposant pas de modèles éducatifs complets donnant accès au domaine transcendantal — étape couronnant l'évolution individuelle qui, seule, peut assurer le transfert des liens personnels de type infantiles vers une intégration naturelle à l'environnement universel.

Par ailleurs, la tendance philosophique actuelle donne grande autorité aux sciences matérialistes et a ainsi déplacé l'idéal de réalisation de soi vers un domaine purement concret, sans aucune expression spirituelle. En résultent d'innombrables frustrations et une exacerbation du désir d'accomplissement dans une quête spirituelle, quel qu'en soient les risques. Le manque de références valables à propos de la spiritualité, et l'amalgame entre des propositions sérieuses et d'innombrables succédanés, ne rendent pas ce contexte favorable, bien au contraire.

On peut par conséquent considérer la toxicomanie comme un « processus initiatique mal conduit »[43]. Mabit insiste sur l'importance de reconnaître et de respecter l'élan positif à l'origine du comportement du toxicomane, mais de le rediriger vers une relation impétrant/initiateur consciente et sincère, encadrée dans un contexte rituel impliquant règles et interdits. On ne peut parvenir à la réintégration de l'individu dans le monde physique, temporel, qu'en redéfinissant clairement les deux domaines du temporel et de l'atemporel, du phénoménal et du nouménal. Ce processus est celui d'une confrontation à la mort mystique ; c'est l'initiation par excellence. Le toxicomane reconnaît intuitivement la nécessité de cette confrontation à l'imperfection du monde concret, mais il s'efforce d'y répondre par un comportement autodestructeur, voire suicidaire, et par une exigence d'immédiateté. Il faut donc redéfinir avec lui le principe même de la médiation, c'est-à-dire ici l'initiation. Selon Jacques Mabit, le médium privilégié est la substance psychoactive, absorbée cette fois-ci dans des conditions structurantes et ritualisées.

Sous l'influence du bouddhisme et du judéo-christianisme, entre autres, la culture moderne a permis une évolution dépassant l'ancienne opposition dualiste et belligène fondée sur l'idéal de justice. En transférant le centre d'intérêt de la collectivité vers l'individu, on a également redéfini les formes de relation les plus favorisées. Ainsi, l'idéal d'amour prime-t-il sur celui de justice dans la société contemporaine, et les attentes de l'individu, comme ses motivations dans sa quête spirituelle, ont évolué. Ainsi, dans la façon d'aborder aujourd'hui les pratiques chamaniques note-t-on également une évolution importante, qui n'est pas sans causer parfois des incohérences entre la tradition et le présent, ni sans exiger des ajustements délicats. Comme nous l'avons souligné, l'univers traditionnel tribal des chamanes ne tient pas compte des désirs, ni des affres de l'individu, ni par ailleurs de ses efforts pour se relier à la transcendance, motivés par une espérance d'absolu. Le chamane ne distingue dans le rituel qu'un service rendu à une collectivité précise ou, à défaut, il n'y voit que désir d'aventure exotique. De plus, il semble nécessaire à la plupart des Occidentaux de réexprimer verbalement leur expérience et d'en discuter pour pouvoir l'intégrer efficacement, une étape qui n'a que fort peu de sens pour un Amérindien.

Il convient de mentionner également un piège important qui n'a pas été relevé jusqu'ici : la possible tendance de l'impétrant à fuir la réalité pour se réfugier dans le monde de l'altérité, plutôt que d'intégrer cette dimension nouvelle à sa vie quotidienne — ou, plus justement, d'intégrer sa vie quotidienne à la globalité de cette vie suprasensible. C'est en effet une attitude très commune que de rejeter la réalité, souvent difficile à gérer pour d'innombrables raisons, et de vouloir lui substituer un univers qui semble plus attrayant plutôt que — comme l'exige la voie de l'expansion de la conscience — d'enraciner fermement son expérience dans la réalité, que celle-ci relève du « normal » ou du « suprasensible ». En vérité, au fil de l'initiation, la réalité reste inchangée ; seule évolue la perception qu'on en a — ce que justement l'on désigne par le terme de « conscience » — et la façon de se situer par rapport à ce phénomène incontestable qu'est la vie.

Selon Jacques Mabit, l'être humain serait incapable d'évoluer de lui-même vers les plans spirituels, et il dépendrait pour y parvenir d'une révélation, que celle-ci soit d'ordre initiatique, comme dans le cas du chamanisme, ou mystique, dans un cadre religieux. Cette révélation serait transmise à l'humain par des intermédiaires, qu'il convient alors de savoir identifier. En effet, dans les EMC quels qu'ils soient, il est absolument primordial de pouvoir discerner clairement la source des images et des messages perçus. Dans le cas de la vision chamanique, Mabit différencie deux types d'entités spirituelles susceptibles d'intervenir, les unes fastes (« angéliques »), les autres néfastes (« démoniaques »). Chacune d'entre elles est identifiable par un nom et une fonction. Les entités de type néfaste cherchent, sous couvert de séduction, à parasiter l'organisme humain. De telles infestations par des formes de conscience extérieures au néophyte peuvent être différenciées des psychopathologies individuelles ; le traitement approprié est alors l'exorcisme.

Une quête de type non chamanique, généralement d'ordre mystique, inclut également des périodes de purification de l'organisme — par le jeûne et l'abstinence sexuelle, par exemple —, la nécessité d'une liaison consciente et bien identifiée avec les plans spirituels, la présence d'un guide expérimenté et l'intégration de sa filiation familiale et culturelle. Une telle voie est tout à fait envisageable et respectable ; il n'est donc pas du tout indispensable de se rendre en Amazonie, ni de consommer de substances psychoactives, déclare en conclusion Jacques Mabit.

Le déroulement du rituel

Le tradipraticien prépare la purge dès le matin, en faisant cuire le breuvage durant 3 à 8 heures, selon sa recette personnelle, puis la laisse refroidir naturellement sans couvrir. Le rituel collectif débute à la nuit tombée. Le chamane commence par protéger son propre organisme contre les agressions. Il termine la préparation du breuvage en potentialisant une cigarette de tabac *mapacho* avec un chant sacré, puis en soufflant la fumée dans le flacon contenant l'*ayahuasca,* qu'il secoue ensuite pour mélanger le liquide à la fumée ainsi activée. Il distribue alors une certaine dose à chaque participant, selon divers paramètres qu'il saura estimer (constitution du sujet, type et gravité de l'affection, motivation, force du breuvage, etc.). Il consomme toujours lui-même la substance, afin de pouvoir accompagner ses acolytes et gérer l'évolution du rituel [44]. Le chamane fume la *cashimba*, une pipe potentialisée par immersion dans la marmite d'*ayahuasca* avec la fumée de laquelle il stimulera le déclenchement des effets de la substance psychoactive, dits *mareaciòn*, dans le groupe. L'effet du breuvage survient après une vingtaine de minutes et dure entre deux et quatre heures, une durée qui est perçue de façon très variable par les consommateurs. Il est nécessaire d'atténuer au maximum les stimulations sensorielles durant ce rituel, car la sensibilité du sujet est exacerbée ; celui-ci se déroule par conséquent dans le silence et l'obscurité, et le maître de cérémonie utilise le son des *icaros* ou d'instruments rudimentaires pour moduler l'expérience. Le chant sacré (*icaro* en quechua) transmet son pouvoir et active différents supports, dont l'initié lui-même. Le chant « charge » ainsi ce sur quoi il est dirigé d'une vitalité particulière dont le chamane est dépositaire et qui a faculté de guérir, de protéger, de purifier, d'influencer ou de nuire, selon les cas. Des breuvages, ou la fumée de tabac, sont ainsi activées par l'*icaro* du chamane, puis passés à l'adepte. Ces chants sacrés, qu'il transmettra à son successeur, constituent l'instrument de pouvoir du tradipraticien amérindien. Leur efficacité dépend de la préparation et de la connaissance du chamane. Ainsi, celui-ci ne transmet jamais aucune technique à proprement parler, mais uniquement ces chants, et il guide son assistant dans l'apprentissage de ses propres *icaros,* qui sont reçus de la nature elle-même à travers les visions ou les rêves, et font généralement allusion au contexte des visions suscitées par les plantes sacrées.

La purge s'accompagne naturellement d'une évacuation émotionnelle qui sous-tend la vision proprement dite. A cause justement du caractère d'expression émotionnelle de cette réaction, les tradipraticiens amazoniens insistent sur l'aspect collectif de ces séances de purification, à l'exception de quelques rites réservés aux initiés expérimentés. En effet, les participants ne sont pas sans s'influencer l'un l'autre, et ce phénomène participe à la modulation de l'effet de l'*ayahuasca*. C'est au chamane chargé de la gestion du rituel que revient la responsabilité de gérer ce partage et d'éviter les interférences néfastes, tout en favorisant une certaine dynamique de groupe. Pour cette raison, il doit rester lui-même très attentif à tout ce qui se produit au sein du groupe, y compris dans le mode des visions individuelles.

Il est important que l'initiateur partage l'expérience que l'initié fait des EMC, afin que ce dernier se sente respecté. Attention : cela ne signifie *jamais* le partage d'un délire — fut-il mystique —, mais la conduite de l'EMC par un initiateur confirmé qui en maîtrise le processus. Dans le contexte amérindien, il semble que ce principe implique que le maître de cérémonie consomme lui-même la substance psychotrope, ce qui n'est pas toujours le cas ailleurs. Attention également : l'initiateur ne se pose jamais en juge extérieur de l'expérience intérieure de l'initié. Il en partage la part intersubjective, non pas celle qui est intime et individuelle. Ce phénomène reste très difficile à expliquer, mais apparaît clairement lors de l'expérience directe.

Le chamane module l'intensité collective ou particulière de la vision au moyen de diverses techniques :

— la *soplada* consiste à souffler de la fumée de tabac potentialisée sur le corps du patient, principalement sur le sommet du crâne (*corona*). La *soplada* peut s'effectuer tout en mastiquant un morceau de cannelle et en fumant le tabac fort (*mapacho*), ou à l'aide de liquides pulvérisés avec la bouche sur la tête, le visage ou le corps du patient. Le chamane utilise principalement le camphre dissous dans de l'eau de vie (parfois additionnée d'oignons blancs et d'ail), l'*agua florida*, des parfums divers, de la thymoline.

— l'imposition des mains qui s'effectue généralement sur la *corona* ou sur une partie douloureuse du corps

— l'eau versée sur la nuque ou sur le crâne du patient

— la lumière pour écarter l'obscurité

— le battement rythmique de branches ou feuilles sèches (*schapaca*) sur ou au-dessus de la tête du sujet

— l'inhalation de parfums, camphre, citron fraîchement coupé, etc

— l'ingestion de liquides rafraîchissants : eau, citronnade, etc

— la *chupada* consiste en une aspiration buccale effectuée par le chamane sur ou au-dessus d'une partie du corps du patient et préférentiellement au niveau de la *corona* ou des tempes. Auparavant, le chamane s'emplit la bouche d'un liquide (eau « chargée » par l'*icaro*) puis le recrache, ayant ainsi aspiré l'ivresse du néophyte. En d'autres occasions, il fume afin de régurgiter du phlegme stomacal qu'il a extrait au cours de cette opération. Ce *yachay* permet d'aspirer l'ivresse ou le « mal » du sujet et est ensuite expulsé en crachant.

– L'*ayahuasca* active le corps ; la *soplada* ou fumer soi-même du tabac potentialisé attisent donc l'ivresse et la vision, tandis que la *chupada* la restreint. L'effet d'une intervention par imposition des mains ou sonore dépend de l'intention du chamane et peut aller dans l'un ou l'autre sens, tout comme l'usage de certains parfums sélectionnés. Toutefois, le chamane n'intervient que peu dans le déroulement spontané des visions, son rôle se limitant à les canaliser et empêcher toute dérive [45].

Addendum :

Réflexions sur l'évolution de la thérapie proposée par J. Mabit à Takiwasi (2013)

Les informations de terrain qui nous sont parvenues de Takiwasi depuis quelques années témoignent d'une évolution très particulière du contexte rituel lié aux aspects thérapeutiques de la consommation d'*ayahuasca*. Il nous paraît important d'en discuter ici, en complément de l'étude de cas ci-dessus, réalisée en 2006 sur la base d'interviews, de la littérature publiée par différents intervenants à Takiwasi et de la bibliographie à laquelle elle se réfère.

Rappelons qu'à l'origine, l'activité rituelle impliquant une série de purges et la consommation de tabac et d'*ayahuasca*, directement inspirée des pratiques amérindiennes traditionnelles locales, s'est mise en place à Takiwasi dans le cadre de thérapies destinées aux toxicomanes locaux. Le regard particulier des thérapies traditionnelles peut en effet apporter à ces toxicomanes ce dont ni la médecine moderne, ni la psychologie ne se préoccupent : une reconnaissance du bien-fondé de leurs aspirations à la transcendance, tout en resituant ces aspirations vers leur objectif véritable, sans céder aux chimères liées à la consommation de drogues. La valeur des états modifiés de conscience expérimentés par les patients est donc confirmée par la thérapie à Takiwasi, pour autant que leur induction respecte des impératifs naturels, encadrés ici par le rituel. Cette démarque exige, et par ailleurs exalte, une totale sincérité du sujet, tout comme de l'initiateur. Tout mensonge ou toute velléité de mise en place d'une nouvelle dépendance est immédiatement repérée par l'expert, comme par le toxicomane lui-même, rendu hypersensible et hyper méfiant par ses expériences précédentes. Le respect dont le tradipraticien fait preuve pour les substances qu'il utilise témoigne de son respect pour les processus d'altération de la conscience qu'elles suscitent, et inspire un semblable respect implicite au néophyte qui en fera l'expérience. D'autre part, le fait que le chamane absorbe également ces préparations et fasse preuve d'une maîtrise des effets qui s'ensuivent prouve au néophyte qu'il n'est pas mis à part, mais au contraire intégré et respecté également, quoiqu'il lui reste à faire l'apprentissage de cette maîtrise. La dimension spirituelle est acceptée comme une part indéniable de la vie humaine, ce dont le toxicomane a toujours ressenti l'intuition. Elle n'est pas rejetée comme étant néfaste ou dangereuse, comme c'est souvent le cas dans la société, qui préfère renoncer à une telle exploration plutôt que de se confronter au danger d'un échec. Cette revendication d'absolu constituant le fondement même des convictions du toxicomane, celui-ci s'y accroche désespérément, et il ne peut tenir compte des conseils de quelqu'un qui la dénigrerait. Pour ces toxicomanes, la phase de purification physique s'avère brève et intense (une à deux semaines) grâce à de puissantes purges de plantes traditionnelles. La dépendance et le syndrome de manque s'atténuent alors plus rapidement que lors de cures de désintoxication classiques sans purges profondes.

En s'intégrant, grâce à ses expériences de vision des mondes spirituels, à un schéma de vie d'amplitude cosmique, le patient nouvellement initié se libère progressivement de sa dépendance vis-à-vis de ses liens personnels, pour se relier directement à des principes universels. On peut considérer ce processus comme l'abandon, paisible et sans ressentiment, de liens éducatifs mal vécus, qui étaient pour lui cause de souffrance, et de ceux du passé, bref, des entraves personnelles en général, pour leur substituer une relation directe et immédiate avec la nature et le cosmos. Le processus thérapeutique dépasse ainsi le niveau psychologique pour pénétrer dans le domaine de la spiritualité.

Seule la construction d'un équilibre intérieur permet en effet à l'être humain de s'affranchir des substituts, toujours insatisfaisants, et de parachever son éducation, qui implique l'exercice d'une conscience à un niveau spirituel. L'importance donnée à Takiwasi aux reconfigurations relationnelles liée à la parentèle/parenté [46] provient certainement de l'influence des psychologies transpersonnelles. Ainsi propose-t-on aux patients la mise en place d'une sorte de lignage imaginaire par le biais du contact avec des entités spirituelles, un processus qui contribuerait à leur reconquête d'identité. C'est sans doute devenu actuellement un objectif majeur, autant que pouvait l'être à l'origine la désintoxication des patients locaux. Comme le souligne par ailleurs Jacques Mabit, tout système de substitution qui remplacerait la dépendance à la drogue par un autre type de dépendance (pharmacologique, psychologique, socio-éducatif, etc.) est voué à l'échec dans le long terme, car il ne répond pas aux besoins du sujet.

Pourquoi les êtres humains cherchent-ils donc à consommer de telles substances ? Quelle est la véritable nature de la sensation de confort qui en résulte ? S'il s'agit d'un sentiment de séparation, d'un refuge intérieur de type paranoïde, alors cette consommation est destructive pour l'individu ; si au contraire l'effet recherché est une union de soi avec l'environnement, alors on doit considérer cette démarche comme constructive, du moins dans ses motivations. La question se pose de savoir si la tendance à rechercher les états modifiés de conscience est vraiment naturelle. C'est ce qu'affirment certains chercheurs, en se fondant sur le goût de nombreuses espèces animales pour des aliments aux effets psychoactifs. Je considère toutefois que les motivations des animaux et des humains sont différentes, à cause de la différence de nature de leur conscience. Dans le cas des animaux, plutôt qu'une véritable quête d'expansion de la conscience, il s'agirait plutôt d'un désir profond — et subconscient — de rompre avec la monotonie de l'habitude, peut-être motivé par le plaisir de l'éveil sensoriel qui résulte de cette consommation, et qui favorise une certaine vigilance — même si d'autres facultés sensorielles sont diminuées dans le même temps. Le bien-être ressenti suffit très vite pour créer chez l'animal un désir de répétition, un phénomène d'accoutumance ayant été scientifiquement mis en évidence dès la première mémorisation d'un événement, quel qu'il soit. Quelle incidence ce phénomène a-t-il sur l'évolution des espèces ? La consommation de substances psychoactives pourrait-elle entraîner ou favoriser certaines mutations génétiques susceptibles d'être favorisées par la sélection naturelle au cours du processus d'évolution ? Cette étude reste à faire.

Chez l'être humain au contraire, on peut distinguer trois tendances dans les motivations d'un recours à la toxicomanie : le désir d'une expansion de la conscience et de réintégration de l'être ; le refus conflictuel d'un contexte social vécu comme trop normalisant et coercitif ; une tendance à l'autodestruction motivée par différents facteurs psychologiques. Ces tendances ne sont généralement pas clairement établies dans la conscience de l'individu concerné.

Influencé sans doute par son propre parcours culturel, Jacques Mabit affirme que la thérapie ne peut pas réussir sans y inclure la dimension de la foi, en tant croyance au divin. Je ne crois pas nécessaire d'interpréter comme relevant du divin les pouvoir fondamentaux, ou vitaux, présents dans la nature, ceux que le chamanisme met en action. On peut très bien y voir l'expression simple et naturelle d'une certaine essence intrinsèque à la vie, sans y impliquer de foi. Je suis bien conscient que s'opposent simplement ici deux conceptions vitaliste et théiste de la vie. Mais il semble bien que cette notion de foi, si chère à Mabit, découle de son interprétation personnelle des processus psychologiques en œuvre dans les causes de l'addiction [47] et que celle-ci exerce une forte influence sur l'évolution récente des rites thérapeutiques proposés à Takiwasi.

En effet, le contexte culturel catholique a imprégné de plus en plus les rites pratiqués à Takiwasi entre 2006 et 2012. Il apparaît que plusieurs facteurs sont à l'origine de cette évolution : la sensibilité religieuse personnelle de Jacques Mabit, tout d'abord ; l'interprétation faite de certaines visions et événements d'ordre intuitifs survenus au cours de certains rituels ; mais également l'intérêt croissant de l'observatoire français des dérives sectaires (MILIVUD) pour les pratiques en usage à Takiwasi et leurs possibles conséquences en France et sur les ressortissant français, ainsi que l'interdiction de la consommation d'*ayahuasca* sur le territoire français (2007) ; et finalement certainement aussi l'influence de mouvements comme les nouvelles religions de l'*ayahuasca* au Brésil (Santo Daime, Uniaõ do Vegetal, etc.) que Mabit connaît bien pour être intervenu dans plusieurs colloques organisés par eux, et qui ont choisi une orientation similaire, trouvant ainsi un écho important parmi le public sud-américain et international. Dans un tel contexte, il a pu sembler plus sûr aux gestionnaires de Takiwasi d'adopter un cadre plus politiquement correct, en préférant le contexte de la tradition catholique à l'exotisme plus libertaire de néochamanistes plus exotisants. Le bien-fondé de ce choix, allant jusqu'à la tenue de messes à Takiwasi, reste toutefois à confirmer.

Dès lors, le rituel se pratique sous le bienveillant gardiennage de trois icônes catholiques (Saint Michel, patron des exorcistes, entre autres, le Christ et la Sainte Vierge). Le comportement des patients durant le rituel est plus précisément encadré que dans de nombreux autres groupes (purifications symboliques, posture dirigée, restriction des sons autorisés, etc.). Délimitation, par Jacques Mabit lui-même, d'un espace rituel, au moyen de sel et d'eau bénite, comportant un cercle de protection collectif et un cercle de contention individuel réservé à toute expression cathartique, puis récitation du *Petit exorcisme de Léon XIII*. Modulation des effets de l'*ayahuasca* chez les patients par les *curanderos* participant au rituel avec, si nécessaire, des interventions adoptant une forme clairement exorciste dans les cas de suspicion de parasitage spirituel, une interprétation nouvelle qui répond à l'apparition d'expériences particulièrement intenses, souvent accompagnées de visions obscènes ou violentes évoquant, dans la culture occidentale, les symptômes classiques de la possession démoniaque. Mise en place d'un contexte sonore particulier [48] : seuls les sons corporels (soupirs, bâillements, vomissements, etc.) sont autorisés aux patients ; les paroles cohérentes ou les cris sont prohibés ou considérés comme l'expression de parasitage spirituelle, s'ils persistent ; les guérisseurs régulent l'ambiance en instaurant un environnement acousmatique par des chants, des fredonnements, en agitant des objets ou en procédant à des *sopladas* dans l'obscurité, autant de conditions tout à fait efficaces pour orienter l'interprétation que le patient peut avoir des événements. Obligation, lors du débriefing consécutif, de raconter son expérience devant J. Mabit et le groupe. J. Mabit explicite et interprète alors ce récit selon l'étiologie propre à Takiwasi ; il identifie d'éventuels « démons parasites ». Ce processus original, suggérant de nouvelles méta-représentations à l'orientation prédéfinie, est évidemment absent des rituels amérindiens traditionnels. Il oriente nettement l'expérience des patients lors des séances ultérieures [49] et donne à l'organisation des rites à Takiwasi une tournure résolument contemporaine ; or, comme le mettent en évidence les travaux de Michael Houseman (EPHE, Paris) sur les nouveaux rituels, l'orientation vers un mode de « réfraction rituelle » influence profondément la nature du processus, notamment en ce qui concerne l'implication du soi conscient. Notons à ce propos que le principe même de ce débriefing collectif s'oppose à l'exigence de discrétion, voire de secret, typique des rites amérindiens traditionnels, et qu'elle atteste de l'orientation délibérément psychothérapeutique moderne des pratiques en cours à Takiwasi. Pourquoi Takiwasi en est-il venu à intégrer et à normaliser un discours résolument exorciste, d'influence catholique, à ses pratiques thérapeutiques en Amérique du Sud ? Cela reste peu clair à ce jour. Il peut s'agir d'une dérive progressive, comme d'un choix stratégique ou de marketing — encore que sa cohérence reste à confirmer. Toutefois, cette orientation inattendue détone radicalement d'avec les nombreuses autres pratiques incluant la consommation d'*ayahuasca*.

Un autre reproche important fait à Jacques Mabit par les tradipraticiens locaux eux-mêmes, plus que sa « dérive catholique », c'est qu'il ne prépare pas lui-même l'*ayahuasca* distribué à ses patients, bien qu'il dirige les séances. Il y a là une sorte d'industrialisation du rite qui va à l'encontre de ses principes, tout autant que, par exemple, la consommation d'hallucinogènes à des fins récréatives.

NOTES

1 – Au moment de nos premières recherches, *Takiwasi* était géré par le Dr Jacques Mabit, son épouse, le Dr Rosa Giove, José Campos, un psychologue argentin, une enseignante d'expression corporelle et trois assistants péruviens. Aucun des quatre intervenants principaux travaillant à Takiwasi en 2012, Jacques Mabit lui-même, son épouse, Rosa Giove, le directeur Jaime Torres Romero, psychologue, et Fabienne Bâcle, psychothérapeute, n'est originaire d'une société chamanique traditionnelle. Tous ont appris les techniques de soin qu'ils pratiquent à Takiwasi, notamment les *icaros,* durant leur initiation. S'ils utilisent ces techniques de soin d'inspiration amazonienne, chacun le fait en tenant compte de son propre parcours. Un *curandero* indien Lamista, Winston Tangoa, travaille aussi occasionnellement à Takiwasi et son approche semble être plus strictement animiste. Ce projet reçoit l'aide de divers organismes gouvernementaux et ONG.

2 – « *Nos initiateurs ont été successivement Don Wilfredo Tuomana Tananta originaire de Rumisapa (Province de Lamas) et Don Ricardo Pezo Panduro originaire de Catalina (Ucayali). Ce dernier qui s'est formé auprès d'un indigène Campa a été notre principal initiateur. Nous avons réalisé cet apprentissage en tandem avec un jeune péruvien de 27 ans désireux d'acquérir les connaissances thérapeutiques traditionnelles. Notre ami et assistant José Campos Campos, originaire de Jaen (Cajamarca), précieux collaborateur et compagnon, a effectué toutes les pratiques en même temps que nous. Le partage d'une même expérience avec un bagage culturel et psychique différent s'est révélé extrêmement fructueux pour évaluer et confronter nos vécus respectifs.* » Dr Jacques Mabit, *L'hallucination par l'ayahuasca chez les guérisseurs de la Haute-Amazonie péruvienne*, document de travail de l'Institut Français d'Etudes Andines, 1988.

3 – *Lamista,* groupe indigène originaire de la région de Lamas (San Martin) et de langue quechua ; ref. Françoise Scazzochio-Barbira, *Ethnicity and Boundary maintenance among peruvian forest quechua*, University of Cambridge, Center of Latin American Studies, 1979.

4 – Jacques Mabit, « Chamanisme amazonien et toxicomanie : initiation et contre-initiation » in *Agora: Ethique, Médecine et Société*, n° 27-28, Paris.

5 – *Ayahuasca* (*yagé, caapi, natema, pinde*) : boisson psychoactive dont l'ingestion est puissamment purgative, traditionnellement utilisé dans les communautés amérindiennes comme moyen de purification, pour entrer en transe dans un but divinatoire ou thérapeutique lors de rituels de guérison. Non pénalisé au Pérou, l'*ayahuasca* est inscrit en France au registre des stupéfiants depuis 2005. *Ayahuasca* (du quechua selvatique, *aya* : mort ou esprit des mort et *huasca*: liane) est le nom donné aux lianes *malpighiaceaes* dont l'écorce sert principalement à sa composition qui comprend: *Banisteriopsis caapi* (Malpighiaceae), *Banisteriopsis inebrians* (Malpighiaceae), *Diplopterys cabrerana* (syn. : *Banisteriopsis rusbyana*) (Malpighiaceae), *Psychotria viridis* (Rubiaceae) (syn. : *Psychotria carthaginensis*) (*chakruna* en quechua), *Mimosa hostilis* (syn. : *Jurema preta).* D'autres espèces appartenant à la famille des *Solanaceae,* des genres *Nicotiana, Brugmansia* ou *Brunfelsia,* peuvent également y être ajoutées, cependant on notera que la rue de

Syrie (*Peganum harmala*), bien que comportant les mêmes principes actifs que le *Banisteriopsis caapi* (l'IMAO), n'est pas utilisée historiquement dans le breuvage, car elle est originaire des régions du Sud de la Méditerranée et non d'Amérique latine. La composition du mélange psychotrope varie beaucoup selon les groupes ethniques. Deux ingrédients au moins sont nécessaires pour en combiner les principes actifs : un hallucinogène de type harmaline (*Banisteriopsis caapi*) et de la N, N-DMT (*Psychotria viridis*), car c'est l'interaction de ces deux produits qui permet la libération de diméthyltryptamine (DMT), une molécule de la famille des tryptamines. En effet, ce composé, normalement détruit par le système digestif lors de l'absorption par voie buccale, est préservé par des inhibiteurs de monoamine oxidase (IMAO) tels que l'harmine, l'harmaline, et la d-tétrahydroharmine contenus dans le *Banisteriopsis caapi* (ref. www.drogues.gouv.fr, 5ème rapport national du dispositif TREND). Voir également : GIOVE Rosa, *La Liana de los muertos al rescate de la vida*, Takiwasi/Devida, 2002 ; Mc KENNA, Dennis J., G.H.N. TOWERS, F. ABBOTT, *Monoamine oxidase inhibitors in South American hallucinogenic plants : Tryptamine and B-carboline constituents of Ayahuasca*, in *Journal of Ethnopharmacology*, 10, (1984), pp.195-223 ; DEULOFEU Venancio, *Chemical compounds isolated from Banisteriopsis and Related Species*, in *Ehtnopharmacologic search for psychoactive drugs*, US Public Health Service Publication, No.1645, pp 393-402, 1967; SCHULTES Richard Evans, *La taxonomia de las malpigiaceas utilizadas en el brebaje de la ayahuasca*, in *América Indígena*, vol. XLVI, pp 49-73, México, 1986 ; NARANJO Plutarco, *Ayahuasca : Ethnomedicina y Mitología*, Ediciones Libri Mundi, Quito, pp.47-67, 1983 ; voir également les bibliographies des ouvrages de Plutarco NARANJO, Luis Eduardo LUNA et de *Amazonia Peruana* N° 4, CAAAP, Lima, 1979.

6 –   A la question : « Comment se déroule le traitement d'un toxicomane [à *Takiwasi*] ? », Jacques Mabit répond : « *La première phase du traitement est celle de désintoxication physique. Il est indispensable qu'il y ait alors isolement total. C'est presque une incarcération. Lorsque nous supprimons la drogue, il se produit un phénomène de manque très aigu pendant cinq à dix jours. Nous procédons à ce moment à une désintoxication rapide de l'organisme avec une préparation végétale vomitive (*Huancahui Sacha *et* Yawar Panga). Cela réduit considérablement le syndrome de sevrage et permet au sujet de couper rapidement l'appétence qu'il a pour la drogue. Nous pouvons passer beaucoup plus doucement à la phase de désintoxication psychique. Nous utilisons à la fois des plantes, un contexte de dynamique de groupe et un travail de psychologie. Dans les bungalows de la forêt, zone tranquille, en retrait, nous donnons aux patients un certain nombre de breuvages qui agissent surtout au départ comme purgatifs, et dans un deuxième temps, sur le plan psychique. Ce sont des préparations à effets psychotropes, connues dans toute l'Amazonie sous le nom générique de l'*Ayahuasca *(*Banisteriopsis caapi *et* Psychotria viridis). Elles sont bien non addictives et induisent une autoanalyse au travers d'états de relaxation, de remémoration de souvenirs anciens, surgissant au cours de rêves nocturnes ou éveillés. Ce sont des techniques ancestrales, traditionnellement ritualisées, que nous essayons d'associer à la psychologie moderne. Nous accordons aussi une grande importance aux eaux thermales et médicinales. [...] Nous utilisons*

également des bains de plantes et des massages. Il y a aussi bien sûr les entretiens psychologiques. Les recherches en psychologie transpersonnelles de Stanislav Grof servent de cadre de référence à notre travail. Tout cela est complété par d'autres techniques : socio-drames, dynamique de groupe, expression corporelle, musico-thérapie, etc... Et puis, il existe un vécu collectif autour de la préparation de nourriture, du jardin, d'un certain nombre d'activités locales, d'ergothérapie. Cela suscite un partage dans un contexte affectif, amical, mais aussi une certaine fermeté puisqu'il s'agit avant tout d'une thérapie. » (in *Rencontre de deux médecines au chevet des toxicomanes*). Tenant compte des différents effets découlant de l'ingestion d'une plante selon les circonstances, le traitement adéquat s'avère souvent la même plante ayant généré l'addiction, mais consommée cette fois-ci dans un contexte favorable (cf. *Plantes-poisons ou plantes-médecines ?* Conférence au Colloque « Drogue & Environnement », Paris, oct. 1994).

7 –   (IRETT) La démarche transpersonnelle est une approche psychologique initiée dans les années 1960 par le psychologue humaniste américain Abraham Maslow et développée par les animateurs du fameux centre californien d'Esalen, dont Stanislav Grof, Charles Tart, Roger Walsh et Ken Wilber. Sa particularité consiste à inclure une dimension spirituelle parmi les processus mentaux et à prendre en considération les états modifiés de conscience.

8 –   Durant les années de la vogue psychédélique, Stanislav Grof a inclut dans son étude des expériences avec le LSD. Il a ensuite utilisé comme substitut à ce psychotrope une technique respiratoire particulière, dite « respiration holotropique », causant une hyperventilation qui susciterait des états modifiés de conscience. Cette technique est aujourd'hui utilisée par les praticiens du *rebirth*, de l'animathérapie, etc. Bibliographie française : S. Grof & J. Halifax, *La rencontre de l'homme avec la mort* (Editions du Rocher, 1982) ; S. Grof, *Royaumes de l'inconscient humain* (Editions du Rocher, 1983) ; S. Grof, *Psychologie transpersonnelle* (Editions du Rocher, 1984).

9 –   Timothy Leary (1920–1996), écrivain américain, psychologue et militant pour l'utilisation expérimentale des drogues, vantant notamment les bienfaits thérapeutiques et spirituels du LSD et des plantes psychotropes traditionnellement utilisées par les Amérindiens.

10 –   Carlos Castaneda (1925 – 1998), alors étudiant en anthropologie en Californie, se fait connaître en 1968 avec son premier ouvrage, *L'Herbe du diable et la petite fumée* (Soleil Noir, 1972) [V. O. *The Teachings of Don Juan : a Yaqui way of knowledge*, University of California, 1968], qui relate une expérience chamanique et psychédélique en compagnie d'un tradipraticien yaqui. Ce livre et les suivants feront rêver des générations d'adolescents en quête d'ouverture d'esprit malgré une sérieuse polémique sur l'authenticité des faits qui y sont exposés.

11 –   Il est intéressant de relever que dans le contexte de l'initiation chamanique telle que la présente Jacques Mabit, il n'est pas indispensable qu'initiateur et initié proviennent d'un même substrat culturel. En effet, les visions et les expressions mnésiques concernées par les visions inspirées par l'*ayahuasca* impliquent vraisemblablement des domaines transculturels communs à tous les humains, nous pourrions dire « archétypaux », et dépendent de notions très générales. Cependant, le contexte de l'ex-

périence reste primordial ; Mabit cite comme contre-exemple le cas du Dr P. Rein-burg (*Contribution à l'étude des boissons toxiques des Indiens du Nord-ouest de l'Amazone. Etude comparative toxico-physiologique d'une expérience personnelle,* Journal de la Soc. des Américanistes de Paris, XIII, 1921).

12 – Jacques Mabit, *L'hallucination par l'ayahuasca chez les guérisseurs de la Haute-Amazonie péruvienne,* document de travail de l'Institut Français d'Etudes Andines, 1988.

13 – Terme sibérien d'étymologie incertaine, d'abord repris par des ethnologues dans leurs études des Toungouses chez qui le *saman* est un guérisseur qui pratique la transe en frappant un instrument à percussion (Jeremy Narby, *Le Serpent cosmique, l'ADN et les origines du savoir,* Georg, 1995). Le terme s'est généralisé en ethnologie pour désigner un certain type de tradipraticiens, puis a été intégré au langage courant.

14 – Marcel Mauss, *Essai sur le don. Forme et raison de l'échange dans les sociétés archaïques,* in *l'Année Sociologique,* seconde série, 1923-1924

15 – « Etats modifiés de conscience » (EMC ou ENOC), en anglais « *altered states of counsciousness* » (ASC). Ce terme très vague est beaucoup utilisé depuis les années 1960-70, mais reste mal défini, et pour cause : comment déterminer ce qu'est un « état modifié de conscience » lorsque l'on ne peut définir précisément un « état normal de conscience » ? Je n'utilise donc ici cette expression qu'en référence au contexte général, mais m'abstiendrai volontairement de toute définition hasardeuse, car je considère, personnellement, qu'il n'existe aucun état de conscience « normal » et que la conscience est en constante évolution, donc en constante « modification ». Cela dit, le terme EMC peut être compris intuitivement comme un état inhabituel, différent de – dirons-nous par provocation – l'« hébétude » quotidienne qui nous maintient en général à l'écart de toute sensibilité à des dimensions subtiles de l'existence, dont notamment le « monde des esprits » des chamanes. L'absorption de substances psychotropes, des chocs émotionnels intenses ou certaines pratiques mystiques peuvent donner accès à cette perception plus vaste, alors dénommée « extrasensorielle », un autre terme discutable (cf. E. Thibault, réponse à Ingo Swann in « courrier des lecteurs » *Gazette Fortéenne* vol 3, Ed. L'Œil du Sphinx, 2004).

16 – Selon Jacques Mabit, la désignation la plus adéquate des recherches faites à *Takiwasi* est une approche d'un système ethnomédical selon les propositions d'Annie Walter (*Ethnomédecine et anthropologie médicale : bilan et perspectives,* in *Cahiers O.R.S.T.O.M.,* Sér.Sci.Hum., vol.XVIII, N° 4, p405-414, Paris, 1982).

17 – cf. E. Thibault, *La Télépathie selon Rupert Sheldrake,* in *Murmures d'Irem* n° 16, Ed. L'Œil du Sphinx, 2005)

18 – Voici une phrase qui serait plus précise et moins laborieuse exprimée en langue anglaise, car on pourrait utiliser à meilleur escient les deux termes « *counsciousness* » et « *awareness* »

19 – cf. C.G. Jung (*L'homme et ses symboles,* Robert Laffont, 1964) : représentations mentales qui organisent et structurent l'ensemble des processus psychiques de l'être humain.

20 – David Dupuis, *Une ethnographie de la clinique Takiwasi - Soigner la toxicomanie avec l'aide des non-humains,* Mémoire de Master 2ᵉ année, 2009, p. 119.

21 –   cf. Stephen J. Gould & al., *Et Dieu dit : "Que Darwin soit !"*, Seuil, 2000, sur le principe de séparation des magistères (*Non-Overlapping Magisteria*) ; Jocelyn Morrisson, *L'univers a-t-il un sens ?* in *Le Monde des religions* n° 19, sept-oct. 2006 ; E. Thibault, *Du sens au sens, pour en finir avec les disputes rationalistes*, 2006, à paraître.

22 –   Ronald K. Siegel, *Intoxication: The Universal Drive for Mind-Altering Substances*, Pocket Books, 1990.

23 –   « *Il est essentiel de souligner qu'il n'existe* aucune accoutumance *à l'*ayahuasca, *quel que soit le sujet. Nous n'avons pas retrouvé une seule personne capable d'évoquer un état de manque et nous-mêmes avons interrompu les séances pendant plusieurs mois sans éprouver de syndrome de sevrage. Cette donnée peut être considérée comme un acquis. Elle a été constamment vérifiée auprès de tous les patients et guérisseurs sans trouver d'exception.* » Dr Jacques Mabit, *L'hallucination par l'ayahuasca chez les guérisseurs de la Haute-Amazonie péruvienne*, document de travail de l'Institut Français d'Etudes Andines, 1988.

24 –   Selon le *Diagnostic and Statistical Manual of Mental Disorders* - Fourth Edition (DSM-IV), [*Manuel de Diagnostic et Statistiques des Troubles Mentaux* - Quatrième Edition], publié par l'Association Américaine de Psychiatrie (Washington DC, 1994), manuel de référence des professionnels pour diagnostiquer les maladies mentales aux Etats-Unis, 100% de la population américaine serait sujette à un trouble psychopathologique au moins une fois au cours de sa vie. Ce constat surréaliste pose évidemment la question de la définition du concept de psychopathologie. En effet, le DSM-IV sert de référence en matière judiciaire aux USA et l'on n'est par conséquent que fort peu éloigné des principes de l'Inquisition à l'œuvre durant le Moyen-Âge…

25 –   pour information, de nombreux auteurs racontent leurs visions sous *ayahuasca,* par exemple : SILVA SANTISTEBAN Fernando, *Ayahuasca del cielo*, in *Revista RUNA* N°.3 del Instituto Nacional de Cultura, Junio 1977, pp.22-27, Lima, 1977 ; AREVALDO VALERA Guillermo, *El ayahuasca y el curandero Shipibo-Conibo del Ucayali (Perú), in América Indígena*, vol. XLVI, pp.147-162, 1986 ; BRAMAND-BLAGUY Anne, *Mon soleil au Pérou*, Ed. L'Harmattan, Paris, 1981; AYALA-FLORES Franklin and Lewis, Walter H., *Drinking the South American Hallucinogenic Ayahuasca*, in *Economic Botany* 32 : 154-156, April-June 1978, The New York Botanical Garden, published for the Society for Economic Botany; CALVO César, *Las tres mitades de Ino Moxo*, Ed. Cedep-Planeta, Líma, 1982; *Sacred narcotics plants of the new world indians*, an anthology of texts from the 16th century to date, compiled by Hedwig SCHLEIFFER, pp.98-112, Hafner Press, NewYork, 1973; SHANON, Benny, *The Antipodes of the Mind. Charting the Phenomenology of the Ayahuasca Experience,*. Oxford University Press, 2002.

26 –   Jacques Mabit, *Plantes-poisons ou plantes-médecines ?* Conférence au Colloque « Drogue & Environnement », Paris, oct. 1994.

27 –   Plantes émétiques utilisées pour la purge des toxicomancs à *Takiwasi* :
        - *Aristolochia didyma* (*yawar panga*) : première purification physique, émotionnelle et mentale ; pris en séances rituelles de 3 à 6 heures modulées au moyen d'*icaros* et de *sopladas*.
        - *Amarilis sp.* (*nardo*) : émétique activant l'expression des émotions

- *Tapetes erecta* (*rosa sisa*) : active le système respiratoire, action cérébrale et mentale
- *Sambucus peruviana* (*saùco*) : élimination des sécrétions du système respiratoire
- *Schweilera mexicana* (*huacapù*) : dépuratif et désintoxiquant
- *Nicotina rustica* (tabac) : émétique, potentialiseur psychoactif, efficace en cas d'addiction au tabac
- *Piper callosum* (*guayusa*) : émétique et stimulant
- *Banisteriospsis caapi* (*ayahuasca*) : émétique et psychoactif

28 –   Exemples : Tabac: utilisé en jus, le tabac induit des EMC ; fumé, il constitue un outil rituel primordial. Coca : utilisée en offrande rituelle ou mâchée pour la divination et ses vertus stimulantes.

29 –   L'organisme se débarrasse notamment d'un excès de sel qui est habituellement considéré comme contribuant à juguler ses perceptions subtiles, mais l'enracine favorablement dans la réalité quotidienne.

30 –   cf. Benoît Mandelbrot, *The Fractal Geometry of Nature*, W. H. Freeman & Co, 1982

31 –   Le terme "corps" étant utilisé ici dans un sens global qui ne se limite pas à la définition strictement matérialiste de l'organisme vivant.

32 –   Jacques Mabit, « L'alternative des savoirs autochtones au « tout ou rien » thérapeutique » in *Psychotropes, Revue Internationale des Toxicomanies*, De Boeck Université, vol.7, n°1, p. 7-18, article d'une grande clarté sur le travail thérapeutique effectué à *Takiwasi*.

33 –   cf. définition du rituel par Michael Houseman (*Vers un modèle anthropologique de la pratique psychothérapeutique* in *Thérapie familiale* n° 24 (3), 2003)

34 –   David Dupuis, *Une ethnographie de la clinique Takiwasi - Soigner la toxicomanie avec l'aide des non-humains,* Mémoire de Master 2e année, 2009.

35 –   « l'acceptation, puis la connaissance » : dans cet ordre, et non l'inverse comme on le pense souvent…

36 –   Condensation symbolique (définition de Michael Houseman): se réfère à des séquences d'actions, plus précisément des interactions, qui comportent la réalisation simultanée de modalités de relations nominalement incompatibles (Michael Houseman & Carlo Severi, *Naven ou le donner à voir : vers une théorie de l'action rituelle*, Paris, Ed. MSH / CNRS, 1994)

37 –   Marcel Mauss, *Essai sur le don. Forme et raison de l'échange dans les sociétés archaïques, in l'Année Sociologique*, seconde série, 1923-1924.

38 –   A ce sujet, se référer au master de Martin Fortier, et notamment les précisions qu'il donne sur la différence d'effets psychoactif entre les substances de type mescaline, à tendance d'abolition du sentiment d'ego, et celles du type DMT, qui préservent la lucidité et favorise la subjectivation durant les visions (Martin Fortier, *Statut épistémique et ontologique des hallucinations - contribution à une théorie des hallucinogènes,* Master 2 en philosophie contemporaine, EHESS, Paris, 2012).

39 –   Principe dont l'une des expressions archétypales les mieux connues est le symbole figuré par le magicien (bateleur) du jeu de tarot (clef 1) et dont une application concrète se retrouve dans les arts martiaux authentiques.

40 –   cf. Elisabeth Kübler-Ross, *La mort, dernière étape de la croissance*, Poche, 1993 et autres ouvrages du même auteur ; Stanislav Grof & Joan Halifax, *La rencontre de l'homme avec la mort*, Ed. du Rocher, 1982 ; etc.

41 –   impliquant : position verticale de la colonne vertébrale, migration du trou occipital, augmentation du volume cérébral, évolution du larynx donnant faculté de parler, expression permanente de l'activité sexuelle, déséquilibre énergétique en faveur de la zone cérébrale favorisant une créativité mentale, etc.

42 –   Jacques Mabit, « Chamanisme amazonien et toxicomanie : initiation et contre-initiation » in *Agora: Ethique, Médecine et Société*, n° 27-28, Paris.

43 –   Jacques Mabit, *Neuroscience et anthropologie : regards croisés sur les usages de drogues*, 8ème congrès « Concertation Toxicomanies », Bruxelles, 2000

44 –   Les tradipraticiens amérindiens consomment régulièrement l'*ayahuasca* durant leurs rituels, environs une ou deux nuits par semaines. Les néophytes présents à *Takiwasi*, ainsi que les patients sont conviés à l'accompagner à cette occasion. Une pratique intensive conduit souvent à développer des prédispositions thérapeutiques qui vont s'inscrire dans ce contexte chamanique, indépendamment des motivations premières ou de l'origine culturelle de l'individu.

45 –   Facteurs influençant la *mareaciòn* :
- la personnalité du maître de cérémonie (psychologie, style, évolution personnelle, maîtrise du processus, maturité personnelle)
- l'attitude mentale du sujet (influence majeure pouvant aller jusqu'à réprimer tout effet flagrant)
- l'alimentation du sujet, en général et en particulier avant la séance
- l'abstinence sexuelle avant la séance (influence désagréable, y compris sur les autres participants, en cas de manquement)
- la présence de femmes en période de menstruation (effet dangereux)
- la posture corporelle (conserver une verticalité de l'axe vertébral)
Selon J. Mabit, ces facteurs exercent une influence réelle confirmée par l'expérience dans la majorité des cas, quoique pas systématiquement, et non des précautions d'étiquette (d'après Dr Jacques Mabit, *L'hallucination par l'ayahuasca chez les guérisseurs de la Haute-Amazonie péruvienne*, document de travail de l'Institut Français d'Etudes Andines, 1988).

46 –   *parenthood/kinship*

47 –   (Jacques Mabit, *Le Savoir médical traditionnel et la toxicomanie*, § 12 à 15)

48 –   Emploi du son dans le contexte chamanique traditionnel (percussions, flûtes, arc chantant, etc.) :
a) support rythmique favorisant la concentration et une certaine qualité d'attention - « magie rythmique » (notion de « magie musicale » cf. Eliade)
b) éloigner les esprits avec du bruit (percussions, claquements de mains, gongs, etc.) en créant une vibration perturbante (notion de « magie du bruit » cf. Eliade)
c) rôle du chant sacré, lié au souffle

49 –   voir à ce sujet les travaux de Georges Lapassade.

LE PORTUGAL ET LA DÉCOUVERTE

DE L'AU-DELÀ DE L'HISTOIRE

par António Telmo

Avertissement : Ce texte a été lu aux Rencontres de Porto (juin 2010) par José Carlos Tiago de Oliveira, car l'état de santé d'António Telmo ne permettait pas sa présence physique. Malheureusement, l'auteur est décédé le 24 août 2010. Alors, faut-il le préciser, le texte de son exposé pour les Rencontres « *Le Portugal sous le Signe d'Abellio* » a été son dernier texte, et son dernier effort, tout en représentant une synthèse de son testament philosophique et spirituel.

Note de l'éditeur : La richesse ésotérique de ce texte est telle que nous le reprenons malgré l'impossibilité de soumettre des corrections de détail à l'auteur décédé. Nos lecteurs voudront bien se souvenir qu'il s'agit d'une contribution donnée en français par un auteur portugais, dans le cadre d'un colloque international.

António Telmo photographié chez-lui le 9 avril 2010 (*photo: José Guilherme Abreu*)

Le *Compendium de Géographie pour les écoles primaires*, adopté au milieu du XXe siècle, proposait une carte géographique du Portugal dans laquelle le pays était inscrit dans un rectangle délimité par ses points extrêmes : au Nord, au Sud, à l'Est et à l'Ouest.

Ce rectangle (chose incroyable !) était la somme exacte de deux carrés dont la ligne est-ouest qui les sépare passe sans erreur ou déviation par Tomar : ville templière par excellence.

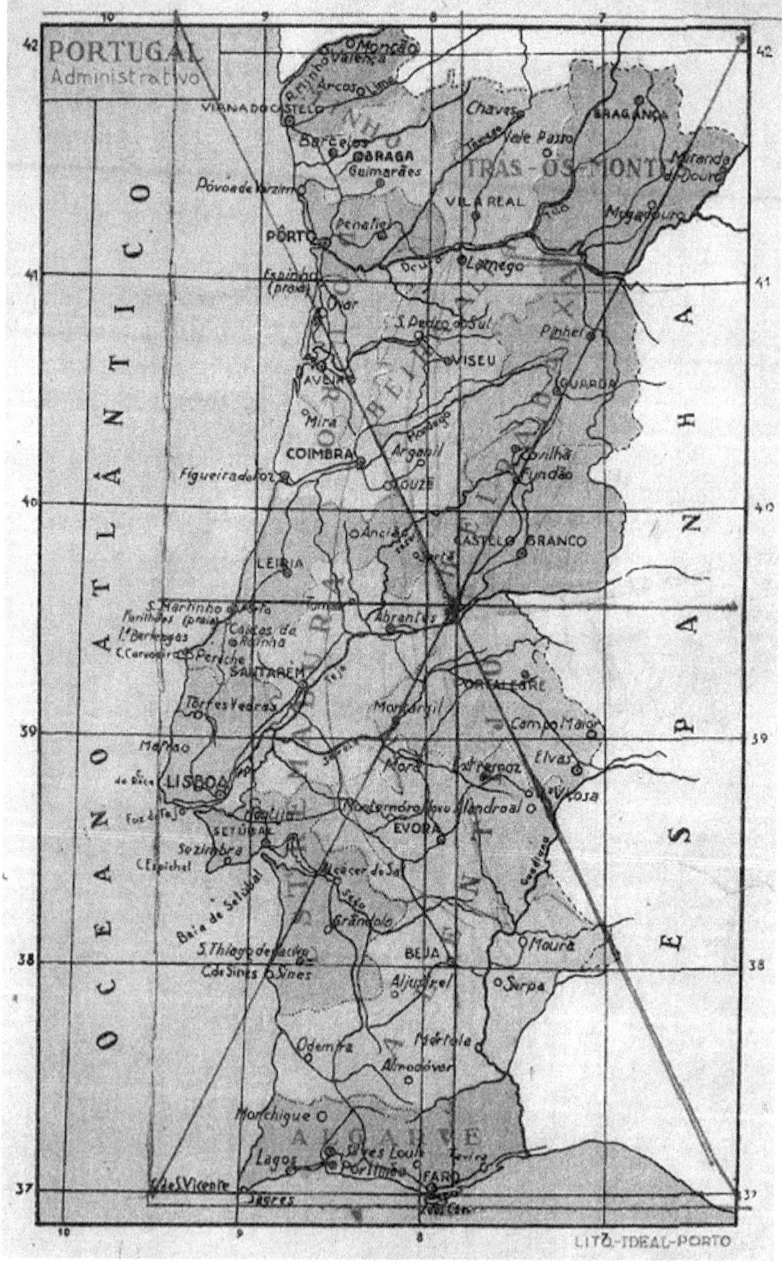

Carte géographique de Portugal (c. 1950)
avec des tracés dessinés par António Telmo

Imaginer la terre et son ciel comme un temple — et on doit le faire si on veut comprendre quelque chose sur la destination et le but de l'humanité —, le Portugal, considéré comme un rectangle, est donc interprétable comme un tapis dans le centre du monde.

D'ailleurs, le tapis conçu par Lima de Freitas pour les loges maçonniques du Rite Écossais Rectifié est également composé de la somme de deux carrés, mais parce qu'il n'obéit pas pour ses proportions « à ce qui est de règle » (ce qui l'illustre peintre n'ignorait pas), il est tout à fait possible qu'il ait étudié le même *Compendium*, et qu'il ait trouvé la même relation que je viens de proposer.

C'est justement autour de ce tapis qu'on effectue des voyages initiatiques qui ont pour but, comme vous le savez peut-être, l'Est. C'est la même direction qu'ont pris les navigations des Portugais qui, par le voyage, tout comme disait Camões, suivaient en « compassant l'univers. »

Le Portugal peut également être imaginé comme un *Barzakh*, si on se rapporte, tout comme il le faut, à Luis de Camões, et aux versets suivants :

Voici presque le sommet de la tête
De toute l'Europe, le Royaume Lusitanien
Où la terre s'arrête et où la mer commence

Qu'est-ce qu'un *barzakh* ? *Barzakh* est le mot par lequel Ibn Arabi et d'autres soufis dans le monde musulman désignent « l'entre deux » : le monde intermédiaire entre deux mondes qui, sans son travail d'harmonisation, s'excluraient réciproquement. Ainsi la ligne qui passe par Tomar divise et unit le Sud au Nord. Toutefois, le meilleur exemple est celui que nous donne Ibn Arabi : il s'agit de la ligne qui sépare et unit, en même temps, l'ombre d'un corps et la lumière qu'il projette. On ne peut pas dire qu'elle est lumière ou ombre. Elle existe en tant que prodige de notre imagination, mais elle n'est pas une ligne imaginaire.
Nous ne devons pas comprendre les versets de Camões uniquement en tant que déclaration qui met en évidence une situation géographique particulière. Il y a là une allusion à un *Fiat*, une révélation de la terre et de la mer, comme un mouvement sans fin, où le fini devient éternellement infini.

Qu'est-ce que cela a à voir avec Raymond Abellio ? Tout, si on considère la préface qu'il a écrite pour *Le Cinquième Empire*, le livre de Dominique de Roux [1]. Dans cette préface Raymond Abellio dit les mêmes choses qu'affirmaient, à la même époque, Teixeira de Pascoaes, Guerra Junqueiro, Álvaro Ribeiro et Fernando Pessoa. Quant à ce dernier, il le dit non par des paroles, mais au moyen de l'horoscope que lui-même avait réalisé du Portugal. J'ai eu la chance de l'interpréter selon ses degrés, ses maisons et ses signes dans un livre [2] révélateur de ce que nous sommes et de ce que nous parviendrons à devenir, lorsque nous aurons vaincu la tyrannie de l'histoire. Aujourd'hui, dans notre terre, celui qui se dit portugais, au sens où il s'identifie et où il aime sa Patrie et la veut intelligente, souveraine et libre, va bientôt être qualifié de personne dangereuse, comme s'il était fasciste. Abellio cependant vient à notre secours. Ses paroles sont des prophéties quand il parle d'un « ...nouveau combat [il fait référence à la révolution du 25 Avril] qui, depuis 1974, et venant d'Europe, a pris en quelque sorte le Portugal *à revers*, sur sa face de terre, en essayant d'installer le moteur de la dialectique marxiste en ce lieu immobile qui fut toujours, par excellence, celui de la non dialectique ».

Cette immobilité, l'immobilité, dis-je, d'un tapis vivant au milieu du monde, entre terre et mer, ne signifie pas la stagnation. Aussi, Abellio voyait le Portugal comme un principe d'immobilité, qui fonctionne platoniquement tout comme l'idée qui origine le mouvement, « afin de transmettre au Monde le message universel de son Dieu » qui a fait de lui, à Ourique, un peuple « missionné pour l'éternité ».

Concernant l'Histoire du Portugal, certains prétendent qu'il faut comprendre le bout de la globalisation actuelle de l'humanité comme la réalisation de ce qui était déjà dans l'esprit d'Henry le Navigateur, quand il jeta au vent les navires de la Découverte. Et il y aura aussi ceux qui verront dans la Sphère armillaire[3] le symbole de la mondialisation. Raymond Abellio ne le juge pas de la même façon. Pour lui, le Cinquième Empire, tel qu'il a été rêvé au Portugal, c'est l'empire du Christ et non pas celui de la Bête de la Terre.

Ce terme, apparaît à la fin d'une période tout à fait éclairante :

« Ce pays de l'Extrême Occident qui ne se voulait jamais occidental, mais justement universel et que convoite aujourd'hui la Bête de la Terre. »

Cet « aujourd'hui » désigne la révolution du 25 avril. Il est bon de revenir à la lecture des lignes déjà citées, là où Abellio nous parle d'un combat formidable impliquant les dieux et les hommes : ce même combat qui « depuis 1974, et venant de l'Europe, a pris en quelque sorte le Portugal à revers sur sa face de terre, essayant d'installer le moteur de la dialectique marxiste en ce lieu immobile qui fut toujours, par excellence, celui de la non dialectique ».

L'immobilité est inhérente au centre. Pour former l'ellipse du monde spirituel on a besoin de deux centres, l'un visible et l'autre invisible. Le Portugal, comme nous l'avons vu, est l'un de ces centres, le visible. L'autre, qui est, dans l'orbite de la Terre, le lieu de la lumière et de l'amour, Abellio le cite de cette façon :

« Les Portugais ont choisi le large pour découvrir au bout une île Fortunée, leur nouveau centre du monde. ».

Mais cette ellipse transcendantale, qui est la forme de l'universalisme tel que l'ont vécu les vrais portugais, n'a rien à voir avec l'universalisme de l'Antéchrist :

« Au Portugal, fin de la terre et terre de la fin, le combat ne sera réellement ultime que s'il oppose deux universalismes radicaux, celui du marxisme et celui du Cinquième Empire. Deux universalismes, c'est-à-dire, un de trop. Combat sur la terre et combat dans le ciel, aux issues contraires. Conquis et asservi par la force politique européenne, le Portugal ne sera jamais que le parent pauvre de l'Europe matérielle. Son destin est ailleurs. »

Ces paroles sont d'une actualité frappante. La prédiction a été exprimée par écrit le 5 Octobre 1976, deux annécs après le 25 avril.

« Son destin est ailleurs ».

Fernando Pessoa l'avait prédit comme cela, et non seulement dans son ouvrage capital *Le Message*. Il l'a fait grâce à un modèle circulaire simple, avec le strict minimum d'indications, de planètes, de signes, de maisons, de dates. Au dessus de ce cercle, il a écrit : *Horoscope du Portugal*. On m'a assigné le rôle de le déchiffrer. Je l'ai fait dans le livre que j'ai déjà mentionné. Le mystérieux schéma s'est développé dans mon esprit par le même processus que la plante produit, dès ses cotylédons jusqu'à la fleur, en ascension spirituelle de l'humide radical jusqu'au sec lumineux. Je le dis comme cela parce que le très simple schéma tracé par Fernando Pessoa rassemble les semailles dont le développement est celui de l'histoire du Portugal, couvrant son cycle de la naissance jusqu'à la mort, d'où il sort pour ressusciter dans un nouveau cycle qui est celui de sa gloire et celui de la gloire de l'humanité.

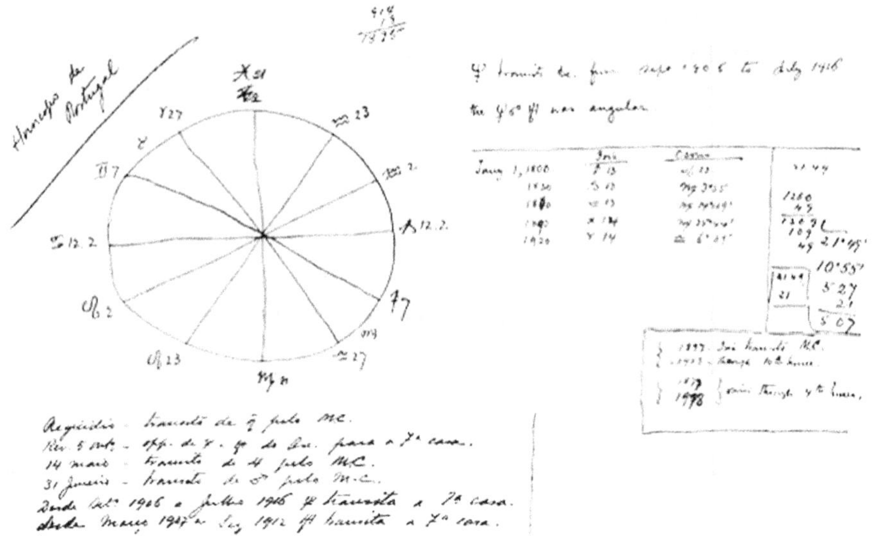

Horoscope du Portugal c. 1930 – Fernando Pessoa

Je ne sais pas si Raymond Abellio a regardé cet horoscope et l'a considéré ou, si c'est le même, l'a lié à *siderio*, à la lumière de la structure absolue. Ici, dans la préface que je considère, c'est à Joachim de Flore que Raymond Abellio se réfère pour affirmer, en ligne avec Fernando Pessoa, le destin transcendantal de notre peuple.

Il n'y a certainement pas, parmi vous, quelqu'un qui ignore l'annonce d'un troisième âge qui suivra l'âge du Père et celui du Fils, un âge qui implantera dans une nouvelle terre le Royaume du Saint Esprit. Et je dis une nouvelle terre parce que, sans perdre de vue ce que nous dit Abellio, je pense à son mépris de l'histoire, à son rejet de l'hégélianisme et du marxisme, qui comptent sur ce nouvel âge comme s'il s'agissait d'un mécanisme avec ses explosions et implosions, un mécanisme produisant le bonheur.

Abellio cite Dominique de Roux, l'auteur du livre qu'il préface :

« Tout ce scandale du 25 avril pour arriver à rien ».

Et il commente : « À rien, c'est-à-dire à ce vide d'une histoire une fois encore et toujours inachevée ».

Et plus en avant : « Nulle part plus qu'au Portugal l'existence n'apparait ainsi comme l'exil de l'Être. Nulle part n'est mieux ressenti que l'histoire doit finir et pour cela entraîner l'homme au plus bas et, sur ce point, d'y arriver et d'en finir, faire place à un état de l'homme qui non seulement ne découle pas d'elle, mais encore la renvoie au néant dont elle n'a cessé de témoigner. »

Tout cela est assez clair. La fin de l'histoire, qui n'est autre que d'être tout à coup engloutie par ce rien qu'elle est essentiellement, sera suivie de l'Apocalypse, car l'Apocalypse ne signifie pas, comme le croit le vulgaire, un simple cataclysme. L'Apocalypse signifie Révélation. Révélation qui est, selon Joachim de Flore, celle du Royaume du Saint Esprit, ce qui ne pourra arriver qu'hors de l'Histoire, et non relié à l'Histoire : ce rien de soi-même qui n'a été qu'un rêve de rêve, sans aucune synthèse des contraires mais plutôt une succession de positions antithétiques, sur la pente de l'abîme fatal.

Raymond Abellio ne nous a rien dit que nous ne sachions déjà. Mais ce qu'il a dit demeure cependant étonnant. En lisant sa préface, nous oublions parfois que nous sommes en présence d'un Français, et si on s'arrête un peu, en cogitant, nous advient soudain la relation intime existant entre le Portugal, le sud de la France et le nord de l'Espagne, là où Abellio dit, dans un roman, que reposent ses racines.

Il ne nous a rien dit que nous ne connaissions déjà. Mais il n'avait pas l'intention de nous enseigner. Il a dit ce qu'il lui semblait. Ce qu'il a vu, il ne l'a pas trouvé n'importe où, ni même dans le livre de Dominique de Roux. Il l'a vu là où est son esprit, qui est aussi notre lieu.

Qu'il est aussi le nôtre, toute notre meilleure littérature, notre poésie et notre philosophie, qui est celle qui n'a jamais voulu être européenne, en témoignent. Celle de Luis de Camões et du Père António Vieira, de Sampaio Bruno et Teixeira de Pascoaes, de Alvaro Ribeiro et Fernando Pessoa, de Agostinho da Silva.

Vraisemblablement, il avait parlé avec Dominique de Roux de notre littérature, que celui-ci connaissait certainement bien, mais ce n'est pas là qu'est né tout ce qu'il a pensé et écrit dans sa préface. Je veux penser que son origine advient de tout ce qu'il a vécu et expérimenté, de tout ce qui, dans sa vie, a été danger et a été vision.

Merci bien Raymond Abellio.

Fac-similé signature

1—   Dominique de Roux, *Le Cinquième Empire*, Editions Belfond, Paris, 1977, puis Le Rocher, 1997 et 2007.

2—   António Telmo, *Horóscopo de* Portugal, Guimarães Editores, Lisboa, 1997

3—   La sphère armillaire a longtemps servi de symbole officiel du Portugal et de son empire maritime.

ECCE HOMO

Par Christian de Caluwe

« Peut-on être Saint sans Dieu ? C'est le seul problème concret que je connaisse aujourd'hui ».

Albert Camus, *La Peste*.

« Jésus incarne bien tout le drame humain. Il est l'homme parfait, étant celui qui a réalisé la condition la plus absurde. Il n'est pas le Dieu-homme, mais l'homme-dieu. Et comme lui, chacun de nous peut être crucifié et dupé – l'est dans une certaine mesure. »

A. Camus, *Le mythe de Sisyphe*. La création absurde, à propos de Dostoïevski, p.144, Gallimard, 1966.

« J'ai été plus loin que le Christ ».

Louis-Claude de Saint-Martin

BIOGRAPHIE de LOUIS-CLAUDE de SAINT-MARTIN :

Louis-Claude de Saint-Martin.

Louis-Claude de Saint-Martin est né le 18 janvier 1743 à Amboise. Il meurt à l'âge de 60 ans à Chatoyant près de Paris en 1803. Que s'est-il passé entre temps ? Orphelin de mère à 3 ans, il est adopté à l'âge de 6ans par une femme qui s'avérera magnifique. Après des études au Collège de Pontlevoy puis à la Faculté de droit de Paris, il devient licencié mais son esprit est si contraire à la profession d'avocat qu'il s'engage bien vite dans l'armée. Il rejoint le Régiment Foix-Infanterie qui tient à ce moment-là garnison à Bordeaux. Il y restera de 1765 à 1771 sans jamais faire la guerre pendant ses sept ans de service. Il jouira ainsi d'une grande liberté. Il en sortira sous-lieutenant. La loge maçonnique de ce régiment porte le nom de Josué. Elle pratique le rituel des Chevaliers-maçons de l'Univers. C'est là que son destin bascule : il rencontre M. de Grainville, affilié aux Elus Cohens, puis Martinés de Pasqually qui est le fondateur de ce rite. Ce sera son premier maître. Se doute t-on alors que l'élève allait faire passer son initiateur à la postérité en l'enrichissant ? Vers 1765, il reçoit en même temps les trois grades cohens dits du Porche. Il a 22 ans :« les 3 grades du Porche, je les ai reçu tous trois à la fois, mais je ne sais si cela vaut mieux. C'est le maître de Balzac qui me les conféra ». Il s'agit de Baudry de Balzac.

A la fin de l'année 1768, il est reçu Commandeur d'Orient et le 17 avril 1772, il est élevé Réau-Croix. Il est reçu CBCS en 1785 sur les instigations de Willermoz, puis Profés et Grand Profés. Mais dès 1777, il commence à se détacher de la franc-maçonnerie de plus en plus matérialiste et athée : « Tout le régime maçonnique devient pour moi chaque jour plus incompatible avec ma manière d'être et la simplicité de ma démarche » écrit-il au frère de J.B. Willermoz.

Et le 4 juillet 1790, il demande à être rayé des registres maçonniques et de l'Ordre intérieur du RER. Il restera fidèle à Martinès de Pasqually qui, dit-il, « avait la clef active » de tout « ce que notre cher frère Boehme expose dans ses théories ». C'est en effet sa chérissime Charlotte de Broecklin qui lui fait découvrir les ouvrages du compagnon-cordonnier de Görlitz, né en Silésie en 1575. La première remarque que l'on pourrait faire c'est que Louis-Claude de St-Martin est devenu professeur alors qu'il avait 50 ans, à la 1ère École Normale supérieure de Paris, après avoir suivi des cours de formation. Las de lutter contre les doctrines matérialistes de l'Université et les théories sensualistes de Condillac, il en partira. Sait-on également qu'il était violoniste et qu'il s'intéressa suffisamment à l'harmonie pour écrire la *Lettre sur les rapports de l'harmonie avec les nombres*, (cf. annexe). Mais ce qui est digne de remarque et qui passe souvent inaperçu, c'est qu'au cours de ses voyages et notamment à Londres et à Strasbourg, Saint-Martin aurait été initié ou affilié par les soins de Rodolphe de Salzmann à un Ordre des Philosophes inconnus fondé en 1643 et issu des Frères d'Orient, ordre initiatique créé à Constantinople en 1090 sous le patronage de l'Empereur Alexis Comnène. Jean-Piere Bayard [1] rapporte que Khunrath et Jacob Boehme auraient également appartenu à cet Ordre « lui-même issu des corporations byzantines de bâtisseurs qui existaient au IV siècle de notre ère, mais dont l'origine est plus ancienne car elles se reliaient aux collèges sacerdotaux et aux associations des métallurgistes du Sinaï au Xe siècle avant le Christ ». Ce même ordre des Philosophes inconnus se serait manifesté en France, en 1646, (l'année d'ailleurs où curieusement, Elias Ashmole est initié à la franc-maçonnerie en Angleterre !).

La philosophie des frères d'Orient repose sur la doctrine de l'Unité et la Loi de retour que Matgioi évoque à propos des actions et réactions concordantes décrites dans le Taoïsme : « …la vibration ondulatoire, après avoir impressionné tout l'océan psychique, revient au lieu même où elle naquit… ». Et ce retour n'évoque t-il pas cette réintégration dans l'Unité perdue qui est précisément le thème de ce livre ?

LA PERSONNALITE DE LOUIS CLAUDE de SAINT MARTIN :

Mais qui est donc ce théosophe qui prône un christianisme spirituel, une Unité transcendante de toutes les religions et qui constituerait le culte universel qui « ne sera plus susceptible d'être infecté par le trafic du prêtre » (*Lettre sur la révolution*). Cette théosophie-là n'a rien à voir avec le futur théosophisme syncrétiste, imprégné de bouddhisme.

Nous allons la découvrir en analysant la personnalité de son auteur qui fut un frère.

Grâce à la typologie tirée de l'ennéagramme, nous pouvons dire qu'il incarne assez bien le type 1 qui représente l'Unité et qui garde toute sa vie la nostalgie de la perfection, du Paradis perdu : aussi travaille-t-il à la retrouver en dénonçant les obstacles chez lui-même et les autres ainsi que la paresse de ceux qui ne font pas d'efforts, avec une certaine intolérance, un dépouillement mystique et de l'austérité. Car la volonté est l'instrument de la rédemption.

LE THEME D'ECCE HOMO :

C'est précisément là, le thème d'*Ecce Homo*, ce retour au Principe de l'homme déchu. L'initiation commence à ce moment précis où l'on fait demi-tour, comme l'évoque la racine indo-européenne *queles*, à propos du labour. Lamartine ne dit-il pas dans un de ses poèmes dédiés à Lord Byron : « L'homme est un dieu tombé qui se souvient des cieux » ?

Théosophe, mystique se réclamant plus de la voie cardiaque que de la Théurgie dont il ne niait cependant pas la réalité objective, il se dresse dans *Ecce Homo* avec un certain mépris contre les occultistes mais aussi contre ceux qui évoquent les puissances supérieures car c'est par la prière que l'on peut communiquer avec les esprits supérieurs. Ecoutons-le, (p. 63) : « Pour nous faciliter notre union avec les agents intermédiaires qui sont nos amis et nos conducteurs, je crois qu'il faut une grande pureté de corps et d'imagination ».

Il blâme « toutes ces extraordinaires manifestations dont les siècles ont été inondés ». Il s'affirme l'« irréductible adversaire de ce que l'on appelle les sciences occultes », qu'il faudrait peut-être distinguer de la Science occulte, celle des Lois d'Hermès qui figurent dans la *Table d'Émeraude*.

SITUATION D'ECCE HOMO dans la vie de Louis-Claude de Saint-Martin :

Ce livre s'adresse à la duchesse de Bourbon chez qui il séjourna, comme en témoigne cet extrait d'une lettre du 8 juin 1792, adressée en pleine tourmente révolutionnaire à son ami intime, Nicolas-Antoine Kirchberger : « Si vous me faites l'honneur de m'écrire, monsieur, vous pouvez m'adresser vos lettres chez madame la duchesse de Bourbon, à Paris [...] ». Or, c'est à l'Elysée que demeure Louise-Marie de Bourbon qui s'est rangée du côté des révolutionnaires. C'est donc là que va loger le Philosophe inconnu de 1792 et 1797 !

Ecce Homo paraît en 1792, deux ans après *L'Homme de désir* ; il a 49 ans. Il a déjà publié à 32 ans un livre qui vient d'être réédité : *Des Erreurs et de la Vérité* ; il le rédige alors qu'il vit chez le frère Willermoz de 1773 à 1774. Cet ouvrage, qui sera mis à l'index par l'inquisition espagnole, exprime d'une façon voilée la doctrine de Martinez de Pasqually. Il a aussi publié le *Tableau naturel des rapports qui existent entre Dieu, l'Homme et l'Univers* ; il a 39 ans.

ANALYSE DU LIVRE :

Remarquons que nous nous limiterons à *Ecce Homo*, nous réservant ultérieurement l'approche globale de son œuvre.

La grille de lecture des 9 chapitres :

Ce chiffre correspond-il à un plan que l'on pourrait retrouver dans :
– les ennéades ?
– la kabbale ?
– le tarot ? car son ouvrage sur *Le Tableau naturel des rapports qui existent entre Dieu, l'Homme et l'Univers* serait basé sur les lames de ce jeu initiatique.

Cependant nous allons voir que Louis-Claude de St-Martin ne s'attachait pas à la forme de ses écrits pas plus qu'à des préoccupations esthétiques.
Par contre nous retrouvons le symbolisme du neuf au 3ème degré du R.E.R. : « Ternario formatus, nonenario dissolvitur » (Formé par le ternaire, il est dissous par le nonéaire). Par conséquent, le symbolisme du neuf n'est pas fortuit : *ennéa* en grec, veut dire neuf et a donné ennéagramme. Le docteur Allendy résume ainsi le symbolisme de ce nombre : « L'extrême multiplicité faisant retour à l'unité ; la solidarité cosmique ; la Rédemption ; la Réintégration finale ». Rappelons que Jésus expire à la neuvième heure. Madame Blavatsky lui fait correspondre la perte de la personnalité par l'amour universel. Enfin, pour L.C. de Saint-Martin, le neuf est le nombre de « l'anéantissement de tout corps et de la vertu de tout corps ».

La sémantique propre à l'auteur :

La forme : « l'obscure clarté » qui se dégage de son livre est délibérée et rappellerait celle d'« Héraclite l'obscur ». Non seulement il nous en avertit dans la préface de son Livre « missionné », *Des erreurs et de la vérité*, puisqu'il « enveloppe cet écrit souvent d'un voile » et qu'il nous dit précisément : « On s'apercevra facilement, en lisant ces réflexions, que je me suis peu attaché à la forme… ». Mais il dit clairement dans le *Ministère de l'Homme-Esprit*, qu'il abjure toute gloriole d'auteur et renonce à l'émotion esthétique, s'opposant ainsi au *Génie du Christianisme* de Chateaubriand qu'il rencontrera à la Vallée-aux-Loups en janvier 1803, peu de mois avant sa mort. Il lui reprochera d'ailleurs de « confondre à tous les pas le christianisme avec le catholicisme » et d'altérer la Parole divine par son œuvre : « Ce n'est point pour apprendre aux hommes à faire des poèmes, et à se distinguer par de charmantes productions littéraires, que la parole est venue dans le monde ; elle y est venue, non pas pour faire briller l'esprit de l'homme aux yeux de ses semblables, mais pour faire briller l'esprit éternel et universel aux yeux de toutes les immensités ».
Or, ce qui peut sembler paradoxal, c'est que Louis-Claude de Saint-Martin loue la poésie, dans *Des erreurs et de la vérité*. Pour lui, c'est « la plus sublime des productions des facultés de l'homme, celle qui le rapproche le plus de son principe, et qui par les transports qu'elle lui fait sentir, lui prouve le mieux la dignité de ses origines ». Et il ajoute : « C'est dans une telle poésie que nous pouvons voir l'image la plus parfaite de cette langue universelle que nous essayons de faire connaître » et « c'est une profanation de l'employer à la louange des hommes... »

Il refuse les citations pour n'apporter que des témoignages.

Le titre de son livre est tiré de l'Evangile de St Jean, lorsque Ponce Pilate, chevalier romain, gouverneur de Judée, présente Jésus aux Juifs et leur dit : « Ecce homo » : *ecce* est en latin un adverbe signifiant voici, voilà, tout à coup. *Homo*, signifie homme ; par conséquent le sens de ce titre est : voici l'homme. C'est aussi le nom d'un tableau représentant le Christ vêtu de pourpre et couronné d'épines. Dans le langage courant c'est un homme pâle et maigre.

« *Ecce Homo* » revient comme un *leit motiv* dans les 9 parties de son ouvrage, de même que l'expression : « principe des Ténèbres ». Précisons que « l'Homme de désir » va devenir « un Nouvel Homme » puis « un Homme-Esprit » par opposition au profane, « l'Homme de torrent ».

La composition de l'ouvrage en neuf chapitres

Axiomes

« Dieu et l'homme sont des êtres vrais qui peuvent se connaître dans la même lumière et s'aimer dans le même amour ».

De là « l'irrécusable analogie » inverse entre l'homme et Dieu : l'un est un médium, un intermédiaire relatif, « une image réduite » de l'absolu. « L'homme paraissant placé sous l'aspect de la divinité même, s'annonce assez comme destiné à la réfléchir directement et, par conséquent, à nous la faire connaître toute entière ».

Par ces propos, Louis-Claude de Saint-Martin se révèle théosophe.

Dépositions de l'homme

1ère : l'homme est une sainte et sublime pensée de dieu sans être la pensée de Dieu : de là son essence indestructible.

2ème : Il en résulte que Dieu aime les hommes en aimant sa pensée ;

3ème : si l'homme est une pensée de Dieu, inversement nous ne pouvons nous lire qu'en lui.

4ème : l'homme a conscience de ce qu'il devrait être et qu'il n'est pas ;

5ème : les vérités intérieures sont plus profondes que les vérités géométriques :(esprit de finesse et esprit de géométrie, disait Blaise Pascal) ;

6ème :

– 1ère époque : l'âge d'or qui précède la séparation.

– 2ème époque : elle nous permet de soupçonner la 1ère. Le mal est la chute de l'homme et son« abstraction du règne de l'universalité ».

Il est important de sonder cette analogie, ses rapports avec Dieu grâce aux signes car nous sommes les témoins de cette Divinité.

La perte de notre « glorieuse destination » qui est comme un trésor dont nous avions la garde et que nous avons toujours en nous malgré une dégradation dont il explore les suites et non la cause.

Le sens du titre

L'homme, par abus de ces privilèges offre une image dégradée, avilie et inverse de ce qu'elle fut : ce qui nous vaut ce titre insultant et dérisoire d'*Ecce Homo* : voilà l'homme « et que ce titre aujourd'hui si insultant pour nous, nous couvrit d'opprobre et d'humiliation… ».

L'homme est comparé à un enfant malade qui offre un visage souriant devant un hochet.

Ce n'est que justice divine.

La prise de conscience de cet état de dégradation et de ses conséquences serait le départ de notre régénération.

Mais l'homme corrompu ne fait pas la relation de cause à effet et cache ses défauts et ses mensonges.

De là l'image de l'homme mutilé qui se prétend beau avec la complicité du prêtre, du philosophe, de l'orateur, du législateur.

Apparition de « l'esprit des ténèbres » et de deux catégories d'individus

– l'homme extérieur,
– l'homme intérieur.

L'état primitif s'accompagnait de connaissances supérieures.

Le nom d'*Ecce Homo* suppose le dénuement indispensable à la réconciliation.

Les vérités supérieures ne sont plus entendues.

Le sage doit chercher en lui-même avec un cœur d'enfant, l'homme corrompu hors de lui.

Le « principe des ténèbres » nous détourne.

« Notre œuvre est que Dieu en nous soit tout, et nous rien ».

« l'homme est à l'image et à la ressemblance de Dieu »

Il est son image inversée, semblable et dissemblable. Cela évoque le symbolisme du miroir qui pourrait renvoyer, par réfraction, la lettre G éteinte au RER : elle se superposerait alors derrière notre propre image dans le miroir ! Les lois et les ordonnances de la Sagesse suprême rappellent l'Homme-Archétype à son état d'avant la chute car « ce fleuve de l'amour divin, dans lequel nous avons puisé la naissance, ne peut jamais cesser de couler pour nous régénérer en lui ».
Le « crime primitif » et ses « prévarications » (faire des crochets, s'écarter du droit chemin ; de varus : tourné au dehors, cagneux), sont rachetés par la mort de « l'Homme Réparateur ».
L'homme doit combattre :
– sa propre infirmité,
– le principe des ténèbres.

Les missions fausses, spirituelles, naturelles : ne pas transposer les époques et projeter les prophéties juives à notre époque

(Il oublie la métahistoire des prophéties historiques juives.)
Il dénonce l'idolâtrie qui repose sur la sensibilité, notre amour, nos vertus et nos lumières ; « l'uniformité des œuvres » du principe des ténèbres.
« Un feu vivant opère dans le silence ».

Les signes qu'il dénonce

1. Les hommes faussement missionnés brillent alors que les vrais prophètes sont outragés et suppliciés. Ainsi parle le Réparateur !
2. la mission du Réparateur devrait être le prototype de toutes les vraies missions, ce qui n'est pas le cas lorsqu'elles localisent sur terre le foyer des grâces divines ; les règles humaines et monacales sont puériles.
3. les femmes s'y prêtent malheureusement et dominent les hommes dans ces missions.
4. s'octroyer un nom nouveau que tout le monde va connaître, alors que nom inscrit sur « la pierre blanche » doit rester secret, comme il est dit dans l'Apocalypse.

Dans ce chapitre, Louis-Claude de Saint-Martin en dénonçant les règles humaines puériles, nous laisse percevoir son goût pour la théocratie sous-tendue par la Tradition. Ne dit-il pas dans *L'Homme de désir* :

« Est-ce à l'homme à être législateur ? Et n'est-il pas par sa nature le simple ministre d'une loi qui ne peut lui être supérieure qu'autant qu'elle ne vient pas de lui ?».

Faut-il voir dans cette théocratie un organigramme divin reposant sur l'arbre séphirothique, sur des lois « divino-sociologiques », pour reprendre l'expression du Frère Pierre Mariel, assurant la permanence de principes éternels contenus dans les temples maçonniques et qu'il suffit de projeter dans le temple social quel que soit le régime politique afin de le mettre au service de chaque individu ! Ne fait-il pas écho au Notre Père : « Que ton règne vienne … » ?

C'est ainsi que Gattefossé l'expose dans son précieux livre : « la République des anges » :

- **La triade transcendante comprend : les fondements spirituels et éthiques (plan divin, *arbre de vie*) :**

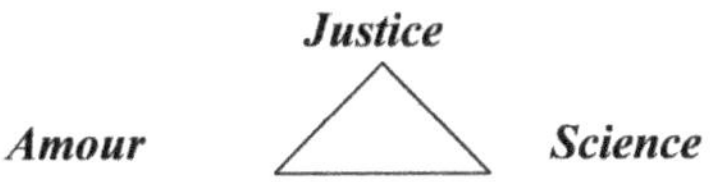

- **La triade intermédiaire comprend : l'organisation sociale et les moyens de gouvernement, (plan céleste) :**

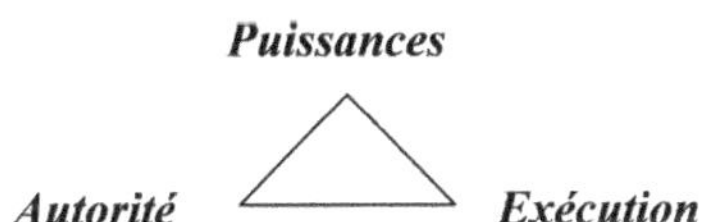

- **La 3 ème triade, toute matérielle, comprend : les réalisations actives de l'individu (plan terrestre, *arbre du bien et du mal*):**

Permanence des lois   *Collectivités*

Protection

Individu

COLONNE DU POUVOIR   **COLONNE DE LA COMPETENCE**

Le principe des ténèbres ralentit notre œuvre de résurrection en flattant notre amour-propre :

La simple conquête des lumières est insuffisante. Il faut une véritable soif, un désir impérieux de renaître qui nous appelle vers le dépassement et le meilleur de nous.
Il s'agit d'échapper à la 1ère mort et à la seconde.

La clef divine doit ouvrir l'âme de l'homme.

Mais il faut se tenir à l'écart des prédictions, des faux prophètes et des faux missionnés.
L'homme est en prison sur terre. Il ne doit pas faire confiance aux voies abusives des nations pas plus qu'aux « ministres de la religion », entrepreneurs de démolition de l'Eglise : ils ne connaissent plus la clef des Ecritures saintes ; citant Isaïe : « ils ont donné au mal le nom de bien, au bien le nom de mal, aux ténèbres le nom de lumière, à la lumière le nom de ténèbres » ; ils sont trompeurs et, sur quatre pouvoirs :
connaître les mystères du royaume de Dieu,
guérir les maladies,
opérer la Cène du Seigneur,
remettre les péchés,
ils ont conservé les deux pouvoirs invisibles des fondateurs, alors que les deux visibles « auraient commandé la foi des peuples ».
Louis-Claude de Saint-Martin suggère par ses propos une église intérieure, un christianisme transcendant qui est un hermétisme chrétien :
« Le christianisme appartient à l'éternité, le catholicisme appartient au temps », disait-il.
Pour le Philosophe Inconnu, l'Eglise catholique n'est que le premier degré de l'initiation.

Message d'espoir :

Il existe encore de vrais prophètes qui peuvent conduire les hommes à leur « régénération ».
Les conditions :
être véridiques,
vérifiés,
et dans la justice.

Le combat est contre soi : c'est « une vérité neuve » dit-il, que de commencer par se reprocher ce que l'on reproche aux autres et les confesser ; de plus, nos actes génèrent des réactions en chaîne dans notre vie. Moïse et Elie reviendront promulguer la première et la deuxième loi. L'éveil doit se faire chez les hommes de désir.

L'Homme Réparateur a porté le titre humiliant d'Ecce homo ; il incarne l'histoire universelle de l'homme fait à sa ressemblance. Le livre se termine sur une phrase qui nous ramène à l'axiome du début : « Ecce Homo, voilà l'homme, voilà l'image et la ressemblance de notre Dieu, voilà le signe et le témoin du principe éternel des êtres, voilà la manifestation vivante de l'universel axiome. » La boucle est bouclée !

« L'initiation fait passer du Christ souffrant au Christ glorieux », nous dit Louis-Claude de Saint-Martin.

Ainsi, le Réparateur va lutter contre l'égrégore mondial de résignation. Car l'homme a mauvaise conscience : il n'aime pas devoir !

Or, il s'agit de donner pour recevoir, selon la formule latine :
DO UT ES

« Le bonheur est une idée neuve en Europe », s'exclame Danton !

CONCLUSION

Les structures anthropologiques de l'imaginaire sont par delà le temps et l'espace.

Ecoutons ce que nous en dit Mircea Eliade : « Nous avons vu que dans certaines techniques tantriques, on poursuit l'unification de la lune et du soleil, c'est-à-dire le dépassement de la polarité, la réintégration dans l'unité primordiale. Ce mythe de la réintégration — qui, dans le fond, exprime la soif d'abolition des dualismes, de l'éternel retour et des existences fragmentaires — se retrouve presque partout, avec une infinité de variantes, dans l'histoire des religions ».

Nous songeons alors à ce poème de Rimbaud qui est une invitation à nous affranchir de la corporéité, de la multiplicité des moi et de la temporalité :

> « Elle est retrouvée
> Quoi ? – L'éternité.
> C'est la mer allée
> Avec le soleil ».

Ce courant est encore bien vivant : lorsque l'Épiscope de l'Eglise gnostique ou orthodoxe ou bien le prêtre de l'Eglise catholique portent le calice devant eux (le graal) et le joignent à l'hostie, ne réalisent-ils pas le mariage alchimique du soufre et du mercure, de l'or et de l'argent, du Soleil et de la lune, symbolisé dans l'Ancienne Égypte par la barque d'Isis, semblable au croissant de lune, portant le disque solaire de Râ ? Nous avons-là, comme le souligne l'égyptologue Grégoire Kolpaktchy, l'image du « rachat du vieil Adam » car la séparation des luminaires, qui correspondait à la chute, est enfin réparée !

Cette survivance témoigne d'une filiation gnostique ininterrompue et prestigieuse qui véhicule « le plus pur esprit du christianisme » transmis par le courant essénien, les Frères d'Orient, l'école d'Alexandrie, l'Église johannique d'Ephèse, l' Église celte, le manichéisme dont procède le catharisme, la gnose Templière des manteaux blancs, (la branche « blanche » de l'Ordre Teutonique du sud de l'Allemagne), la Rose-Croix, les Massénies du St Graal et le courant rectifié inspiré de Jacob Böhme et de Martinez de Pasqually. Ne devrait-on pas plutôt parler d'un double courant : celte et égyptien qui va fusionner au moment où Saint Malachie, Primat d'Irlande, meurt dans les bras de Saint Bernard ?

Ce courant ne conduit-il pas à une déification de l'Homme et à l'idée que Dieu est en nous ? Ainsi, Feuerbach nous rappelle que « le seul dieu de l'homme est l'homme lui-même » : *Homo Homini Deus*.

Mais la lucidité d'Albert Camus s'oppose à cette déification de l'homme lorsqu'il nous dit : « Apprendre à vivre et à mourir et, pour être homme, refuser d'être dieu ».

Cependant, l'homme a besoin de transcendance. Le mythe d'une société de consommation qui donne tout au bébé repu que nous sommes, est tenace. L'*homo consumans* sommeille dans l'*homo sapiens* qui n'arrive pas à différer sa satisfaction. N'est-il pas « l'homme du torrent ?»

Ainsi, « l'homme de désir » est en marche vers sa glorieuse destination, celle d'une réintégration dans l'Unité primordiale, dont le médiateur va prendre des noms différents selon les religions : Homme Transcendant du Taoïsme ou Homme Universel du soufisme mais aussi *Adam Kadmon* de la Kabbale; autant d'expressions du « Plus qu'Être » qui correspondent à mon sens au Christ ésotérique

(*Yeshouah*), au G.: A.: D.: L.: U.: ou au G.: A.: D.: M.:, mais aussi à l'Humanité présente et passée dans son ensemble qui demeure en nous. Cette glorieuse destination n'est-elle pas celle de la réintégration du moi dans le Soi éternel, (ce que d'autres appellent l'immortalité de l'âme), grâce à une mutation ontologique, celle d'une alchimie spirituelle qui commence par un grand cataclysme intérieur afin d'« océaniser sa goutte d'eau », selon la très belle expression de Saint-Pol Roux ? Notre Frère Abd El-Kader, éminent soufi, ne dit pas autre chose quand, dans le *Livre des Haltes*, il nous confie : « Dieu m'a ravi à mon moi illusoire et m'a rapproché de mon Moi réel ».

L'image d'une échelle des degrés d'amour s'impose à nous « pour monter à Dieu », selon l'expression de Lamartine qui ajoute dans l'*Hymne du matin* :

« Montez, volez à Dieu ! Plus haut, plus haut encore ! »

On songe alors à cette phrase de Henri Suso: « Peu importe que Jésus ait existé ou pas pourvu qu'il s'incarne en moi », car, dira Saint-Martin : « tout homme est un Christ ».

Nous pourrons dire alors avec le docteur Allendy : « Le mobile de la réintégration en l'Unité sera précisément l'œuvre d'amour et l'acte purement désintéressé de la rédemption », mais il faudrait ajouter : à condition que l'humanité toute entière soit délivrée par la réinstauration en chacun de nous d'un état de béatitude qui conduit à une bienfaisance oblative car « il ne suffit pas de faire le bien, encore faut-il le bien faire » ! D'où le renoncement de l'initié à son propre salut ! De là sa charité et sa miséricorde. Bref ! Il s'agit de renaître dans un état glorieux symbolisé par la rose aux pétales flamboyants. Le 5 n'est-il pas le nombre de la chute mais aussi celui de la volonté de se re-pente-ir et de se réintégrer, celle de « redevenir » Dieu à condition d'imploser en Lui, de mourir en Lui !

« Tu ne pourras voir ma Face, car l'homme ne peut me voir et vivre ».(Ex.33, 20).

Or, devenir, c'est se retourner, être bouleversé (katastrophê) par un cataclysme intérieur !

Bref ! Ce que véhicule le pur esprit du Christianisme tient en peu de mots :

Au commencement sera le Verbe car rien n'est jamais perdu si l'on se donne totalement.

Les 3 temps, selon Louis Claude de St Martin

La Chute, l'Expiation et la Réintégration.
(La misère de l'homme déchu et perverti, séparé de Dieu et infidèle à sa glorieuse vocation).

Homme-Esprit

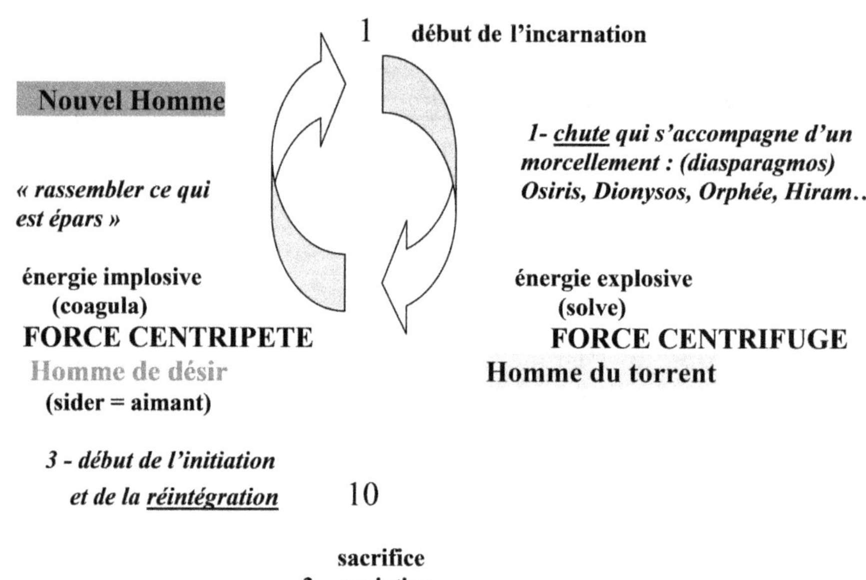

« L'initiation fait passer du Christ souffrant au Christ glorieux ».

NOTES

1 – Symbolisme maçonnique traditionnel, Tome II : Hauts Grades et rites an-
glo-saxons.
C'est de cette filiation que se réclamera Papus ! Mythe ou réalité ?

BIBLIOGRAPHIE

Allendy René (Dr) *Le symbolisme des nombres*, Editions Traditionnelles, 1983.

Amadou Robert — Christoflour Raymond — Le Cour Paul — Tettoni Pierre, « L-C. de SAINT-MARTIN et l'illuminisme », *Atlantis* n° 245, mars/avril 1968.

Eliade Mircea, *Traité d'Histoire des Religions*, Payot, 1968.

Gatefosse R.M, *La République des Anges*. Berger Levrault, 1948.

Masson Hervé, *Dictionnaire initiatique, article L – C. DE SAINT-MARTIN*. Pierre Belfond, 1970.

Martinés de Pasqually, *Traité de la Réintégration des Êtres*, Robert Dumas Editeur, 1974.

Saint-Martin, Louis-Claude de, *Ecce Homo*, Collection martiniste – Editions rosicruciennes, 1989.

Segond Louis, traduction du Nouveau Testament.

Viatte A, *Les Sources occultes du Romantisme*, .Honoré Champion 1979.

Annexe

Musique et harmonie

http://www.philosophe-inconnu.com/Etudes/Musique/musique_harmonie0.htm

Extrait du site

« Les textes que nous présentons ici forment un dossier soulignant la place occupée par la musique et l'harmonie dans la vie et l'œuvre de Louis-Claude de Saint-Martin.

Ce dossier est introduit par une étude, *Musique et harmonie chez le Philosophe inconnu*, qui nous permet de découvrir une face peu connue du philosophe, celle d'un violoniste. Elle s'intéresse ensuite à la manière dont celui-ci aborde la question de l'harmonie, d'une part en cherchant des correspondances avec la symbolique martiniste, d'autre part en soulignant les vertus que cet art possède au regard de la vie de l'âme.

Cette introduction est suivie de la transcription d'un texte peu connu de Saint-Martin : La *Lettre sur les rapports de l'harmonie avec les nombres*. Une étude intitulée *La Lettre sur les rapports de l'harmonie avec les nombres* et le *Manuscrit d'Alger* expose les origines de ce document conservé à la Bibliothèque nationale de France.

Ce dossier propose ensuite deux autres textes dans lesquels Saint Martin parle de la musique. Le premier est extrait du chapitre VII des *Erreurs et de la vérité*, et le second de l'*Esprit des choses*.

Enfin, nous avons souhaité proposer à ceux qui désirent élargir leur réflexion, des liens avec plusieurs sites présentant des éléments biographiques ou des textes de Jean-Philippe Rameau et de Jean-Jacques Rousseau, deux personnages importants pour mieux comprendre la doctrine de Saint-Martin sur la musique. »

ECCE HOMO

Par Louis-Claude de Saint-Matin

Note de la rédaction : Il nous a semblé intéressant de joindre à l'analyse de Christian de Caluwe le texte même de Saint-Martin, tombé depuis longtemps dans le domaine public et assez court pour prendre place dans une revue.

ECCE HOMO.

A PARIS.

Chez les Directeurs de l'imprimerie du
Cercle Social, rue du Théâtre - François, n°. 4.

———

1792.
L'AN 4e. DE LA LIBERTÉ.

I

Lorsque dans le champ des sciences exactes et naturelles nous recueillons quelques axiomes, nous ne nous demandons pas pourquoi ils sont vrais ; nous sentons qu'ils portent la réponse avec eux-mêmes.

Comment le sentons-nous ? Ce n'est que par le rapport et la convenance qui se trouvent entre la justesse de ces axiomes et l'étincelle de vérité qui brille dans notre conception. Ce sont comme deux rayons d'un même flambeau, qui semblaient être éloignés l'un de l'autre, qui se réunissent par leur analogie ; et qui, en se pénétrant mutuellement, se rendent réciproquement plus sensibles et leur chaleur et leur clarté. Qu'ensuite nous fassions usage ou non des vérités, que ces axiomes partiels nous ont apprises, cela peut être important pour notre utilité, mais non l'existence de ces deux éléments radicaux que nous venons de connaître savoir la justesse de l'axiome et l'étincelle de notre conception. L'une et l'autre s'annoncent comme ayant en elles-mêmes une vie naturelle que rien ne peut empêcher d'être et ces deux rayons pourraient se séparer de nouveau et ne produire aucun effet, qu'ils n'en conserveraient pas moins leur essence et leur caractère constitutif. C'est ainsi qu'un savant géomètre a beau être plongé dans le sommeil, cela n'empêchera pas que les vérités géométriques n'existent et qu'il n'en ait en lui la connaissance et le don d'en faire usage quand l'occasion s'en présentera.

Il y a une philosophie meurtrière qui n'adoptera point ces principes, parce qu'elle ne distingue point dans les êtres, leur essence d'avec la manifestation actuelle de leurs diverses propriétés et que ne reconnaissant dans les choses que des résultats ou des modifications, dès que les êtres ne sont plus en action devant ses yeux, ils ne sont plus rien pour elle et elle condamne hardiment leur existence. Nous voulons seulement avertir de ceci, sans nous arrêter, ceux qui n'en auraient pas connaissance et les prévenir qu'ils trouveront dans leur être de quoi se défendre de ces objections.

Passons outre.

Lorsque l'âme humaine, soit par l'essor qu'elle peut se donner, soit gratuitement, est élevée jusqu'au sentiment intime de l'être universel qui embrasse tout, qui produit tout, enfin jusqu'au sentiment de cet être inconnu que nous appelons Dieu, elle ne cherche pas plus que dans la découverte des axiomes partiels à se rendre compte de cette vérité totale qui la subjugue, ni de la vive jouissance qu'elle lui procure ; elle sent que ce grand être ou ce grand axiome est par lui-même et qu'il y a impossibilité qu'il ne soit pas. Elle sent également en elle dans ce contact divin la réalité de sa propre vie pensante et immortelle. Elle n'a plus besoin de se questionner sur Dieu ni sur elle-même ; et dans la sainte et profonde affection qu'elle éprouve elle se dit avec autant de ravissement que de sécurité : Dieu et l'homme sont des êtres vrais qui peuvent se connaître dans la même lumière et s'aimer dans le même amour.

Comment a-t-elle le sentiment certain de ces immuables vérités ? Par la même loi qui a manifesté à sa conception la certitude des axiomes partiels : c'est-à-dire, qu'elle sent l'existencc inattaquable du principe de son être et la sienne propre, par la convenance et les rapports qui se trouvent entre eux. Car sans cela la conviction de l'existence de ces deux êtres ne pourrait ni nous frapper ni se fixer en nous et si ce feu divin ne rencontrait en notre âme une puissante analogie, il nous traverserait sans nous laisser de lui aucune trace, ni aucun sentiment.

Que selon la même loi ci-dessus, nous mettions à profit ou non les trésors de vérité que ce contact divin nous fait découvrir, c'est sans doute une chose qui doit avoir la plus grande influence sur nos véritables satisfactions, mais qui n'en a aucune sur l'existence de ces mêmes trésors, ni sur celle de cette portion de nous-mêmes qui se trouve être leur réceptacle. Ainsi la privation de ce sublime sentiment dans les âmes altérées et tous les déraisonnements, qui en résultent ne peuvent anéantir ni le principe nécessaire et éternel des êtres, ni l'analogie divine que nous avons tous avec lui ; car ce qui est, un fait existant enfin peut bien être confirmé et appuyé par des signes ou des témoignages extérieurs, mais il ne peut attendre d'eux sa réalité, puisqu'elle leur est antérieure, puisqu'elle en est indépendante et qu'il l'apporte avec lui-même.

Ce trait de logique naturelle en classant ainsi ces témoignages, n'abolit point leurs privilèges ; car, si ce qui est, si un fait enfin peut bien ne pas attendre sa réalité des signes et des témoignages extérieurs, puisqu'elle est antérieure à eux, il n'en est pas moins vrai, dans la région temporelle où nous sommes, que sans leur moyen et sans leur action, cette réalité ne serait pas manifestée hors d'elle-même et que l'on peut regarder ces signes et ces témoignages extérieurs, comme étant la déposition indicative du fait qu'ils nous transmettent et la fidèle expression de l'espèce de réalité, ou de l'espèce d'idée qui se peint en eux pour se faire connaître ; et c'est cette loi mal approfondie qui a donné licu à l'erreur des philosophes en leur faisant confondre le médium avec le principe, l'organe de la manifestation avec la source de cette manifestation.

Or, comme nous sentons qu'il n'est pas une réalité qui ne cherche à s'étendre et à remplir sa mesure, nous devons plus que présumer que cette immensité d'objets qui nous environnent a une destination vaste et importante, savoir : de servir à promulguer des réalités, chacun selon leur genre et leur classe, ou si l'on veut, de déposer, de témoigner en faveur de ce qui est, ou d'un fait quelconque qui a intérêt à se manifester, comme en même temps il doit être utile à notre pensée de connaître de fait ou cette réalité et à notre âme de les approcher de soi pour accroître notre existence.

Pour peu qu'on soit familiarisé avec les ouvrages déjà publiés sur ces matières, on reconnaîtra que notre être spirituel et notre être physique ont des facultés relatives à ce but important. En effet, nos organes matériels transmettent à notre âme animale et sensible l'impression des formes et des images de tous les objets qui leur sont présentés, ainsi que le sentiment des diverses propriétés dont ces objets sont revêtus. Notre âme pensante a ensuite la charge et le pouvoir d'analyser toutes ces propriétés, de considérer quel est le but de l'existence de tous ces objets divers, lorsque cette fin lui est inconnue : c'est-à-dire qu'elle a le droit de chercher dans ces objets quelle est l'idée dont ils sont l'expression, quels sont les faits qu'ils viennent attester, ou quelle est la réalité qu'ils viennent manifester ; et nous devons tous avouer que nous ne sommes réellement et complètement satisfaits que lorsque notre pensée jouit de la connaissance de la fin et de la destination des objets, comme notre être sensible jouit des impressions qu'il reçoit par des diverses propriétés de ces mêmes objets ; nouveau motif pour nous convaincre que tous les objets sont l'expression d'une idée ; car comment pourraient-ils conduire notre intelligence à ce terme satisfaisant et lumineux s'ils n'étaient pas eux-mêmes, comme descendus de cette région de la lumière ou de la région des idées ?

D'ailleurs les usages les plus communs parmi les hommes ne nous éclairent-ils pas sur cette grande vérité, que tous les objets quelconques qui nous environnent sont l'expression d'une idée. Toutes les inventions qu'ils appliquent journellement à leurs besoins, à leurs plaisirs, à leurs commodités ne portent-elles pas chacune le caractère de l'idée à laquelle elles doivent la naissance ? Un livre n'est-il pas le signe du plan qu'un homme a formé de rassembler ses pensées comme dans un même corps ? Un char n'est-il pas le signe du plan qu'un homme a formé de se faire transporter rapidement et sans fatigue ? Une maison n'est-elle pas le signe du plan qu'un homme a formé de se procurer une vie commode et à couvert des intempéries ?

Croyons donc que la Sagesse suprême a aussi des idées et des plans dans ses ouvrages, comme nous en avons dans les nôtres ; croyons même qu'étant plus féconde et plus intelligente que nous, ses ouvrages, si nous ne connaissions l'esprit, auraient le sublime avantage de procurer à notre pensée et à notre âme de plus vives satisfactions encore, qu'ils n'en procurent à notre vue, en étalant devant nous la pompe de leur magnificence extérieure et de la riche mais régulière variété de leurs formes. Croyons en même temps que ce serait remplir le but de cette suprême sagesse, que d'appliquer notre être à la recherche des plans qu'elle a eus, en multipliant ainsi sous nos yeux cette immensité d'objets divers parce que s'il est vrai que toute réalité cherche à s'étendre et à se manifester et qu'elle ne le puisse que par ses signes ou ses témoins, ce serait faciliter et seconder cette manifestation, que d'en interroger soigneusement les témoins et les signes et de recueillir, avec encore plus de soin, leurs dépositions.

Mais parmi tous ces signes ou ces témoins, quel autre que l'homme pourrait être plus digne de notre attention et nous révéler les plus grandes réalités ? Quel autre nous offrirait des indices plus significatifs ? Quel autre laisserait circuler devant nous ces innombrables fleuves de feu qui semblent sortir vivants de sa pensée et de son cœur et qui nous le montrent, pour ainsi dire, comme étant assis sur le trône de tous les mondes, pour les juger et les gouverner sous l'œil du souverain invisible, qui est le seul être que l'homme trouve au-dessus de lui ?

Si tous les autres signes qui composent l'univers ne s'offrent à nous, vu la fragilité qui les caractérise et leurs frappantes disparités, que comme autant de reflets passifs et particls des puissances spirituelles et secondaires de la divinité, l'homme paraissant placé sous l'aspect de la divinité même, s'annonce assez comme destiné à la réfléchir directement et, par conséquent, à nous la faire connaître toute entière ; et nous ne devons pas chercher plus longtemps de quel fait, de quelle réalité, il est appelé à être le déposant et le témoin, en présence de tous les êtres, puisque nous apercevons en lui l'expression parlante de l'éternel principe et l'irrécusable analogie qui les lie l'un à l'autre et que parmi les créatures, il est comme le signe actif de l'axiome total, ou comme la plus vaste manifestation que la pensée intérieure divine ait laissé sortir hors d'elle-même.

Si l'homme est le seul être qui soit envoyé pour être le témoin universel de l'universelle vérité, recueillons donc ces témoignages, ne le quittons point que nous l'ayons soigneusement questionné et que nous l'ayons ensuite confronté avec lui-même, afin de fixer les différentes clartés que nous pourrons recevoir de ses diverses dépositions.

II

Les principales des dépositions de l'homme sont premièrement que s'il est évidemment une sainte et sublime pensée de Dieu, quoiqu'il ne soit pas la pensée de Dieu, son essence est nécessairement indestructible ; car comment une pensée de Dieu pourrait-elle périr !

Secondement que Dieu ne pouvant se servir que de Sa pensée, l'homme lui doit être infiniment cher ; car comment Dieu ne nous aimerait-Il pas, comment ne pourrait-Il aimer Sa pensée ? Nous nous complaisons bien dans les nôtres !

Troisièmement (et c'est ici la plus importante des dépositions que l'homme nous présente) si l'homme est une pensée du Dieu des êtres, nous ne pouvons nous lire que dans Dieu Lui-même et nous comprendre que dans Sa propre splendeur, puisqu'un signe ne nous est connu qu'autant que nous avons monté jusqu'à l'espèce de pensée dont Il est le témoin et la manifestation et puisqu'en nous tenant loin de cette lumière divine et créatrice dont nous devons être l'expression dans nos facultés, comme nous le sommes dans notre essence, nous ne serions plus qu'un témoin insignifiant, sans valeur et sans caractère. Vérité précieuse qui démontre ici pourquoi l'homme est un être si obscur et un problème si compliqué aux yeux de la philosophie humaine.

Mais aussi lorsque nous nous lirons dans notre sublime source, comment pourrons-nous peindre la dignité de notre origine, la grandeur de nos droits et la sainteté de notre destination ?

Hommes passés, présents et futurs, vous tous qui êtes chacun une pensée de l'Éternel, concevez-vous quelles seraient vos lumières et vos félicités, si tous les germes divins qui vous constituent étaient dans leur activité et dans leur développement ?

Mais si, sur ces grands privilèges, votre sort vous réduit encore à des regrets, à des gémissements et vous interdit les jouissances, tâchez au moins, en faisant réfléchir sur vous les traits de votre soleil générateur, de vous retracer ce que fut l'homme dans une époque qui est passée pour vous, mais dont les témoignages qui vous en restent, attestent assez qu'elle ne vous a pas été toujours étrangère.

L'homme peut n'être plus ce qu'il a été, mais il peut toujours sentir ce qu'il devrait être. Il peut toujours sentir l'infériorité de sa substance périssable et matérielle, qui n'a sur lui qu'un pouvoir passif, celui d'absorber ses facultés par les désordres et l'opacité dont elle est susceptible, tandis que son être pensant a le pouvoir actif de créer, pour ainsi dire, mille facultés dans son être corporel, qui ne les aurait point eues par nature et sans la volonté de l'homme ; différence que nous présentons ici à dessein à l'homme de matière et qui est trop marquante pour qu'il soit excusable de ne pas apercevoir là quelques vestiges de son ancienne dignité et de la suprématie de sa pensée ; différence, dis-je, qui pourrait l'élever plus haut et lui prouver combien on a eu raison de dire que les vérités intérieures doivent être beaucoup plus sûres et plus instructives que les vérités géométriques, parce que celles-ci ne reposent que sur des surfaces, au lieu que les autres naissent activement du centre même et en laissent entrevoir la profondeur.

Étant donc pénétrés de ces persuasions, transportons-nous à notre origine. Perçons par notre activité intérieure jusqu'à l'état où nous nous trouverions, si l'influence créatrice de notre suprême source opérait actuellement notre existence et qu'elle transformât en ce moment en notre nature d'homme tous ces principes d'ordre, de perfection et de bonheur que nous sentons devoir résister éternellement dans l'Être souverain dont nous descendons. Tous ces germes divins qui se créeraient en nous, ne porteraient-ils pas avec eux-mêmes une vie puissante et efficace ? Notre intelligence ne serait-elle pas comme continuellement engendrée par la vapeur de ces clartés innombrables et éternelles, qui lui donneraient à la fois et l'existence et la lumière ? Notre faculté aimante ne serait-elle pas plus que remplie par la vivante et douce universalité de notre principe qui ne laisserait aucun intervalle à nos sublimes affections et aux élans de notre sainte gratitude envers lui ?

Quelques-uns croient devoir considérer notre origine sous deux époques antérieures, l'une et l'autre, à l'état où l'homme se trouve aujourd'hui et cela pour jouir de l'idée sage et consolante que le mal primitif n'a pas été éternel et pour laisser à Dieu la gloire d'avoir exercé le sublime privilège qu'Il a de produire toutes Ses créatures dans la plénitude de la joie et d'un bonheur affranchi de toute pénible fonction et de tout dangereux combat.

Ils disent que dans la première de ces époques, le mal n'existait point encore, ou, ce qui est la même chose, nul être ne s'étant encore séparé de la région divine, nos félicités n'auraient pas eu besoin alors de s'étendre au-delà de notre propre existence ; que, si elles s'y fussent étendues, c'eût été pour s'accroître sans cesse dans l'infini, qui est la seule chose qui eût existé pour nous ; qu'il ne serait sorti autre chose de nous que l'expression de notre joie et de notre amour qui eût, sans interruption, remonté vers notre source, comme notre source n'eût cessé de descendre sur nous ; que nous n'aurions pas eu d'autre manifestation à faire, parce que tout eût été plein autour de nous ; et que la vérité, remplissant tout alors, elle ne nous eût regardés que comme ses éternels adorateurs, mais qu'elle ne nous eût point employés comme ses signes et ses témoins, puisque tous les êtres auraient joui à la fois de sa vue et de sa présence et qu'il n'aurait rien manqué à la plénitude de toutes leurs affections et toutes leurs lumières, dès qu'ils auraient eu en activité devant eux le spectacle de l'immensité.

Nous pouvons nous dispenser ici de porter nos regards sur un ordre de choses si élevé ; nous nous contenterons de contempler le moment de notre mission dans l'univers, ce qui n'est, selon l'opinion ci-dessus, que la seconde époque de notre origine ; c'est celle qui est la plus voisine de notre situation actuelle ; la première époque étant si loin de nous, que nous n'aurions pas même l'idée qu'elle eût pu exister, si la seconde ne lui servait pas d'intermédiaire.

A cette seconde époque, que nous continuerons de regarder dans cet écrit comme notre primitive existence, nous avons reçu le caractère de signes et de témoins de la Divinité dans l'univers ; et comme tels, nous avons été remplis de toutes les puissances et toutes les clartés divines, conformément à la sublimité de notre destination et à la grandeur des droits qui devaient nous être accordés pour la remplir. Car pour quel objet aurions-nous été ainsi détachés de ce cercle de l'immensité divine, en qualité de signes et de témoins, si ce n'eût été pour répéter dans la région, où la sagesse nous envoyait, ce qui se passait dans le cercle divin ? Et comment cette région partielle aurait-elle pu exister, si quelques êtres se désordonnant eux-mêmes, ne se fussent interdits par-là l'accès de la région universelle, puisque l'unité principe cherche par sa nature à tout remplir et que dès lors le mal ne peut être que la concentration partielle d'un être libre et son abstraction volontaire du règne de l'universalité ?

Ainsi, de même que dans l'ordre éternel de l'immensité divine, Dieu suffit à la plénitude de la contemplation de tous les êtres, de même lorsque nous avons reçu une mission individuelle et une existence détachée de Lui, nous n'aurions pu Le retracer, ni être Ses signes et Ses témoins qu'en montrant en nous l'image réduite de ce Dieu à des êtres, qui, s'étant concentrés dans leur propre présence, auraient perdu de vue la présence divine et se seraient trouvés comme enfermés dans cette atmosphère particulière de leur erreur.

C'est ici où nous sentons tout ce qui devait se manifester hors de nous, lors de notre origine, pour l'accomplissement de notre œuvre. Il fallait qu'il sortît de nous des pensées vives et lumineuses, des vertus vivifiantes et des actes efficaces, pour que nous fussions les représentants du suprême auteur de notre être ; et plus nous sonderons cette analogie, que nous avons reconnue entre l'âme humaine et son éternel principe, plus nous sentirons que Dieu étant la source radicale et primitive de tout de ce qui est imparfait, nous n'avons pu sortir de Lui que revêtus de ces sublimes caractères que nous venons de peindre et dont nos faibles pensées, quand elles sont saines et régulières, nous retracent encore aujourd'hui quelques images. Car la Divinité suprême n'aurait pas choisi Sa propre pensée, ou la pensée Dieu pour être le modèle de l'homme, que nous avons appelé la pensée de Dieu, si elle n'eût eu dessein de Se peindre en nous dans toute Sa majesté.

Aussi les traits de ce sceau sacré, qui caractérisent l'âme de l'homme, résisteront-ils éternellement à tous les pouvoirs destructeurs. Malgré la longueur des temps, malgré l'épaisseur des ténèbres, toutes les fois qu'il contemplera ses rapports avec Dieu, il retrouvera en lui les éléments indissolubles de son essence originelle et les indices naturels de sa glorieuse destination.

Il sentira que, selon cette glorieuse destination, une force puissante et redoutable dût nous être donnée pour soumettre à l'autorité divine ceux qui avaient pu la méconnaître et que, munis d'une pareille puissance, nous devions être d'autant plus en sûreté, qu'étant unie à notre être, rien n'eût pu nous la dérober, si nous ne l'eussions pas livrée nous-mêmes.

Il sentira que nous aurions dominé dans notre empire après l'avoir subjugué et que nous aurions été ornés de toutes les marques nécessaires pour annoncer partout notre légitime souveraineté.

Il sentira que nous aurions été superbement vêtus pour rendre notre présence plus majestueuse et pour que toutes les régions de notre domination, étant frappées de l'éclat qui nous aurait environnés, nous offrissent les témoignages de respect et de soumission qui étaient dus à la mission divine, que la main suprême nous avait confiée ; et l'homme n'eût-il aujourd'hui d'autre moyen de se retracer son ancien état, que de considérer ces fragiles marques, que sa puérile pensée y a substituées sur la Terre, ce glaive des conquérants, ces sceptres, ces couronnes, cette pompe qui environne les souverains et ce respectueux dévouement de leurs sujets, il y pourrait au moins trouver encore quelques traces informes de nos titres originels, quoiqu'il n'en vît nulle part la virtuelle activité.

Mais s'il est encore possible à l'homme de retrouver, et dans lui-même, et dans les images passagères de ses puissances convention-nelles et terrestres des vestiges de ce qu'il aurait dû être, il lui est mal-heureusement plus facile encore de sentir combien il est loin aujourd'hui de cette destination glorieuse ; et s'il a encore autour de lui quelques indices de ses droits primitifs, il a aussi des preuves bien plus nombreuses que ces droits ne sont plus en sa puissance.

Ne retraçons point ici toutes les démonstrations déjà données de la dé-gradation de l'espèce humaine ; il faut être désorganisé pour nier cette dégradation, qui est plus qu'évidemment constatée par un seul des sou-pirs, dont le genre humain remplit continuellement notre terre et par cette idée radicale que l'auteur des êtres place toujours toutes ses pro-ductions dans leur élément naturel. Car, pourquoi nous trouvons-nous si loin du nôtre ? Pourquoi étant actifs par notre nature, sommes-nous comme submergés et enchaînés par les choses passives ? Les hommes ont le droit de chercher partout où ils voudront les causes de cette af-fligeante et trop réelle disharmonie, excepté dans le caprice et la cruauté de notre souverain principe, dont l'amour, la sagesse et la jus-tice doivent être à jamais un éternel rempart contre nos murmures.

D'ailleurs, ne nous occupant ici que des suites et non de la cause de cette dégradation de la famille de l'homme, nous n'avons intention de parler qu'à ceux qui n'en nient pas l'existence et qui, malgré les difficultés qu'ils rencontrent à expliquer le mal et son origine, trouvent qu'en ne tranchant pas négativement sur cette question, comme le fait l'impru-dente philosophie, ils sont encore moins mal à l'aise avec une vérité dif-ficile et obscure, qu'ils ne le seraient avec une évidente absurdité.

Pour les peindre, ces suites désastreuses de notre dégradation, il faut regarder l'état glorieux dont nous avons joui, comme un trésor dont nous aurions eu tous en commun et la garde et la distribution ; il faut reconnaître que nous aurions partagé solidairement la gloire et les ré-compenses de cette magnifique manifestation, puisque nous aurions partagé solidairement tous les travaux de ce grand œuvre.

Mais puisque nous ne pouvons imputer à la suprême Sagesse d'avoir conspiré en rien avec nous dans l'abus de ces sublimes privilèges, nous sommes forcés d'en attribuer tous les torts à la puissance libre de notre être, laquelle étant fragile par sa nature, (sans quoi il y aurait eu deux Dieux) s'est livrée à sa propre illusion et s'est précipitée dans l'abîme par sa propre faute ; vérités assez solidement établies dans des ouvrages antérieurs, pour n'avoir pas besoin d'être traitées ici de nouveau.

Dès lors les principes de la saine justice, impérissables comme notre essence et qui, comme cette essence, nous resteront éternellement, quoique nous nous égarions si souvent dans leur application, nous apprennent clairement ce que nous sommes devenus par notre crime et nous montrent, sans que nous puissions nous y méprendre, l'espèce de satisfaction que cette justice exige de nous et c'est ici que le titre de cet ouvrage, ou le sens de ces deux mots, «Ecce Homo» va commencer à se découvrir.

III

Si nous fussions restés fidèles à notre sainte destination, nous aurions dû manifester tous en commun et chacun selon notre don, la gloire de notre éternel principe. Mais ne pouvant plus douter que nous ayons manqué de remplir cette loi suprême, puisque nous languissons tous et que l'auteur de cette justice ne pourrait nous laisser injustement en souffrance et en privation, il résulte que l'abus de nos glorieux privilèges a dû nous réduire à la cruelle nécessité de ne plus offrir qu'une manifestation opposée à celle qui était attendue de nous et qu'au lieu d'être les témoins de la gloire et de la vérité, nous ne pouvons plus être que les témoins de l'opprobre et du mensonge.

Il résulte en outre que toute la famille humaine partageant aujourd'hui cette punition, comme elle eût partagé les récompenses, chaque individu devrait offrir un signe particulier de cet avilissement, comme il eût offert un signe particulier de puissance dans l'ordre triomphal, chacun selon le don qui lui eût été propre ; il résulte, dis-je, que chaque individu de cette grande famille devrait offrir un signe particulier de cette disette et de cette privation à laquelle la justice suprême nous a tous soumis dans ce bas monde ; et cela afin qu'à la vue de ce signe si différent de celui que nous aurions dû porter, on pût dire de nous avec insulte et dérision : Ecce Homo, voilà l'homme ; et que ce titre aujourd'hui si insultant pour nous, nous couvrit d'opprobre et d'humiliation, en décelant les fruits amers que le crime a semés en nous, au milieu de la gloire dont nous aurions brillé, si notre nom eut conservé son vrai caractère.

Or, il ne faut que jeter les yeux sur l'état des hommes ici-bas, pour juger avec quelle étendue cette sévère justice s'accomplit ; quel est celui de nous qui ne paye pas d'une manière ou d'une autre ce tribut d'humiliation ? Où est notre force ? Où est notre autorité ? Où est notre puissance ? Où est notre lumière ? Excepté l'indigence, le désordre et l'infirmité et les ténèbres, quels autres témoignages présentent aujourd'hui nos diverses facultés ? Toutes les influences que nous répandons autour de nous, sont-elles autre chose que des influences cadavéreuses ? Et y a-t-il sur la Terre un seul homme qui ne soit dans le cas d'offrir un ou plusieurs signes de cette importante réprobation ?

Ô homme ! Si tu n'es pas encore assez avancé pour verser des larmes sur ta misère, au moins ne t'abuse pas jusqu'à la regarder comme un état de bonheur et de santé. Ne te laisse pas prendre à ces fascinations qui te séduisent. Ne fais pas comme un enfant malade qui cesse de crier au bruit d'un hochet agité devant ses yeux et qui même alors offre un visage riant et tranquille, comme si le mal qui le ronge n'était plus à redouter pour lui, quand la vue de ce hochet a suspendu pour un temps ses douleurs. Pour peu que tu fermes un instant les yeux sur ces illusions qui te distraient, le mal ne tardera pas à se faire sentir et, effrayé du danger qui te menace, tu reconnaîtras avec quel juste fondement la sagesse cherche à t'avertir de tes infirmités et à t'embraser du zèle de ta guérison. Cependant malgré les rigueurs des lois que l'arrêt de la justice nous impose, les suites de notre condamnation seraient mille fois plus douces encore qu'elles ne sont rigoureuses si nous reconnaissions la suprême équité de celui qui nous a jugés, si nous pensions combien les vues qu'il a sur nous pourraient nous être profitables et si nous nous résignions volontairement à l'inévitable puissance de ses décrets.

Les principaux avantages que nous en retirerions seraient dans l'exemple mutuel que nous nous donnerions les uns aux autres ; car l'état infirme, languissant et ténébreux de nos semblables serait pour nous une instruction visible qui nous rappellerait continuellement la dégradation de la famille de l'homme ; et de notre côté offrant à leurs yeux le même spectacle, nous leur rendrions le même service, en leur donnant la même instruction. Ainsi, nous avertissant respectivement de notre honte et de notre humiliation, nous reconnaîtrions hautement la justice de la condamnation que nous avons attirée sur nous et ce passerait comme l'entrée dans la carrière de notre régénération qui est celle que la Sagesse suprême s'efforce sans cesse de nous ouvrir, comme étant la seule voie qui puisse nous ramener près de ce souverain principe d'amour qui nous avait formés et que nous avons forcé à nous bannir des domaines même qu'il nous avait confiés.

Habiles écrivains, remplissez-vous ici d'une sainte éloquence pour nous peindre avec des couleurs persuasives et encourageantes le tableau instructif de la famille humaine, où tous les individus seraient l'un pour l'autre comme autant de leçons vivantes et où la vue de leur commune détresse les remplirait à la fois d'une salutaire horreur d'eux-mêmes et d'un tendre intérêt pour la réhabilitation de tous les membres de cette grande famille. Montrez-nous les se nourrissant du pain des larmes, gardant les uns auprès des autres le silence morne de la douleur et ne le rompant par intervalle que pour faire entendre les sons entrecoupés de la pénitence et pour que l'homme dise à l'homme : mon frère, c'est sur l'homme de mensonge que nous avons fondé le règne de la mort qui nous enveloppe de ses ténèbres. Ne cachons plus cet homme de mensonge dans ses propres décombres et dans ses immondices, efforçons-nous de le faire paraître à découvert, afin que l'air vif le corrode jusque dans ses racines et que le règne de la mort, se trouvant ébranlé par-là dans ses fondements, puisse s'écrouler et se perdre pour nous au fond de ses abîmes.

Mais, combien l'homme est loin d'offrir un pareil spectacle et de se prosterner ainsi devant cette irréfragable justice qui ne cesse de tonner sur lui ! Le même principe de désordre qui nous a fait d'échoir de notre poste originel nous poursuit, nous accompagne et nous anime encore dans notre existence dégradée. Comme il nous déguisa la source mortelle de notre égarement, il nous en déguise journellement les fruits et les conséquences. Il ne s'occupe que du soin d'en prolonger la durée, afin qu'en perpétuant notre illusion, il perpétue la puissance de son règne qui, malheureusement pour nous, ne se compose que de nos déceptions et de nos ténèbres.

Il nous persuada jadis que nous ne tomberions point en suivant ses séduisantes insinuations ; il cherche, maintenant que nous les avons suivies, à nous persuader que nous ne sommes pas tombés et à nous remplir sans relâche du soin vigilant de le persuader à tout ce qui nous environne. Au lieu de nous laisser avouer chacun le signe particulier de condamnation que nous portons et l'espèce de privation qui nous est infligée, il ne nous fait veiller que pour en imposer à nos semblables sur cet important objet. Et ce soin si actif qui nous absorbe, il a eu l'art de le multiplier à l'infini par les suites de cette dégradation même et par ces cupides multiplicités qui nous dévorent et qui nous voilent d'autant notre misère et les humbles sentiers qu'il nous faudrait suivre pour marcher vers notre régénération. De là l'attention que les hommes prennent universellement de se montrer comme ne manquant d'aucune de ces lumières et d'aucun de ces dons qui auraient appartenu à notre vraie nature, si nous n'avions pas creusé un si grand abîme entre nous et la vérité ; de là le soin perpétuel qu'ils se donnent de cacher leurs défauts de vertus, leurs défauts de talent, leurs défauts corporels, leurs défauts de tous les avantages conventionnels des sociétés politiques. L'œil de nos semblables est devenu pour nous comme le seul terme et comme le seul mobile de nos affections et de nos mouvements, non point pour notre amélioration, comme c'eût été l'intention de la sagesse, lorsqu'en nous bannissant de sa présence, elle nous a exilés tous dans le même lieu, mais au contraire pour notre ruine et notre entière destruction.

Nous aurions voulu autrefois passer aux yeux de toutes les régions pour le Dieu suprême. N'ayant pas pu y réussir, nous n'avons pas pour cela renoncé entièrement à notre entreprise et nous tâchons au moins d'obtenir ce nom sacré dans l'opinion de nos semblables et de leur faire assez d'impression par notre supériorité, pour qu'ils en soient frappés en nous regardant et pour qu'ils flattent nos oreilles de ce doux nom, Ecce Deus, voilà le Dieu, au lieu de ce terrible, Ecce Homo, qui nous rendrait furieux en nous couvrant d'ignominie. Nous sommes comme autant d'êtres mutilés dans tous nos membres et qui néanmoins prétendons encore à la beauté et à passer pour réguliers, en masquant nos difformités par toutes sortes de membres artificiels, n'importe de quelle vile et fragile substance ces membres artificiels sont composés. C'est pour cela que le prêtre enseigne une foi aveugle en son caractère et en ses décisions, quand il n'a pas en main la véritable puissance ni la véritable lumière : c'est pour cela que le philosophe et l'orateur suppléent par des systèmes et par les formes de l'éloquence, aux principes fondamentaux qui leur manquent pour établir le règne de la vérité : c'est pour cela que les législateurs exaltent les droits des peuples et la puissance des nations quand ils ne connaissent pas les vrais fondements de la souveraineté politique : c'est pour cela que l'hypocrite se procure par ses dissimulations et son astuce la bonne renommée qu'il ne peut acquérir par des vertus, sans compter ici tous les autres égarements, toutes les bassesses, toutes les injustices qui composent partout le civil des associations humaines.

Ainsi par toutes ces voies extralignées et corrompues, nous substituons à l'aveu si salutaire de notre humiliation, le tableau d'une gloire qui n'est que le fruit du mensonge. Ainsi au lieu du soulagement que les hommes auraient pu respectivement se procurer dans leur état d'épreuve, il n'y a point de maux qu'ils ne s'attirent les uns sur les autres et nous consommons nos jours à nous immoler mutuellement, tandis qu'en suivant la voie que devait nous tracer le sentiment de nos misères et de nos infirmités, nous aurions pu mutuellement nous ressusciter.

En vain ces sentiers abusifs, dans lesquels l'homme se laisse entraîner tous les jours, se terminent par des chutes et par des déceptions continuelles ; en vain les efforts qu'il fait pour détruire et annuler l'humiliante sentence de sa condamnation, la rendent plus honteuse pour lui, en lui faisant ajouter de nouvelles ignominies à celles de sa première dégradation ; en vain il sent que les moyens qu'il emploie ne sont que des suggestions qui n'ont point une source assez profonde pour le conduire à son vrai terme et que tous ces remèdes ne portant point eux-mêmes le principe de la vie, sont plus funestes encore à son esprit, que les grossières substances, employées par nos pharmacies, ne sont nuisibles à la santé de nos corps, il n'en poursuit pas moins la marche que lui trace perpétuellement son imprudence et il espère toujours que ce titre humiliant d'Ecce Homo va être effacé pour lui.

IV

Indépendamment de ces moyens généraux et communs que l'erreur et le mensonge emploient journellement pour nous aveugler sur notre misère et pour nous bercer sans cesse d'une espérance toujours déçue, l'esprit de ténèbres a trouvé ouvertes des voies secrètes, beaucoup plus abusives encore et beaucoup plus funestes pour nous. Car les premières erreurs que nous venons de peindre tombent plus sur l'homme extérieur et sur sa marche visible, que sur l'homme intérieur et spirituel ; aussi la simple morale serait suffisante pour les lui faire éviter et toutes fâcheuses qu'elles soient, le plus grand préjudice qu'elles lui causent, est de le retarder dans sa marche ; mais celles que nous avons à peindre, ont le terrible pouvoir de l'égarer tellement, qu'il ne puisse plus retrouver sa voie et c'est ici que le sens de ce mot Ecce Homo devient réellement lamentable. Notre état primitif nous avait appelés à posséder des connaissances supérieures, à jouir visiblement du spectacle des faits de l'esprit, revêtus de toute la splendeur de sa lumière et à avoir même autorité sur les divers habitants de toutes ces régions, cachées aujourd'hui pour nous par le voile épais des éléments.

Si, depuis notre chute, il est entré quelquefois dans le plan de la sagesse d'appeler ici-bas quelques mortels à la participation d'un si grand privilège, malgré les ténèbres qui les enveloppaient, il est arrivé tout aussi souvent que ces mêmes ténèbres, ranimées d'abord par la présence de cette lumière, ont cherché ensuite à se combiner avec elle et bientôt à en prendre place, en répétant astucieusement les mêmes faits dont elles avaient été les témoins, ou en puisant, dans l'esprit de l'homme, les moyens de l'abuser lui-même ; car elles peuvent lire à la fois dans les fertiles régions de sa pensée et dans son imprudence plus fertile encore à tourner presque toujours contre lui cette même pensée, qui devait faire à la fois son appui, son guide et son universelle sécurité.

Les grâces supérieures, envoyées directement par la sagesse à quelques mortels, avaient un double avantage, celui d'apprendre à ces mêmes mortels combien étaient doux et magnifiques ces trésors dont nous avons joui et combien est ignominieux le néant dans lequel nous avons eu l'imprudence de nous plonger ; et c'est dans cet esprit que les hommes privilégiés répandaient ensuite leurs instructions sur les autres hommes.

Les œuvres enfantées ou infectées par les ténèbres ont un but opposé, celui de persuader à l'homme qu'il jouit encore de tous ses droits et de lui dérober la vue de ce dénuement spirituel, qui est le véritable signe caractéristique auquel est attaché le nom d'Ecce Homo, dénuement dont la connaissance intime et parfaite est, comme nous l'avons dit ci-dessus, la première condition indispensable pour commencer notre réconciliation. Aussi à peine l'homme fait-il un pas hors de son intérieur, que ces fruits des ténèbres l'enveloppent et se combinent avec son action spirituelle, comme son haleine, aussitôt qu'elle sort de lui, serait saisie et infestée par des miasmes putrides et corrosifs, s'il respirait au milieu d'un air corrompu.

La Sagesse suprême sait si bien que tel est l'état de nos abîmes, qu'elle emploie les plus grandes précautions pour y percer et nous y apporter ses secours ; encore n'est-elle malheureusement que trop souvent contrainte de se replier sur elle-même par l'horrible corruption dont nous imprégnons ses présents et si quelque mortel a été assez heureux pour éprouver en lui-même l'approche de cette sainte Sagesse et pour avoir pu apercevoir à sa lumière l'horrible poison dont nous sommes composés et l'amertume affligeante qu'elle en ressent, il connaîtra par expérience et par similitude combien, à son tour, l'homme court de dangers dès qu'il sort de son centre et qu'il entre dans les régions extérieures.

Aussi avec quelle prudence les sages ne distribuent-ils pas leurs paroles et combien de précautions ne prennent-ils pas pour que les trésors de la vérité ne soient pas souillés par la corruption qui corrode tous nos abîmes ? Ils savent trop que c'est dans ce centre intérieur et invisible que réside la source de la lumière et que la raison, pour laquelle le monde est si peu avancé dans les sentiers sacrés de la parole, c'est qu'il jette habituellement sa parole dans les régions extérieures et qu'il ne prend jamais la précaution de venir la poser sur la racine vive ou sur la parole intérieure, le seul foyer qui puisse animer toutes nos paroles vraies, puisque c'est là seulement où se trouve la parole vivante et créatrice de toutes les paroles ; enfin c'est qu'il oublie continuellement que les plus précieuses des vérités qu'il puisse connaître, sont de nature à ne pouvoir être exprimées que par des pleurs et par le silence et que la bouche matérielle de l'homme n'est pas digne de les prononcer, ni son oreille corporelle de les entendre.

Aussi, par ses imprudences universelles, l'homme est plongé perpétuellement dans des abîmes de confusion, qui deviennent d'autant plus funestes et plus obscurs, qu'ils engendrent sans cesse de nouvelles régions opposées les unes aux autres et qui ne font que l'homme se trouvant placé comme au milieu d'une effroyable multitude de puissances qui le tirent et l'entraînent dans tous les sens, ce serait vraiment un prodige qu'il lui restât dans son cœur un souffle de vie et dans son esprit une étincelle de lumière.

Quels avantages ne donnons-nous donc pas, par nos légèretés, à ce principe de ténèbres, qui cherche aussi à étendre son règne en imitation de la vérité ? Pour peu que nous nous prêtions à cette faiblesse secrète, qui nous porte tous à chercher hors de nous les appuis que nous ne pouvons trouver qu'en nous et pour peu que nous cessions d'être aussi naturels, aussi vrais et aussi simples que des enfants au milieu des faveurs supérieures, qui nous sont encore quelquefois accordées ici-bas et aux missions spirituelles et divines dont il nous est possible d'être chargés, dès l'instant le principe des ténèbres nous aide lui-même à nous jeter de plus en plus dans ces régions extérieures.

Après nous y avoir fait entrer, il nous y retient par les charmes et les joies que nous commençons d'abord à y goûter et qui nous font bientôt oublier ceux de l'intérieur, qui sont aussi calmes et aussi paisibles que les autres sont agités et turbulents. Après qu'il nous a retenus dans ces régions extérieures, il nous y enfonce, pour ainsi dire, à demeure, par le venin de notre propre contemplation et par le funeste organe de l'œil de nos semblables, qui ne s'étant pas plus établis que nous dans leur intérieur, portent leurs fausses influences sur nos imprudentes manifestations et nous entraînent d'autant plus par-là dans l'obscurité et dans le mensonge, en réveillant en nous toutes les affections opposées à l'affection simple, tranquille, humble, égale et durable, que nous aurions reçue par la voie directe de notre intérieur, du moment que par nos sages précautions nous l'aurions laissé ouvrir en nous.

Car ce ne serait point abuser nos semblables, que de leur dire combien l'œuvre véritable de l'homme se passe loin de tous ces mouvements extérieurs. D'après les principes posés ci-dessus, nous sommes placés sous l'aspect de la divinité même, c'est-à-dire que nous reposons sur une racine vive qui doit opérer en nous toutes nos régulières végétations ; ainsi, qu'il y ait autour de nous, et même par nous, des faits extérieurs et hors du cours ordinaire de la nature, bien plus, qu'il y ait une nature et un monde, ou qu'il n'y en ait pas, notre œuvre doit toujours avoir son cours, puisque notre œuvre est que Dieu dans nous soit tout, et nous rien, et puisque, dans les faits mêmes impurs et légitimes qui peuvent s'opérer, ce ne sont pas les faits qui doivent s'apercevoir et mériter nos hommages, mais le Dieu seul qui les opère.

Parmi ces voies secrètes et dangereuses, dont le principe des ténèbres profite pour nous égarer, nous ne pouvons nous dispenser de placer toutes ces extraordinaires manifestations, dont tous les siècles ont été inondés et qui ne nous frapperaient pas tant, si nous n'avions pas perdu de vue le vrai caractère de notre être et surtout si nous possédions mieux les annales spirituelles de notre histoire, depuis l'origine des choses.

Dans tous les temps, la plupart de ces voies ont commencé à s'ouvrir dans la bonne foi et sans aucune espèce de mauvais dessein de la part de ceux à qui elles se faisaient connaître. Mais faute de rencontrer, dans ces hommes favorisés, la prudence du serpent avec l'innocence de la colombe, elles y ont opéré plutôt l'enthousiasme de l'inexpérience, que le sentiment à la fois sublime et profond de la sainte magnificence de leur Dieu ; et c'est alors que le principe des ténèbres est venu se mêler à ces voies et y produire cette innombrable multitude de combinaisons différentes et qui tendent toutes à obscurcir la simplicité de la lumière.

Dans les unes, ce principe de ténèbres ne forme que de légères taches, qui sont comme imperceptibles et qui sont absorbées par la surabondance des clartés qui les balancent ; dans les autres, il y porte assez d'infection pour qu'elle y surpasse l'élément pur. Dans d'autres, enfin, il établit tellement sa domination, qu'il devient le seul chef et le seul administrateur.

Des écrivains zélés et véhéments nous ont montré, dans la constitution de l'univers, une des voies qui servent d'instrument à ce principe de ténèbres pour propager ses illusions. Ces écrivains ont rendu par-là aux nations égarées le plus grand service qu'elles pussent attendre et elles ne peuvent mieux faire, que de méditer soigneusement ce trait de lumière. Il leur révélera clairement la source des abominations et des erreurs religieuses qui ont attiré autrefois, sur des peuples célèbres, les vengeances éclatantes de la colère divine ; et elles pourront y puiser les connaissances les plus vastes et les plus utiles pour nos temps modernes, qui, sous ce rapport, ressemblent, plus que l'on ne pense, aux temps anciens. Ainsi, cette clef étant déjà livrée à l'intelligence des hommes, nous pouvons nous borner, dans cet écrit, à considérer les fruits de ces régions ténébreuses, qui ont égaré tant de mortels et à parcourir tant les différents signes auxquels on peut les reconnaître, que les déceptions qui sont réservées à ceux qui s'en nourrissent.

V

Ce qui peut servir dans ces manifestations ou dans ces mouvements extérieurs à discerner le faux, c'est lorsque les œuvres, qui en résultent, sont, pour ainsi dire, des ombres d'œuvres, des œuvres de surface et, par conséquent, trop peu vivifiantes pour se lier au plan du grand œuvre de Dieu, qui est de nous rappeler à notre centre interne où Dieu se trouve, au lieu de nous subdiviser dans les centres externes, fragiles, ténébreux ou corrompus, où Dieu ne se trouve pas ; c'est lorsque les missions des envoyés ont un caractère vague, confus, indéterminé ; c'est lorsque ces envoyés sont subordonnés à des arbitres incapables de les juger et qu'ils concourent par-là à la ruine de leur œuvre même en soumettant leurs lumières à des conducteurs, à qui ces lumières sont étrangères ; c'est lorsque les prophéties de ces mêmes envoyés offrent, indépendamment de ces caractères incertains, celui de s'écarter de la destination naturelle de l'esprit de l'homme, que nous avons reconnu ci-dessus pour le premier signe et le premier témoin de la Divinité et qui, malgré qu'il soit bien loin d'être ici-bas au niveau de ses privilèges et de ses clartés originelles, ne peut cependant jamais faire un seul pas assuré, qu'à la lueur de la faible étincelle qui lui en reste.
Car s'il doit être le signe et le témoin de la Divinité, il ne remplirait donc pas sa destination naturelle, s'il n'était que le signe ou le témoin de l'esprit et les anges, que le signe et le témoin des puissances de la nature soit célestes, soit terrestres, que le signe et le témoin de l'âme des morts : bien plus, si après s'être annoncé comme étant le signe et le témoin de la lumière divine, il ne devenait, par ses démarches inconsidérées, que le signe et le témoin d'un homme ignorant, ou que le

signe et le témoin des actions ténébreuses et corrompues. (Eh ! qui ne frissonnerait pas en apercevant avec quelle profusion et avec quelle confusion toutes ces erreurs et tous les dangers qui les accompagnent peuvent s'introduire dans les voies extraordinaires ?) Enfin, c'est lorsque toutes ces voies extraordinaires ne trouvent point à s'appuyer solidement sur les Écritures Saintes.

Car les Écritures Saintes elles-mêmes ne seraient pas vraies, si elles ne déposaient pas en faveur de ce caractère divin et distinctif de l'homme, dont il peut se reconnaître lui-même comme étant revêtu par la main du suprême auteur des êtres ; elles ne seraient pas vraies, si elles n'appelaient pas l'homme à être le signe et le témoin de la Divinité même, si elles ne ramenaient pas l'âme humaine à ce seul but, en lui peignant les maux et les ténèbres qui l'attendent, si elle se rend le signe et le témoin des Dieux des nations ; enfin elles ne seraient pas vraies si, dans tous les faits qu'elles rapportent, dans toutes les prophéties qu'elles contiennent et dans toutes les merveilles qu'elles manifestent, elles laissaient quelque chose à la gloire humaine des individus et qu'elles n'offrissent pas clairement le but exclusif de l'universelle domination de la suprême et jalouse vérité.

Or, sous tous ces rapports, les Écritures Saintes viennent à l'appui de la nature de l'homme, de la destination qu'il a reçue par son origine et de l'objet qui doit être le seul terme de tous ses mouvements.

Elles le montrent comme ayant été appelé à être l'image et la ressemblance de Dieu, à dominer sur tous les ouvrages de la puissance divine, à subjuguer la Terre et à la remplir, à donner aux êtres les noms qui leur conviennent et tout ceci, en le plaçant sous l'œil même de la Divinité, comme devant correspondre directement avec Elle.

Depuis sa chute, elles ne cessent de le rappeler à ce poste primitif et de lui promettre que s'il suit avec zèle et avec courage les lois et les ordonnances que la Sagesse suprême lui envoie pour son soulagement, l'Éternel sera son Dieu et l'homme sera le peuple de l'Éternel.

Elles ne cessent de l'avertir des pièges que doivent lui tendre les habitants de cette triste demeure qu'il occupe aujourd'hui ; elles ne cessent de lui peindre, sous mille formes et avec les accents les plus expressifs, toutes les entreprises qu'ils feront contre son bonheur, jusqu'à ce qu'ils parviennent à l'entraîner avec eux dans leurs abominations et à le faire entrer au service de leurs idoles.

Elles lui peignent, sous les signes les plus humiliants, l'état de détresse où le conduira l'oubli de son Dieu et sa négligence à ne pas se défendre des prestiges de ses ennemis ; enfin, elles nous le peignent comme étant assez cher à l'amour divin, pour que cet ineffable principe de toutes choses se soit lancé après lui, comme après sa propre pensée, pour le soustraire aux poisons meurtriers auxquels il s'était exposé par son crime et même pour payer en notre nom cette dette de résignation dont nous sommes tous comptables à la justice souveraine.

Car ce fleuve de l'amour divin, dans lequel nous avons puisé la naissance, ne peut jamais cesser de couler pour nous régénérer en lui ; de même qu'ici-bas le cœur de l'homme de bien ne se tarit point pour ses frères, malgré toutes les injustices et serait toujours prêt à souffrir pour eux, s'il pouvait, à ce prix, leur rendre le goût de la vertu, de même le fleuve éternel de la vie ne s'est point tari lors de notre crime, il s'est seulement réduit et rétréci, en nous condamnant à ne manger qu'à la sueur de notre front le pain de vie que nous aurions dû manger non sans travail, mais sans fatigue.

Ce fleuve s'est accru progressivement par les diverses alliances qu'il a faites avec l'homme en différents temps ; enfin, il a repris toute son étendue, en venant remplir pour nous la loi de notre condamnation que nous refusions de remplir nous-mêmes et lorsque, transformant de nouveau toutes ses puissances en notre nature d'homme, il s'est laissé couvrir, par les puissances terrestres de tous les signes de la dérision et que, couronné d'épines, meurtri de coups, souillé de crachats, abandonné de tous, il a souffert qu'on le montrât publiquement armé d'un roseau pour sceptre et que l'on dit de lui aux yeux des nations de la Terre : Ecce Homo, voilà l'homme, voilà l'état où il a été réduit par le crime primitif et par toutes ses prévarications secondaires.

C'est par cet aveu humiliant que la justice a rouvert pour nous toutes les portes de l'amour, puisque c'est à cet instant que les suites du péché de l'homme ont été manifestées et dénoncées par l'homme lui-même. Sans cet aveu, la mort de l'homme réparateur aurait pu paraître une injuste atrocité et la miséricorde divine un caprice.

Les Écritures nous tracent donc avec exactitude le lit qui a servi au fleuve vivifiant de l'amour, pour arriver depuis la montagne sainte, jusque dans notre être ; et leur témoignage nous doit être d'autant moins suspect, que l'âme de l'homme n'a pas besoin de les prendre pour preuve de tous les principes qu'elle peut lire en elle-même à tous les moments, puisque ces principes sont antérieurs aux Écritures ; mais elles peuvent lui offrir sans cesse un appui solide et une nourriture salutaire et comme telles, elles entrent au nombre des moyens qui nous sont donnés pour juger les manifestations en général.

Servons-nous donc ici de tous ces principes que nous venons de présenter et faisons-en l'application à ces voies extraordinaires, dans lesquelles l'erreur se glisse si aisément avec la vérité, pour nous arrêter dans notre carrière et suivons la marche du principe des ténèbres, au milieu de ces merveilles qui nous étonnent et des trésors qui nous environnent.

Les voies et les dons partiels ont pu et pourront avoir lieu dans tous les temps, parce que dans tous les temps, il y a eu et il y aura des êtres qui, quoique n'étant point adonnés au mal, sont cependant trop en bas âge, relativement à l'esprit divin, pour en être animés dans toute sa force et dans toute sa plénitude. Mais pour que ces voies partielles puissent cependant être regardées comme initiatives à la vivante lumière, il faut au moins qu'elles aient le caractère de la vie et qu'elles soient en petit la répétition du grand œuvre, sans quoi elles ne sont que figuratives, elles séjournent dans les surfaces et y font séjourner tous ceux qui, en s'y abandonnant, ne pénètrent point jusqu'à l'œuvre central.

Or, pour des raisons profondes que nous ne croyons pas devoir exposer, l'œuvre partielle prend aisément dans la pensée de l'homme le caractère de l'œuvre totale ; l'œuvre de l'esprit lui paraît facilement l'œuvre de la Divinité ; l'œuvre des puissances naturelles lui paraît aussi facilement l'œuvre de l'esprit et plus facilement encore l'œuvre des puissances aveugles et corrompus lui paraît l'œuvre des puissances naturelles.

Le principe des ténèbres profite de ce malheureux penchant de l'homme et il l'augmente encore par les droits que nous lui avons laissé prendre sur nous de façon que l'homme favorisé partiellement a deux obstacles à combattre, celui de sa propre infirmité et celui du principe des ténèbres, dans lesquelles nous nageons ici-bas, tandis que l'homme, admis à la plénitude de l'œuvre divine, n'a point le même travail à faire, ni les mêmes dangers à courir, quoiqu'il ait toujours à veiller sur lui pour s'acquitter dignement de sa haute mission. Aussi l'homme qui est admis à cette œuvre divine ne tient conseil qu'entre Dieu et lui.

Malheureusement les dangers que nous venons de peindre, ont été comme universels ; partout les hommes ont pris pour des missions divines, ce qui n'était que des missions spirituelles, pour des missions spirituelles ce qui n'était que des missions naturelles ; et chacun a cherché à les propager, tandis qu'elles devaient se concentrer dans leur secrète et partielle atmosphère, lorsqu'elles étaient vraies, ou être repoussées à jamais si elles n'avaient pas tous les caractères de la vérité. Or, quels torts les agents mêmes des missions partielles n'ont-ils pas dû se faire à eux-mêmes ; en sortant ainsi de leurs sphères et en s'exposant si imprudemment et sans des forces suffisantes à tous les chocs opposés ou corrompus de tant d'autres sphères qui devaient à jamais leur rester étrangères ?

Aussi les fruits que le principe des ténèbres a recueillis de là sont incalculables et il y a des multitudes d'institutions sur la Terre qui n'ont pas eu d'autres principes, soit parmi celles qui ont été honorées, comme sacrées, soit parmi celles qui, par des altérations progressives, en sont venues à ne conserver que de puérils emblèmes et se sont totalement transformés en pures institutions civiles ; car entre ces deux extrêmes les points intermédiaires sont innombrables, mais ce sont les points les plus extralignés, ou les germes les plus inférieurs qui ont le plus communément produit leurs fruits, parce que plus ces germes descendaient, plus ils trouvaient de terrains préparés à les recevoir.

En même temps ces institutions ont montré l'espèce de source dont elles sortaient, soit par les règlements bizarres qu'elles prescrivaient, soit par l'emploi d'ingrédients et de substances dont la correspondance décèle clairement des régions purement naturelles, que presque tous les peuples de la Terre ont adorées comme étant divines, vu les mélanges spirituels bons ou mauvais dont elles sont susceptibles.

Il suffira ici, pour que le lecteur instruit fasse les rapprochements nécessaires, de nommer les cheveux et les ongles qui, par une loi très instructive, ne sont pas sensibles ; la tête de l'homme où les sinuosités du cerveau et du cervelet ont tant de rapports avec celles de ses intestins ; les astres où la mythologie de tous les temps a placé tant d'images et tant d'apothéoses enfantées par le caprice de l'homme ; enfin, le Deutéronome où le peuple juif et dans lui tous les peuples peuvent apprendre à se prémunir contre l'idolâtrie, car il trouvera là les bases de la relation, le magisme des effluves similaires de nos deux régions temporelles et l'avertissement de nous garder des Dieux des nations.

Certainement par cette marche inférieure et rétrograde, le principe des ténèbres nous empêche puissamment d'accomplir notre loi, puisque au lieu de nous laisser paraître dans notre dénuement et avec notre qualité humiliante d'Ecce Homo, il fait qu'avec les simples puissances spirituelles et avec de simples puissances élémentaires et même avec de simples puissances figuratives, ou peut-être avec des puissances de réprobation, nous nous croyons revêtus des puissances de Dieu et jouissant de tous les droits de notre origine. Car de cette facilité qu'a eu si souvent le principe des ténèbres de trop généraliser les missions partielles et de les altérer jusqu'à les rendre simplement figuratives, il n'y a pas loin à avoir enfanté des missions fausses.

VI

Dans cette classe de missions fausses sont celles qui transposent les époques et veulent appliquer à des mouvements politiques de nos temps modernes les diverses prophéties historiques juives qui n'embrassaient que les peuples liés d'intérêt ou de rivalité avec la Judée, selon les plans secrets de la Divinité. Ces plans ayant été remplis, les prophéties historiques qui leur servaient d'annonce, ont rendu l'esprit qu'elles avaient et les Juifs eux-mêmes seront obligés, pour en retirer les fruits qui leur sont encore promis, de monter dans la région supérieure où cet esprit s'est retiré pour les y attendre.

En effet, qu'ils lisent Jérémie, 30-24 Le Seigneur ne détournera point Sa colère et Son indignation, jusqu'à ce qu'Il ait exécuté et qu'Il ait accompli toutes les pensées de Son cœur et vous les comprendrez dans le dernier jour. Qu'ils lisent Isaïe 60-18-22 où les consolations et les joies dont ils doivent être comblés sont remises à un temps où il n'y aura plus de soleil ni de lune, où le soleil ne se couchera plus et où la lune ne souffrira plus de diminution. Qu'ils lisent Joël 3-1-2 oùaprès le retour des captifs de Juda et de Jérusalem, le Seigneur dit qu'Il assemblera tous les peuples dans la vallée de Josaphat pour entrer en jugement avec eux(Expressions qui forcent l'intelligence à s'élever au-dessus d'une vallée terrestre). Où enfin Il dit à ces mêmes Juifs, verset 21 : «Je purifierai alors leur sang que Je n'aurai point purifié auparavant ; et le Seigneur habitera dans Sion.»

Et sur ces derniers mots rappelons-nous la sentence prononcée par Saint-Paul, Ire Cor. 15-50. La chair et le sang ne sauraient posséder le royaume de Dieu et disons par la même raison que le royaume de Dieu ne peut habiter avec la chair et le sang, que par conséquent il faudra que la chair et le sang disparaissent, pour que les prophéties de la paix des Juifs parviennent à leur accomplissement.

Or, si ce serait défigurer ces prophéties mêmes que de les appliquer au rétablissement de ce peuple dans son royaume terrestre et temporel, combien n'est-ce pas les méconnaître que de vouloir aujourd'hui que ces prophéties s'appliquent aux mouvements de nos sociétés politiques ? C'est les forcer de prendre une extension que l'esprit ne leur avait point donnée et c'est en même temps s'aveugler sur l'état de nos sociétés politiques elles-mêmes, qui ne sont malheureusement que trop délaissées aux simples puissances humaines ; car quels fruits attendre de ces puissances humaines ? Le royaume de l'homme n'est pas de ce monde et l'homme réparateur et notre véritable régulateur ne s'est point occupé de l'ordre politique des royaumes de la Terre, mais il les a laissés livrés à toutes les puissances aveugles qui les dirigent et qui semblent être comme si l'esprit s'en était retiré, quoique néanmoins dans leurs mouvements les plus désordonnés, l'œil de cet esprit ne puisse jamais les perdre de vue.

Ces missions n'en sont pas moins fausses, lors même qu'elles s'annoncent sous le nom de la Vierge humaine et sous celui d'autres créatures privilégiées. C'était assez que par le penchant de l'homme à sanctifier tous ses mouvements et à diviniser les objets de ses affections, les simples prières et les simples invocations qu'il a adressées à ces êtres privilégiés, eussent pris dans son esprit un caractère plus élevé et plus imposant.

C'était assez pour lui de s'être comme exclusivement reposé sur les secours que ces êtres peuvent en effet nous procurer, lorsque Dieu veut bien nous favoriser assez pour leur permettre de venir le prier avec nous. C'était assez pour leur permettre de venir le prier avec nous. C'était assez d'avoir par-là si souvent transposé son culte avec autant de facilité que d'imprudence, puisque plus il trouvait dans ces êtres choisis de cette paix, de cette joie et de cet appui dont nous avons tous ici-bas un si grand besoin, moins il se sentait porté à le chercher dans la source même.

Et en effet combien de personnes en priant ces êtres secourables, se surprennent-elles à croire prier la Divinité même et finissent par ne plus savoir comment en faire la différence ? Combien se sont surprises à les adorer en ne croyant faire autre chose que les prier : espèce d'idolâtrie qui est d'autant plus dangereuse, qu'elle prend son origine dans notre sensibilité, dans notre amour et même dans nos vertus si ce n'est pas dans nos lumières.

Or, c'est alors que le principe des ténèbres, profitant des faux pas que nous fait faire notre sensibilité mal éclairée, nous conduit aisément ensuite dans toutes les autres voies extralignées qui lui sont familières ; c'est alors que sous des noms vénérables, devenus sacrés pour nous, il peut préparer, annoncer et opérer des événements et des merveilles tellement combinées, que selon les avertissements qui nous en sont donnés, elles pourraient tromper les élus mêmes.

Et pourquoi s'efforce-t-il de donner à ces noms une influence aussi considérable et comme des pouvoirs divins, si ce n'est afin de voiler pour nous, autant qu'il lui est possible, le nom du Dieu véritable qui ne lui laisserait aucun mouvement et qui le tiendrait lié à ses abîmes ? Car s'il est vrai qu'il y ait des feux qui ne fassent que rassembler des exhalaisons et des nuages, sur lesquels les images de tous les objets peuvent former des reflets apparents, il est encore plus vrai qu'il y a un feu vivant qui opère dans le silence et qui, toujours caché comme celui de la nature, produit sans cesse les objets mêmes, les montre dans toute la régularité de leurs formes et fait fuir devant lui toutes les difformités.

Quoique le principe des ténèbres ne puisse, sous les noms qu'il emprunte, opérer que des œuvres illusoires ou inférieures, il a l'art d'y suppléer par l'uniformité de ces œuvres dans un grand nombre de lieux différents et par une unanimité de doctrine qui, puisée toujours dans notre dangereuse sensibilité, entraîne le cœur par des douceurs séduisantes et l'esprit par la surprise de cette conformité de mission et de correspondance de faits.

Mais c'est cette uniformité même qui devrait cesser de nous étonner si nous étions moins imprudents. En effet, si c'est le même agent qui influe sur ces missions et qui dirige toutes ces merveilles, si dans les unes et les autres, il est animé par les mêmes vues qui sont de nous éblouir plutôt que de nous éclairer et s'il a toujours à opérer en nous sur les mêmes bases : savoir, notre faiblesse, notre curiosité avide qui prennent si souvent la couleur de nos vrais besoins, il est naturel de reconnaître qu'il doit toujours retirer de là les mêmes résultats.

Car, quoiqu'il ait dans l'uniformité de ces prophéties et de ces missions, une ressemblance avec les auteurs sacrés, qui tous ont annoncé aussi une seule et même chose et tenu un seul et même langage, ce n'est pas une preuve qu'il ne puisse nous tromper avec ces apparentes couleurs et que l'erreur ne puisse, comme la vérité, avoir un langage unanime et des témoignages uniformes.

Il y a des signes auxquels nous pourrions du moins nous tenir sur nos gardes contre de pareilles embûches : premièrement, c'est de voir les éloges dont les agents de ces diverses missions accablent tous ceux qui y sont appelés et combien ils leur promettent qu'ils auront tous des rôles brillants à y remplir ; tandis que les vrais prophètes ont été peu loués par l'esprit qui les employait et que le réparateur n'a promis à ses apôtres que des outrages et des supplices.

Secondement, c'est lorsque ces missions extraordinaires s'éloignent encore plus du caractère que nous présente la mission du réparateur, qui est la seule sur laquelle puissent être modelées toutes les vraies missions. Or, les missions modernes s'éloignent de l'esprit du réparateur, lorsqu'elles localisent terrestrement le foyer des grâces divines qu'il a promises aux nations et auxquelles il n'a fixé aucun lieu, d'après les paroles qu'il a dites à la Samaritaine, Jean 4 *Le temps va venir que vous n'adorerez plus le Père sur cette montagne ni dans Jérusalem... Le temps vient et il est déjà venu que les vrais adorateurs adoreront le Père en esprit et en vérité ; car ce sont là les adorateurs que le Père aime.*

Elles s'éloignent de l'esprit du réparateur, lorsqu'elles assujettissent leurs agents à de puériles règles humaines et monacales que le réparateur n'a point instituées et qui n'étant puisées que dans les établissements conventionnels ou figuratifs, nous laissent la carrière la plus libre sur l'opinion que nous voudrons prendre du principe caché qui dirige ces missions.

Car si ce n'est pas le principe des ténèbres lui-même qui les dirige et qui emploie ces puériles règles pour étouffer la vraie piété ; il se peut que ce soient des individus déjà sortis de ce monde, qui pendant leur vie terrestre auront été incorporés dans ces établissements conventionnels ou figuratifs, qui détenus encore dans des régions inférieures et n'étant point encore montés aux régions de leur parfait renouvellement, peuvent conserver des relations terrestres dans l'ordre de la piété inférieure et ne savent enseigner dans ces relations que les doctrines réduites et bornées dans lesquelles ils ont été instruits sur la Terre et dont ils n'ont point encore eu le temps de se laver.

Un troisième signe qui peut tenir en garde contre ces missions extraordinaires, c'est de voir combien les femmes, vu leur sensibilité, sont choisies de préférence aux hommes pour être comme comblées par toutes les glorieuses faveurs que ces missions promettent à leurs agents et pour régner dans cette espèce d'empire : car Isaïe nous éclaire assez sur ce point quand il reproche au peuple 3-12 de s'être laissé dominer par les femmes.

Or, pour quelques hommes qui remplissent des rôles dans plusieurs de ces merveilles et de ces manifestations revêtues du nom de la Vierge et de plusieurs autres créatures privilégiées, les femmes s'y livrent en foule et sont presque partout employées pour en être les organes et les missionnaires.

Je ne parle point ici des institutions religieuses, que l'ignorance, la superstition ou la mauvaise foi ont formées sous ces mêmes noms et dans lesquelles les peuples grossiers sont si souvent entraînés au-delà de la mesure ; les torts qu'ils se font par-là ne peuvent se comparer à ceux qui résultent d'un pareil abus dans l'ordre des manifestations.

Pour se convaincre de ces abus, il suffit ici de jeter un regard sur les principes que nous avons déjà exposés. D'abord, nous sommes appelés à être le signe et le témoin de la divinité et non point à être le signe et le témoin d'aucun autre être. En outre, les Écritures Saintes qui sont les fidèles archives de nos titres et de nos destinées nous disent du réparateur Actes 4-12. Il n'y a point de salut par aucun autre, car nul autre nom sous le ciel n'a été donné aux hommes par lequel nous devions être sauvés.

En vain les partisans de ces noms nouveaux se reposent sur les paroles du réparateur lui-même qui dans l'Apocalypse, 2-17 promet de donner au victorieux la nature sacrée et une pierre blanche sur laquelle sera écrit un nom nouveau que nul ne connaît que celui qui le reçoit. Ces paroles même tournent absolument contre eux ; car on n'attend point qu'ils soient victorieux pour leur donner ces noms nouveaux, ce qui prouve que ce n'est point sur ces manifestations là que tombe la promesse.

En outre, ces noms nouveaux sont connus non seulement de ceux qui les reçoivent, mais même de ceux qui ne les reçoivent pas, tandis que le nom nouveau promis par le réparateur n'est connu de nul autre que de celui qui le reçoit. Ce même réparateur dit, Apocalypse 3-12. Quiconque sera victorieux, je ferai de lui une colonne dans le temple de mon Dieu et il n'en sortira plus et j'écrirai sur lui le nom de mon Dieu et le nom de la ville de mon Dieu, de la nouvelle Jérusalem qui descend du ciel venant de mon Dieu et mon nom nouveau.

Ces promesses annoncent qu'il est encore des faveurs à espérer à l'avenir pour ceux qui auront mis à profit les dons déjà apportés par le réparateur ; elles annoncent par conséquent un accroissement à ce nom libérateur qu'il nous a déjà appris. Or, dès que ces manifestations ne nous donnent pour ce prétendu accroissement que les noms des créatures, elles nous abusent, elles contredisent les vrais principes de notre être, elles injurient les Écritures et elles abolissent les promesses, en prétendant faussement les accomplir.

Quant à celles de ces manifestations et de ces missions qui s'annoncent sous le nom du réparateur lui-même, non seulement elles ne nous donnent point non plus le nom nouveau, mais elles prêtent à ce réparateur un rôle et un langage auquel il est plus que probable qu'il ne se reconnaîtrait pas lui-même.

VII

C'est un pouvoir funeste, mais malheureusement trop vrai, celui que possède le principe des ténèbres d'appuyer ainsi ses fausses doctrines et ses manifestations par les divers témoignages des Écritures Saintes. C'est avec de pareilles armes qu'il osa attaquer l'homme réparateur et c'est par de pareilles armes qu'il attaque tous ceux qui, à l'exemple des hommes légers et crédules, sont plus soumis aux traditions qu'à la loi et ne sont point assez nourris de l'esprit, pour se défendre des pièges de la lettre. C'est par-là qu'il détourne adroitement notre pensée du seul être que nous devons adorer et du seul nom qui doit nous initier à son culte, pour la faire descendre sur des êtres et des noms inférieurs, dont nous avons d'autant plus de peine à nous détacher, que les fruits qu'ils nous rendent sont plus faciles et ne nous coûtent le plus souvent que l'adhésion, sans autre examen que le mouvement de notre propre désir.

C'est par-là qu'il nous voile et nous déguise notre titre humiliant d'Ecce Homo, en nous disant que les miséricordes du Seigneur deviennent plus abondantes en nous ; en nous annonçant avec quelle facilité ces miséricordes s'étendent par nous et en exaltant à nos yeux la grandeur de notre sainteté et le pouvoir de nos prières.

C'est par-là qu'il augmente notre lenteur à travailler à notre œuvre personnelle et à notre propre résurrection.

C'est par-là qu'il entretient notre orgueilleuse et ambitieuse cupidité de paraître et de briller par nos puissances ; c'est par-là qu'il devient cette véritable servante qui rend des profits à notre amour-propre, comme celle qui louait Saint-Paul apportait un grain à ses maîtres en devinant. (Actes 16-14) C'est par-là qu'il trompe les nations, comme il a trompé les Juifs, en leur faisant dire par ses faux prophètes : la paix, la paix, lorsqu'il n'y avait point de paix, comme le leur reprochait Jérémie, fil ; enfin, c'est par-là qu'il abuse aujourd'hui de la crédulité des hommes, en faisant annoncer par divers oracles qui s'élèvent de toutes parts ; une prétendue régénération terrestre que nombre de personnes regardent comme étant certaine et prochaine.

Les prophètes et les apôtres ont dit que les temps étaient proches et que le règne de Dieu était près de nous, mais ils parlaient d'une proximité d'espace et non pas d'une proximité de temps. D'ailleurs ils ne cessaient de répéter que ces temps et ce règne ne viendraient que pour ceux qui en auraient fait la conquête au prix de leur sang et ils n'ouvraient aux hommes ces trésors de leurs espérances, qu'après les avoir pressés avec importunité de se livrer au combat avec la plus entière résolution ; c'est-à-dire qu'aucun homme ne connaîtrait ces douleurs promises pour le règne prochain, qu'autant qu'il se précipiterait lui-même courageusement dans le creuset de la régénération et qu'il en serait sorti renouvelé.

Enfin le réparateur qui lui-même était le royaume ne prêchait que la pénitence et ne promettait la paix aux âmes qu'après qu'elles n'auraient pris son joug sur elle, tandis que les prophètes modernes, qui ne sont que des hommes, semblent annoncer la conquête de ce royaume comme si facile, comme si assurée, qu'elle paraîtrait pouvoir se faire, pour ainsi dire, par dispense, par commission, par la simple conquête des lumières et indépendamment de notre entier sacrifice et des sueurs de tout notre être.

N'est-il pas à craindre que les oracles, qui viennent tous à l'appui les uns des autres aujourd'hui, sur ces grandes promesses, ne soient un piège de ce principe de ténèbres qui, sachant en effet que le règne de la gloire doit venir un jour, à l'adresse de nous rappeler cette vérité pour se faire écouter de nous, mais en même temps appuie faiblement sur les rudes combats qu'il nous faut supporter auparavant, et cela afin de nous empêcher d'arriver à ce même règne glorieux dont il nous parle.

Ne se conduisait-il pas ainsi du temps de Jérémie ? Lamentations 2-15. Vos prophètes ont eu pour vous des visions fausses et extravagantes et ils ne vous découvraient point votre iniquité pour vous exciter d la pénitence, mais ils ont eu pour vous des rêveries pleines de mensonges. Ne gouvernait-il pas ainsi les Juifs du temps d'Isaïe selon les reproches que Dieu leur fait par ce prophète 30-10 d'être des enfants qui disent à ceux qui ont des yeux : ne voyez point et à ceux qui voient : ne regardez point pour nous à ce qui est droit ajuste ; dites-nous des choses qui nous agréent ; que votre œil voit des erreurs pour nous.

Non, je ne serais point étonné que toutes ces prophéties d'une prochaine régénération ne fussent une des ruses employées par votre ennemi, pour retarder les hommes dans la carrière. Dieu est près de nous, Il est vrai ; mais nous, nous sommes malheureusement presque tous loin de Dieu ; et le travail de nous rapprocher de Lui est si fatigant que presque personne n'ose l'entreprendre.

Comment notre croyance ne serait-elle donc pas aisément séduite par notre paresse, lorsque des prophéties nous montrent cette régénération, sous des couleurs moins effrayantes ? Comment l'ennemi qui ne cherche qu'à nous arrêter dans notre chemin, manquerait-il de donner cette attrayante idée à tous ceux qui sont dans des voies extraordinaires ? Il sait qu'en les remplissant par-là d'une douce espérance, cette jouissance fausse qu'ils reçoivent ainsi par avance, semble leur dire qu'ils en obtiendront la réalité sans fatigue et sans la rigueur horrible de l'universel dépouillement, c'est-à-dire sans ce terrible, mais salutaire sentiment de notre lamentable état d'Ecce Homo ? Or avec quelle facilité cette erreur ne doit-elle pas prendre sur notre fragile et nécessiteuse humanité ?

Ce qui vient à l'appui de ce que j'avance, c'est que, pour quelques personnes en qui ces flatteuses promesses raniment le courage et l'activité, il en est nombre pour qui il en résulte le contraire. En effet si la plupart de ceux qui se livrent à cette opinion veulent descendre en eux-mêmes, ils verront que leur enthousiasme repose en partie sur leur paresse intérieure et sur un secret espoir que cet heureux temps arrivera pour eux d'une manière prompte et facile et que leur tâche personnelle sera ou diminuée ou secondée par les efforts de tous les élus qui seront admis à cette régénération ; ils reconnaîtront, dis-je, qu'il leur semble être déjà comme emportés par le torrent général, dans cette grande mer et que l'espérance si séduisante de cette ravissante jouissance, suspend un peu en eux la contemplation des rudes épreuves et des combats terribles, au prix desquels chaque individu doit acheter la victoire, c'est-à-dire, que plus elle leur montre le terme consolant, auquel nous pouvons tous aspirer, plus elle leur voile les rudes sentiers qui y doivent conduire, de façon qu'ils se voient plutôt comme étant déjà arrivés, que comme ayant encore les plus horribles déserts à traverser et les repaires les plus dangereux à détruire.

Il n'est pas étonnant alors qu'ils soient si remplis de joie en contemplant ces délicieuses perspectives, puisque leur esprit les en fait jouir d'avance et qu'ils se trouvent en quelque manière, comme s'ils en étaient déjà en possession.

Mais s'il est vrai que nous ne puissions obtenir une pareille couronne qu'au prix de notre sueur et de notre sang, il est bien clair que l'esprit qui nous nourrit de semblables promesses est un esprit qui nous abuse et qui cherche à nous faire sommeiller sur les œuvres douloureuses que nous avons à faire, afin qu'en diminuant ainsi nos travaux et nos services, il nous mette dans le cas de voir aussi diminuer nos récompenses, lorsque le moment du paiement sera arrivé ; car il n'y a pas de moyen qu'il n'emploie pour opérer cet effet-là universellement sur les humains, attendu que plus nous aurons mérité et obtenu de ces récompenses, plus il se trouvera gêné et tourmenté dans ses abîmes de privation.

Le règne de mille ans rapporté dans l'Apocalypse, ch. 20. est la base sur laquelle s'appuient tous ceux qui se confient à ces promesses. Ils auraient quelque apparence de raison d'après le texte, s'ils savaient s'arrêter au point juste où les limites sont posées dans ce même texte.

L'ange descend du ciel, avec la clef de l'abîme où il précipite et scelle l'ancien serpent, afin qu'il ne séduise plus les nations, jusqu'à ce que mille ans soient accomplis. En outre, il y a des trônes et des personnes assises dessus, avec la puissance de juger. De plus, les âmes de ceux à qui on a coupé la tête pour avoir rendu témoignage à Jésus, vivront et règneront avec Lui pendant mille ans.

Il est clair d'après ces paroles qu'il y a deux régions distinctes où s'accompliront ces diverses promesses, l'un qui est la Terre visible laquelle pourra en effet éprouver quelque soulagement dans ses épreuves et dans ses tentations pendant le temps où le serpent sera enchaîné ; la seconde, la région spirituelle et invisible à l'homme terrestre, où se trouveront rassemblés les justes sous leur divin chef, pour exercer ses jugements sur les morts qui ne seront point encore rentrés dans la vie et qui n'auront point eu de part à la première résurrection.

Pour cet état de soulagement passager que la Terre visible peut éprouver selon la prophétie, il n'est point nécessaire que sa face soit changée ni renouvelée ; il n'est point nécessaire que les cieux soient retournés comme un manteau, parce qu'elle ne sera point rendue à sa pureté primitive et que malgré l'emprisonnement de son ennemi, les hommes auront encore en eux-mêmes trop de mauvais levain, pour que le royaume de Dieu puisse s'établir parmi eux.

Leur soulagement pourra cependant s'augmenter encore par l'influence de cette assemblée sainte et invisible, qui se tiendra pendant mille ans dans la région supérieure à la leur et qui d'un côté contiendra l'ennemi dans l'abîme et de l'autre leur communiquera plus directement les rayons divins sous lesquels elle sera en plein aspect. Mais loin que les hommes profitent de tous ces avantages, ils feront fermenter en eux le mauvais levain et ne feront par-là que se rendre plus coupables et exciter la colère divine, en rendant nuls, ou même en abusant des derniers secours que la miséricorde suprême leur envoyait.

Quand la mesure sera comble, l'ennemi sera déchaîné pour un peu de temps, il viendra parmi eux faire d'autant plus de ravages qu'ils se seront mis plus en rapport avec lui.

Ce sera l'excès de ces désordres qui, faisant déborder les iniquités sur la Terre, attirera sur elle le feu du ciel envoyé de Dieu pour en opérer la ruine, chap. 20-9 C'est alors que le grand trône blanc paraîtra et qu'à la vue de celui qui sera assis dessus, la Terre et le ciel s'enfuiront et disparaîtront. 11. C'est alors que les morts grands et petits comparaîtront pour être jugés sur ce qui a été écrit dans les livres. 12. C'est alors que l'enfer, la mort et ceux qui ne seront pas trouvés écrits dans le livre de vie seront jetés dans l'étang de feu qui sera la seconde mort. 13, 14, 15. C'est alors que la nouvelle Jérusalem descendra. 21-1.

Toutes les tribulations antérieures à ces épouvantables désordres de la fin des temps ne sont que le commencement des douleurs (Matthieu 24). Aussi elles ne produiront point la destruction du monde visible. Elles seront même une sorte de tentative de l'amour divin envers les hommes pour les engager à la pénitence, par les fléaux qui leur seront envoyés. Ces fléaux seront suspendus ensuite pendant un temps qu'on appelle mille ans, non seulement pour que les hommes puissent travailler sur cette Terre à rentrer dans les voies de la justice, mais aussi en répétition de ce qui s'est passé dans l'histoire universelle spirituelle de l'homme et de ce qui se passe dans l'ordre de sa vie physique.

Avant le déluge, les nations vivaient en paix, les hommes prenaient des femmes et les femmes prenaient des maris et cependant toutes les abominations de la race d'Enac avaient dévoré la Terre et y avaient établi le règne du démon et la colère de Dieu allait dans un moment les engloutir.

Les Juifs au sortir des guerres des Antiochus et des Pompée, furent en paix sous Auguste lors de la naissance du Sauveur et pendant le temps de Sa mission, quoique leurs Prêtres et leurs docteurs ne fussent que des instruments d'iniquité, selon toutes les déclarations des prophètes et quoique ce même peuple fut prêt d'être exterminé par les Romains.

Quant à l'ordre physique, ne voit-on pas souvent que les douleurs et les souffrances des malades se suspendent quelques moments avant la mort, soit par l'épuisement de l'action du mal, soit pour donner à l'âme le moyen de se reconnaître et de s'assurer son sort par la pénitence et un sacrifice libre et volontaire. Il est probable même que dans ce moment de suspension des douleurs du mourant, il se fait visiblement au-dessus de lui un petit règne de mille ans, une sorte de jugement ou de confrontation entre son livre de vie et son livre de mort, lequel jugement peut se regarder par anticipation comme la première mort particulière, en image de cette première mort générale qui sera prononcée en grand lors du véritable règne de mille ans. Et si l'homme particulier échappe à cette première mort préparatoire, il est probable que la seconde mort partielle qui est la première mort de l'apocalypse n'aura point de prise sur lui.

Les véritables douleurs sont donc celles qui auront lieu lorsque l'ennemi sera délié et qu'il viendra ravager la Terre jusqu'à ce qu'elle soit détruite, comme nous voyons que dans l'homme physique les angoisses de la mort le saisissent et le détruisent après que l'intervalle de la suspension momentanée a été rempli et ces douleurs-là, au lieu de conduire les hommes coupables au renouvellement d'eux-mêmes et au règne de la paix, les conduiront sous le glaive du jugement final, qui ne peut avoir lieu qu'après la complète abolition des choses visibles et matérielles ; de même ce n'est qu'après cette complète abolition des choses visibles et matérielles, que les justes obtiendront leur entière délivrance des régions de l'apparence et de la vanité, en imitation du peuple juif, qui sortit d'Égypte au soleil couchant (Deutéronome 15-6).

VIII

En appuyant, comme je l'ai fait, sur les précautions à prendre contre les missions extraordinaires de nos temps modernes, je suis bien loin d'inculper en rien les divers agents qui y sont employés. On ne peut, pour la plupart, qu'estimer leur personne et qu'honorer leurs vertus ; et par leur pieux exemple, ils peuvent être plus utiles que nuisibles à ceux qui cherchent à alimenter la vivacité de leur foi plutôt qu'à s'avancer dans les lumières. Mais comme ils peuvent aussi être dangereux pour ceux qui ne s'en tiennent pas à cette sage mesure, j'ai cru de mon devoir de prémunir contre les séduisantes merveilles que ces agents annoncent et de montrer combien il faut se défier de leurs inspirateurs. Car indépendamment de ce que nous avons dit de ces inspirations dans le n°6, il ne faut pas oublier que la pensée, la parole et les œuvres de l'homme remplissent et rempliront l'Univers jusqu'à la fin des siècles, d'une immensité de produits et de résultats qui conservent un caractère et qui composent une innombrable quantité de régions diverses où se trouvent les langues, les lumières, les découvertes et les connaissances vraies que les hommes ont pu mettre au jour, mais où se trouvent encore, en plus grande abondance, les illusions, les erreurs et les langues mensongères qui sortent d'eux journellement par tous les pores et qui doivent tellement accroître autour d'eux les ténèbres, avec le temps, qu'ils finiront par ne pas voir plus clair que les Égyptiens, lors de la délivrance du peuple d'Israël.

Or, à moins que la clef divine n'ouvre elle-même l'âme de l'homme, dès l'instant qu'elle sera ouverte par une autre clef, elle va se trouver au milieu de quelques-unes de ces régions et elle peut involontairement nous en transmettre le langage ; alors quelque extraordinaire que nous paraisse ce langage, il se peut qu'il n'en soit pas moins un langage faux et trompeur ; bien plus, il peut être un langage vrai sans que ce soit la vérité qui le prononce et, par conséquent, sans que les fruits en soient véritablement profitables.

Je crois donc donner un avertissement salutaire à mes frères sur ces objets en leur disant : Hommes, mes amis, défiez-vous de ces joies et de ces transports que vous occasionnent les missions de ces êtres favorisés et sur lesquels vous vous appuyez avec tant de délices. Car vous n'êtes pas encore sûrs qu'ils vous fassent autant de bien qu'ils vous font de plaisir ; vous n'êtes pas sûrs s'ils appliquent le remède sur les vraies blessures de votre être ; vous n'êtes pas sûrs que les jouissances qu'ils vous promettent et qu'ils vous font goûter d'avance ne retardent pas les jouissances durables que vous auriez pu puiser dans votre propre fonds.

D'ailleurs, fussent-ils déjà arrivés au terme de ce repos dont ils vous parlent, vous n'y seriez pas encore rendus pour cela. Bien plus, peut-être serait-ce une chose funeste et pour eux et pour vous, que les temps vinssent s'accomplir si promptement et de la manière dont ils l'annoncent, si vous et eux n'aviez eu soin de vous épurer auparavant, pour n'avoir rien à redouter de ces terribles catastrophes qui doivent précéder le règne glorieux qu'on vous promet.

J'ose vous le répéter, tenez-vous dans une prudente réserve au milieu des prodiges et des prédictions qui vous environnent ; souvenez-vous de ce que le Seigneur disait par la bouche de Jérémie 23-31-32. Je viens aux prophètes qui n'ont que la douceur sur la langue et qui disent : voici ce que dit le Seigneur : Je viens aux prophètes, dit le Seigneur, qui ont des visions de mensonge, qui les racontent à Mon peuple et qui les séduisent par leurs mensonges et par leurs miracles, quoique Je ne les aie point envoyés et que Je ne leur aie donné aucun ordre, et qui n'ont aussi servi de rien à ce peuple, dit le Seigneur.

Car pour vous montrer combien les erreurs en ce genre pourront être cuisantes et combien ces missions fausses et ces promesses illusoires d'un règne glorieux terrestre vous abusent, apprenez à quel prix l'homme, ici-bas, peut obtenir quelques clartés et faire quelques pas dans sa régénération. Depuis le péché, chacun des rayons de votre essence divine s'est trouvé comme enchaîné par une des puissances de votre matière ; les éléments n'ont cessé depuis lors de circuler autour de vous et vous envelopper comme d'autant de liens qui s'accumulent et se serrent à mesure que tourne la roue de vos jours. Vos négligences et vos faiblesses postérieures à ce premier crime ont encore rendu ces rayons divins plus ténébreux et ont augmenté par-là l'horreur de votre prison.

A chacun des actes qui doivent s'opérer en vous, pour vous rapprocher de la région de la lumière, il faut qu'une portion de ces entraves matérielles se déroule péniblement de dessus vous, comme on déroule douloureusement les bandes d'une plaie pour la visiter et la sonder.

Il faut que sur cette portion de vos entraves, on voie empreintes les traces de l'espèce de corruption qui vous ronge et dont vous êtes vous-mêmes infectés.

Il faut qu'alors il se prononce hautement aux yeux de tout ce qui vous contemple ; un jugement sévère et rigoureux et que vous en reconnaissiez humblement la justice.

Il faut que chaque portion de ces entraves qui vous emprisonnent se détache ainsi successivement et manifeste autant de jugements contre vous.

Il faut que la longue chaîne de ces entraves et de ces jugements s'étende ainsi depuis votre être jusqu'à ce séjour de paix dont le crime vous a séparés, car c'est cette chaîne qui en forme la distance.

Il faut que cette longue chaîne demeure présente à votre vue, afin que vous ayez sans cesse devant vous le tableau redoutable de ce que nous coûtent vos progrès dans la vérité, que vous n'y marchiez plus qu'en tremblant et que vous avouiez que chacun des pas que vous y faites est indispensablement une douleur et une séparation, puisque votre être n'est composé aujourd'hui que de la science du bien et du mal et qu'il vous en faut faire le départ et le discernement, ce qui est le vrai sens du Deutéronome 16,3. Afin que vous vous souveniez du jour de votre sortie d'Égypte tous les jours de votre vie.

Enfin, il faut que les entraves matérielles de tous les hommes se déroulent ainsi et que les jugements qu'ils auront mérités soient découverts et exposés à la face de toutes les régions, afin que toutes les nations, connaissant le poison qui nous infecte, puissent dire avec horreur et mépris en nous voyant : Ecce Homo. Ce n'est qu'alors que le règne glorieux pourra descendre librement jusque dans le cœur de l'homme, ce n'est qu'alors que sans s'abuser, l'homme pourra aspirer à être renouvelé, parce que ce n'est que lorsque ce titre d'Ecce Homo et les jugements qui lui sont dus seront ainsi inscrits dans toutes les régions de l'univers, que la justice sera entièrement satisfaite.

S'il est vrai que ce qui se passera alors pour l'homme universel doit se passer dès à présent pour chacun de vous en particulier, quel est celui qui pourra donc avancer dans cette carrière ? Vous ne pouvez plus en douter ; c'est celui qui n'aura pas mis sa confiance dans les voies abusives des nations, qui sentant en lui-même la dignité de sa propre essence, se tournera exclusivement vers la source d'où il descend, comme étant la seule où il puisse être engendré de nouveau et qui se défiant de toutes ces espérances qui flattent sa paresse, ou son orgueil, ne se laissera point séduire par toutes les images ou par toutes les œuvres figuratives que l'ignorance et les ténèbres s'efforcent universellement de substituer à la place de celui qui seul est la voie, la vérité et la vie et que nul être ne peut remplacer.

Malheur en effet à celui d'entre vous qui se sera laissé attirer par ces images et par ces œuvres ou figuratives, ou corrompues ! Il aura d'autant plus de peine à s'en détacher, qu'en les abandonnant, il va se trouver d'abord dans une grande disette et c'est cette disette que l'homme craint beaucoup plus même qu'une nourriture empoisonnée.

Prenez donc garde, dès le moment où vous sentirez cette disette, vous ne retourniez bien vite vers vos faux dieux et que vous ne disiez comme autrefois le peuple juif disait à Jérémie 44 17-18. Nous exécuterons les vœux que nous avons prononcés par notre bouche en sacrifiant à la reine du ciel et en lui offrant les oblations comme nous l'avons fait, nous et nos pères, nos rois et nos princes, dans les villes de Juda, dans les places de Jérusalem ; car alors nous avons eu tout en abondance, nous avons été heureux et nous n'avons souffert aucun mal, mais depuis le temps que nous avons cessé de sacrifier à la reine du ciel et de lui présenter nos offrandes, nous avons été réduits à la dernière indigence et nous avons été consumés par l'épée et par la famine.

Si vous cédez ainsi à la paresse de votre cœur, vos joies seront passagères et ne se termineront que par des regrets lamentables sur vos déceptions et sur vos ténèbres. Le même principe qui vous aura induits à ces déceptions vous emmènera en triomphe dans des pays éloignés pour vous y retenir en esclavage dans une Terre qui vous est inconnue comme elle l'a été à vos pères ; et vous servirez là jour et nuit des dieux étrangers qui ne vous donneront aucun repos Jérémie 16-13. Au lieu que selon ce même Jérémie 15-19. Si vous vous étiez tournés vers le Seigneur... et si vous aviez su distinguer ce qui est précieux de ce qui est vil, vous seriez devenu alors comme la bouche de Dieu.

Quant à vous ministres de la religion sainte, qui avez été appelés à veiller auprès de la véritable Arche d'Alliance qui est la pensée de l'homme, si vous n'aviez point rempli le poste qui vous est confié, si vous aviez laissé Dieu sous des pavillons et sous des tentes et que vous ne Lui eussiez bâti aucune maison depuis qu'Il a tiré d'Égypte les enfants d'Israël, selon les plaintes qu'Il en a fait adresser autrefois à David par Son prophète Nathan. 2ᵉ Rois. 7-6 ce serait sur vous que tomberaient bien plus directement encore les menaces dont les prophètes ont cherché à épouvanter les serviteurs infidèles et les prévaricateurs. Si les missions de l'illusion et des ténèbres doivent avoir des suites si terribles sur les organes séduits qu'elles emploient et sur les âmes qu'elles entraînent, que serait-ce des missions vraies qui se seraient converties en missions de la cupidité, en missions de la mauvaise foi, en mission du volontaire sacrilège ?

Sans doute, vous ne pouvez trop élever la dignité de votre caractère, puisque, d'après Ézéchiel et Malachie, vous deviez être les anges du Seigneur sur la Terre et les sentinelles de Son peuple.

Mais d'après les vastes tableaux qui vous ont été offerts, pouvez-vous promettre de n'avoir jamais détourné l'intelligence des nations de ses sources les plus instructives et les plus nourrissantes ? De ne l'avoir jamais voulu faire plier sous le joug d'une doctrine humaine et intéressée ? De n'avoir jamais cherché à ne laisser aux nations que la mesure de foi qu'il leur fallait pour venir se placer sous votre propre empire ? De n'avoir jamais dérobé par-là à leurs yeux le sceptre vivificateur que la Sagesse éternelle a fait enfanter à la Terre, pour être le soleil de tous les peuples ? De n'avoir jamais composé vous-même un glaive redoutable avec la houlette de paix qui vous avait été confiée, pour nous gouverner dans l'amour encore plus que dans la justice ? De n'avoir jamais abandonné le titre de pasteur lorsqu'il fallait instruire vos brebis et les conduire aux pâturages et de ne vous en être revêtus que lorsque l'occasion se présentait de les livrer à la dent meurtrière, ou de les dévorer vous-même ?

Etes-vous bien persuadés que l'esprit de l'homme doive se contenter de la réponse que vous lui faites, quand il cherche à savoir pourquoi vous ne nous montrez plus les dons et les lumières dont ont joui ceux dont vous êtes les successeurs ?

Vous nous dites que toutes ces choses étaient nécessaires pour l'établissement de l'Église et qu'elles ne le sont plus depuis qu'elle est établie. Mais les droits de notre être nous mettent dans le cas de vous demander de quelle Église vous prétendez parler ; car ce n'est sûrement pas celle où l'on a vu substituer à l'esprit conciliateur de l'Évangile, la fureur, le sang et le carnage ; ce n'est pas celle où l'on a vu substituer aux prédications de ses fondateurs à qui l'esprit enseignait toutes choses, des doctrines ténébreuses et contradictoires ; ce n'est pas de celle où à la place de L'esprit du Seigneur qui devait préserver les âmes, l'on a laissé l'entrée aux faux prophètes qui les égarent et aux esprits de Python qui les infectent.

Les droits de notre être nous mettent aussi dans le cas d'observer que vos fondateurs étaient admis à connaître les mystères du royaume de Dieu, qu'ils guérissaient les maladies, qu'ils opéraient la cène du Seigneur et qu'ils remettaient les péchés à qui ils devaient être remis. Or pourquoi de ces quatre pouvoirs n'avez-vous conservé que les deux qui sont invisibles et pour lesquels encore vous demandez une foi aveugle, tandis que vous éloignez sans cesse, des yeux de notre corps et des yeux de notre intelligence, les deux autres dons qui étaient visibles et qui bien loin d'être superflus pour notre croyance, auraient commandé la foi des peuples ?

Etes-vous bien sûrs d'être irréprochables aux yeux des nations en leur disant avec assurance qu'elles s'engraissent dans vos pâturages, tandis que vous leur avez ainsi diminué leurs subsistances ? Et même, dans celles des saintes institutions que vous avez conservées, n'avez-vous jamais donné le moyen pour le terme, des formes pour le moyen et des traditions pour la loi, comme le réparateur le reprochait aux docteurs juifs, Matthieu 15 ? Ne craignez-vous point de faire ainsi sommeiller les nations dans un repos apathique et d'avoir travaillé peut-être à démolir vous-même cette Église que vous nous annoncez comme étant si bien établie ?

Oui, elle est établie cette Église, malgré les dommages qu'elle a pu souffrir, sans quoi, il n'y aurait de médiation entre l'amour suprême et les crimes de la terre ; elle est établie cette Église et les portes de l'homme ni les portes de l'enfer ne prévaudront jamais contre elle ; elle est établie cette Église, mais c'est pour déposer un jour contre ceux de ses ministres qui ne lui auront point été fidèles, pour leur servir de jugement et de condamnation, quand elle se plaindra devant le souverain tribunal, des injures qu'ils lui auront faites en changeant ses habits de gloire contre des habits de deuil et d'indigence ; comme elle aura plaidé ici-bas la cause de l'amour, l'amour lui-même plaidera à son tour la cause dc cette Église devant le juge éternel dont ils auront provoqué les redoutables justices et songez combien elles seront terribles ces justices, puisqu'elles seront les justices de l'amour outragé et blessé jusque dans ses miséricordes.

Si ces jugements à venir vous effraient, si par malheur vous avez à vous faire quelques-uns de ces reproches dont vous venez de voir l'énumération, rentrez au plutôt dans les sentiers de vote sublime ministère et prévenez ces terribles justices dont sont menacés les apôtres de mensonge, qui se sont si souvent assis dans la chaire de la vérité. C'est à eux que s'adressait David Ps. 93-20. Le trône a-t-il été pour vous associer à l'iniquité, vous qui vous servez de l'autorité qui vous a été confiée pour exercer des injustices. C'est d'eux que s'adressait Sophonie en parlant des crimes de Jérusalem 4-3. Ses principes sont au milieu d'elle comme des lions rugissants : ses juges sont comme des loups qui dévorent les os jusqu'à la moelle.

Comment ces ministres trompeurs sont-ils parvenus à ces injustices ? Le voici. Ils ont commencé par fermer les yeux sur la sainteté de notre propre nature qui nous appelait à être les signes et les témoins du Dieu de paix dans l'univers. Ils les ont fermés encore plus sur ce terrible arrêt qui embrasse toute la famille humaine dans cet humiliant caractère d'Ecce Homo. Et dès lors ils n'ont plus aperçu ce fleuve de l'amour, sur lequel leur ministère les établissait pour désaltérer les nations.

Leur intelligence obscurcie n'a plus reconnu les confirmations de ces vérités qui sont tracées à toutes les lignes des Écritures Saintes et ne pouvant point expliquer ces Écritures par la vraie et seule clef qui leur convienne, ils se sont efforcés de les expliquer d'abord par la fausse clef de leur ignorance, puis par celle de leurs cupidités, puis par celle de leurs fureurs.

C'est alors qu'ils se sont rendus les exterminateurs de nos intelligences et que selon Isaïe 5-20. Ils ont donné au mal le nom de bien, au bien le nom de mal, aux ténèbres le nom de lumière, à la lumière le nom de ténèbres ; et qu'ils ont fait passer pour doux ce qui est amer et pour amer ce qui est doux. Eux qui, qui selon le même prophète 5-18 se servent du mensonge, comme de cordes pour traîner une longue suite d'iniquités et qui tirent après eux le péché comme les traits emportent le chariot. Eux qui 3-12 :sont les exacteurs qui ont dépouillé le peuple... qui l'ont séduit en le disant bien heureux et qui rompent les chemins par où il devait marcher.

En vain voudront-ils, dit Jérémie 2-32 justifier leur conduite pour rentrer en grâce avec le Seigneur, puisqu'ils ont eux-mêmes enseigné aux autres le mal qu'ils ont fait et qu'on a trouvé dans leurs mains le sang des âmes qu'ils ont assassinées. C'est-à-dire, qu'ils ont attaqué la vérité jusque dans son sanctuaire qui est la pensée de l'homme et le véritable dépôt dont ils doivent répondre.

<h2 style="text-align:center">IX</h2>

Pour vous, hommes de paix, hommes de désir, ne vous découragez point. Il existe encore parmi les ministres de notre Dieu, des hommes qui suivent eux-mêmes les traces des vrais prophètes, la sainte charité de notre maître, et les lumières de ses disciples. Attachez-vous à ces hommes choisis et assez heureux pour avoir fidèlement répondu à leur élection; ils vous amèneront par les humbles sentiers de l'Ecce Homo au terme de votre régénération, qui est celui de votre destination primitive.

Loin de vous conduire par les voies du despotisme et de la tyrannie, ils vous diront que nous avons tous un agneau pour maître, et que ce ne sera que quand nous nous serons rendus des agneaux comme lui, qu'il nous reconnaîtra pour ses disciples et pour ses frères. Loin de creuser devant vous des précipices de ténèbres et d'ignorance, ils vous diront que l'âme de l'homme est faite pour embrasser dans sa pensée toutes les oeuvres que le principe des choses a laissé sortir hors de son sein; car s'il est vrai que l'homme doive être le témoin universel de Dieu, comment pourrait-il être ce témoin, s'il lui était impossible d'avoir la connaissance et la vue de tous les faits, et de toutes les réalités en faveur desquelles il est chargé de déposer.

Loin de vous laisser sommeiller dans une funeste léthargie, et de vous montrer comme étant si facile l'accomplissement de votre haute destination, ils vous diront que vous ne pourrez être en effet les témoins de votre Dieu qu'autant que vous serez véridiques, vérifiés et dans la justice, et ils vous citeront en exemple les simples tribunaux humains où on fait jurer aux témoins de dire vérité, mais où on ne reçoit point pour témoins des gens diffamés; instruction simple, mais profonde, qui peut agrandir votre vue, et sur votre nature primitive, et sur l'étendue de vos devoirs.

Loin de vous peindre comme étant si aisée la régénération de l'homme, ils vous diront que vous ne l'obtiendrez jamais qu'en faisant manger chaque jour à votre esprit son pain d'affliction, comme les Israélites mangeaient le pain azime pour se préparer à leurs solennités, et comme l'enseigne cette recommandation faite aux premiers chrétiens, 1re corinth. 11:26. Toutes les fois que vous mangerez de ce pain, et que vous boirez de cette coupe, vous annoncerez la mort du Seigneur jusqu'à ce qu'il vienne.

Ils vous diront que dans notre intérieur le plus profond, il y a un homme extérieur bien plus dangereux pour nous, et bien plus difficile à réduire encore que l'homme matériel et visible, ils vous diront que vous n'avancerez jamais dans cette carrière de votre régénération, qu'autant que vous vous sentirez remplis d'indignation contre cet homme extérieur, au lieu de murmurer contre vos semblables. Car il faut ici vous exposer une vérité neuve, utile et fondamentale, c'est que si les hommes remontaient chacun au principe de leur conduite et de leurs murmures les uns envers les autres, il n'y a pas un seul des torts qu'ils reprochent à leurs semblables, dont ils ne se trouvassent être les premiers auteurs. En effet, quel est l'homme qui n'a pas une imprudence à se reprocher envers les personnes qui l'environnent ?

Qui peut dire ensuite que cette imprudence n'est pas comme la source de tous les égarements de ceux dont il se plaint, et de toutes les injustices qu'il en reçoit. D'ailleurs quel est celui de nous qui, vis-à-vis de soi-même, ait été irréprochable dans tous les genres, qui ait rempli tellement la mesure des dons qui lui étaient accordés et des devoirs qui lui étaient imposés, qu'il puisse surmonter tous les obstacles ; manifester les vertus divines, et être assez lié à son principe pour en être sans cesse le juste et puissant instrument ? Cependant si nous n'en sommes pas parvenus à ce point-là, nous ne devons pas reprocher aux autres hommes ce qui leur manque, puisque c'était à nous à le leur procurer par le:développement de toutes les facultés de notre être. Bien plus encore, si c'est la négligence ou les cupidités qui ont été le principe des divers actes de notre conduite, devons-nous nous en imputer les suites. Or, comme ces maux sont à peu près universels parmi les hommes, au lieu de déclamer contre les injustices, les inconséquences, et les fâcheux procédes de nos semblables, nous devrions nous frapper journellement la poitrine, nous demander mutuellement pardon, et avouer publiquement les uns et les autres que la source de tous les torts dont nous nous plaignons nous doit être attribuée; de façon que pour rentrer dans l'ordre de la justice et de la vérité, il faudrait que toutes les paroles de tous les individus qui composent le genre humain ne fussent qu'une continuelle confession générale. Confessez vos péchés les uns aux autres, disait Saint-Jacques 5:16.

Loin de vouloir vous soumettre à leurs propres opinions. les vrais ministres de Dieu qui existent encore marcheront toujours dans une grande défiance d'eux-mêmes, pour ne laisser briller que le seul flambeau qui doit nous guider tous. Ils prendront pour exemple le prince des apôtres qui, malgré qu'il eût entendu lui-même ce qui fut dit au réparateur sur la sainte montagne: voici mon fils bien-aimé en qui j'ai mis toute mon affection, écoutez-le,ne voulait point qu'on se reposât exclusivement sur les instructions qu'il communiquait, et ne craignait point d'ajouter 2ᵉ ép. 1:9. 20. Mais nous avons les oracles des prophètes dont la certitude est plus affermie, auxquels vous faites bien de vous arrêter comme à une lampe qui luit dans l'obscurité, jusqu'à ce que le jour commence à paraître, et que l'étoile du matin se lève dans nos coeurs, étant persuadés avant toute choses, que nulle prophétie de l'écriture ne s'explique par une interprétation particulière.

Par là, ils vous tiendront en garde contre toutes ces élections extraordinaires, où des agents particuliers se présentent comme nécessaires au salut des âmes, et au renouvellement de la terre, et nous voilent ainsi la face du seul agent que nous devions suivre, puisqu'il a lui même tout consommé, et puisque toutes les prophéties de régénération sont expirées en Jésus-Christ, et qu'il ne reste plus à accomplir que les prophéties de jugement, c'est-à-dire les prophéties de récompense ou de condamnation.

Loin de vous promettre une paix assurée, lorsqu'après votre délivrance corporelle vous serez appelé a ce jugement, ils vous diront que si vous avez manqué autrefois de témoigner en faveur de notre origine, ou de notre primitive révélation, laquelle eût éclairé plus divinement les êtres égarés, que les révélations de la nature et de l'esprit, vous n'en avez été que d'autant plus dans l'obligation de témoigner en faveur de toutes les autres alliances que l'amour et la miséricorde n'ont cessé depuis le premier crime, de vouloir former avec vous, pour vous offrir la traduction fidèle de ce texte originel que vous ne pouviez plus lire. Ils vous diront que c'est sur ces alliances-là que vous serez jugés, parce que ces diverses alliances postérieures ont aussi leurs témoins, et que l'objet du témoin et du témoignage est la punition de tous ceux qui se trouveront légitimement inculpés.

Voilà pourquoi l'apparition de Moïse et d'Elie sur le Thabor est d'une si grande importance, et ajoute si fort à la juste condamnation des Juifs. Car ces deux prophètes venaient déposer sur deux faits dont ils avaient été les témoins oculaires, savoir : Moïse pour la publication de la loi et la promesse que le peuple avait faite de s'y conformer; et Elie pour les prévarications de ce peuple infidèle, et pour les faveurs qu'il était venu apporter de la part du ciel à ce même peuple dans sa détresse.

A la fin des temps ces deux prophètes reviendront encore, et se tiendront à côté au grand juge. Là, ils porteront alors chacun un double témoignage, savoir celui de la promulgation de la première, et de la seconde loi, ou des deux alliances, et celui de l'abus que les hommes en auront fait. Or comment les Juifs et tous les autres hommes pourront-ils résister à la double déposition de ces deux témoins? Les hommes auront en outre contre eux les témoignages de tous les types de la nature qui se seront accomplis sans qu'ils en aient profité, et qui leur montreront physiquement toutes les merveilles qui transpirent continuellement au travers de ce magnifique phénomène.

Ils auront contre eux les abondantes végétations que les écritures saintes auront faites dans l'âme des justes, qui les auront écoutées, méditées et suivies; car l'écriture sainte est une semence sacrée, que Dieu a jetée dans la terre de l'homme qui est son âme, et dont la sagesse attend chaque jour une moisson dont elle puisse se nourrir. Or, la faim de cette sagesse augmentant sans cesse en proportion de la disette où la retient la négligence de l'homme, elle rejettera lors de la fin des temps celui qui n'aura pas su la substanter, et elle se servira contre lui du témoignage de la moisson que l'âme des justes lui aura fournie.

De plus, les hommes auront contre eux les témoignages de leurs propres iniquités, et de leurs moissons d'illusions et de mensonges, de façon que tout ce qui devait les soutenir sera employé à leur condamnation, soit ce qui viendra d'eux, soit ce qui viendra de la nature, soit ce qui viendra des deux alliances, soit ce qui viendra de la moisson des justes, et il n'y a pas un homme en particulier à qui ces terribles vérites ne puissent s'adresser, parce qu'il n'y en a pas un en qui elles ne puissent se réaliser.

Eveillez-vous donc hommes imprudents et insouciants, tremblez et priez pour que vous ne soyez pas surpris par les dépositions de tant de témoins, et par les justes réclamations de la sagesse lors de la moisson. Car si l'on prononce alors sur vous ce terrible Ecce Homo, ce ne sera plus pour vous ouvrir la porte de la pénitence, puisque cette porte a déjà été ouverte par celui qui est venu porter lui-même ce nom là pour vous; mais ce sera pour vous enfoncer sous le poids d'un sévère jugement, dans la profondeur de l'abîme.

S'il n'y a pas un homme en particulier en qui toutes ces importantes vérités ne puissent se réaliser, persuadez-vous donc, hommes de paix, hommes de désir, que tout homme est né pour être un témoin de tous les hauts faits que l'éternelle sagesse n'a cessé d'opérer en faveur de cet homme chéri qui est son image.

Persuadez-vous que chacun de nous devrait offrir un témoignage actif des dons et des faveurs que cette sagesse verse continuellement sur la terre, et que nous devrions déposer activement et physiquement en faveur de toutes les alliances qu'elle a faites avec nous depuis l'origine des choses. Ne perdons pas un moment pour accomplir cette importante tâche.

Frémissons de crainte de sortir de ce bas monde avant d'avoir été réellement les témoins des alliances saintes qui attendent notre déposition et notre témoignage effectif et démonstratif. Frémissons de crainte de n'en avoir pas rempli les conditions, comme nous l'aurions pu, avant de paraître devant ce tribunal supérieur, où l'on tient un état si fidèle de tous ces témoignages qui auront été rendus à cette continuelle et imperturbable munificence de notre Dieu.

Ne cessons de considérer que, quand autrefois nous sommes descendus de notre sublime poste, nous avons attiré tout avec nous dans nos funestes et illusoires apparences, et que par conséquent nous sommes toujours à même de tout retrouver, si nous entrons dans les voies qui nous ont suivi dans notre chute, et qui ne cessent de se placer au devant de nous. Car ce n'était point assez que l'homme réparateur eût porté pour nous aux yeux des nations le titre humiliant d'Ecce Homo; ce n'était point assez que tous ces trésors de lumière et de vertus qu'il avait ouverts aux hommes par ses instructions et par son exemple; il n'eut conduit que jusqu'à la moitié du terme le grand objet de notre régénération, s'il n'est agi que sur cette surface terrestre où nous habitons, et que dans les liens de sa forme matérielle. Mais quand après avoir laissé immoler cette forme, qui est le vrai signe de notre réprobation, et cette véritable peau de bête dont fut couvert Adam prévaricateur, il se fut élevé dans les régions supérieures, environné d'une forme pure; quand du sein de cette forme ainsi sanctifiée, il eut confirmé l'élection de ses apôtres, qu'il les eut chargés de paître ses brebis, et de répandre la bonne nouvelle, quand enfin il leur eut envoyé du haut de son trône céleste l'esprit saint qui devait leur apprendre toutes choses, et que cette prédiction se fût vérifiée par le don des langues, alors il ne manquait plus rien au tableau de l'histoire universelle de l'homme, que ce divin réparateur était venu exposer à nos yeux.

Hommes, mes frères, si vous pouvez ainsi lire dans ce réparateur l'histoire universelle de l'homme, quel autre agent peut donc désormais vous rien apprendre ? où pouvez-vous puiser quelqu'instruction que cette source ne vous ait pas présentée? Oui, après nous avoir montré dans sa personne l'exécution de cet arrêt rigoureux qui nous condamnait à porter ignominieusement, mais humblement le titre d'Ecce Homo, il a achevé complètement son œuvre en nous faisant voir que si nous suivons ses traces et les sentiers qu'il nous a ouverts, nous devons être sûrs de remonter un jour vers les régions de la lumière, et qu'on dira de nous glorieusement à notre arrivée dans les cercles supérieurs, ce qu'on en a dit dans notre origine : Ecce Homo, voilà l'homme, voilà l'image et la ressemblance de notre Dieu, voilà le signe et le témoin du principe éternel des êtres, voilà la manifestation vivante de l'universel axiome.

LA NOTION DE LIEN TRANSPERSONNEL COMME BASE SOCIÉTALE

L'ESSENCE DE LA DEMOCRATIE DÉTECTÉE DANS LE CORPS HUMAIN

Emmanuel Thibault, décembre 2015

Cet article est nécessaire aujourd'hui pour préciser le concept de lien transpersonnel qui intervient très tôt dans la constitution des sociétés humaines et dans ce que l'on pourrait appeler le « vivre ensemble ». Avec l'exacerbation de l'individualisme dans la société contemporaine, on s'interroge en effet de plus en plus, tant dans les domaines de la sociologie, de la pédagogie, de la religion que de la politique, sur ce qui constitue l'essence de nos sociétés. Des philosophes comme Jürgen Habermas ou Chantal Mouffe, entre tant d'autres, concentrent leur réflexion sur ce sujet pour tenter d'affiner le modèle démocratique qui laisse encore à désirer, malgré son ancienneté. La notion de démocratie laisse penser qu'elle doit être constamment réinventée pour enfin mériter son nom, et l'on commence à suggérer que, sans doute, elle repose sur une notion plus fondamentale qui motiverait la façon dont les humains se rassemblent pour former communauté. C'est ce fameux lien transpersonnel. Or, ce lien ne s'enseigne par aucune méthode didactique, quelle qu'elle soit ; on ne peut envisager qu'une pédagogie de transmission directe, ce qui fait d'ailleurs écho à l'approche initiatique traditionnelle. Il nous faut aujourd'hui inventer une pédagogie moderne du lien transpersonnel adaptée à la société contemporaine.

Dans la ligne des articles précédents sur le rôle du corps dans l'initiation, examinons quel regard la physiologie peut apporter sur cette discussion. Je n'ai pas trouvé de référence plus pertinente pour aborder ces questions de motricité que les recherches du Japonais Haruchika Noguchi, fondateur de l'école Seitaï (整体 指導), dont l'approche pédagogique se concentre précisément sur cette question. Noguchi a décrit de manière extrêmement précise la manière dont la structure physique, notamment la partie lombaire de la colonne vertébrale, en tant que premier relais de la motricité dans le corps humain, différencie cette motricité entre cinq directions fondamentales qui se combinent entre elles dans le mouvement corporel. En examinant de plus près la façon dont se coordonne et s'intègre cette motricité corporelle, la façon dont l'individu se définit en tant que tel, fait des choix et se relie aux autres ainsi qu'à son environnement, on met en évidence la fonction essentielle de ce lien transpersonnel, dont la nature se précise.

L'humain siège de motricités plurielles

Commençons par observer le fonctionnement moteur de l'être humain, quelle que soit sa culture. Sa capacité de faire des choix, et donc d'agir, fait recours à la même fonction qui lui permet de résoudre des conflits intérieurs et, par ailleurs, de trier ce qui doit être incorporé à l'organisme ou éliminé. Elle en appelle à d'autres ressources que le raisonnement. En d'autres termes, le discernement (fonction correspondant à la motricité diagonale gérée par la troisième vertèbre lombaire) ne dépend pas directement de la planification cérébrale et de la gestion binaire de l'information nerveuse (activité neurologique correspondant à la motricité verticale gérée par la première vertèbre lombaire) ; il en est complémentaire et s'appuie sur l'intégration, que l'on nomme également intuition (fonction correspondant à la motricité centrale gérée par la quatrième vertèbre lombaire). Cette corrélation entre motricité et fonctions psycho-organiques a été décrite dans le détail par Haruchika Noguchi [1]. Tant que le fonctionnement interne de l'individu se base sur le seul raisonnement cérébral, il est antagoniste par nature (dualiste). Toute action ne peut alors se réaliser qu'au détriment d'autres possibilités dont la probabilité est relative, et elle générera par conséquent d'inévitables frustrations. Si, au contraire, l'action procède de l'équilibre naturel entre les cinq directions motrices — verticale, frontale, latérale, diagonale et centrale –, l'expression motrice en adéquation avec les conditions de l'être dans son environnement surgit spontanément et s'impose, non pas comme un modèle de comportement à répéter, mais comme un événement ponctuel dans l'espace et le temps qui résume en soi l'intégralité du cosmos dans lequel cet individu parvient à s'impliquer. Il ne s'agit alors pas d'exclure des possibilités inadéquates, mais de s'inclure au cosmos pour que de cette relation intime naisse une inspiration unique.

Alors qu'à l'intérieur de soi, l'équilibre procède donc effectivement d'une forme d'ordre naturel, décrit par Noguchi comme état de *seitaï* (整体) ou de coordination psychocorporelle, lorsqu'il s'agit non d'individus en particulier, mais de sociétés, cet équilibre est toujours le produit d'une histoire et d'une culture. C'est pourquoi il est erroné de chercher à appliquer à l'intérieur de soi les principes issus de pratiques sociales — comme on tend pourtant à le faire dans la culture contemporaine, notamment sous l'influence des théories psychologiques ou spirituelles récentes (psychanalyse, New Age, etc.). Les résultats de cette transposition ont des conséquences pathogènes, comme on peut le constater à chaque fois que l'on s'efforce d'atteindre la santé physique ou mentale en suivant une théorie spécifique, marquée par sa culture. Il est pareillement illusoire de rechercher dans la société elle-même une manifestation de l'ordre naturel, car c'est dans les individus qui la composent qu'on parvient à en observer la manifestation.

On peut, en revanche, s'inspirer de bases intérieures adéquates et bien établies pour contribuer à l'organisation de la société. C'est l'essence même de la notion de tradition dite «primordiale» [2]. Au sein de l'individu, certaines pulsions ou tendances peuvent être maintenues sous contrôle conscient, par des pratiques corporelles plutôt que par la seule discipline volontaire, mais leur existence ne peut pas être niée ou refoulée sans danger, comme l'a démontré la psychologie depuis plus d'un siècle. On assume cette réalité intérieure que constitue la coexistence de motricités plurielles [3], évitant ainsi de stériliser sa vie en prétendant suivre une seule direction préférentielle, adoptée sur des bases idéologiques qui ne correspondent pas à la réalité de l'incarnation.

Sur ces bases physiologiques, il faut bien admettre que le soi vivant est pluriel, multidirectionnel, et que la direction de son évolution est la résultante des cinq composantes motrices

Le fait même d'exister en tant que corps vivant est la preuve que cette multiplicité s'intègre naturellement en un tout cohérent — pour peu que l'on s'accorde, par son mode de vie et par ses actes, à la faire converger et non diverger. Ce qui est une réalité corporelle pour l'individu reste cependant le fruit d'un effort commun, jamais entièrement accompli, dans les collectivités, comme l'explique le modèle de démocratie pluraliste agonistique exposé par Chantal Mouffe [4]. Pour mémoire, l'agôn ἀγών suppose une confrontation soumise à des règles communes acceptées (ritualisée), c'est-à-dire un mode compétitif plutôt que visant la destruction de ce qui est considéré comme devant être exclu. Dans cette perspective, l'agonisme s'oppose à l'antagonisme qui, lui, exprime l'opposition exclusive. L'agôn est souvent considéré comme la garantie de l'équilibre social et, par conséquent, comme la base d'une civilisation (Nietzsche). L'agonisme politique consiste, en pratique, à accepter la relativité des points de vues individuels dans le débat collectif. Mouffe reconnait toutefois également le rôle constitutif de l'antagonisme, nécessaire pour parvenir à une prise de décision afin de convenir d'une action commune — dans un processus différent, on le constate, de l'action intégrée spontanée dont est capable l'individu coordonné. Car effectivement, décider, c'est dans les deux cas adopter une certaine direction d'action.

La coordination CVB et les 5 "OSEÏS".

BLEU: oseï verticale, mouvement ascendant,
   cavité cranienne, vertèbres impliquées.

VERT: oseï frontale, mouvement unidirectionel vers l'avant,
   cavité pectorale et les épaules, vertèbres impliquées.

ROUGE: oseï latérale, mouvement gauche droite,
   cavité digestive, vertèbres impliquées.

ORANGE: oseï rotative, mouvement en spirale ou en torsion
   cavité urinaire, vertèbres impliquées.

VIOLET: oseï centrale, mouvements convergents intérieur ou extérieur,
   cavité pelvienne, vertèbres impliquées.

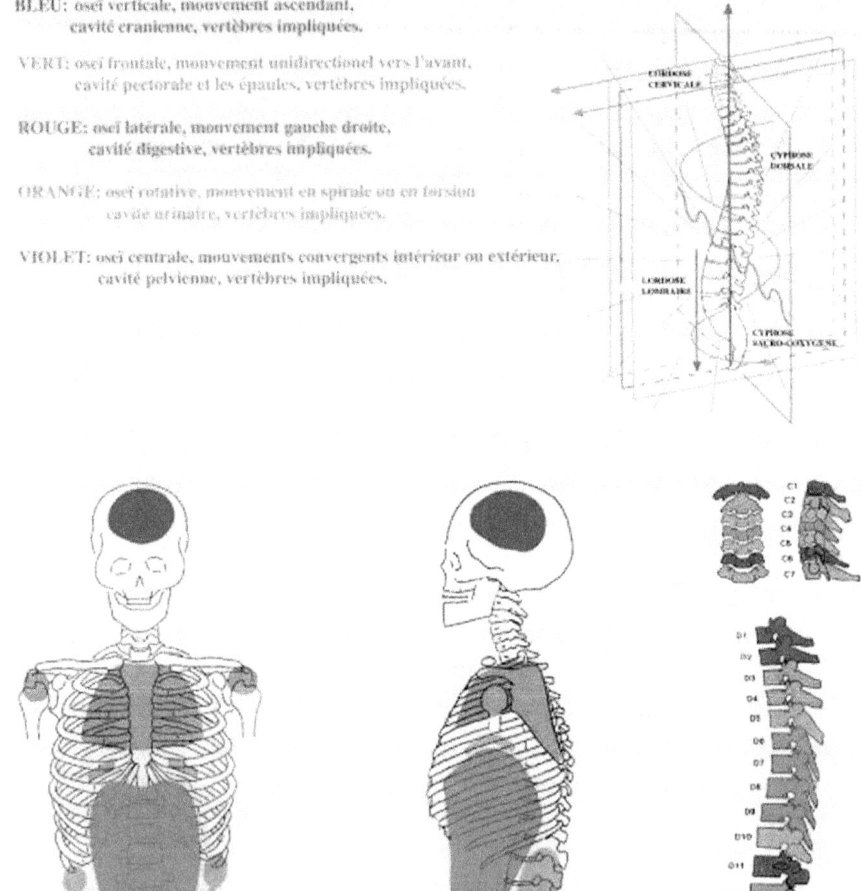

5 motricités ôsei (応性) *Tous droits réservés* © Katsumi Mamine Miwa,
La Osei en la vida cotidiana, Barcelona, 2002, p. 17.

Un sens commun incorporé

Mouffe exclut l'idée d'un sens commun comme fondement prépolitique (hypothèse proposée par Jürgen Habermas) et rappelle que, dans la société, le sens commun procède de notions culturelles, non pas naturelles. Un élan commun se manifeste pourtant spontanément à la racine de l'existence humaine. Cet élan n'est pas forcément conscient et ne doit certainement pas être compris comme une direction commune. S'il faut chercher chez les êtres humains un sens commun, celui-ci ne peut donc pas être politique ; il n'existe que sous la forme d'un lien entre autant d'intériorités communicantes. Il est donc par essence relatif et ne peut être figé dans une théorie, une morale ou une idéologie, quelle qu'elle soit.

Quel est donc ce sens commun ? Noguchi introduit la notion de *yuki*, en japonais (愉気), c'est-à-dire une conjonction de la perception que l'individu a du vivant en tant que tel, et son intégration multidirectionnelle dans un objectif situé, cette fois, au-delà de sa propre individualité, dans une perspective incluant l'autre plutôt que de l'exclure en tant qu'étranger (*alien*). Examinons de plus près l'étymologie des termes correspondants dans les cultures occidentales, afin d'y voir un peu plus clair, car ceux-ci sont révélateurs. L'étranger, en grec βάρβαρος : ce terme est directement lié au fait qu'une langue étrangère paraisse faite de sonorités incompréhensibles, donc constitue un mode vibratoire impossible à intégrer, et par conséquent mette en évidence l'incapacité d'exprimer cette vibration au moyen de la langue, γλῶσσα. L'étranger, c'est la vibration que l'on ne sait pas tolérer. Cette vibration se dit en grec λόγος, Logos, la Parole divine, un terme biblique qui transpose l'hébreu הושהי dont la Cabale nous explique qu'il est le passage du Tetragrammaton *Yehovah* (הוהי) au Christ-Pentagrammaton *Yeheshuvah* (הושהי) par adjonction du Feu (ש). Par ailleurs, ce Logos s'identifie à l'expression de l'Amour divin Agapè ἀγάπη, à la fois vibration et lien transpersonnel. Ces deux termes désignent clairement un processus unique.

La définition théologique chrétienne de Dieu, en tant que Logos et Agapè, comme Source de la manifestation pose donc déjà la notion de lien transpersonnel à l'origine de toute socialisation et comme base du respect de la Vie, avant même celui de soi-même et de l'autre. C'est par ce lien que l'humain advient, tout comme la manifestation globale dans sa complémentarité expansion-vibration et contraction-amour.

C'est en se vivant comme tel que l'être humain peut célébrer la Vie — ou Dieu, quel que soit le nom qu'il lui attribue — et exister en tant qu'humain accompli. L'attention prêtée à ce processus commun qui unit les êtres est cette « pratique archétypale » prérationnelle que nous partageons tous avant d'être marqués par nos tendances, nos sensibilités particulières, notre éducation, nos cultures et nos histoires. C'est le *yuki*. Si c'est cette contemplation, cette « humble écoute » que l'on entend lorsque l'on parle de prière, alors c'est aussi une prière. De fait, le consensus ne se trouve que dans l'acceptation de l'autre dans toute sa différence et sa particularité, laquelle n'entrave pas l'union transpersonnelle, voire compassionnelle. De là à affirmer que le rôle des religions devrait être l'éducation à ce lien transpersonnel, il n'y a qu'un pas. Je pense toutefois que c'est fondamentalement le rôle du rituel, alors que les religions institutionnalisées tendent plutôt à générer des modèles politiques pour exprimer ce lien.

En définissant le péché comme la conséquence d'une faiblesse personnelle, voire comme un crime avéré — et donc en culpabilisant —, saint Augustin a écarté de la question la qualité de la sensibilité perceptive individuelle à l'ordre cosmique et la variété des errements qui résultent de déficiences de cette perception. De là, l'abandon en latin de la multiplicité de termes précédemment utilisés en hébreu et en grec. Cette sensibilité est pourtant précisément ce qui permet de percevoir le lien transpersonnel, lequel est chevillé au corps avant même d'être prépolitique, comme l'explique Noguchi. C'est en grande partie pourquoi St Augustin, et les catholiques à sa suite, ont dû élaborer une doctrine de la Grâce et du Salut qui s'éloigne tant de la tradition chrétienne des origines, doctrine pourtant rarement contestée jusqu'au retour de la pensée orientale aux XIXe et XXe siècle, sauf par la voix des mystiques. D'autres monothéismes font encore aujourd'hui la même erreur. Ni la foi, ni le rationalisme n'ont les moyens de répondre efficacement à la question de l'éducation de la perception intérieure ; soit ils contournent le problème, soit ils incluent des pratiques corporelles à leur approche.

Vers une métaphysique pratique

En résumé, ce n'est ni sur le terrain politique qu'il faut aller chercher le lien transpersonnel, ni dans l'expression politique d'une religion, quelle qu'elle soit. L'éthique humaine, qui est une affaire subjective dépendant intimement de la qualité perceptive individuelle tant de la vie que de son environnement social et naturel, s'ancre dans cette normalisation du terrain psychique, corporel et vital. Elle précède de loin la morale, dogme objectif qui ne suffit pas en soi à convaincre, mais peut toutefois provisoirement servir de modèle comportemental aux individus manquant d'un sens de l'éthique clair. L'éthique n'est donc pas un concept que l'on applique par conviction, mais un respect et une participation active à la Vie qui s'impose comme une évidence intérieure. Que des philosophes ou des religieux, même les meilleurs, tentent de théoriser cette éthique n'empêche jamais qu'elle soit le résultat d'une pratique et non d'une réflexion métaphysique. Si métaphysique concluante il existe, alors celle-ci prend racine dans le corps, car seule la matière procure à l'humain une expérience de l'esprit. Il ne peut donc s'agir que d'une métaphysique pratique, et non spéculative, où l'action intuitive est coordonnée avec le cosmos. L'humain — de notre point de vue d'humain — faisant le lien entre microcosme et macrocosme, on ne peut imaginer d'adéquation de l'action individuelle avec le macrocosme sans avoir au préalable coordonné le microcosme, c'est-à-dire soi-même. Malgré les apparences, ce n'est pas une opération hors de portée : elle est avant tout naturelle et spontanée ; c'est une fonction profonde du vivant. Pour peu que l'on s'accorde le temps de l'observation honnête et dénuée d'orgueil, cette fonction autorégulatrice s'exprime aisément.

Dans leur dialogue du 19 janvier 2004 à Münich [5], ce que le futur Pape Benoît XVI reconnait dans le sentiment que l'humain se fait de Dieu, et le philosophe Habermas dans les présupposés normatifs de la démocratie, qu'il nomme prépolitique, ne dit pas grand-chose de ce fameux lien transpersonnel. Nous le plaçons dans l'exercice du respect de la Vie en tant que voie pratique et qu'expression vitale fondamentale dispensatrice d'une expérience concrète de la liberté. Cette expérience de la liberté procède directement de la coordination des cinq motricités. Elle se manifeste dans cette appréciation de la Vie en tant qu'unicité, et non comme un phénomène duel, ni comme ressenti de séparation. Voici le lien essentiel qui s'impose à la sensibilité de l'humain accompli : un sentiment d'abord transpersonnel qui relie les humains entre eux, puis spirituel en ce qu'il les relie également au transcendantal et leur donne accès à une conscience ouverte sur l'infini — ce que ne permettent en aucun cas les présupposés, même métaphysiques. Cette valeur commune est le vécu primal de la condition humaine, une sorte d'expérience archétypale partagée par tous les êtres humains en-deçà de leurs convictions, de leur sensibilité personnelle et de leur bagage culturel ou éducatif. De quoi pourrait-il s'agir d'autre que de la simple expérience d'être vivant ?

En fin de compte, le rituel n'est donc pas la codification d'une voie d'accès à la transcendance, car le partage pratique du respect de la vie y suffit. Il est *process* de transmission du lien transpersonnel, une notion intransmissible par l'enseignement intellectuel et par nature réfractaire à l'explication. La transmission directe — en japonais *ishin denshin* (以心伝心), d'âme à âme, ou encore initiatique — constitue déjà une forme d'implication de l'individu dans le macrocosme qui, par définition, le transcende. On différencie facilement ainsi la voie des spiritualités pratiques, d'une façon ou d'une autre, toujours initiatique — qui est démarche individuelle ouvrant sur l'expérience mystique et qui concerne principalement moines et anachorètes, où l'action est pratique de charité — de celle des religions institutionnelles qui, elles, interviennent sur le plan politique, comme l'histoire le démontre, et s'intègrent dans la temporalité pour proposer à la communauté une pratique exotérique, constituée de rites collectifs et d'une morale.

Décision, action et justice

Dans un monde où l'individualisme s'est imposé en réponse à la globalisation croissante des communautés humaines et à la généralisation du libéralisme, on considère de nos jours que la démocratie, malgré ses fragilités, s'avère le système politique le plus approprié, car celui des guides éclairés, rois, prêtres ou prophètes initiés, semble avoir fait son temps — même si tous n'en sont pas convaincus, puisqu'on sait qu'existent toujours des réactionnaires qui préféreraient revenir au modèle social précédent. Des politologues avertis, comme Chantal Mouffe, précisent ce concept de démocratie en insistant sur l'importance du débat agoniste et sur l'incontournabilité de la décision. Elle le rappelle : « On ne peut faire l'impasse sur le moment de la décision », laquelle inclut l'antagonisme : l'action qui est décidée exclut toute autre qui ne l'est pas [6]. L'agonisme ne peut se cantonner dans la cogitation, dans la contestation, ni s'éterniser dans la polémique, comme on l'observe trop souvent. Il faut aller au-delà et devenir enfin constructif, créatif. On ne peut pas non plus se contenter d'élaborer des règles d'éthique démocratique, de droit, ni des règles d'hygiène de vie ou de santé. Vient toujours le moment de passer à l'acte, en politique comme pour l'individu. On ne peut se retrancher dans l'indécision ni dans des revendications égoïstes, cette attitude devenant très rapidement pathogène, tant sur le plan physique que psychique. Il faut passer à l'action et s'impliquer ainsi socialement, d'une façon ou d'une autre. De nombreuses analyses n'envisagent pourtant la démocratie et les droits humains que selon le rapport d'individus se tournant vers le collectif comme une ressource, voire comme une ressource d'éthique ou même comme un moteur pulsionnel. Il est pourtant incontournable que cet individu vive et agisse avant tout de manière autonome. Le collectif conçu comme une mise en valeur de l'individu ne peut pas fonctionner ; ce sont les individus qui constituent la collectivité et leurs responsabilités vis-à-vis de leur environnement social et naturel qui la font vivre. Mouffe rappelle, avec lucidité, qu'en politique, toute décision démocratique n'est jamais totalement consensuelle et ménage une part d'opposition minoritaire et donc de débat polémique. Cela participe d'ailleurs de la santé et de la vitalité d'une société en incarnant, pourrait-on dire, son degré de liberté d'expression. On retrouve ici le rôle des contre-cultures que j'évoque dans mes travaux sur l'histoire du mouvement New Age.

Pour l'individu, le cycle contraction/détente ne peut pas être interrompu sous prétexte de chercher une expression consensuelle, car cette expression impliquerait tout simplement la mort physique. C'est pourquoi on ne peut appliquer le principe agoniste au microcosme ; il s'agit d'une perspective strictement cérébrale, humaine et collective, qui ne devrait jamais être transposée sur l'individu. Le contexte très spécifique de l'analyse psychologique (Freud, etc.) peut constituer une exception, mais il ne faut jamais compter sur l'agonisme comme stratégie de passage à l'acte, car il ne l'autorise pas. Avec Mouffe, nous reconnaissons que l'antagonisme dans la décision est constitutif de la condition humaine, tant de manière sociétale que sur un plan individuel. Si l'antagonisme est bien absent de la motricité en tant que telle — comme on l'a vu — il découle de la dualité et manifeste celle-ci lors du passage à l'acte, comme l'exprime la notion de *karma* dans la tradition orientale.

La différence entre individu et collectivité dans ce processus de prise de décision, c'est que pour l'individu, la décision passe par le centre et par l'intégration multidirectionnelle — ou du moins de ce que l'équilibre psychocorporel individuel permet de meilleur dans ce sens. Il s'agit par conséquent d'une décision qualitative. Dans le cas de décisions collectives, au contraire, on transpose ce principe dans un calcul de la moyenne quantitative, ce qu'espère garantir le système démocratique. De manière inattendue, l'égo ne devrait donc nullement entrer en jeu dans le processus décisionnel personnel, tout comme il ne le fait pas dans celui de la relation profonde à l'autre impliquant le vital. Il intervient en revanche dans le cadre du débat agoniste qui parvient à une décision en s'appuyant sur des statistiques mathématiquement calculées.

Qu'il soit religieux ou politique, le droit est par nature impuissant à rendre compte du lien prépolitique qui se situe en deçà de ses considérations. Il est par conséquent extrêmement délicat de tenter de définir des droits humains sans se référer d'abord à cette éthique intuitive émanant de l'expérience de ce lien transpersonnel. De fait, les droits humains universels n'ont pas encore été définis de manière démocratique dans la version actuellement reconnue, qui reste, quoi qu'on en pense, l'expression d'une culture spécifique et partielle. L'expression d'une liberté commence par la définition des limites de son exercice : définir, c'est limiter. « La liberté des uns s'arrête là où commence celle des autres » dit-on couramment, en s'inspirant de la réflexion sur le sujet de John Stuart Mill [7]. Il en va de même pour les droits humains : on doit commencer par définir ses devoirs ou, mieux, ses responsabilités, avant de déduire les droits qui en procèdent. C'est le rôle du législateur — en démocratie, il s'agit du peuple — de s'acquitter de l'acrobatie que constitue l'écoute de revendications de droits pour déboucher sur l'établissement et l'explication de devoirs. Le législateur ne dispose pour y parvenir que de son intuition, qui est expérience de sa propre nature humaine. Dès lors qu'il se fonde sur celle-ci selon son expérience pratique et non intellectualisée, il pourra parvenir à un résultat satisfaisant. Le droit humain doit transcender la raison et procéder du cœur afin de toucher le cœur des uns et des autres, et dépasser ainsi le stade des polémiques agonistes qui sont le propre du terrain politique en démocratie. Ce n'est pas nouveau mais, pour une fois, cette conclusion se fonde sur la nature même de l'existence telle qu'on en observe l'expression dans la physiologie humaine.

NOTES

1 –   les cinq orientations motrices physiologiques ont été mises en évidence par Noguchi, fondateur du *Seitaï Shidô* (1911-1976).

2 –   voir Mircea Tamas, *René Guénon et le Centre du Monde*, Rose Croix Books, 2007.

3 –   parfois mal coordonnées, mais jamais antagonistes, car on ne peut tenir à la fois de l'expressif et de l'impressif dans une même tendance psychocorporelle.

4 –   voir Chantal Mouffe, «Politique et agonisme», *Rue Descartes* n° 67, 2010.

5 –   voir Ratzinger & Habermas, « Les fondements prépolitiques de l'État démocratique », dans *Esprit*, juillet 2004.

6 –   Chantal Mouffe, «Politique et agonisme», *Rue Descartes* n° 67, p. 23.

7 –   voir également la thèse de Gilles Plante, université de Québec, 2014.

LES ÉCRIVAINS DE LA GOLDEN DAWN

par Lauric Guillaud

Il existe une région du savoir que vous ne connaîtrez jamais,
une région que les sages qui la contemplent de loin évitent
comme la peste, autant que faire se peut. Mais moi, j'y suis allé...
Arthur MACHEN, « La Lumière intérieure » (1894)

Pourquoi revisiter les arcanes de la *Golden Dawn*, vingt-cinq ans après la publication d'un article sur le sujet et la tenue d'un colloque mémorable à Grenoble où j'introduisis Jean-Charles-Pichon dans la fosse aux lions académique [1] ? Sans doute parce que j'ai fait du chemin depuis et que j'ai envie de confronter mes modestes recherches à cette société aussi érudite que sulfureuse. Parce que je m'intéresse au rôle des sociétés secrètes dans l'Histoire (comme le *Hell Fire Club* au XVIIIe siècle) et aux passerelles insolites qui relient le romancier à l'ésotérisme, l'œuvre à la croyance. Enfin, parce que durant toute ma carrière universitaire, on m'a doctement mais fermement dissuadé d'emprunter cette voie non académique.

L'inspiration de l'artiste est un processus difficile à cerner, aussi malaisé que d'établir avec certitude un réseau de filiations entre des œuvres d'art isolées. En revanche replacer ces œuvres dans leur contexte historique prenant en compte l'évolution des hommes et des idées, notamment en matière de croyance, permet d'y voir plus clair, lorsque l'on constate, à la lecture d'ouvrages comme ceux de Jean-Charles Pichon, que l'humanité ne cesse d'osciller depuis toujours entre « des temps de matérialisme » et des « temps de mysticité ». L'art, en particulier la littérature, épouse ainsi les contours des croyances des hommes, exaltant l'harmonie des âges religieux, ou formulant l'informulable, l'indicible, la tradition occultée du passé en des temps dits « progressistes », polarisés par la science et les possibilités du futur.

Etudiant le retour de croyances qui suggèrent l'existence de cycles temporels, Jean-Charles Pichon retrouve la même division dialectique attestée par l'Histoire, entre « sectes rationalistes ou politiques », et « sectes religieuses ou messianistes »[2]. Il considère comme société secrète « *toute association ou tendance commune dont l'objet est de susciter une nouvelle société humaine et dont les méthodes ou les croyances demeurent cachées, occultes pour tout étranger à la secte* »[3]. Il est significatif que dans son approche chronologique des croyances, Pichon ne limite pas l'étude de l'ésotérisme à son caractère sectaire ou religieux, et qu'il inscrive toujours l'apparition d'un phénomène dans sa globalité, démontrant la récurrence de tendances profondes dans la société, touchant aussi bien les sectes que l'expression de poètes ou de romanciers inspirés.

L'analyse est d'autant plus pertinente que certains artistes vont jusqu'à s'engager dans des sociétés plus ou moins secrètes, ajoutant ainsi l'enthousiasme communautaire à l'inspiration et à la création isolées. Bien qu'en ce domaine, les filiations réelles soient parfois trop floues pour être démontrées, il semble aujourd'hui difficile d'écrire l'histoire des Rose-Croix sans évoquer les utopies littéraires d'Andreae, Bacon ou Campanella, celle de la franc-maçonnerie sans parler de Voltaire, Casanova ou Kipling, celle de l'illuminisme sans citer les romantiques allemands Goethe, Novalis ou Jean-Paul. De la même façon, peut-on raisonnablement évaluer la portée de l'œuvre d'un auteur si l'on ignore tout de ses attaches avec la tradition ésotérique ? Qu'en est-il alors de la compréhension du *Conte* de Goethe, d'*Eureka* de Poe, des *Chimères* de Nerval, d'*Isis* de Villiers de l'Isle-Adam, sans parler des fervents adeptes du spiritisme que furent en leur temps Conan Doyle, Rider Haggard et Stevenson ? Peut-on saisir la portée de l'œuvre d'un Hugo Pratt [4], l'auteur de la *Fable de Venise*, si l'on occulte son engagement initiatique ? Il serait temps d'explorer le temple de l'imaginaire. Au-delà de sa portée distractive, l'imaginaire, comme l'ésotérisme, éduque, augmente et donne accès à un autre niveau de conscience.

Genèse et essor de la *Golden Dawn*

Lorsque l'on s'aperçoit que plusieurs grands auteurs de fantastique ont connu la même initiation au sein d'une société anglaise centrée sur la magie à la fin du XIXe siècle, la curiosité est légitime, même si le chemin se révèle brumeux, la *Golden Dawn* [GD] appartenant à un ordre ésotérique fondé sur le secret, et, par définition, réservé à une minorité d'adeptes.

Malgré la publication récente d'informations précieuses concernant la *Golden Dawn* et notamment l'œuvre d'Israel Regardie et de R. A. Gilbert, le doute demeure quant à la véracité des origines de la société qui présentent tous les caractères d'une histoire fantastique, comme s'il fallait obligatoirement enraciner la secte dans les ténèbres du mythe. S'agit-il, comme le dit Jacques Bergier, de « *l'aventure occulte la plus extraordinaire de notre temps* », ou, comme l'écrit C. Mc Intosh, la GD fut-elle « *le plus beau fleuron du renouveau de l'occultisme pendant le XIXe siècle* »[5] ? Sans doute, car elle fondit en un ensemble cohérent une masse de données isolées, issues de traditions diverses (hermétisme, kabbalisme, rosicrucianisme, théosophie, alchimie, tantrisme), les soudant en un système pratique et efficace, ce qu'on ne saurait dire d'aucun autre ordre contemporain. Cette volonté de synthétisation repose néanmoins sur un choix clair dès le départ : celui, pour ces hauts dignitaires de la franc-maçonnerie ou de la Rose-Croix, de se démarquer de la trilogie républicaine et du matérialisme grandissant affichés par ces sociétés. Il s'agit de réhabiliter l'esprit opératif primitif, volonté qui en dit long sur le souci des adeptes de la GD de recouvrer et d'unifier les racines lointaines de la tradition. Le nom même d'« Aube Dorée » indique les buts poursuivis : sur un vieux fond gnostique de Chute et d'état de ténèbres où se trouve l'humanité, on se propose de retrouver l'état originel adamique, en dépassant l'individualité propre, pour retouver les conditions de l'immortalité : « *Chez l'adepte,* dira Mathers, *la mort ne peut survenir que lorsque la Volonté Suprême y consent, et c'est là qu'intervient tout le mystère de l'élixir de vie* »[6].

La GD comprend, parmi ses membres, nombre de personnalités éminentes de l'époque victorienne : des scientifiques comme Gerard Kelly, président de la Royal Academy, William Crookes et l'astronome William Peck, l'homéopathe Edward W. Berridge, des spécialistes d'occultisme comme le Dr Felkin, Arthur Waite, Jules Bois[7] et Papus, le grand écrivain ésotériste Gustav Meyrink[8], l'actrice Florence Farr, l'artiste-peintre Isabelle de Steiger, le socialiste Herbert Burrows, les nationalistes irlandais Maud Gonne et son fils Sean Mac Bride. Même si la GD est majoritairement masculine et fondée par trois hommes, la société se développe grâce aux efforts des femmes. À l'inverse de la franc-maçonnerie, la Théosophie est mixte et les femmes jouent un rôle central dans la diffusion du spiritualisme durant la période 1860-1890. Hormis Mme Blavatsky, Anna Kingsford devient présidente de la Loge londonienne de la Société en 1883 et, l'année suivante, fonde la Société Hermétique qui, tournant le dos à l'orientalisme de la Théosophie, s'inscrit dans la tradition européenne et se présente ainsi comme un précurseur de la GD. En 1886, Marie Corelli publie *A Romance of Two Worlds*, un roman à succès qui traite du voyage astral et des experiences de sortie du corps. L'année suivante, un autre membre de la Société Théosophique, Emma Hardinge Britten, lance un hebdomadaire spiritualiste, *The Two Worlds*, dont le titre fait écho au livre de Marie Corelli. La différence essentielle entre ces approches et la GD tient à l'engagement social en faveur du végétarisme, de la tempérance et des droits des classes laborieuses, sans oublier la recherche d'une preuve scientifique de l'existence d'un monde spirituel. Mais les cloisons ne seront pas totalement étanches entre ces deux mouvements. Il n'est pas inintéressant de noter que les trois francs-maçons qui fondèrent la GD se donnèrent une femme comme supérieure (Anna Sprengel) et choisirent deux déesses pour incarner le centre symbolique de l'Ordre : Isis, déesse égyptienne de la magie et de la nature et Urania, muse grecque de l'astronomie.

Cette association d'êtres d'exception a conscience d'être une plaque tournante du monde intellectuel et spirituel. Ces hommes et ces femmes qui assistent aux soubresauts d'un monde en sursis et qui entendent bien participer à l'avènement de l'esprit futur ont sensiblement le même âge (Annie Horniman naît en 1860, Maud Gonne en 1866, Machen en 1863, Blackwood en 1864, W. B. Yeats en 1865, Bennett en 1867) et les mêmes origines, souvent celtiques. En outre, ils tissent un réseau vaste et serré d'amitiés, de complicités, de sympathies ou d'affinités politiques ou ésotériques. Ces relations transdisciplinaires et internationales ne font que renforcer la cohésion du groupe. La GD finit par étendre ses ramifications bien au-delà de la secte comme le montrent quelques exemples : Mathers épouse la sœur de Bergson, Machen est l'ami du poète français Paul-Jean Toulet, Papus est au cœur de plusieurs sociétés spiritualistes[9], Maud Gonne est l'inspiratrice de Yeats, etc. La société « rayonne »…

Comment l'aventure commença-t-elle ? Un clergyman anglais, le révérend A.F.A. Woodford, aurait découvert en 1880 des manuscrits chiffrés (« Cipher Manuscripts ») et une lettre en allemand chez un bouquiniste londonien, la lettre invitant le décrypteur à communiquer avec la société secrète allemande *Sapiens Donabitur Astris* (S.D.A.) par l'intermédiaire d'une certaine Anna Sprengel, comtesse de

Landsfeldt, fille naturelle de Louis Ier de Bavière et de Lola Montès. Il est probable que ce personnage romanesque a été créé de toutes pièces pour donner une légitimité à la GD[10]. Woodford, franc-maçon et rose-croix, parle de sa découverte à deux de ses amis, William R. Woodman et le Dr Winn Westcott, tous deux membres de la S.R.I.A. (« Societas Rosicruciana in Anglia »), et érudits en matière hermétique et kabbalistique. Lorsque Westcott confie, dans le soin de les lui faire déchiffrer, les manuscrits de la *Kabbala denudata* de Knorr de Rosenroth au jeune maçon (et beau-frère d'Henri Bergson), Samuel Liddell Mathers, alias Mac Gregor Mathers, il ne se doute pas qu'il suscite là la future fondation de la célèbre *Golden Dawn*. L'ensemble est soumis en Allemagne à la SDA qui autorise le petit groupe anglais à créer une société occulte « extérieure », c'est-à-dire ouverte. La société s'appellera « *Hermetic Order of the Golden Dawn in the Outer* » (Ordre Hermétique de l'Aube Dorée à l'extérieur). Ainsi, au départ de l'aventure, apparaît l'élément mystérieux, le « manuscrit Mathers », ensemble de documents magiques aboutissant à un rituel « maudit » ouvrant des portes interdites. Bref, le *Necronomicon* avant la lettre…
Cette connotation pré-lovecraftienne se précise lorsque Mathers, dans son manifeste, évoque les vrais chefs secrets de l'Ordre, de prétendus « Supérieurs Inconnus » qu'il aurait rencontrés :
Au sujet de ces Chefs Secrets, auxquels je me réfère, je ne peux rien vous dire. Je ne sais même pas leurs noms terrestres, et je les connais seulement par certaines devises secrètes ; je ne les ai vus que très rarement dans leur corps physique, et dans ces rares cas, le rendez-vous fut pris par eux, dans l'Astral. Ils me rencontrèrent physiquement en temps et lieux fixés à l'avance. Je crois que ce sont des êtres humains vivant sur terre, mais qui possèdent des pouvoirs terribles et surhumains. Mes rapports physiques avec eux m'ont montré combien il est difficile à un mortel, si avancé soit-il, de supporter leur présence [11].

Cet ordre invisible des maîtres cosmiques n'est pas nouveau en ésotérisme. Il renvoie aux « Supérieurs Inconnus » de Coménius (XVIIe siècle) ou aux « Maîtres à la face éblouissante » tirés du *Livre de Dzyan*, prétendument traduit par Mme Blavatsky. Dans la littérature fantastique, ces grands initiés apparaissent dans l'œuvre de Gustav Meyrink (*Le Visage vert*, *Le Golem*), dans l'œuvre de Lovecraft (les « Grands Anciens ») et dans celle, encore méconnue, du romancier théosophe Talbot Mundy : *Caves of Terror* (1922) et *The Nine Unknown* (1924) postulent l'existence millénaire de la société secrète des « Neuf Inconnus », un mystérieux groupe occulte qui utilise l'Ancienne Sagesse à des fins stratégiques et qui détiendrait les secrets des civilisations disparues. On s'aperçoit ainsi de la porosité entre ésotérisme et fantastique.

S'opposant à l'orientalisme prôné par la Société Théosophique de Mme Blavatsky, les fondateurs de la GD présentent l'ordre comme une tentative de synthèse et de retour à la tradition ésotérique occidentale. Caractérisée par la pratique de la magie et de la théurgie, la GD attire, dès sa création, hommes politiques, artistes et écrivains. En 1888, est consacré à Londres le temple Isis-Uranus n° 3, qui admet hommes et femmes sur un pied d'égalité. D'autres temples s'ouvrent progressivement : le Temple Osiris à Weston-super-Mare, le Temple Horus à Bradford. En 1893 est inauguré le Temple Amen-Ra à Edimbourg, et le Temple Ahathöor à Paris [12]. La GD devient une association internationale.

L'Ordre est hiérarchisé en onze degrés ou grades, divisés en trois classes, et ayant chacune une correspondance avec une Sephira de la Kabbale. Pour la mise au point du rituel, Mathers emprunte à de multiples sources et parvient à les fondre en un ensemble si efficace que son système de cérémonies a survécu à l'ordre lui-même. Les ingrédients entrant dans la composition de Mathers incluent la Kabbale, l'alchimie, le tarot, l'astrologie et bien d'autres traditions, y compris la légende rosicrucienne. Mathers adapte en effet la légende de Christian Rosenkreutz, la forme du rituel étant destinée à réactualiser la découverte du tombeau du fondateur mythique de la Rose-Croix. Un membre de la GD est guidé à travers une série de degrés correspondant au système de la « Gold-und Rosenkreutz ». Ceux-ci vont du Novice au Néophyte et en théorie jusqu'à l'Adeptus Exemptus, les trois degrés appartenant aux « Supérieurs Inconnus ».

La structure de la GD rappelle celle de la S.R.I.A. Le premier niveau est appelé « the Outer Order » (l'Ordre extérieur), ce qu'on appelle « Golden Dawn » en général. Les enseignements mettent l'accent sur le développement individuel basé sur l'astrologie, le tarot et la géomancie. Le premier ordre est divisé en quatre grades qui correspondent aux quatre éléments. Le deuxième niveau, « the Inner Order » (Ordre intérieur) ressortit pratiquement à un ordre séparé. Conçu par Mathers, son seul chef, il se nomme « Rosae Rubeae et Aureae Crucis » (« La Rose Rubis et la Croix d'Or »). Les membres de l'Ordre Intérieur, responsables du premier Ordre, sont initiés en magie pratique : voyage astral, alchimie et technique du « *scrying* », c'est-à-dire de la divination obtenue par contemplation d'un cristal ou d'un miroir. En progressant, l'aspirant peut envisager de devenir « Adeptus Minor ».

Le troisième niveau est réservé aux chefs secrets de l'Ordre. Lorsque mourut Woodman en 1891, Mathers affirma avoir été contacté par les chefs secrets qui lui avaient transmis des informations relatives aux rituels du deuxième degré et à l'enseignement de l'alchimie et de la sexualité sacrée pour le troisième. On estimait que les chefs secrets étaient des alchimistes dont les pratiques étaient issues de l'ancienne Egypte. Mais aucune archive ne précise si les chefs secrets étaient des personnes réelles ou des entités symboliques.

Les membres sont recrutés par le bouche-à-oreille ou par l'intermédiaire de placards publiés par la revue théosophique *Lucifer*. La composition sociologique de l'Ordre est diverse : on trouve des acteurs, des artistes, des hommes d'église, des médecins, des activistes politiques, des écrivains, etc. La majeure partie appartient à la classe moyenne ou, pour reprendre les mots de Maude Gonne, à « l'essence même de la grisaille de la classe moyenne ».

Par-delà sa filiation rosicrucienne, la GD se réclame de patronages plus anciens, notamment de John Dee et de Robert Fludd. Le premier fournit l'ossature même du système magique de la GD, les « mots de pouvoir » fondés sur la maîtrise de la langue « énochienne » dont on retrouve trace dans d'étranges grimoires comme *Le Livre d'Abramelin le Mage*, que Mathers traduira en anglais. Les hiéroglyphes incompréhensibles des manuscrits énochiens ne sont pas sans évoquer certains passages de Lovecraft. Celui-ci n'attribuait-il pas à John Dee la seule traduction anglaise du *Necronomicon*[13] ? Le dernier roman de Gustav Meyrink, initié à la GD, n'est-il pas consacré à John Dee, *L'Ange à la fenêtre d'Occident* (1927) ? C'est Dee qui amena ce grand ésotériste à l'alchimie, « *cet art secret qui permet à l'homme d'opérer la transmutation, de se métamorphoser soi-même en un être qui ne connaît jamais l'extinction de la conscience* » (G. Meyrink).

Le second, Robert Fludd, auteur de l'*Histoire du Macrocosme et du Microcosme* (1617), dote la GD d'une impressionnante synthèse de la magie et de la Kabbale de la Renaissance, ainsi que de nombre d'éléments tirés de l'alchimie paracelsiste. Ce maillon essentiel de la chaîne ésotérique chrétienne aura son importance dans les choix qui seront faits lors des crises que traversera la société.

Il convient aussi de prendre en compte l'arrière-plan historique et culturel de la fin du XIXe siècle, et en particulier l'essor de l'archéologie qui révélait au monde occidental les trésors architecturaux et religieux des peuples défunts. Or la vogue égyptienne affecte aussi bien l'occultisme que la littérature dite « décadente ». L'œil d'Horus, entouré de rayons solaires, dans la Pyramide de Feu que choisit la GD comme emblème, et le nom même du premier temple (Isis), ne sont que quelques manifestations de la redécouverte de la sagesse égyptienne que certains écrivains périphériques à la secte s'attacheront à évoquer, le plus souvent sur un mode angoissé (Richard Marsh, Bram Stoker, Sax Rohmer). En outre, la période 1880-1890 se caractérise en Grande-Bretagne par une véritable floraison de périodiques [14], de revues, d'articles ou de brochures consacrées à toutes les formes de croyances non orthodoxes : occultisme, paganisme, satanisme, etc.

En 1892, Westcott cède la responsabilité de l'Ordre à Mathers. Depuis Paris, il nomme Florence Farr (« *Sapientia sapienti dono data* ») « Chief Adept in Anglia ». Farr était l'amie de May, la fille de William Morris. Toutes deux avaient posé pour la toile de Dante Gabriel Rossetti, « The Golden Stairs » (1876-80). Farr était une féministe et une actrice réputée du West End. Elle était en outre la maîtresse de W. B. Yeats et de George Bernard Shaw. Une véritable « femme-pont », pour reprendre l'expression de Pichon. Elle ne sera pas la seule dans son cas.

Les années 1890 voient l'Ordre atteindre son apogée. Parmi les cent-cinquante adhérents que comptera la GD cinq ans plus tard se trouvent de nombreuses personnes influentes comme Farr, Gonne, et Yeats, la productrice de théâtre Annie Horniman, l'écrivain Arthur Machen, l'artiste et occultiste Moina Mathers (épouse de MacGregor Mathers and sœur du philosophe Henri Bergson, co-fondatrice de la Fabian Society), l'écrivaine pour enfants Edith Nesbit (Mrs Hubert Bland), les peintres Henrietta et Henry Paget, et l'écrivain néo-Celtique William Sharp (aka Fiona Macleod).

Au cours de la dernière décennie du siècle, Farr et d'autres membres des loges britanniques commencent à défier le leadership de Mathers, s'étonnant qu'il soit l'unique correspondant des chefs secrets. Mathers initie Aleister Crowley (« *Frater Perdurabo* ») dans l'Ordre extérieur en 1898, mais se heurte au refus des dignitaires des loges, quand il propose son initiation en « Adeptus Minor ». Mathers décide de passer outre et, en 1900, initie Crowley dans son temple Ahathoor en France. En conséquence, Farr démissionne de sa charge de « Chief Adept in

Anglia » et, moins de trois mois après l'initiation de Crowley, les autres adeptes londoniens excluent Mathers de l'Ordre. Les mécontents se tournent vers le poète Yeats (« *Demon est Deus Inversus* ») afin d'en faire un nouveau chef. Le schisme est plus profond qu'en apparence, opposant deux conceptions radicalement différentes : l'ésotérisme chrétien de Yeats, face à l'approche satanique de Crowley, qui se proclame lui-même *la Grande Bête*. Cette scission a plusieurs répercussions, d'abord sur l'évolution de la secte qui s'éparpille en sous-ordres, mais aussi sur l'Histoire et le monde des idées. La voie christique de Yeats sera défendue sur le plan littéraire par des ennemis de Crowley et débouchera, sur le plan ésotérique, sur la filiation future avec le mouvement anthroposophique de Steiner [15]. Quant à la quête magique de Crowley, fondée sur la *recherche du Grand Œuvre luciférien*, elle s'apparente à la voie tantrique de la *main gauche*, voie extrémiste de la mystique sexuelle hindoue. En 1901, la GD commence à se scinder en différents groupes, avec A. E. Waite prenant la direction du Temple Isis-Urania Temple, qui durera jusqu'en 1914.

LA *GOLDEN DAWN* ET SES FANTASTIQUEURS

Il est temps de souligner, outre l'aspect purement ésotérique de la société, ses impressionnants prolongements dans la sphère culturelle. Il est clair que les Victoriens, effrayés par la religion du progrès, cherchent à échapper au matérialisme ambiant en se tournant vers l'occultisme, sous deux formes : d'une part, l'engagement ésotérique, et d'autre part, la vie culturelle, tout imprégnée des mystères et des croyances du temps.

Ce mouvement hermétique, dont on reconnaît aujourd'hui l'importance [16], nous intéresse tout particulièrement en raison des écrivains qui furent initiés à ses rites. Arthur Machen (« *Avallaunius* »), Algernon Blackwood, Aleister Crowley, Charles Williams, John W. Brodie-Innes, Edith Nesbit, Violet Tweedale (Violet Chambers), Evelyn Underhill, William Sharp (Fiona Macleod), Enoch Arnold Bennett et Dion Fortune (Violet Mary Firth) [17].

On a beaucoup glosé ces dernières décennies sur l'identité exacte des acteurs de la GD, et en particulier de ses écrivains et artistes. Le problème est complexe car dans cette vaste nébuleuse mystique-ésotérique, les réseaux, les confréries et les cercles pullulent. La GD tente de recruter Conan Doyle qui refuse. Le père de Sherlock Holmes, en revanche, est affilié à la franc-maçonnerie et fréquente les frères Kipling et Haggard. Arnold Bennett, membre de la GD, fréquente Conan Doyle, Thomas Hardy, Rudyard Kipling, George Bernard Shaw et Herbert George Wells. John William Brodie-Innes, initié à la GD, est un ami proche de Bram Stoker, l'auteur de *Dracula*. Le fantastiqueur Matthew Phipps Shiel, parfois soupçonné d'appartenir à la GD, est un proche collaborateur d'Arthur Machen. Farr dirige la première production anglaise de *Salomé*, la pièce d'Oscar Wilde, dont l'épouse Constance Mary Lloyd appartient à la GD. Elle confie plusieurs travaux picturaux à Aubrey Beardsley qui envisage, un moment, de rejoindre la GD [18]. Quatre membres au moins de la société (Farr, Gonne, Horniman et Yeats) travaillent pour le théâtre. Une autre figure de la GD, Edith Nesbit (Mrs Hubert Bland), est une amie proche de Lord Dunsany et de W. B. Yeats. Violet Tweedale (Violet Chambers), initiée à la GD, compte parmi ses amis le poète Robert Browning, le peintre Frederic Leighton et Helena Blavatsky. Mabel Collins [19] fréquente Annie Besant, Isabelle de Steiger, Mme Blavatsky et Anna Kingsford. L'écrivain chrétien Charles W. S. Williams, membre actif du Temple Salvator Mundi de la *Fellowship of the Rosy Cross* (rameau dissident de la GD fondé par Waite), correspond avec Evelyn Underhill, elle-même membre de la GD. Il fait aussi et surtout partie du cercle des Inklings qui réunit C.S. Lewis et Tolkien. Dion Fortune introduira dans sa société de la « Lumière Intérieure » son amie Christine Campbell Thomson, elle-même auteure de nouvelles d'horreur (*Not at Night Series*, 1925-37).

Ces exemples sont multiples, de même que les transferts qui se produisent entre les mouvements occultes : ainsi, Algernon Blackwood commence par fréquenter la loge théosophique d'Edimbourg dirigée par l'avocat et écrivain W. Brodie-Innes que Blackwood retrouvera plus tard à la *Golden Dawn*. Nombre de futurs adeptes passeront par les loges théosophiques, puis par le spiritisme (dont le défenseur le plus acharné sera un certain Conan Doyle), avant d'être affiliés à la GD ou à d'autres mouvements dissidents. Il est évident que se tiennent à la périphérie de la société, tels des « maçons sans tabliers », des écrivains dont les thèmes sont communs aux créateurs de la GD (Richard Marsh, Sax Rohmer, Bram Stoker, John Buchan, Talbot Mundy, M. P. Shiel, etc.).

Mais venons-en maintenant au cœur de notre sujet, la création littéraire, notamment dans le domaine du fantastique. Tous les fantastiqueurs britanniques ne furent pas initiés à la GD, mais, comme l'écrit Dennis Denisoff, on peut voir dans l'Ordre *in toto* « une collection d'œuvres créatives qui empruntaient aux mouvements esthétiques du temps », la GD se présentant comme « *un médium fondamental per-*

mettant la circulation complexe de l'occulte ») [20]. Si l'on prend les œuvres les plus connues du temps : *Le Portrait de Dorian Gray* (1890) d'Oscar Wilde, *Dracula* (1897) de Bram Stoker, *Le Scarabée* (1897) de Richard Marsh, *Le Grand Dieu Pan* (1894) d'Arthur Machen ; seul ce dernier appartient à l'Ordre. Et pourtant, tous ces romans véhiculent des thèmes communs, aux ramifications occultes ou occultistes, le thème le plus courant, véhiculé par le colonialisme et actualisé par l'exploration et l'archéologie, étant le motif de la menace, souvent verticalisée, présente au coeur même de la civilisation — Londres ou Paris —, l'exotisme des terres lointaines se déployant désormais de façon inquiétante au sein des jungles urbaines.

Dans *Le Scarabée* de Marsh, cité par Lovecraft parmi les plus grands thrillers fantastiques, une créature mystérieuse venue du fond de l'Égypte antique apporte épouvante et mort. Londres devient le *topos* énigmatique où s'affrontent malédiction d'un autre âge et rationalité moderne. On peut interpréter cette lutte, qu'évoque *Le Scarabée*, à la lumière du combat qui s'engage entre ceux qui soutiennent des conceptions non-othodoxes de l'histoire et de la réalité, et ceux qui jugent ces approches comme autant d'attaques immorales ou dégénérées contre la civilisation moderne. Autrement dit, le roman de Marsh entre en résonance avec un trope culturel populaire de la période — un intérêt croissant (et provocateur) pour le secret et le mystère sous toutes ses formes.

Marsh ne faisait sans doute pas partie de la GD mais on trouve dans son roman les détails d'anciens rites qui semblent avoir inspiré l'Ordre. La secte antique qui menace la capitale se nomme « les Enfants d'Isis », une déesse qui, nous l'avons vu, apparaît fréquemment dans les rituels de la GD, outre les éléments classiques de magie égyptienne. Kenneth Grant, un occultiste du XXᵉ siècle formé par Crowley, croyait que le roman de Marsh possédait la seule référence littéraire des « Enfants d'Isis » et, chose remarquable, se mit à utiliser *Le Scarabée* au cours des pratiques rituelles de l'Ordre — la « Nouvelle Loge Isis » —, offrant ainsi un clair exemple des allers et retours entre fiction et réalité, entre égyptologie et fantastique) [21].

Les participants sont convaincus que l'invisible se manifeste à eux sous des formes diverses et inattendues. Quant aux œuvres des fantastiqueurs de la GD, elles reflétent des thèmes actualisés par le combat entre tenants de la magie blanche et noire : menace ou terreur associées au retour des anciennes divinités, lutte des forces de la lumière contre celles des ténèbres, prise de contrôle de la Terre par les forces du mal, pacte avec le diable, savoir interdit mettant en péril la civilisation, combat contre les sectes) [22], retour menaçant des idolâtries païennes, sur fond d'égyptomanie) [23].

Or, tous ces romanciers férus de fantastique et d'ésotérisme partagent la même fascination pour le thème de la menace ou celui de la transgression : auteur d'un classique de l'horreur, « Le Grand Dieu Pan » (1894), Arthur Machen fait revivre le « Petit peuple » souterrain (« The White People »). Même si Edith Nesbit (Mrs Hubert Bland) écrit des romans pour la jeunesse *The Story of the Amulet*), elle n'hésite pas verser occasionnellement dans l'horreur avec *Grim Tales*, *Something Wrong* (les deux publiés en 1893), *Salome and the Head* (1909) et *Fear* (1910), au titre éloquent. *Dormant* (1911) montre l'intérêt de Nesbit pour l'occulte et notamment l'alchimie : il s'agit de la recherche de l'élixir de l'immortalité et de la découverte d'une femme en état d'animation suspendue — des thèmes de prédilection des adeptes de la GD. « Fiona Macleod », pseudonyme de William Sharp, est un représentant de la vague néo-celtique qui déferle en Angleterre dans les années 1880. Ses œuvres fantastiques incluent *The Sin-Eater and Other Tales* (1895), *The Washer of the Ford and Other Celtic Legendary Moralities* (1896) et *Dominion of Dreams* (1899) [24]. La nouvelle « The Sin-Eater » s'appuie sur le folklore des morts : en mangeant des gâteaux devant un défunt, on consomme ses péchés et on lui permet d'accéder au paradis. Etrangement, H.P. Lovecraft célébra cette nouvelle mystique, allant même jusqu'à emprunter au dialecte gaélique de Macleod les derniers mots imprononçables de « Rats in ther Wall » (1923) : « *Dia ad aghaidh 's ad aodann ... agus bas dunach ort! Dhonas's dholas ort, agus leat-sa!... Ungl... ungl... rrrlh... chchch...*» Enoch Arnold Bennett commence lui aussi à écrire de la fiction occulte dans les années 1880. Dans son premier roman, *For Love and Life* (1890 ; *The Ghost : A Modern Fantasy*, 1907), un fantôme parasite une chanteuse d'opéra et provoque le chaos chez ses prétendants. Dans *The Glimpse : An Adventure of the Soul* (1909), un mari égoïste succombe à une crise cardiaque avant d'errer dans le cosmos en quête de sagesse. Quand il revient sur terre, épuré, il s'aperçoit que son épouse s'est suicidée.

John William Brodie-Innes (« *Sub spe* » à la GD) décrit un pacte faustien dans *The Devil's Mistress*, publié en 1915. D'autres romans comme *Old as the World* (1909) et *For the Soul of a Witch* (1910) sont axés sur le folklore et la magie. Chez lui comme chez nombre d'adhérents de la GD, l'écriture est un adjuvant naturel à la recherche ésotérique. Brodie-Innes sera l'un des maîtres de Dion Fortune, elle-même ésotériste et écrivaine.

En survolant ces quelques œuvres, on est frappé par l'effervescence créatrice des auteurs de la GD. La plupart ne se contentent pas d'écrire des ouvrages ésotériques ; ils produisent de la fiction, comme si l'imaginaire les portait irrésistiblement vers ces deux versants qui s'avèrent complémentaires. Violet Tweedale (Violet Chambers) publie une trentaine d'ouvrages spiritualistes et autant de nouvelles occultes ; Machen écrit *Hieroglyphics* (1913) *et Le Grand dieu Pan* ; A. E. Waite écrit *The Hidden Church of the Holy Grail* (1909) *et Prince Starbeam* (1889) ou *The Golden Stairs* (coll. 1893) ; Dion Fortune écrit *The Machinery of the Mind* (1922) *et The Secrets of Dr. Taverner* (1926) ; Brodie-Innes écrit *Scottish Witchcraft Trials* (1891) *et The Devil's Mistress* ; Evelyn Underhill écrit *Mysticism: A Study of the Nature and Development of Man's Spiritual Consciousness* (1911) *et Column of Dust* (1909), Mabel Collins écrit *Light on the Path* (1888) *et Suggestion* (1892), etc.

Outre le fantastique ou l'horreur, la GD se tourne parfois vers ce qu'on appelle aujourd'hui « fantasy », et notamment le grand thème ésotérique chrétien de la quête du Graal. Arthur Machen, véritable chercheur arthurien, soutient que les légendes du Graal se fondent sur de vagues souvenirs des rites de l'Eglise Celtique. Cette thèse est développée dans *The Secret Glory*, rédigé de 1899 à 1908, et publié en 1922, premier roman à affirmer que le Graal a survécu jusqu'à l'époque moderne — idée reprise par Charles Williams en 1930, puis aujourd'hui par Stephen Spielberg (*Indiana Jones et la dernière croisade*) ou par Dan Brown (*Le Da Vinci Code*) [25].

Dans *Le Grand retour* (*The Great Return*, 1915), au titre significatif, le Graal réapparaît dans un village gallois pour y produire des miracles. Une nouvelle de Machen, « The Bowmen » (« Les archers »), publiée le 29 septembre 1914, est à l'origine d'une sorte de « légende urbaine » selon laquelle des anges guerriers seraient apparus aux soldats britanniques durant la bataille de Mons. Ce genre de visions miraculeuses sur les champs de bataille avait été jadis répertorié au cours de guerres médiévales. Machen reprenait simplement la légende de la bataille d'Azincourt où St Georges aurait été appelé à la rescousse. Les croyances du Moyen Âge continuent d'envahir le présent, semble-t-il. Evelyn Underhill (Mrs Hubert Stuart Moore) (« *Quaerens lucem* ») signe plusieurs romans dont *Column of Dust* (1909), dédié à Arthur Machen. Comme ce dernier, elle contribue à des magazines de fiction occulte publiés par A.E. Waite. Dans *Column of Dust* (1909), le Roi Pêcheur confie à une jeune mère célibataire la garde du Graal — une tasse à thé dont elle sera la gardienne dans son modeste appartement. Charles Williams, proche de C.S. Lewis, est initié par Waite en 1917. Inspiré lui-même par Machen, Waite publie *The Hidden Church of the Holy Graal* (1909), *The Book of the Holy Graal* (1921) et, plus tard, *The Holy Graal, Its Legend and Symbolism* (1932). Cette approche ésotérique du Graal donne à Williams la matière de son second roman, *War in Heaven* (*La Guerre du Graal*), « thriller métaphysique » qui renoue avec le symbole le plus précieux du christianisme médiéval. Le Graal devient dans ce livre « *l'enjeu d'une lutte terrible opposant les initiés blancs à la contre-initiation des mages noirs* » [26]. Williams signera en 1938 un recueil poétique inspiré de la geste arthurienne, *Taliessin through Logres* (1938). Suivront deux autres volets du Cycle d'Arthur : *The Region of the Summer Stars* (1944) et *Arthurian Torso* (1948).

Il est loisible de considérer Waite, Machen et Williams comme des « écrivains mineurs », comme le font avec condescendance B. Taylor et E. Brewer [27], mais on ne peut nier l'importance de ces groupes d'écrivains et de chercheurs qui ont œuvré pour une certaine modernité fictionnelle du Graal. Comme dans les années 1880-90 en Angleterre, on constate en effet la densité de ces réseaux occultes qui élaborent, dans l'ombre d'abord, la fiction fantastique appelée à triompher aujourd'hui dans la lumière, dans l'écrit comme dans l'image « l'explosion arthurienne » dont on ne voit pas la fin. Même sécularisés, Arthur et Galahad continuent de projeter leur ombre épique sur notre imaginaire.

La littérature fantastique véhicule des thèmes inquiétants qui s'actualisent de façon sinistre dans l'Histoire. Or, les fantastiqueurs affiliés à la secte, ou proches de la GD, ont privilégié des thèmes significatifs de ce combat ténébreux qui est d'abord reflété par la littérature de l'imaginaire, sorte d'Histoire invisible qui précède ce qu'il est convenu d'appeler la *réalité*.

L'obsession majeure des fantastiqueurs est liée à l'hypothèse d'une prise de contrôle de la terre par les forces du mal. L'antagonisme entre le bien et le mal prend souvent la forme d'un conflit opposant l'Occident chrétien en proie au matérialisme, et l'Orient qui est resté le dépositaire de la tradition spirituelle. Il existerait des *connaissances interdites* qui, réactivées, pourraient se retourner contre la civilisation occidentale.

Il est tentant, comme le font Jean Robin et Jean Parvulesco, de faire de John Buchan, baron Tweedsmuir of Elsfield, alias « *Astrum Argentinum* » ou « *Adeptus Exemptus* »[28], un éminent membre de la GD mais, à ce jour, nulle preuve ne vient corroborer cette hypothèse. John Buchan demeure une énigme. Directeur des services stratégiques et de la propagande dans le cabinet Lloyd George et Gouverneur général du Canada, Buchan, selon Jean-Pierre Deloux [29], aurait fait partie avec Cecil Rhodes de la Table Ronde, collège secret d'initiés de type synarchique. Il est certain que les importantes activités politiques de Buchan transparaissent dans son œuvre, notamment dans *La Centrale d'Energie* (*The Power House*, 1916) qui décrit le combat manichéen opposant le représentant de la civilisation, Edward Leithen, à l'Être Maléfique, l'âme d'un complot diabolique : un certain Andrew Lumley qui a décidé de rompre l'équilibre des forces régissant la civilisation, cette « conjuration », et qui voudrait hâter la venue d'une sorte d'apocalypse des valeurs traditionnelles. On retrouve le motif du « savoir interdit » qui, mis au service d'une « Centrale d'Energie », inaugurerait « l'ère des miracles » et la fin de l'Occident.

L'œuvre de Buchan est prophétique des mutations géopolitiques du monde. Dans *Le Collier du Prêtre Jean* (*Prester John*, 1910), à une époque où la colonisation de l'Afrique n'était pas encore achevée, un écrivain encore obscur, fort d'une expérience de quelques années passées au service de la couronne, se permet d'écrire : « *l'Afrique aux Africains* ». Buchan connaissait aussi la légende de l'Imâm caché — le Mahdi — destiné à réapparaître à la fin des temps pour la plus grande gloire temporelle et spirituelle d'un Islam régénéré. Ainsi écrivait-il dès 1916, dans *Le Manteau vert* : « *L'Orient attend une révélation qui lui a été promise, un avènement. Il attend une étoile, un homme, une prophétie nouvelle* [...] *; Et l'Occident n'en sait rien* [...] *Les musulmans d'Iran fomentent des troubles. Un vent sec souffle à travers l'Est, et l'herbe desséchée n'attend plus qu'une étincelle* ». L'appartenance de John Buchan à des cénacles plus que discrets était sans doute de nature à lui inspirer de telles prophéties relatives à l'Islam, mais, faute d'informations, nous en sommes réduits à des conjectures. Sur le plan du fantastique, une piste existe toutefois, qui nous rapproche de Machen. Dans « No-Man's Land » (1899), l'intrusion terrible et brutale du « Petit Peuple »[30], arraché soudain au confort du folklore, nous renvoie à une violence primitive qui nous rappelle le caractère précaire de toute civilisation humaine, comme si, périodiquement, l'homme semblait condamné à retourner au limon d'où il est issu.

Ce retour du *grand mal* se manifeste sous d'autres formes. Chez Arthur Machen, il correspond au retour des divinités païennes: le dieu Pan dans *Le Grand Dieu Pan* (1897) suggère l'existence de forces inconnues terrifiantes que nous cache le voile de l'univers. Avant d'évoquer l'intrusion des ténèbres actives dans notre monde tangible, Machen écrivait dans *Les Trois Imposteurs* (1895) :

Il y a des démons du mal comme du bien autour de nous, et je crois que nous vivons et nous nous mouvons dans un monde inconnu, dans un lieu où il y a des cavernes, des ombres et des habitants au début de leur évolution. Il se peut que l'homme retrouve un jour le chemin de l'ancien savoir, et je suis convaincu qu'un savoir redoutable survit encore.

Selon Machen, l'ancien monde nous a légué l'héritage du mal et, dans des recoins souterrains, subsistent des forces malignes et élémentaires qui menacent l'homme moderne ; c'est le *petit peuple*, race légendaire à l'origine de la sorcellerie, qui sera évoqué dans plusieurs nouvelles qui influenceront Lovecraft (*Le Cachet Noir*, 1896 ; *Le Peuple Blanc*, 1906 ; *La Pyramide de Feu*, 1923). Ce petit peuple inspirera aussi Blackwood (*The Trod*).

Crowley lui-même écrira quelques romans dont *The Moon Child* (1914), influencé sans doute par *Le Grand dieu Pan* de Machen. Il s'agit d'obtenir l'incarnation d'une entité dans l'embryon d'une femme enceinte grâce à un entraînement occulte. On provoque ainsi la naissance d'un être exceptionnel, d'un surhomme [31].

La *Golden Dawn* et les détectives de l'occulte

La société victorienne est creusée de trous d'angoisse. Des courants d'inquiétude la parcourent inlassablement : insécurité endémique, secousses sociales, remise en cause de la religion, sentiment d'un monde qui se clôt. Sans doute le détective, occulte ou même rationnel, cristallise-t-il une bonne part de cet espoir collectif de trouver un exorcisme à la mesure de la menace. Les enquêteurs des ombres sont les seuls habilités, de par leur statut de « sachants », à appréhender cette forme de criminalité « hors-norme » qu'il importe avant tout de *décrypter* avant de combattre. Le détective occulte ou de l'occulte [32] (« occult detective ») est le seul habilité, de par son statut de marginal, à appréhender cette nouvelle forme de criminalité « hors-norme » qu'il importe avant tout de *décrypter* avant de combattre. Ce personnage extraordinaire se rapproche de l'initié. Après tout, l'enquête n'est-elle pas la forme profane de la quête ésotérique, et le détective, à l'instar du héros mythique, ne respecte-t-il pas l'étymologie même du verbe « détecter », c'est-à-dire « déceler » l'existence de ce qui est *caché* ?

Entre investigation rationnelle et paranormale, le genre des détectives de l'étrange est popularisé par des auteurs comme M. P. Shiel avec le prince Zaleski (1895) et W. H. Hodgson [33] avec Carnacki, le chasseur de fantômes doté d'un « œil mental » (1910). Plusieurs écrivains de la GD contribuent au genre, dont Algernon Blackwood (« *Umbram Fugat Veritas* »). Le thème manichéen du combat des forces de la lumière contre celles des ténèbres, écho littéraire des conflits internes de la GD, trouve une illustration chez Blackwood, initié en 1900 grâce à ses relations avec Yeats. En 1908 paraît un recueil de nouvelles contant les aventures de John Silence, « détective de l'occulte ». On sait aujourd'hui qu'un membre de la GD, un étudiant hindou, connu sous ses initiales, MLW, servit de modèle au personnage de John Silence, dont le nom même se réfère à la tradition du silence initiatique [34]. Silence consacre son énergie à débusquer le Mal suscité par les *Puissances des Ténèbres*. Dans « Une invasion psychique » (1908), au titre significatif Silence décrit en ces termes ces forces maléfiques tapies dans une autre dimension :

Si vous aviez la moindre notion de magie […], vous sauriez que la pensée est d'essence magique et qu'elle peut suciter des images et des formes capables de survivre pendant des siècles. Car, à peu de distance de la sphère où évolue notre vie humaine, il existe une autre sphère où flottent les vestiges et débris de tous les siècles passés, les limbes des dépouilles des morts. C'est une zone fortement peuplée qui regorge d'horreurs et d'abominations, et on peut la tirer de sa torpeur, si l'on a la volonté d'un manipulateur aguerri et l'esprit formé aux pratiques de la magie noire [35].

L'ennemi est désigné — les adeptes de la magie noire — comme dans la nouvelle intitulée « Culte Secret » (1908), où Silence affronte un culte médiéval satanique, les *Adorateurs du diable*. Ceux-ci ont reconnu en lui un « rosicrucien », « homme de pouvoir et homme de Dieu » [36]. Il est loisible d'y voir en filigrane la violence confrontation entre Yeats et Crowley.

John Silence est un occultiste expérimenté. Le sous-titre de l'édition originale, souvent omis, le présente comme « physician extraordinary » — médecin extraordinaire — : c'est plus un docteur des âmes qu'un guérisseur des corps, auquel ses clients, et le narrateur, donnent le titre de « psychic doctor » [37]. Les « enquêtes » regroupées dans

John Silence, sont — le mot revient comme un leitmotiv dans les premières pages de l'ouvrage — des « cas psychiques ». Le mot lui-même
pourrait rappeler, dans une certaine mesure, la littérature spirituelle du
XVIIe siècle, présentant aussi des « cas », des exemples, et suggérant,
après l'intrusion destructrice du mal, un retour à l'ordre salutaire.
Hantise, intrusion d'une présence maléfique, lycanthropie, momie
vengeresse, telles sont les cas auxquels s'intéresse John Silence, qui en
occultiste, prononce des « paroles d'autorité », accomplissant des
« gestes de pouvoir », ou exécutant un rituel précis.

L'arrière-plan théorique de ces phénomènes est constitué par les doctrines ésotériques que Blackwood a étudiées chez les Théosophes et à la
Golden Dawn, et que ne se prive pas d'exposer le docteur, ou son assistant[38]. La quête l'emporte sur l'enquête, ce que confirment d'autres oeuvres. La quête est par exemple au cœur de *The Centaur,* ouvrage « imprégné de mysticisme spirituel » (*Times Literary Supplement,* 16 nov. 1911).
Blackwood y entraîne son héros O'Malley, Irlandais visionnaire, au
coeur du Caucase ; au cours de ce voyage initiatique, O'Malley « passant
l'Ange à l'Epée de Feu », atteint le « Jardin », dans lequel se réalise pour
lui la grande « Ré-union » avec la Mère-Terre et avec la Nature. C'est
alors qu'il a la sublime vision des Centaures, ces êtres de nature dont il
est, et qu'il est sur le point de rejoindre, lorsque le souvenir des hommes,
venant s'interposer, chasse la vision. Dès lors, O'Malley tentera désespérément de faire connaître cette vision, fascinante et terrifiante, qui s'accompagne du désir profond, quasi furieux, de ne faire qu'un avec la divinité, mêlé de la peur d'être anéanti dans l'étreinte divine.

Dans *The Bright Messenger* (1921), le docteur Fillery est confronté à
une interrogation étrange, à savoir quelle est la vraie nature de Julian,
fils de Julius Le Vallon, né d'une expérience magique, qui reprend,
dans un tout autre registre, celle de *The Great God Pan,* de Machen
(1894), et anticipe celle des *Moonchild* de Crowley (1929) ? Est-il Le
Vallon, homme ordinaire, où est-il cette créature quasi-divine que,
dans ses notes, Fillery appelle « N. H. » (Non Humain), autour de laquelle s'ébauche un véritable culte ?

Mais déjà, aux côtés de John Silence, on trouvera d'autres détectives de
l'étrange.

« Histoire du cachet noir » (« The Novel of the Black Seal », 1896) introduit le « petit peuple » du folklore celte perçu comme maléfique par
Machen qui s'intéresse à l'archaïque, à la coexistence de la modernité
et de rites ancestraux, et met en scène le retour des anciens dieux. Le

roman introduit le personnage récurrent de Dyson, détective et dilettante qui figure dans « La Main rouge » (« The Red Hand », 1895), « La Lumière intérieure » (« The Inmost Light », 1894) et « La Pyramide de feu » (« The Shining Pyramid », 1895) où ses facultés analytiques, plus probantes, servent à constater l'existence d'une sur-nature.

« L'Histoire du Cachet noir » est celle d'un savant qui découvre une race non humaine, mise à l'écart de la marche de l'évolution. Muni de ses indices, il se met en route pour sa « quête finale » : « *...j'ai décidé [...] de rencontrer le Petit Peuple face à face. J'aurai pour m'aider le Cachet Noir et la connaissance de ses secrets ; si le malheur veut que je ne revienne pas de mon voyage, il n'est pas nécessaire d'évoquer ici le sort épouvantable qui m'a été réservé* »[39]. Dans « La Pyramide de feu » (« The Shining Pyramid », 1895), nous voyons de loin le « Petit Peuple » des collines galloises grouiller autour d'un sabbat grotesque :

...il scrutait du regard cette masse grouillante, il apercevait confusément des formes ressemblant à des figures, à des membres, mais en même temps il éprouvait la froide certitude qu'aucun être humain ne pouvait se démener dans cette horde agitée et chuintante. [...] En lui-même, Vaughan s'entendit murmurer sans cesse « le ver de la corruption, le ver qui ne meurt point » ; une image grotesque se forma dans son imagination : une charogne en putréfaction grouillant dans toute son épaisseur de choses immondes boursouflées de bulles[40].

Pendant un instant, les créatures offrent au monde extérieur une vision d'enfer qui démontre leur existence, puis regagnent leur antre souterrain, leur tâche accomplie. Alors que la science et l'exploration investissent progressivement les blancs sur la carte, Machen s'entête à affirmer l'existence d'un savoir maudit dans un monde désacralisé.

D'autres nouvelles perpétueront ce mythe, comme « Le Peuple Blanc » (« The White People », 1906). Oeuvre après oeuvre, Machen élabore les bases d'une mythologie littéraire à base de folklore et d'ésotérisme, réactivant le « Petit Peuple » celtique afin de révéler les peurs de régression d'une société de plus en plus fragilisée. « *Le petit peuple de la terre se relève et se réjouit des temps que nous vivons* », peut-on lire dans « Sortis de la terre » (« Out of the Earth », 1915).

Sous le pseudonyme d'Edward Kelly (sans doute un clin d'œil à Edward Kelley, alchimiste élizabethain et magicien énochien), Aleister Crowley publie *The Scrutinies of Simon Iff* (The International,

New York, 1917-1918) dont le héros est un détective de l'étrange, à la fois mystique et magicien, qui parvient à sonder les cœurs grâce à son sens exceptionnel de la psychologie humaine.

Ajoutons à la liste le Dr Taverner, mis en scène en 1926 par Dion Fortune, et peut-être inspiré par le succès de *John Silence* [41]. Le Dr Taverner, initié dans une certaine « Loge Blanche », serait calqué sur le personnage de William Brodie-Innes, membre lui aussi de la GD. Dion Fortune (« *Deo, Non Fortuna* »), fondatrice d'une société ésotérique dissidente de la GD — « The Society of the Inner Light » —, férue de psychanalyse, déclare dans la préface de *The Secrets of Dr Taverner,* que ses nouvelles, « *loin d'être une production arbitraire de l'imagination [sont] une étude sérieuse de la psychologie de l'ultra-conscience* » [42]. L'« extension de la conscience », qui préoccupe tellement Blackwood, est donc également au coeur de l'oeuvre de ces deux auteurs. Elle permet d'accéder à un aspect normalement voilé de la réalité, monde autre, prolongeant le nôtre et tout aussi réel, accepté et reconnu, si bien que les nouvelles sont plutôt des récits merveilleux que des contes fantastiques. Chez Silence, chez Carnacki, chez Taverner, il y a eu une forme de quête, correspondant à leur formation : l'enquête, chez eux, a suivi la quête, pourrait-on dire — si toutefois on peut parler vraiment d'enquête. Tous sont plutôt des médecins de l'étrange ou des aventuriers, se lançant à chaque fois dans une aventure délicate et souvent dangereuse, et trouvant la solution d'une énigme apparente ou traitant un « cas », grâce à leur science.

CONCLUSION

Pessimistes mais lucides, les écrivains de la GD accompagnent les secousses qui minent peu à peu le monde rationaliste, évoquant dans leurs œuvres le retour des divinités anciennes ou l'avènement de sur-hommes. Il est clair que pour eux, *c'est la terreur qui dynamise la quête*, ce qui implique un fantastique angoissant qui prend le pas sur le merveilleux. Pendant une quinzaine d'années, la GD parvint à maintenir une cohésion entre les différents membres, un équilibre entre les diverses approches, une synthèse remarquable des traditions occidentales. « *Tous ont été marqués d'une empreinte ineffaçable,* écrit Pierre Victor, *leur vue du monde n'a plus jamais été celle d'un profane ; leurs pratiques magiques leur ont paru à la fois efficaces et exaltantes* » [43]. Mais l'intransigeance des chefs et le schisme de Crowley provoquèrent le déclin et la chute du plus important mouvement ésotérique du XIXe siècle. Vers 1914 se termina ce que Yeats avait appelé « *la première révolte de l'âme contre l'intellect, mais pas la dernière* » [44]. On a peut-être exagéré l'importance du rôle de la GD depuis la publication du *Matin des magiciens*. Ainsi, Jean Robin n'hésite pas à tenir la GD pour « *le groupe spirituel d'influence et de contrôle occulte qui, à partir de la Grande-Bretagne a le plus prédéterminé la marche invisible, et à plus forte raison la marche visible de l'histoire mondiale du XXe siècle* » [45].

Plus modestement, je me contenterai de résumer l'impact artistique des auteurs de la GD. Dans ce « front commun des ténèbres », pour reprendre la formule de Jean Robin, en dépit de la fringale créatrice des membres de la GD, la descendance est de qualité inégale. Qu'y a-t-il de commun entre un Yeats ou un Meyrink qui créèrent de véritables machines ésotériques, et un Crowley qui s'avéra piètre écrivain, manipulateur de surcroît ? Entre un Machen et un Brodie-Innes ? L'imaginaire de la GD, centré sur le fantastique, eut une postérité glorieuse. Arthur Machen influença James Branch Cabell, Clark Ashton Smith, R. E. Howard, Frank Belknap Long ou David Lindsay. Lovecraft, dans son essai, consacra Machen, l'un des quatre « maîtres modernes » du surnaturel (aux côtés de Blackwood, Dunsany et M. R. James). Algernon Blackwood influença de son côté W. H. Hodgson, G. A. England, H. R. Wakefield, H.P. Lovecraft et Ramsey Campbell. Deux romans de Dion Fortune, *The Sea Priestess* et *Moon Magic*, influa sur le « Goddess Movement » et la Wicca. En s'établissant à Glastonbury, elle fit de la ville le centre européen du *New Age*.

La *Golden Dawn* s'est vue octroyer une mission de sauvegarde des héritages traditionnels à la fin d'un cycle. Nostalgiques des dieux morts et en attente des dieux nouveaux –attitude typique des romantiques–, les écrivains de la GD ont « *recherché Dieu par la voie étrange* », pour reprendre le titre d'un ouvrage de S. J. Berry [46], et les femmes ont joué un rôle majeur, ouvrant le monde occidental aux combats féministes. Le roman étant l'expérience des limites, à l'instar de l'ésotérisme, les auteurs de la GD ont choisi la littérature fin de siècle pour vivre leur rite de passage spirituel, un rite destiné à trouver Dieu en l'homme et à « lever le voile » séparant le monde profane du royaume de l'Esprit. Cette production littéraire pourrait se rapprocher de ce que Jean Parvulesco nomme le « *roman occidental de la fin* », dernier dépositaire de la Tradition : « *le grand occultisme n'est-il pas réduit, lui aussi, à son tour, à chercher asile, à se dissimuler, provisoirement, et désormais comme faute de mieux, derrière les œuvres finales, crépus-culaires, d'une certaine littérature occidentale ?* »[47]. Les créateurs de la GD formaient cette « *confrérie des marcheurs du ciel dont le tracé transmigratoire est une* via ignis *de la romance* »[48].

Le but du voyage occulte était la transcendance de l'humain. Au bout se trouvait la révélation, mais sous une forme terrifiante qui annonçait à sa façon les soubresauts du XXe siècle — d'abord la tragédie des tranchées de la Somme où s'abîmeront les illusions occidentales et où périront en nombre écrivains et artistes.

NOTES

1 – Il s'agit de la version totalement remaniée et enrichie de mon article « Les fantastiqueurs de la Golden Dawn », *Les Cahiers du G.E.R.F*, n°3, Université Stendhal-Grenoble III, 1990, pp. 11-31.

2 – Pichon, Jean Charles, *Sectes et sociétés secrètes*, Paris, Ed. Robert Laffont, 1969, vol. 1, p. 12.

3 – *Ibid.*, pp. 13-14.

4 – Voir J.-C. Guilbert, *Hugo Pratt, La traversée du labyrinthe*, Paris, Plon, 2015, 503 p. ; H. Pratt, *Le Désir d'être inutile*, Paris, Robert Laffont, 1991.

5 – Bergier, Jacques, *Les Livres maudits*, Paris, J'ai Lu, 1971, p. 116 ; Mc Intosh, C., *La Rose-Croix dévoilée*, Paris, Dervy, 1980, p. 147.

6 – S. L. Mathers, cité par A. Chaleil, *Les grands initiés*, Paris, Belfond, 1978, p. 192.

7 – Jules Bois, journaliste et féministe, est initié au grade de Néophyte le 8 Juillet 1909 avec pour devise mystique « Poëta Vates ». Il devient Adeptus Minor en 1911. Il émigre pour les U.S.A. en février 1915, pendant la guerre, où il deviendra journaliste à New-York, jusqu'à sa mort en 1943.

8 – Il semble en effet que vers 1889 Gustav Meyrink ait été affilié à la *Golden Dawn* de Londres. Il en est pour preuve la lettre envoyée par William Wynn Westcott (en 1893), qu'on a retrouvée dans les archives de l'auteur. Meyrink a été également membre de la Société Théosophique, mais peu longtemps.

9 – Papus, le « Balzac » de l'occultisme, fut affilié, tout au long de sa vie, à de nombreuses organisations initiatiques, à la Société théosophique en 1887, l'Ordre Kabbalistique de la Rose-Croix en 1888, à l'Église gnostique de France en 1892, à la Golden Dawn en 1895, au Rite Swedenborgien en 1901, au Rite de Memphis-Misraïm en 1908, à l'Ordo Templi Orientis. Il entre à plusieurs reprises en conflit avec les tenants des loges maçonniques dites « régulières »

10 – D'autres hypothèses ont été émises quant à l'origine des manuscrits : on a évoqué le nom d'un certain Frederick Hockley, celui d'un Hongrois, le « Comte Apponyi » et celui de l'ésotériste orientaliste Kenneth Mackenzie. Mathers affirma un jour que c'est Westcott qui avait créé les documents et l'on avança également le nom du célèbre écrivain Bulwer-Lytton.

11 – S.L. Mathers, cité par J.P. Bayard, *Les Rose-Croix*, Paris, ed. MA, 1986, p.132.

12 – Les Mathers quittent Londres en 1892 pour s'établir à Paris, où ils vivront jusqu'en 1918. Mac Gregor Mathers y installe une branche continentale de l'Ordre, consacrée le 6 janvier 1894 sous le nom d' « Ahathöor n°7 » (nom se rapportant à la déesse égyptienne Athor). La plupart des membres du Temple Ahathöor furent au début des Anglais ou des Américains expatriés

en France. Le temple compta en effet très peu de Français au départ, et ce malgré l'initiation de Papus. L'un des seuls membres français de la première époque du Temple Ahathoor à avoir atteint le grade d'Adeptus Minor fut Eugène Jacob, un astrologue, plus connu sous le pseudonyme d'Ely Star, qui écrivit en 1887 un ouvrage intitulé Les Mystères de l'Horoscope. Voir Introduction Historique du Temple Ahathoor N° 7 de Paris, par Jean-Pascal Ruggiu et Nicolas Tereshchenko

(www.golden-dawn.com/fr/displaycontent.aspx?pageid=464).

13 – Wilson, C., introduction au *Necronomicon*, Paris, J'ai Lu, 1979, p. 49.

14 – Parmi les périodiques, citons *The Theosophist* (1879-), *Journal of the Society of Psychical Research* (1884-), *The Two Worlds* (1887-), *Unseen Universe* (1892-1893), *The Pagan Review* (1892), *Borderland* (1893-1897), *Unknown World* (1894-1895) et *The Occult Review* (1905-1951).

15 – Voir Bayard, Jean-Pierre, *La Symbolique de la Rose-Croix*, Paris, Payot, 1975, p. 207.

16 – Voir par exemple les ouvrages de R. A. Gilbert, Israel Regardie, Nicolas Tereshenko, Ellis Howe, M. K. Greer, D. Denisoff et Jean-Pascal Ruggiu. Voir aussi note 15.

17 – Comme l'on ne prête qu'aux riches, d'autres auteurs ont été abusivement associés à la secte. Il est plus que probable que Bram Stoker, Sax Rohmer, John Buchan, M. P. Shiel et Talbot Mundy ne firent jamais partie de la GD, en dépit des affirmations répétées de livre en livre. De même, il est certain que Rudyard Kipling, Rider Haggard et Conan Doyle ne furent jamais initiés à la *Golden Dawn*. Ces erreurs s'expliquent d'abord par le réseau extrêmement dense des écrivains britanniques dont la plupart s'intéressaient à l'occultisme et au fantastique. Ensuite par l'adhésion de certains à d'autres sociétés plus ou moins secrètes comme la Théosophie ou la Franc-maçonnerie.

18 – Voir M. Mulvey-Roberts, *British Poets and Secret Societies*, Abingdon and New York: Routledge Revivals, 2014, p. 133.19 Mabel Collins est identifiée par Colquhoun comme membre de la GD (Colquhoun, Ithell, *Sword of Wisdom : Macgregor Mathers and the Golden Dawn*, London, Neville Spearman, 1975). Une affirmation à vérifier. On sait seulement qu'elle fut longtemps adepte de la théosophie et que Crowley recommanda son ouvrage *The Blossom and the Fruit : A True Story of a Black Magician* aux Néophytes de la A.A.

20 – Denisoff, D., "The Hermetic Order of the Golden Dawn, 1888-1901", *BRANCH: Britain, Representation and Nineteenth-Century History*. Ed. Dino Franco Felluga. Extension of *Romanticism and Victorianism on the Net*. Web.

21 – *Ibid.*

22 – L'armée perverse de Fu-Manchu (Sax Rohmer), la « SS » de M. P. Shiel, les « adorateurs du diable » d'Algernon Blackwood ou les adeptes du Vaudou ou de Satan de Dennis Wheatley (ami de Crowley).

23 – *The Beetle* (1897) de Richard Marsh, *The Story of the Amulet* (1906) d'Edith Nesbit, *The Green Eyes of Bast* (1920) de Sax Rohmer, etc.

24 – Ouvrages de William Sharp disponibles en français : *La maison d'Usna*, trad. de G. Carpentier et M. Wood, Alignan du Vent, Éditions Artus (1990), *Le chant de l'épée et autres contes barbares*, trad. de F. Collemare, Rennes, Éd. Terre de Brume (2012), *Histoires de fantômes écossais*, trad. de F. Collemare, Rennes, Éd. Terre de Brume (2013) et *La neuvième vague et autres romances tragiques*, trad. de F. Collemare, Rennes, Éd. Terre de Brume (2015)

25 – D'une certaine façon, la littérature fantastico-ésotérique des années 1880-90 anticipe la mode actuelle de l'éso-polar, le polar ésotérique ou thriller historique.

26 – Deloux, Jean-Pierre, « Charles Williams ou le thriller métaphysique », *La Guerre du Graal*, Paris, Terrain Vague, 1989, p. VII (Trad. F. Ledoux).

27 – Taylor, B., et Brewer, E., *The Return of King Arthur. British and American Arthurian Literature since 1800*, Cambridge, D. S. Brewer & Noble, 1983, p. 239.

28 – *Astrum Argentinum* ou *Astrum Argentum* est le nom de la société magique créée par Crowley en 1907 lors de son départ de la GD. *Adeptus Exemptus* est le VIIe grade du Deuxième Ordre de la Societas Rosicruciana in Anglia ou SRIA. Mais c'est aussi un grade de la GD.

29 – Deloux, Jean-Pierre, « Astrum Argentinum », introd. à *Salut aux coureurs d'aventures* de J. Buchan, Paris, NéO, 1984, pp. XI-XII.

30 – Voir *No man's Land, Deux contes fantastiques de John Buchan : « Far Islands » et « No man's Land »* (trad. de Lauric Guillaud), en collaboration avec Bernard Sellin, Ed. Michel Houdiard, Paris, avril 2005.

31 – Crowley, Aleister, *Moonchild*, York Beach, Maine, Samuel Weiser, 1988, 335 p.

32 – Un colloque eut lieu sur ce thème à Cerisy en 1999. Voir Lauric Guillaud et Jean-Pierre Picot, *Les Détectives de l'étrange*, Paris, Ed. Manuscrit.com, Recherche-Université, 2 tomes, 2007.

33 – W. H. Hodgson ne fut apparemment affilié à aucune société initiatique, ce qui ne l'empêcha pas de signer l'un des chefs-d'œuvre de la littérature ésotérique, *La Maison au bord du monde* (1908), véritable « machine célibataire » étudiée plus tard par Jean-Charles Pichon (*Le Jeu de la réalité*, « La Machine de l'éternité », tome 2, Paris, Cohérence, 1982, p. 103.)

34 – Voir Ashley, M., « Derrière le Silence », introduction à *John Silence*, A. Blackwood, Paris, Sombre Crapule, 1989, p. 8 (2 tomes).

35 – *Ibid.*, pp. 5-9.

36 –   *Ibid.*, pp. 104 et 108.

37 –   Voir Grillou, J.-L., « Quête et enquête dans l'œuvre d'Algernon Blackwood », in Guillaud, Lauric et Picot, Jean-Pierre, *Les Détectives de l'étrange*, *op. cit.*, tome 1, pp. 211-239. J'emprunte plusieurs développements au texte de J.-L. Grillou dans les paragraphes suivants.

38 –   *« ...théorie de la persistance possible du corps éthérique pour expliquer fantômes et loups garou ; contact avec la nature sauvage, cet Ur-Welt, ce monde primordial inhumain qui libère certaines forces psychiques, permettant par exemple la matérialisation du « corps éthérique de désir », siège des passions, en loup-garou ; rôle de la drogue (ou d'autres stimulants, telle la musique) qui, en modifiant les vibrations mentales, ouvrirait le champ de la conscience, accroissant la sensibilité et les possibilités de clairvoyance, donnant accès à d'autres niveaux de conscience, ou altérant la perception de l'espace et du temps ; rémanence et récurrence de certains phénomènes, inscrits dans la mémoire des lieux où ils se sont produits ; pouvoir de la pensée, dynamique, à distance et à travers le temps, avec en conséquence une interrogation sur le rôle de la suggestion et de l'auto-suggestion. Le tout marqué, évidemment, de « l'horrible griffe de la peur irrésistible », dont Blackwood s'entend à démonter les mécanismes »* (Ibid., pp. 227-228).

39 –   Machen, Arthur, « Histoire du Cachet noir », in *Chroniques du Petit Peuple* d'A. Machen, op. cit., p. 56. Voir aussi Machen, Arthur, *Tales of Horror and the Supernatural*, New York, Pinnacle Books, 1983.

40 –   Machen, Arthur, « La Pyramide de feu », *ibid.*, pp. 75-76.

41 –   Fortune, Dion (Violet Firth), *The Secrets of the Dr Taverner* (1926), Saint Paul, Minn : Llewellyn Publ., 1962. L'auteur prétend dans l'introduction que Taverner a réellement existé.

42 –   *The Secrets...*, introduction de Dion Fortune, *ibid*, p. 5. Dion Fortune créa sa propre organisation, la *Fraternité de la Lumière intérieure*, dont le siège était à Glastonbury. Dans ses nombreux essais sur l'ésotérisme et l'occultisme, elle s'efforça de relier l'alchimie et l'hermétisme aux préoccupations du monde moderne. Ses récits fantastiques sont souvent le reflet de ses préoccupations voire de ses expériences ésotériques. En 1926, elle publia un recueil de onze nouvelles, *The Secrets of Dr Taverner*. L'une des nouvelles les plus connues est « Blood-Lust » où Taverner est confronté à un prétendu vampire qui est en réalité le corps astral d'un soldat mort sur le champ de bataille. L'auteure prétendit que cette histoire était inspirée d'un fait réel. Dans son roman *The Demon Lover, publié l'année suivante, l'auteur imagine une fois de plus un vampire psychique qui tente de se réincarner. Les autres romans de Dion Fortune sont The Winged Bull (1935), The Goat-Foot-God (1936), The Sea Priestess (1938) et Moon Magic publié à titre posthume en 1956.*

43 –   Victor, P., cité par Faivre, Antoine, introduction à *Dracula* de Bram Stoker, Verviers, Marabout, 1977, p. 17.

44 –   Yeats, W. B., cité par J. Bergier, *Les Livres maudits, op. cit.*, p. 124.

45 –   Robin, Jean, *Hitler, l'élu du Dragon*, Paris, Trédaniel, 1987, pp. 194-195.

46 –   Berry, Sarah Jane, *Seeking God by Strange Ways: Cults and Societies in fin de siècle literature*, University of Hull, 2012.

47 –   Parvulesco, Jean, *Le Retour des grands temps*, Paris, La Maisnie-Trédaniel, p. 107.

48 –   Santacreu, Alain, « Le livre-hexagramme de Jean Parvulesco », *Avec Regard* n° 3, 1998, pp. 100-101.

BIBLIOGRAPHIE

BLACKMORE, Leigh, *Weird fiction writers of the GD*, e-book, 2011.

CICERO, Chic and Sandra Tabatha CICERO, *The Essential Golden Dawn: An Introduction to High Magic*, St. Paul: Llewellyn, 2003.

COLQUHOUN, Ithell, *Sword of Wisdom, MacGregor Mathers and The Golden Dawn*, London: Neville Spearman, 1975.

DANIELS, Les, *Living in Fear: A History of Horror in the Mass Media*, New York: Charles Scribner's Sons, 1975. London: Paladin, 1977 (as *Fear: A History of Horror in the Mass Media*, slightly revised)

GILBERT, R. A., *The Golden Dawn Companion: A Guide to the History, Structure and Workings of the Hermetic Order of the Golden Dawn*, Wellingborough, Northants: Aquarian Press, 1986..

GILBERT, R.A., *The Golden Dawn: Twilight of the Magicians*, Wellingborough, Northants: Aquarian Press, 1983.

GREER, Mary K., *Women of the Golden Dawn: Rebels and Priestesses*, Rochester: Park Street, 1995.

GUILLAUD, Lauric, « Les fantastiqueurs de la Golden Dawn », *Les Cahiers du G.E.R.F*, n°3, Université Stendhal-Grenoble III, 1990, pp. 11-31.

GUILLAUD, Lauric et Jean-Pierre PICOT, *Les Détectives de l'étrange*, Paris, Ed. Manuscrit.com, Recherche-Université, 2 tomes, 2007.

HARPER, G.M., *Yeats's Golden Dawn* , New York, Barnes & Noble, 1974.

HILLESTAD, Kent, *Esoteric Codex: Hermetic Order of the Golden Dawn*, lulu.com, 2015.

HOWE, Ellis, *The Magicians of the Golden Dawn: A Documentary History of a Magical order 1887-1923*, London: Routledge Kegan Paul, 1972. Wellingborough, Northants.: Aquarian Press 1985.

KING, Francis, *Magic Rituel et Sociétés Secrètes*, Paris, éditions Denoël, 1972.

LABOURÉ, Denis, *Les enseignements kabbalistiques de la Golden Dawn*, éditions Télètes, 1991.

LÉON, Matthieu et Philippe PISSIER, *Dogme et Rituel de l'Ordre Hermétique de l'Aube Dorée*, Montpeyroux, Les Gouttelettes de Rosée, 1999.

REGARDIE, I., *The Golden Dawn: The Original Teachings, Rites, Ceremonies of the Hermetic Order* [1937], Saint-Paul: Llewellyn, 2016.

REGARDIE, I., *What you should know about the Golden Dawn*, Phoenix, Arizona, Falcon Press, 1985, 196 p.

RUGGIU, Jean-Pascal, *La magie hénochéenne de l'Ordre hermétique de la Golden Dawn*, éditions Télètes, 1994.

RUGGIU, Jean-Pascal, *Les rituels magiques de l'Ordre hermétique de la Golden Dawn*, éditions Télètes, 2002.

RUNYON, Carroll, *Secrets of the Golden Dawn Cipher Manuscripts* [1997], The Church of the Hermetic Sciences, Inc.; Second Edition edition, October 30, 2009.

STRONG, Gordon, *The Golden Dawn: A Key to Ritual Magic*, Axis Mundi Books, 2014.

TERESHENKO, Nicolas, *Les ancêtres rosicruciens de la Golden Dawn*, éditions Télètes, 1992.

TORRENS, R.G., *The Secret Rituals of the Golden Dawn*, Wellingborough, Northants: Aquarian Press, Jan 1973.

ZALESKI, Pat, *Golden Dawn Rituals and Commentaries*, Rosicrucian Order of the Golden Dawn, 2010.

LA DIAGONALE DU PROPHÈTE

ou les vies rêvées de Jean-Charles Pichon

Jean-Christophe Pichon,
Champigny-sur-Marne, le 3 juillet 2015

Jean-Charles Pichon, 2000.

*Qu'il s'agisse de ma vie ou de l'antiquité de l'humanité entière, il sem-
ble que je sois devant elles comme le père qui engendre un fils et ne
sait d'avance l'homme qu'il sera, et devant le fils, la fille qui devien-
dront père ou mère, vieilliront et mourront, sachant d'avance le cours
inflexible de leur destin.*

*Il en est des dieux comme des hommes. Celui-ci succède à celui-là,
dans les successions les plus invraisemblables et les moins prévisibles,
ainsi que le fils au père. Mais chaque dieu, suivant le fil, est petit avant
d'être grand, jeune avant d'être vieux, moribond dans les temps qui
précèdent sa mort.*

Car cela n'est pas seulement la loi de l'homme et du dieu, mais la loi de toute existence : de la montagne, du fleuve, de l'arbre, de la roche, de cette pensée même et des mots que j'y emploie. »

Février 1994 (*Du Nouveau chez les Gémeaux,* page 4. *Le Déménagemant zodiacal,* en cours d'édition).

Le Dialogue

1 – L'homme dit à Dieu Apparais-moi, que je puisse enfin t'adorer !
Car voilà des milliers d'années que j'honore une sagesse sans visage.
On ne peut toujours se prosterner devant l'invisible.
D'accord, dit Dieu, je veux t'apparaître : il n'y aura plus le modèle sans le reflet, ni la voix sans l'écho.
Mais n'oublie pas de m'adorer.
Il fut ainsi et nulle chose ne se cacha sans se montrer.
Il y eut l'image du tonnerre, celle du chant ;
l'oiseau fut, tout clair, sur le mur comme l'ange, caché dans le ciel.
Le frère imita le frère et le brave le lion.
De la droite naquit la gauche,
ce qui était en bas fut comme l'être d'en haut :
l'homme vécut dans la transparence des choses.
Mais, un jour, l'image lui suffit et, dès lors, il n'adora plus.
Dieu se retira de l'idole et tout s'empoussiéra, une vie sans parfum et des couleurs sans âme
enveloppèrent le monde d'un brouillard dévorant.

2 – L'homme dit à Dieu, alors : Toi seul es créateur, comment puis-je te servir quand rien ne sort de mes mains qui ne fut avant que je sois ?
Donne-moi un pouvoir digne de ton esclave, digne de ta grandeur, et je te servirai comme tu exiges de l'être.
D'accord, dit Dieu, crée donc ! Je serai toujours auprès de toi, t'inspirant l'impossible et t'insufflant ma force.
Mais ne quitte pas d'un pas l'ombre que je projette.
Il fut ainsi et Dieu resta près de l'homme : il le nourrit de sa puissance et l'homme créa le nombre, la lettre et la figure.
Il édifia des pyramides aussi hautes que les montagnes,
des villes aussi grandes et fructueuses que la plaine,
des fleurs nouvelles et des joyaux que nul dieu encore n'avait conçus.

Il se forgea des armes brillantes comme l'éclair et plus rapides que le daim ;
il laboura les mers de ses navires et la terre de ses charrues. Il accumula
des trésors sous lesquels s'ensevelirent la mauve et l'asphodèle. Puis,
il tua le bleu, le vert, le jaune, et l'horizon s'incendia.

L'œuvre lui suffisant, il oublia le Seigneur ; il envahit sa nuit d'une
lampe éternelle, où s'abîmèrent Babel, et Sumer et Lagash, Our dix
fois reconstruite et Ninive embrasée. On recueillit dans des sarco-
phages les cendres du Grand Taureau mort.

Le dernier Homme alla, de ruine en ruine, se faire embaucher par des
rois qui ne combattaient plus que pour survivre.

3 – Le dernier Homme dit à Dieu : À moi, l'expert, de quoi peut me
servir ta présence si, entre nous, aucune parole n'est échangée ? Si tu
ne m'assures pas le maintien des merveilles, de quel prix me sera la
merveille ? Et de quel prix la vie que tu peux m'enlever ?

J'ai besoin de peu pour perdurer, d'une femme, d'un troupeau, d'un
fils qui me perpétue. Accorde-moi cela et je respecterai le lien qui nous
unit.

D'accord, dit Dieu, nous allons conclure cette alliance. Je t'en donne
le signe, qui sera ta signature. Par le petit bout de peau que tu t'enlèves
sera conclu l'accord qui me fait ton berger, ton gardien et ton roc. Mais
n'oublie pas l'alliance.

Il fut ainsi. Les fils d'Abraham eurent des fils, des troupeaux et des biens
salutaires en nombre, pour que, par les tribus, le premier des patriarches
revécût de siècle en siècle, et tous ceux de sa race autour de lui.

D'autres patriarches l'imitèrent, qui signèrent d'autres contrats, par
d'autres signes.

Par la justice et par la loi, en tous pays, le bonheur s'instaura sur terre,
comme une fleur prise dans le fruit.

L'homme s'en réjouit d'abord. Hélas ! Il s'en flatta.

Il ne préserva plus la vie mais il l'ôta.

Il conclut des pactes d'un jour avec des peuples aussi cruels et non
moins orgueilleux que lui.

On signa de son sang des clauses douteuses, pour des négoces dont
l'innocent fut rejeté. On ne respecta pas l'Alliance.

La nielle détruisit le froment, la rouille le fer. Les hommes s'entretuèrent,
les peuples s'épuisèrent. Avant la Syrie Israël tomba, Juda le glorieux avant
Babylone. Athènes ne compta plus vingt mille citoyens, Sparte huit mille
hoplites. Toutes les villes de la Lydie s'anéantirent l'une après l'autre.

4 – Quelque anachorète au pli d'un désert dit à quelqu'un qui l'observait : De quel prix me sont tes alliances, quand je continue de souffrir ? Apprends-moi la souffrance, et à la supporter. Daigne souffrir avec moi, un peu, afin de savoir ce que je sais, car tu m'as fait don d'une science terrible et qui te détruit.

Prends modèle des dieux dont j'amuse ma fièvre : Marsyas et Bacchus, également déchirés, Ixion écartelé, Prométhée sur son roc.

Fais cela pour moi : je t'aimerai.

D'accord, dit Dieu, je vais me faire un homme, je veux souffrir avec toi, et d'une agonie telle que toutes les misères s'y révèleront ce qu'elles sont : peu de chose.

Je me ferai le pain que tu manges, le vin que tu bois ; tu me sentiras en toi à chaque jour du mois, à chaque heure du jour. Tu sauras comme moi le pourquoi du malheur.

Mais n'oublie pas de m'aimer.

Il fut ainsi. Dieu se fit homme et il mourut. Il ressuscita, pour qu'on sût. Et l'homme apprit et remercia. Il se fondit en cet amour plus fort que toutes les absences, car, en l'absence de l'aimé, toutes les vies sont suspendues.

Il y eut des fruits fendus, à nouveau réunis, des guérisons du cœur, des abîmes d'angoisse en cet instant comblés, et l'éternel possible du certain renouveau. Mais l'homme n'aimait plus Dieu : il n'aimait que lui-même, ou l'épouse l'époux. L'amour eut un objet, comme l'enfant son jeu.

De l'osmose prodigieuse, on fit le plaisir court.

Dieu n'habita plus l'homme, et tout dégénéra.

Pire que les fléaux anciens, une lèpre nouvelle mordit le cœur déserté ; la musique troubla au lieu de rasséréner ; le rythme s'épuisa comme un ruisseau s'assèche. L'homme et la femme se déchirèrent au nom de l'amour ; les peuples au nom de la vertu. Celui qui croyait dans le pain mit au bûcher le joyeux buveur, pour le sauver. Le marin maudit le laboureur.

La Terre s'ouvrit comme une pomme ; chacun chercha le ver dans le morceau dédaigné. Une moitié de l'humanité entreprit de détruire l'autre.

5 – Un enfant qui se meurt dans l'air empoisonné de l'ultime faubourg dit à celui qui passe : De quel bien m'est ta nourriture, quand elle m'assoiffe ? De quel bien ton sang, quand il m'enivre ? Je ne survivrai pas, je devrai disparaître, ainsi que les espoirs que tu mettais en moi, si tu

ne m'élèves jusqu'à toi-même, si tu ne me rends ton égal. Fais cela pour moi. Donne-moi l'indifférence, la liberté d'un dieu, et je te serai utile, comme tu l'as voulu.

D'accord, dit Dieu, sois donc une partie de ce qui est. Que rien ne nous distingue plus l'un de l'autre !

Il te suffira d'être DIFFÉRENT. Il te suffit de t'oublier.

Mais n'oublie pas, n'oublie jamais le secret : quand tu dis MOI, le Moi que tu dis est une chose si peu singulière, si peu réelle, que quiconque dit : Moi la dit aussi.

Ce poème fit l'objet d'une conférence à l'occasion des Rencontres autour de Jean-Charles Pichon en juin 2015. Il fut dit — au travers d'un enregistrement datant de 1987 — par Jean-Charles lui-même, d'une voix profonde. Ces rencontres qui réunissent dans une atmosphère festive la famille, les amis, les curieux autour d'interventions dont les sujets traitent peu ou prou de sa vie et de son œuvre, ont débuté en juin 2007, lorsque quelques proches ont célébré l'anniversaire de sa mort, venant trinquer sur sa tombe en mémoire des apéritifs qui préludaient à des dîners souvent agités. Ils ont versé le contenu d'un verre de whisky immédiatement absorbé, d'une lampée, par la pierre, et senti un souffle bienveillant caresser leurs visages.

L'œuvre de Jean-Charles Pichon est indissociable de sa vie, mais comme il le disait lui-même : on ne connaît rien de la vie d'un homme tant qu'il ne l'a pas quittée. La vie et l'œuvre de Jean-Charles, même si elles paraissent à première vue éparpillées, faites de ruptures et de fractures, il suffit d'en rassembler les puzzles pour qu'elles deviennent limpides.

Avant d'analyser le sens de ce poème, regardons sa forme constituée de cinq strophes : un pentagramme — L'homme de Vitruve en mouvements circonscrits dans son cercle tel que le dessina Léonard de Vinci —, voire une quintessence.

« C'est pourquoi fault ouvrir le livre et soigneusement peser ce que y est deduict. [...] Puis, par curieuse leçon et meditation frequente, rompre l'os, et sucer la substantifique moelle, [...]. »[1]

Le Dialogue pourrait être considéré comme une introduction à la vie de Jean-Charles Pichon. Écrit à l'occasion de la réédition de *L'Homme et les Dieux*, en 1986, chez Maisonneuve, il représente un concentré de sa vie et de son œuvre, lui qui fut à la fois poète, romancier, dramaturge, scénariste, dialoguiste, romancier, mythologue, ésotériste et métaphysicien.

L'établi de l'homme

Né en 1920, au Croisic Jean-Charles fut confié à ses grands-parents, dans une famille catholique, élargie et chaleureuse, baignée par les marées de l'océan atlantique, sous la houle du grand-père François, petit tyran local, créateur de l'entreprise « La Sardine volante » — acheminant par avion les sardines fraîchement pêchées jusqu'aux marchés parisiens —, qui lui léguera le carnet où il recopiait d'une écriture fine et précise ses poèmes à la manière de Paul Déroulède.

Jean-Charles Pichon, 1990.

Sur le modèle de son grand-père, dès l'âge de quatorze ans, Jean-Charles compose quatrains, sizains, septains, sonnets, stances, élégies, qui noircissent ses premiers cahiers sur lesquels il note aussi ses impressions journalières. Il écrira tous les jours de sa vie, réalisant une œuvre monumentale, qui comprend encore de nombreux inédits.

Il notera plus tard ce passage qui avait marqué son adolescence qui signe le passage du mythe de l'eau, du cancer, à celui des jumeaux, préfigurant ses réincarnations spirituelles.

« Le soir de mes dix-neuf ans, l'année de la guerre. J'étais à Lorient depuis quelques jours et c'était la première permission. Pierre et moi nous baignions devant la plage de Port-Louis, à l'heure où le soleil se couche. Instruit — le bac, une année de Droit — je serai fourrier ; Pierre, fusiller-marin. Dur et limpide, inculte, prince de l'orteil à l'ongle, mais la bouche, le front, les yeux de Lucifer, il faisait peur, lui-même fait pour mourir, dans les sables de Tobrouk ou les brousses du Ghana.

Nous nagions dans le soleil, vers l'astre ; dans l'écarlate de son reflet, vers le rubis. Des deux corps inversés nous ne distinguions que les fins — sur la ligne droite de l'horizon. Mais aussi, partagé en des moitiés exactes, c'était le cercle entier qui s'offrait à nos regards: le Soleil invaincu d'Aurélien. Un en deux, deux en un : la même chose en l'autre et l'objet même en ses deux parts, tout autres. Ainsi de Pierre et de moi, l'Apollon et le Faune, que divinisaient ensemble le sang jailli du couchant, l'appel des futurs meurtres et le souvenir de Rome, dont j'avais nourri Pierre. Mais l'ange et le démon en chacun de nous. Quand il me sauva — j'étais allé trop loin pour un piètre nageur — qui savait quoi ? Quel était le pur, l'impur ; le téméraire, le prudent ? Le fou, le sensé ? Le demi-cercle mourant, absorbé par la nuit, et l'arc éblouissant du reflet prometteur d'une éternelle aurore? Des deux moitiés de la vision ancienne — future ? — et de nous deux, unis, nageant d'un bras, au retour, laquelle, lequel n'était pas l'autre ? » (*Les Litanies des Dieux morts*, page 65).

Quatre-cent-cinquante poèmes, de qualité inégale, sont à ce jour recensés, écrits pour la plupart entre 1938 et 1952, certains publiés dans de singulières revues, d'autres non, d'inspiration symbolique — on pense à José-Maria de Hérédia —, mythologique parfois, puis parnassienne et baudelairienne. Il les regroupait sous des titres évocateurs : *L'Enfant seul, Croyances aux barques, L'Enfant de la forêt farouche, Petits recueils, La Porte ouverte sur le seuil, Poèmes pour rire et chanter, Poèmes pour meurtrir et pleurer, Monts et Merveilles, Initiatiques, Marsyas, Le Cornet de carton, Etabli de l'homme, Les Poèmes de Février, Derniers recueils*, etc.

Forme poétique qu'il appliquera au Théâtre (*La Dame d'Avignon*), ou beaucoup plus tard dans des recueils ésotériques, tel le chef-d'œuvre incontestable que représente *Les Litanies des Dieux Morts*, écrit au cours des années quatre-vingt-dix (Edite, 2000).

Force est de constater, outre les poèmes proprement dits, que toute l'œuvre de Jean-Charles Pichon est poétique, même celle qui concerne ses essais : son écriture rythmique, ses phrases concises et syncopées, évoquent les grands textes de l'histoire, mais rendent parfois son propos hermétique. Il n'écrit pas pour convaincre, mais pour créer. Il ira jusqu'à maquiller en texte littéraire un long poème *Le cri articulé* pour le faire publier, un cri de révolte écrit dans les années soixante, devenu *Les Dieux étrangers* chez Payot dans la série de trois volumes *La Vie des Dieux*, en 1972, sans que l'éditeur découvre la supercherie.

Buchet-Chastel édita en juillet 1957, sous le pseudonyme de Pascal Pieta-Ghitte (anagramme de pastiche-plagiat), un ouvrage, *Le Bien du Prochain*, composé avec les phrases tirées d'une page choisie dans chacun des livres de sa bibliothèque. Une mystification certes, mais aussi une référence aux *cadavres exquis* des surréalistes ou qui renvoie aux jeux littéraires de l'Oulipo (fondée par Raymond Queneau en 1960) et le précurseur Jacques Arago, *Voyage autour du monde sans la lettre A* (1853), ce qui permettra à quelques critiques qui n'y ont vu que du feu de croire découvrir le talent d'un jeune auteur.

Jeu auquel il s'adonnera encore dans la nouvelle, *Tenace ami*, publiée dans la revue Les Lettres Nouvelles (n°21, 1954).

Poète, il joue avec les vocables, les nombres et les figures comme il les nommera plus tard en référence à la civilisation babylonienne. Mêlant dans ses textes les mots et les équations, comme si ces dernières figuraient elles aussi des formes poétiques. Mais il sera aussi un joueur de dames, d'échecs, de bridge, de tarots, de scrabble, de quatre-cent-vingt-et-un, de poker, de poker menteur ou de la vache (qu'il jouait avec son grand-père François).

Jean-Charles Pichon, 1980.

Être ou ne pas être

Revenons aux années quarante. Jean-Charles, un grand gaillard qui surplombe d'une tête son entourage, a 20 ans en 1940, il participe déjà à des cercles littéraires (*La Coquille*, avec son ami Hervé Bazin). C'est le coup de foudre avec une jeune femme de trois ou quatre ans son aînée, Alice Leray, actrice régionale, issue d'une bourgeoisie de Redon, un père chef d'orchestre, un oncle général. Ils se marient en avril 1941. Une abondante correspondance met en scène leur improbable couple, qui traverse de manière épisodique quatorze ans de vie commune déchirée par la passion et tétanisée par les orages, et qui raconte les difficultés rencontrées pendant les années d'après-guerre et d'occupation. Qui décrit aussi — comme le disent ses carnets noircis jusqu'au bord de la page — la lente ascension de Jean-Charles dans le milieu littéraire, dont le parcours passe par des phases de dépressions et de reconstructions. D'abord représentant en gravures pour un éditeur de Redon, il parcourt la Basse-Bretagne, la Vendée et la Normandie, traversant des villes bombardées par l'aviation anglaise.

« Une fois dans sa vie — ou plusieurs fois, selon son rythme propre — chacun doit voir la Dame dans la lune. Ce fut au sud d'Alger, en 47, devant la tente du cheik qui nous recevait, France et Christophe, notre fils ainé. Mais aussi cinq années plus tôt — et j'étais seul — dans la cour de la pension de famille qui m'accueillit, marchand d'estampes et jeune auteur. Ici et là l'occupation d'un peuple ; mais, en 1942, je m'inquiétais peu de l'occupant, ni pour le combattre ni pour le servir ; en 1947, je m'inquiétais beaucoup de l'occupé, et je tentais — en vain — de publier des articles qui disaient sa prochaine révolte et sa victoire. Ici et là, le bleu de la lune — les seules fois qu'elle m'apparut bleue — se scindait en une frange plus claire, une frange plus sombre, qui dessinaient dans le cercle les courbes de la Dame, comme le Yang et le Yin accolés dans le Tao, ou dans l'Hermes des derniers Grecs, les deux serpents entrelacés. » (*Les Litanies des Dieux morts,* page 66)

C'est le Théâtre qui réunit Jean-Charles et Alice. Ils s'y rencontrèrent au Conservatoire de Nantes en 1939. Ils écrivirent des pièces, les firent jouer et montèrent une troupe. C'est le Théâtre de Poche — *un grand petit théâtre,* comme le nommera un critique de l'époque — qui les séparèrent en fin de compte. La dissolution de ce qu'ils avaient animé ensemble en présentant Tchékov, Ionesco, Vauthier, Meckert, et bien sûr Pichon, détruisit leur couple et emporta Alice Leray/France Guy qui décéda pour des raisons mystérieuses au sanatorium de Cambo dans le Pays basque, en 1954.

De nombreux manuscrits de pièces de théâtre ont aujourd'hui disparu ; ceux qui subsistent montrent un auteur original, un dialoguiste incisif. Ces pièces contiennent des thèmes récurrents dans son œuvre, l'enfance (*L'enfant et les Vieillards*, Nantes, 1945), le couple désaccordé (*La Bassinoire*, enregistrée pour la radio, *Le Plaisir des parents*, théâtre de Poche, 1953), l'histoire revisitée (*La Dame d'Avignon*, théâtre Mouffetard, 1949), la frontière entre le réel et le fantastique (*Un héros sans armure*, théâtre Mouffetard, 1951). Cette dramatique d'une tonalité métaphysique préfigure ses œuvres ultérieures : le héros entouré d'un groupe de personnes, va descendre seul dans une grotte, pour y ramener ceux qui s'y sont perdus. Il n'en reviendra pas lui-même. Les gens qui l'accompagnaient, pendant cette attente interminable, échangent leurs impressions, communiquent leur angoisse, s'engueulent. Certains espèrent son retour, d'autres non. Aucun ne voudra descendre à son tour dans la grotte, un passage dans une autre dimension.

Pour Jean-Charles Pichon le théâtre est la figuration ésotérique, ou pour le moins mythologique, d'un dialogue entre les dieux et les hommes. C'est ce que démontre son ultime pièce *La Scandaleuse Élection*, jouée à Arles en 1995.

Dans ce sens, la trame du *Dialogue* est construite autour d'une histoire, d'une mise en scène et d'un synopsis de film catastrophe. Elle repose sur une représentation théâtrale épurée des grands cycles de l'Histoire du monde et nous invite à parcourir l'histoire du temps.

L'Éthique

Jean-Charles Pichon, 1970.

Mêlant pêle-mêle les travaux alimentaires et la création littéraire, il sera correcteur dans une imprimerie, vendeur de livres, gérant d'un commerce de machine à tricoter, metteur en page de la revue *La Mouette*. Il sera aussi rédacteur en chef du journal *Le Pays Gallois* (le futur *Patriote de l'Ouest)*. Il deviendra journaliste, puis romancier. Il organisa un numéro des *Cahiers de Paris* autour du thème de la Liberté. Entretemps, il rédigea *L'Ethique*, essai réparti dans les quatre seuls numéros de la revue *Prétexte*, qu'il édita lui-même en 1945. Il fit un rapide passage dans la franc-maçonnerie entre 1950 et 1951.

Jean-Charles Pichon tisse un lien onirique, un fil invisible, qui relie toute son œuvre, d'un texte à l'autre, là encore un cycle du temps, une simultanéité, tel que celle décrite dans l'essai autobiographique *Le Rêveur rêvé*, rédigé en 1990 (Éditions Édite, 2000). Il y raconte ses rêves pendant lesquels Janot, son double enfant, vient dans son présent vivre le passé, comme si le temps n'existait pas, et que la vie d'un homme pouvait se compresser en un point unique, ne sachant plus dans une union exquise lequel précède l'autre : «*j'ai vu des millions d'actes délectables ou atroces ; aucun ne m'étonna autant que le fait que tous occupaient le même point, sans superposition et sans transparence. Ce que virent mes yeux fut simultané.* »[2]

« Je n'avais pas commenté une fois l'*Apocalypse* — que j'ai analysée trois fois, différemment, depuis — lorsque je composais la machine juvénile [*L'Éthique*] de 1945, mais les composants se retrouvent ici et là, en même temps que les « principes de chronologie ».
Comment se peut-il qu'on analyse, commente, illustre une œuvre qu'on ne connait pas ?
À ces deux processus, des œuvres maîtresses sur deux mille ans et de mes approches au 1/40, il ne se découvre évidemment qu'une seule communauté : le hasard, la contingence. S'il a connu l'*Apocalypse* — ce qui est certain — Potocki ne l'a pas pleinement comprise ; Melville a très probablement tout ignoré du *Manuscrit* ; ni Bosco, ni Auster ne se réfèrent à Melville, leurs dualités sont autres que celle du fonctionnaire et de l'ouvrier. J'ignore tout d'Agota Kristof, sauf ses trois livres, et ne puis dire ce qu'elle sait de ses prédécesseurs, mais je parierais que, lorsque elle composa son œuvre, elle n'avait lu ni *L'Antiquaire* ni *City of glass*. »
« Cela semble difficile à croire mais j'en témoigne : j'avais tout oublié de l'*Éthique*, méprisée de tous et de moi-même, en 1980 ; je rejetais l'abstraction extrême du Jeu, dont j'avais plutôt honte, quand je donnais la conférence : *Une grande machine littéraire* ; je me souvenais sans doute de cette dernière — elle datait de trois ans — lorsque j'écrivis les poèmes des *Litanies*, mais elle ne me revint en mémoire que dans la partie finale (*Lithologie des lituus*), une fois tous les poèmes écrits.
Comment ces ignorances et ces mépris ont-ils permis, aux autres, à moi, de tisser le fil ? Et, ce fil même, où l'avons-nous pris ? » (*Le Commentaire patibulaire*, dans *Transports en tous genres. Le Déménagement zodiacal*, en cours d'édition)

Jean-Charles Pichon vers 1960.

Jean-Baptiste et Pigobert

Deux autobiographies, après la toute première *La Vie Impossible* publiée en 1946 chez Grasset, autopsient cette longue période initiatique de sa vie.

L'Autiobiographe (Grasset, 1956), est une introspection du couple et de sa lente destruction jusqu'à la mort de France ; fruit d'une éducation catholique, c'est une confession qui le conduit par l'aveu de sa culpabilité, à l'exhibitionnisme et à l'auto flagellation. Il atteste de son désespoir d'être et de sa révolte. Une anecdote significative illustre son incompréhension face à l'incohérence du système dans lequel il doit se battre pour survivre et sa recherche d'absolu : à dix-neuf-ans fou amoureux de France, mais ne pouvant se marier sans dispense, il rencontre un curé et lui demande de les marier à l'église. Le prêtre lui répondra qu'il ne peut pas le faire sans passer d'abord par le mariage civil, mais ne lui refuse pas sa bénédiction. Il ne comprendra pas alors pourquoi le spirituel devrait dépendre du matériel, le mystique du social.

Un Homme en creux (Stock, 1973), met en scène sa vie professionnelle, sa vie sentimentale, son sadomasochisme, son aversion pour l'imposture et ouvre le passage de son œuvre littéraire à son œuvre mythologique et métaphysique.

En miroir, *Un homme en creux* est un ouvrage provocateur, libératoire, dans lequel il s'accepte tel qu'il est, et au travers duquel s'affrontent les deux entités qui l'habitent, Pigobert et Jean-Baptiste — les deux figures de Janus —, et qui révèlent sa schizophrénie.

Ces deux autobiographies nous parlent de théâtre, de son activité de journaliste (Bombard, Dominici, et combien d'autres impostures) de l'élaboration et de la publication de ses romans et de ses nouvelles, de ses amis et de ses rencontres.

L'étude d'un temps circulaire n'était pas le propos de l'époque, vantant une progression linéaire issue tout droit du siècle dit des lumières. Or, Jean-Charles démontre une structure différente du temps axée sur une flèche inversée, ce qui entraîne une tout autre perception. Comment ses deux autobiographies écrites avec dix-sept-ans ans d'écart, *L'Autobiographe* et *Un Homme en creux* qui racontent l'une et l'autre sa vie entre 1940 et 1956, en parlent de manière si différente, à croire que ce n'était pas le même homme qui la vécut, bien qu'elles aient été écrites chacune à partir de notes précises prises sur des cahiers remplis au fil du temps. Quelle fut la vraie vie ? Et de quel temps s'agissait-il ? De même, on peut s'interroger sur le temps vécu simultanément par l'enfant et le vieil homme (*Le Rêveur rêvé,* précédemment cité) comme si le temps qui les séparait n'existait pas de la manière dont nos croyances le laissent entendre. Qui rêvait l'autre ?

« Le paradoxe temporel dont il s'agit est clairement énoncé dès le XVIIIe siècle dans le monumental ouvrage de Laurence Sterne : *Tristram Shandy* (1757/1769). Le héros de Sterne a entrepris de conter les deux premiers jours de sa vie, mais il y passe deux ans et doit renoncer, car il lui faudrait cent vies pour conter la sienne. »

[…]

« On sait que les romans de Balzac se situent en des époques différentes, la Révolution, l'Empire, la Restauration. Les plus réussis d'entre eux sont écrits x années après l'époque qu'ils évoquent. L'étude d'autres œuvres, de Flaubert, de Proust, montre qu'un temps x sépare toujours la «circonstance» vécue de la circonstance contée ou la Vie de l'Œuvre :

a) ce temps x est propre à chaque auteur,

b) il se situe pour tous entre 15 et 20 ans. »

[…]

« De septembre 1955 à juin 1956, j'ai composé une 2e autobiographie qui, plus modeste, tentait de conter ma vie depuis l'achèvement de *La Vie impossible* jusqu'en 1945 (son écriture).

Le temps x se nombrait alors de 15 ans (1940/1955) à 10 ans (1946/1956). Si contraignant que fût mon souci d'authenticité, je suis parvenu, je crois, à ne pas le trahir, mais ce fut au prix de l'incohérence en ce qui concerne la dernière partie du livre.

Ma 3ᵉ tentative, *Un homme en creux,* raconte la période 1946/1956, de l'écriture du 1ᵉʳ livre à l'écriture du 2ᵉ. Je m'y suis livré en 1973, entre 27 et 17 ans après l'événement vécu. Le temps x est alors trop long, et j'aurais certainement échoué de nouveau dans ma tentative si je ne m'étais restreint à la retranscription de notes et de journaux des différentes périodes décrites. D'où le caractère hétéroclite du livre : une simple succession de «moments» sans relation entre eux. » (*Le Petit Métaphysicien illustré*, page 126)

L'avant-naissance et l'après-mort habitent la vie des êtres humains — sujet d'une des rares interventions publiées de Jean Carteret que Jean-Charles allait écouter dans les années cinquante.

« Geneviève vit de ses morts : son premier compagnon, le père de Jacques, son fils Jacques, sa sœur Hélène qui, pendant vingt-cinq ans, ne nous a guère quittés. Plus que de leur souvenir, elle vit de leurs retours; ou de ceux des mortes qu'elle porta : l'ingénue, la savante, l'ennemie du savoir, la plus belle naguère, désormais la plus vieille (qui assume le plus honnêtement son âge). Lorsque mon père est mort, je n'étais pas auprès de lui, mais j'ai vécu, seconde après seconde, la mort de ma mère, qui ne revient pas. » (*Les Litanies des Dieux morts*, page 73).

Pour Jean-Charles Pichon la mort, qui le fascinait et qu'il craignait, devait être une délivrance. Lors d'une tentative de suicide, parmi d'autres, au début des années cinquante, il fit une expérience hors corps, flottant au-dessus de la baignoire où il avait tenté de s'électrocuter, avant de réintégrer son propre corps. Les dieux lui refusaient la porte de l'au-delà, mais de cet au-delà France lui rendra visite quelques mois après son décès.

« Et qu'est-ce que c'est que cette morte qui, au bout de dix mois, me parle dans l'oreille ?... Elle est derrière le fauteuil de mon bureau. Elle a peu de temps devant elle, je sais. « Nous sommes plusieurs, dit-elle, à ne compter que sur vous ; à souhaiter de tout notre être que vous comptiez sur nous. Ensemble, que ne pourrions pas faire ? »... Puis elle se tait, à bout d'expression, mais elle presse toujours sur mes épaules et, si incroyable que ce soit, je sais que je l'entends respirer. » (*Un homme en creux*, pages 381-382).

Habité par les dieux, estimant qu'il les honorait, il disait que le jour de sa mort, attendu, il serait accueilli avec indulgence.

À cette époque, Jean-Charles Pichon était un auteur engagé, utopiste parfois. À la fin des années cinquante, il devient le rédacteur en chef du journal de Gary Davis — voulant imposer un monde sans frontière —, *Le Citoyen du Monde*. En 1957, il signe le manifeste des 121, avec d'autres intellectuels, exhortant à l'insoumission au moment de la guerre d'Algérie. De 1954 à 1961, il passait une partie de ses nuits dans les bars de Montparnasse. Époque pendant laquelle il s'intéressa au cinéma (en 1959, *La Tête contre les murs* (Georges Franju), *Les Dragueurs* (Jean-Pierre Mocky) , *La Main chaude* (Gérard Oury), plus tard en 1966, *La Corde au cou* (Jean-Charles Tacchela). Jean-Luc Godard reconnaissait en lui un scénariste et un dialoguiste de talent.

Il composa un ensemble de nouvelles, témoignage de cette période, *7 Femmes et la Nuit*, dont trois seront publiées, *L'Enfer bleu*, aux Lettres Nouvelles, *May et le Lion*, chez Robert Laffont, *La Terrasse du Dôme*, aux Editions Camby.

Ce fut le temps des rencontres boulevard Saint-Marcel. S'y réunissaient les amis, des femmes, des écrivains — Christiane Rochefort, Miguel Salabert —, des personnalités — Jean-Pierre Mocky, Gérard Oury ou Barbara qui venait tapoter sur les touches d'un piano désaccordé —, et bien d'autres.

Les jeux et l'alcool rythmaient les soirées. Passé « à tabac » par un proxénète, un soir d'ivresse dans un bistrot, il s'en sortira avec le visage tailladé par un cul de bouteille, sauvé in extrémis par son ami Dante Terrini. La réalité rejoint alors sa propre fiction : Marsyas dépecé par Apollon, figure mythique habitant ses poèmes de jeunesse, ou Bacchus bouilli dans un chaudron, Axion écartelé ou Prométhée enchaîné.

La vie de Jean-Charles Pichon est ainsi ponctuée de symboles, et ses allées et retours dans son parcours fabriquent son propre destin : le cercle et la cohérence de la Mer, la sagesse et le double du Jumeau, l'intelligence créatrice du Taureau, l'exactitude et la justice du Patriarche, la peur et l'amour du Poisson, l'attente de la Liberté, autant de passages, de figures qui traversèrent les mythes dont il fera sa nourriture.

Pendant 8 ans, de 1946 (*La Vie impossible*, Grasset) jusqu'à 1954 (*Les Clés et la Prison*, Stock), année de la mort de France, une dizaine d'ouvrages seront publiés chez divers éditeurs. Il s'agit de romans autobiographiques, d'errances ou de couples déchirés, de romans noirs préfigurant le néo polar. Il obtint quelques prix littéraires (*La Liberté de décembre*, prix de la Liberté ; *Les Clés et la Prison*, prix de La Société des Gens de lettres). Jean-Charles démarrait une carrière très parisienne. Il faisait sa place dans le tout Paris littéraire. Reconnu et accepté, Maurice Nadeau lui ouvrit la porte de sa revue

Les Lettres Nouvelles, dans laquelle il publiera ses critiques littéraires, des nouvelles autobiographiques ou fantastiques, et *Il faut que je tue M. Rumann,* (prix Sainte-Beuve) dans sa célèbre collection « Les Chemins de la Vie » chez Grasset, au côté de Malcom Lowry et d'Henri Miller.

Pourquoi Jean-Charles réinterprète-t-il, à ce moment-là, *Le Nouveau Testament,* en publiant à compte d'auteur un évangile selon Pichon, *Ceci est mon corps,* illustré de 19 dessins hors-texte de Michèle Michaux, Orphée, 1950, un ouvrage qui n'a aucun rapport avec l'univers de ses romans ? Une histoire du Christ, refusée par les éditeurs de l'époque, qui annonce sa quête future sur les débuts du christianisme et les cycles du temps. Était-ce une étude prémonitoire ?

Hormis un dernier roman *Joseph Maldonna* publié chez Calmann-Lévy en 1961 et *Borille* (Grasset, 1966) ou *Les Témoins de l'Apocalypse* (Robert Laffont, 1964) qu'il faut plutôt classer comme romans fantastiques, il abandonne le genre, et se consacre à une tout autre forme d'œuvre qui lui coûtera d'être délaissé par ses protecteurs, notamment Maurice Nadeau qui l'avait soutenu jusqu'alors. Le milieu littéraire ne lui pardonnera pas sa trahison.

L'inversion

Tout commence au début des années soixante, au moment où il rencontre celle qui sera sa seconde femme, Geneviève Jadkiewicz qui partagera sa vie jusqu'à sa mort, et après la publication de *Joseph Maldonna* (Calmann-Lévy, 1961) quand Robert Laffont, désespérant de voir Jean-Charles se détruire de bar en bar, lui commande un ouvrage « pour le faire changer d'air » qui aurait dû entrer dans la collection qu'il venait de créer « Ce Jour-là ». Ils choisirent de raconter la journée durant laquelle Rome fut incendiée. Robert Laffont versa un acompte et le dédommagement des frais. Jean-Charles partit pour Rome afin de fouiller les archives de l'époque.

Jean-Charles Pichon vers 1960.

Comme Philip K. Dick, anesthésié pour une chirurgie dentaire, qui s'endormit en fixant le balancement le pendentif orné d'un poisson que portait l'infirmière qui se penchait au-dessus de lui, eut la vision de toute l'histoire du monde, Pichon imagina les grands cycles des civilisations devant une fresque représentant des poissons dans la Maison Dorée, maison de villégiature de Néron, à quelques kilomètres de Rome.

Il ramena de son voyage un manuscrit, la biographie d'un Néron sanctifié, lui attribuant l'implantation des premiers chrétiens. Non seulement Néron — qui aurait répondu à celui qui venait lui faire signer un ordre de condamnation à mort « mais pourquoi m'a-t-on appris à écrire ? » — n'était pas un fou sanguinaire — même s'il avait fait assassiner sa mère — n'aurait pas fait brûler Rome, mais il se serait identifié au Christ lui-même (*Saint-Néron*, Robert Laffont). La parution de ce livre provoqua, on s'en doute, de nombreuses polémiques.

L'œuvre de Jean-Charles Pichon bifurqua alors. Il entreprit de raconter l'histoire de l'humanité. Mais pas n'importe laquelle, une histoire d'un temps, cyclique, tournant autour de lui-même comme une toupie, propulsée par la précession des équinoxes qui retourne le Cosmos comme un gant, lové comme un serpent, dont chaque spire serait identique à la précédente, bien que jamais tout à fait la même. Trois ouvrages, *Le Temps de Verseau*, *Le Royaume et les Prophètes*, *Les Jours et les Nuits du cosmos*, sont édités avant la publication chez Robert Laffont, en 1965, d'un ouvrage fondamental, *L'Homme et les Dieux*. Ce qui frappe dans cet ouvrage, c'est qu'il relève d'une considérable érudition, jamais mise en défaut, une connaissance acquise en seulement deux ou trois ans, car sa culture précédente était essentiellement littéraire — et ni internet ni Wikipedia n'existaient alors — aidé en cela par une extraordinaire mémoire et une exceptionnelle capacité de synthèse. L'ouvrage présente la chronologie de trois civilisations, babylonienne, juive et chrétienne, et leurs correspondances cycliques.

« Après 1963, nous le disons, ceux qui survivent : le savant d'après les renversements, les prophètes du Verseau qui osent dire son nom et les adolescents tourmentés par l'émeute, le kurde, l'homme bleu, le zoulou, toutes les races éveillées par le glas de la mort. L'autre soleil, tonitruant. En 64 j'épousai Geneviève, ma compagne depuis quatre ans. En 65 nous entamions la lente quête qui, de la Nièvre au Gard, du Gard à la Bretagne retrouvée, nous a menés jusqu'aujourd'hui. Ici et là, toujours, par les jardins de ma femme, floraux et potagers (loin de la mer : pourquoi ?). Mais toujours aussi rejetés des hommes et de la courte aisance, exclus de tous les biens, nous excluant — pourquoi ? — des vertus salvatrices, glorifiées. » (*Les Litanies des Dieux morts*, page75).

Ceux qui voient aujourd'hui dans les bas reliefs égyptiens ou mayas des extra-terrestres et des OVNIS, d'ici un millier d'années verront peut-être dans la croix du Christ, une machine volante. Jean-Charles, panthéiste, lui n'y voyait que les représentations archétypales des douze dieux avec lesquels il jouait comme avec un Lego : un ensemble de représentations divines qui s'entrecroisaient tissant un fil d'Ariane, les dieux s'associant dans une danse impie scrupuleusement agencée, ou l'éternelle tapisserie conçue par Pénélope pour abuser les humains. À cette époque Jean-Charles Pichon espérait devenir le directeur de la collection « Les énigmes de l'univers » que Robert Laffont lançait. Mais ce dernier, malgré ses engagements, lui préféra en dernier ressort Francis Mazières, ethnologue et archéologue, qu'il trouvait plus populaire, moins dérangeant. Il se fâcha alors avec son éditeur, qu'il accusa de surcroît d'imposture, suite à la parution de *Papillon* d'Henri Charrière, fausse autobiographie d'un ancien bagnard.

Jean-Charles Pichon vers 1940.

Les litanies des dieux morts

Jean-Charles Pichon plonge, ou plutôt renaît au beau milieu de l'histoire des cycles de l'univers, tournant le dos à la théorie du temps linéaire et au progrès infini, concepts répandus par les matérialistes du vingtième siècle. Il se penche sur l'étude d'un temps cyclique, à l'instar des croyances de l'homme tout au long de l'humanité. Il n'est pas le premier dans ce siècle, en 1937 Paul Le Cour défend une théorie astrologique des 12 [ères] dans son ouvrage *L'Ère du Verseau*. Et beaucoup plus tard, en 1994 un imitateur « simple d'esprit », Christian Turpin, tentera de démontrer que seuls des événements simples se reproduisent, et MCOR publiera en 2006 son ouvrage intitulé *Les cinq destins de la France*.

Jean-Charles Pichon en propose une lecture bien différente. D'abord ce qu'il nomme les cycles correspond à une structure complexe, construite à partir de multiples influences énergétiques précises, liées à la précession des équinoxes, à une alchimie subtile qui relierait toutes les possibilités encore inconnues de l'univers. On retiendra cependant l'aller et le retour dans le cycle lui-même, l'avènement et l'envers — le revers — qui contient la renaissance : à la fois le châtiment et la résurrection, qui nous renvoient à l'univers chrétien, fondement de son éducation et au début de sa quête romaine. Il ne s'agit plus de superstitions, mais d'une métaphysique dépassant la simple science de la physique.

« Excluant les incertitudes il reste cinq cycles dont nous connaissons à la fois les périodes et certains effets :
- un cycle de quelques secondes : inspiration-respiration ;
- un cycle de 24 heures : jour/nuit ;
- un cycle annuel ; d'environ 365 jours ;
- un cycle précessionnel lié à la rotation de la terre autour d'un axe fictif. C'est cette période (de 2 150 ans) qui conditionne le remplacement bimillénaire de l'Étoile guide (polaire) ;
- — enfin le cinquième cycle, de 26 000 ans plus ou moins, dit cycle zodiacal, serait marqué par le renouvellement périodique des glaciations ».

(Prélude de *L'Homme et les Dieux, La nuit des temps*, page 42).

Concernant le quatrième cycle, celui de 2 150 ans, et pour mieux comprendre le déroulement du poème *Le Dialogue*, référons-nous au *Paradis perdu* de Milton. Satan, l'ange déchu avec l'aide de Belzébuth et un tiers d'anges rebelles, déclare la guerre à Dieu. Il sera finalement battu. Son combat s'étalera sur un tiers du temps du cycle Lucifer/Satan représente le rejet du Dieu présent, la fin du Royaume, provoque une scission, installe les temps matérialistes, mais dans le même temps il annonce le Dieu à venir qui se loge dans les décombres : une mécanique complexe mue par le cosmos.

Le Dialogue ne s'appuie pas sur des dates souvent peu précises selon les calendriers. Il se contente de récupérer l'écume et de nous conter une histoire : la substantifique moelle du cycle précessionnel, un large mouvement de marée, avec une période de montée de la vague, puis une période de recul. Ce qu'il cherche à démontrer c'est que d'une ère à l'autre les rythmes sont les mêmes.

Si la durée des cycles changent selon les calendriers, si les périodes mystiques varient par rapport aux périodes rationalistes, c'est parce qu'elles fluctuent comme la nuit et le jour selon que l'on soit en hiver ou en été.

« En tout cas, en tous, le 4 n'a aucune existence réelle, puisque le 4e n'est que l'association, la somme ou le cens des 3 autres. La terre n'est que poussières, portées par l'air, boue (ce complexe d'eau) ou cendres, résidu du feu. Etc.

Kant laisse subsister un doute, que Platon nombre par les 5, qu'Érigène nomme la substance (et Rabelais quinte-essence), que Salomon a nommé la 5e pointe, de son pentacle, les Chinois le 5e empereur, le Serpent jaune, au cœur, les classiques français le 5e acte, celui de la catastrophe, de l'exode.

En effet, si une entité, ange ou démon, signe zodiacal, noumène catégoriel contient les 3 (personnes) et les 4 (moyens), ou les 3 vertus et les 4 jeux, les 3 « arts » et les 4 « sciences », etc. Telle que les Gémeaux les 3 d'air : Souffle/Formateur, Verseau et Gémeaux, et les 4 du Bien : Archer, Vierge, Poisson (ou Barque), Gémeaux, ses alliés et inverses ne sont que 5 : l'Archer, le Poisson (ou le germe sur l'Eau) et la Vierge (Innina, Ixquic, Isis, Neith ou Marie) et ces deux : l'Archer (le père) et le Souffle envoyeur, formateur (jadis, le Sanglier blanc). »

(Extrait du *Sommaire insomniaque*, dans *Transports en tous genres. Le Déménagement zodiacal*, en cours d'édition).

Les nombres permettent de construire, ou d'imaginer, ce que sera sa machine, déjà contenu dans *Le Dialogue* : une dialectique, le dialogue entre l'homme et Dieu ; les quatre ères, les quatre matières ; les trois constituants d'un dieu ; le cinquième élément, le retour à l'unité.

Le Dieu du Futur

Les quatre premières strophes du *Dialogue* résument la loi des cycles selon Jean-Charles. Si l'on de réfère à *L'Homme et les Dieux*, à un cycle de 2 150 ans, et à quatre dieux, planètes ou archétypes constitutifs des quatre éléments : l'air, la terre, le feu et l'eau, cela nous donne le déroulé suivant, les Gémeaux de 6 450 à 4 300 ans avant JC, puis le Taureau de 4 300 à 2 150 ans avant JC, ensuite le Bélier de 2 150 à la naissance du Christ, enfin les Poissons. Quatre cycles, parce que, comme une fractale, ils sont reproductibles trois fois dans la grande année de 26 000 ans. Chaque cycle portant en lui son avènement, son royaume, sa décadence et sa mue.

Dans un tableau récapitulatif du livre *Le Dieu du Futur*, Jean-Charles Pichon développe la succession des cycles tels qu'ils sont symbolisés par différentes civilisations, par la mythologie, les croyances ou l'alchimie : le zodiaque, l'ancienne Egypte, le nouvel Empire, les symboles sumériens, les tribus de Jacob, Babylone tardive, l'Assyrie et la Médie, la Perse, la Grèce, les ères grecques, Rome, les Védas, les brahmanes, l'Hindouisme, le Boudhisme, la Chine, la Kabbale, le Popol Vuh, les Mayas récents, enfin le mythe commun. La première strophe évoque l'ère précessionnelle des Gémeaux, signe d'air. Mythe du double et de l'image, surgi après après le déluge et la légende mythique d'Aratta, nommée selon les peuples Osiris, Dumuzi, Siméon-Lévi, Mars, la Pourpre, les Métaux, Zeus père des jumeaux, l'Argent, Romulus et Rémus, Açwins, Tapar, Paruna, les jumeaux Taras, le Blanc (dragon-chien), la Sagesse, Ahpus (les hommes-mannequins), le Semblable. L'ère des Gémeaux déclinera, et la période d'Obeïd, qui connut l'éclat, périclita. Certains sites, comme Ninive, seront abandonnés, d'autres incendiés.

La seconde strophe évoque l'ère du Taureau. Le Taureau, la Terre. L'homme revient de l'obscurité, ne se satisfaisant plus d'adorer de simples figurines, et demande à Dieu de lui permettre de créer lui-même son propre univers. Comme on le remarquera, Dieu ne dit jamais non. L'homme créa ce qui sera la Tradition faite de nombres, de lettres et de figures. L'alphabet, les mathématiques et l'architecture. Il bâtira des pyramides et des cités, inventera l'écriture et reconstruira le cosmos. Les peuples nommèrent l'ère du Taureau, Apis, Mardouk, Issachar, Mercure, le Bleu, le Cuivre, Arès (Dyonisos), le Bronze, Mars, Rudra, Janar, Rama, Shiva, le Vert, l'Intelligence créatrice, les Hommes-Jaguars, la Création. Mais l'œuvre qu'il avait créée lui suffisant, il oubliera le Seigneur.

Deux ouvrages publiés aux Editions Planète, *Le Dieu du Futur* (1966) et *Celui qui naît* (1967) scellent la rencontre de Jean-Charles Pichon et de Jacques Bergier. Ces deux ouvrages indispensables si l'on veut mieux comprendre son travail décrivent très précisément la mécanique cyclique qu'il propose et façonnent la clé ésotérique de sa théorie.

Ces deux ouvrages complètent *L'Homme et les Dieux* et prophétisent la forme que prendra le dieu à venir, la religion et la civilisation qui en naîtra, après celle des Poissons, en appliquant tout simplement les méthodes dictées par la loi des cycles.

À partir de ce moment-là, Jean-Charles Pichon produisit une importante quantité d'ouvrages *L'Histoire universelle des sectes et des sociétés secrètes*, 2 volumes, Robert Laffont, 1969 et 1970 ; *Nostradamus en clair*, Robert Laffont, 1970 ; *Néron et le mystère des origines chrétiennes*, Robert Laffont, 1971 ; *L'Histoire des Mythes*, Payot, 1971 ; les trois volumes de *La Vie des Dieux*, Payot, 1972 ; *les trente années à venir révélées par l'histoire cyclique*, J'ai Lu, 1973 — soit 9 livres en 4 ans : un travail de forçat — et des articles tels *Mythiques et Causalité*, revue Esprit, 1971 ; *Vie et Mort des structures mythiques*, revue Liberté , 1973.

Il cherche le secret du temps, recherche qu'il considère comme fondamentale pour comprendre les origines de l'histoire de l'humanité. Dans la préface du *Dieu du Futur*, il le souligne :

« Au long de ces millénaires, la science du temps est demeurée au premier rang des préoccupations humaines. Elle apparaît commune aux Sumériens, aux Egyptiens, aux Perses, aux Assyriens et aux Babylonniens, aux Indiens de l'Inde et de l'Amérique, aux Grecs et aux Mayas ; à ceux qui adoraient les dieux jumeaux, à ceux qui adoraient le dieu de justice et à ceux qui n'adoraient pas. Ce fut à la fois le souci du philosophe athée et celui du mystique, d'Echémère et de Jérémie, de Condorcet et de Nietzsche, d'Einstein et de Teilhard de Chardin. Or si l'on comprend mal pourquoi des prêtres et des théologiens, dont la quête fut d'éternité, se sont passionnés pour le problème calendérique, qui nie la notion d'éternel — on ne comprend pas mieux pourquoi des chercheurs scientifiques, dont les croyances se fondaient sur le témoignage des sens, se sont attachés à l'étude de cette abstraction : le temps. » (*Le Dieu du Futur*, Edite, page 9 et10).

« La raison serait l'opération inverse, par laquelle l'observateur tenterait de réduire le continuum inconnu à un ensemble de phénomènes discontinus et circonscrits. Dans un élan de synthèse vécue, la foi incluait les figures de l'univers dans un mouvement inexprimable (ineffable ou innommable) ; la raison réduirait le mouvement à des figures diverses, et peut-être fictives par une opération d'analyse déductive. Or, une fois encore, ce double mouvement de l'esprit se retrouve dans toutes les approches du temps, combinaisons calendériques ou système temporels, que les hommes ont inventés au cours des âges. » (*Le Dieu du Futur*, page 15)

« C'est qu'il est difficile d'admettre un conditionnement structuré, tel que nos idées et nos conceptions s'y trouveraient liées comme l'électron et la planète à leur orbite. Et plus difficile encore de concevoir que ces structures orbitales, ces *archétypes*, existeraient simultanément, selon des relations constantes, que Nietzsche nommait des « sujétions de proximité » et Jung « des coïncidences significatives ». (*Le Dieu du Futur*, page 28)

Ces citations nous conduisent à reconsidérer les forces qui nous relient à l'univers. Selon Jean-Charles Pichon les états modifiés de conscience provoqués par la démence du génie mythique (Hölderlin, De Nerval, Nietzsche ou Artaud), la drogue (Baudelaire ou Michaux) ou le rêve permettent d'accéder à l'illumination, voire à son appréhension.

« De même droguée pour une opération chirurgicale, ma femme s'est vue au milieu de sphères qui tournoyaient, montant et descendant, selon des orbites précises. À intervalles réguliers, le mouvement s'arrêtait ; elle avait l'impression de tomber dans un abîme infini ; puis le mouvement recommençait. » (*Le Dieu du Futur*, page 30)

« Un jour où je nettoyais un camion-citerne […] j'ai commencé d'aimer la boue ; non pas seulement l'arc-en-ciel (que le soleil formait au fond de la cuve), mais tout autour, dans la pénombre, la boue même, noire et visqueuse, moirée comme du velours et douce comme une chair. Mais, la regardant, je ne pensai ni au velours ni à la chair, je l'aimais pour ce qu'elle était. Quand je m'éloignais de l'orifice, cet amour était plus fort ; je m'en éloignais donc le plus que je le pouvais. Mon râteau tomba dans la boue ; je me penchai pour le ramasser et je glissai lentement, caressant la surface brillante et douce, saoul du désir de m'y coucher… »

« Plus tard, je tentai en vain, cette joie de la préciser, de la susciter, de la comprendre. C'était comme de vouloir se rappeler une phrase entendue en rêve. Se la répéterait-on, elle ne serait pas dite avec l'accent du rêve, elle ne serait que des mots enchaînés. Ainsi, les images fuyantes, les pensées en clair-obscur qui conduisaient à sa joie n'étaient plus à mon souvenir que des lambeaux de vision : une maison dans la campagne, un soir, la lampe allumée, des hommes qui se battaient dans un champ… et l'évidence fulgurante que la vie est magnifique à condition de tout aimer. » (*Le Dieu du Futur*, page 34)

Les machines démontées

Jean-Charles Pichon vers 1935.

Jean-Charles Pichon, nourri d'une abondante littérature dès l'adolescence, revisite les auteurs qui l'ont marqué, chez qui il a décelé une recherche particulière.

Il reprend le fil dès les années quatre-vingt pour tenter de découvrir chez eux un manichéisme, et y cherche syncrétismes, destins croisés, jugeant que pour les poètes et les créateurs « un coup de dé n'abolira jamais le hasard ».

Hormis *L'homme et les Dieux* (1963), *le dieu du futur* (1967), *Nostradamus en clair* (1970), *La genèse du Yi-King* (1978) et *L'Islam dans le Coran* (1980), ouvrages par lesquels il tente déjà de « démonter » la construction mathématique, mythique ou ésotérique d'œuvres magistrales, il s'intéressera plus précisément à partir de 1980 aux « machines », que proposent certains auteurs dans leurs œuvres « phares » avec la volonté d'élaborer un système universel :

Ezechiel, Platon, Lao-Tseu, La Kosmopoïa, Huysmans, Kant, Jung, Jarry, Roussel sont étudiés dans *Les Précis ridicules*, 1980 ; le Sepher Yetsira, Heidegger, dans *La Kabbale dénouée*, 1984 ; Paracelse dans *Les Prophéties de Paracelse*, 1985 ; le Graal, L'Alchimie dans *Une Grande Machine littéraire*, 1989 ; Beckett dans *Si la notion n'est pas maintenue*, 1991 (inédit) ; Hogdson et autres écrivains de fantastique américain dans *La Machine de l'éternité*, 1991 ; Mallarmé, Teilhard de Chardin, Valéry, Dumézil, Potocki dans *Le Petit Métaphysicien illustré*, 1974-1987 ; Daumal, dans *Le rêveur rêvé*, 1987 ; Poe, Heidegger, Hawthorne, Tchaïkovski dans *Reliefs* qui est également une œuvre autobiographique, 1991 ; John Heath Stubbs dans *Poèmes choisis*, 1992.

« Ma dernière autobiographie, « *Reliefs* », se fonde en grande partie sur le parallélisme — inattendu de moi-même — entre les vies d'Edgar Allan Poe et de Jean-Charles Pichon. Depuis 1989, d'autres biographies me sont tombées sous les yeux : du colonel Lawrence, de Dennis Nilsen, de Jean Genet, également synchroniques.

Ici ou là, les 5 recoupent bien d'autres existences : de Nerval et de Lacenaire, de Rimbaud et de Hitler, de Jules Renard, d'Artaud. Mais elles se recoupent seulement : une phase ou deux manquent de l'une à l'autre pour que le parallélisme apparaisse probant. Sinon, naturellement, en ces périodes communes à tous les hommes, à toutes les femmes, si ce n'est à tout vivant : l'enfance, la puberté, la maturité, la vieillesse, la mort. La marque des 5 est autre.

a) Elles dédoublent l'enfance en un « *paradis vert* » et un exil du paradis.

b) Elles achèvent l'adolescence par l'engagement.

c) Elles englobent la maturité par une quête exclusive, ou de l'œuvre ou du crime.

d) Elles concluent la dernière phase par un aveu ou une machine. Mais l'aveu est une machine, et la machine est un aveu. »

(Extrait du *Nouveau chez les Gémeaux. Le Déménagemant zodiacal*, en cours d'édition).

La fin des années soixante-dix — surtout celles passées à l'Estréchure dans une maison dominant le Gardon — et le début des années quatre-vingt voient renaître le roman, à l'instar des années cinquante. Des romans ésotériques, certains autobiographiques : *Le Retour à la ville, Le Fonctionnaire déplacé, La Folie-Merlin, L'Objet volant identifié*, ouvrages qui ne seront publiés par les éditions Édite qu'à partir de 2000 ; avec un regard particulier sur *Le Jeu de Bès*, ouvrage inclassable, onirique, ésotérique, mythologique et prophétique, mais aussi jubilatoire. Jean-Charles y retrouve l'art du scénario et du dialogue, qui évoque l'écriture de *Babel*, pièce écrite avec Robert Soulat, en 1952, à l'époque du Théâtre de Poche, qui, hélas ! n'a jamais été jouée.

Ce retour au roman fantastique nous ramène à ses nouvelles, entre 1945 et 1969 : *Quelqu'un venu d'ailleurs*, Prétexte ; *La fin de la terre* — sous le pseudonyme de Mona Ockseout —, Gaudebert ; *Valentin et son démon* — sous le pseudonyme de Jean Capé —, Gaudebert ; *L'Ombre*, Caliban ; *Les rayures d'ombres*, Julliard ; *Dieu n'a pas de mémoire*, Fiction n°76 ; *Perfidies blues*, Fiction n° 95 ; *La Machine*, Fiction spécial n°4 ; *Un Amour absorbant*, Fiction spécial n°12 ; il participa à la revue *Le Miroir du Fantastique* de 1968 à 1969, avec une rubrique régulière signée « Ganymède ».

Il n'est pas étrange que le domaine du fantastique ait attiré Jean-Charles dès l'origine puisque son univers littéraire et métaphysique s'est toujours situé à la frontière entre le surnaturel et les mythes, d'où son intérêt pour Poe, Lovecraft, Bradbury ou Machen.

Il ne croit pas à la science et son univers n'est pas fictionnel, bien qu'irrationnel, ce qui fait que le passage de la littérature fantastique à la science-fiction est ténu, et parfois invisible.

« Chez les plus grands de ces écrivains et chez le créateur du genre, Lovecraft, l'angoisse ne naît certes pas de l'affabulation mythique mais apparaît développée, aggrandie à l'échelle du temps par une constante référence au passé de l'humanité. Elle torture l'esprit du lecteur comme le ferait cette évidence que l'homme est prisonnier de forces qu'il ignore et que la technique n'a pas dominées. » (*Science-fiction ou réalisme irrationnel*, revue Europe, 1957, page 38)

La Quintessence

Jean-Charles Pichon vers 1940.

Jean-Charles Pichon nous conte dans ce poème l'histoire des Dieux, mais aussi la sienne propre. Si chaque cycle connaît sa naissance, son apogée et son délabrement, ses vies successives ou synchroniques connaissent les mêmes cycles : l'enfance bienheureuse et son renversement, l'adolescence et la désertion, l'amour et le déchirement, la création et sa destruction, la connaissance et le doute, la révélation et la mort. Chacune de ses phases se termine par un passage douloureux, une fracture, une errance, la misère ou l'abstinence, le renoncement ou la privation.

Ainsi il sera battu au sang par un professeur fou, il désertera l'armée, France disparaîtra, il subira le passage à tabac, les éditeurs lui fermeront la porte. À chaque mutation il se déplacera, le Croisic, Paris, Neuville, Blain, L'Estréchure — il y rencontrera Deligny et les autistes —, Nantes, les Saintes-Maries-de-la-Mer ou Limoges.

À chacune de ces étapes, il renaîtra, de l'enfance humiliée viendra le poème ; de la désertion, l'amour ; de la disparition du théâtre, l'émergence des cycles ; de l'abîme du doute, la machine de l'éternité.

La relation dialoguée entre l'homme et dieu est du domaine de l'ontologie et par extension de la métaphysique. *Le Dialogue* nous fait pénétrer le cœur du cosmos, et nous révèle une décalcomanie macroscopique de la nature microscopique de l'homme, évoquant le célèbre postulat alchimique : ce qui est en haut est comme ce qui est en bas et réciproquement.

Dans ce poème Jean-Charles met en évidence qu'au-delà des cycles, c'est un besoin sans cesse accru qui fait que l'homme renonce à dieu, mais qui permet à l'inverse l'avènement du suivant.

La cinquième phase est une inversion. Gemellique, avatar de la première phase, passage entre le Dieu d'amour agonisant et de Dieu de Liberté naissant — retournement illustré par l'image de l'enfant qui se meurt —, passage entre le Poisson et le Versonde (plutôt que le Verseau), elle nous fait découvrir l'intuition fulgurante de Jean-Charles et lève le mystère de ce que sera cette nouvelle phase. Dieu dit à l'homme soit autre. On pense à Gérard de Nerval qui écrivit au bas d'un portrait photographique de lui : « Je suis l'autre. »
Ce passage est un retour à la première strophe, transformant ce poème en une bande de Moebius, sans recto ni verso, sans discontinuité.
Cette cinquième strophe représente donc le cinquième élément, la quintessence, qui recouvre les quatre autres par son retournement, la flèche inversée du temps chère à Jean-Charles, et assure la cohésion de l'ensemble. Elle démonte les quatre premières, effectuant un retour vers l'essentiel : la machine de l'éternité.
Ainsi ces cinq strophes représentent les quatre plus récentes grandes phases de l'histoire de l'humanité. Une succession de civilisations, de la naissance à la mort des Dieux. Une fresque somptueuse, digne des grandes productions hollywoodiennes à l'instar des films de Cecil B. de Mille. En y ajoutant une cinquième, une clé, une postface qui serait en réalité la préface.
Ce que tu es, ton Moi n'existe pas, tu n'as qu'à l'oublier, il n'est pas réel, tu n'es qu'une partie d'un ensemble. Tu existeras au travers de ce que je suis et plus rien ne nous distinguera l'un de l'autre. Être différent n'est pas être indifférent.
Chaque mot dans ce poème à un sens : les cendres, symbole de la réincarnation, et de la renaissance ; le carrefour, symbole de la transition.
La rouille symbolise le passage du temps et l'abandon. Il y a ici une réflexion sur l'usure, la dégradation et le mouvement qui se fige, d'un principe énergétique qui tend à disparaître.
Il faut noter les fulgurances prophétiques. « De quel bien m'est ta nourriture, quand elle m'assoiffe ? ». On pense aux cultures intensives qui désertifient les terres cultivables ; ou bien « De quel bien ton sang, quand il m'enivre ? » question qui évoque les *raves* et l'alcoolisme répandu aujourd'hui chez les adolescents.

L'œuvre de Jean-Charles Pichon, au-delà de celle des « passeurs » qui ont vécu dans la seconde moitié du vingtième siècle et qui ont posé des jalons pour basculer dans le XXIᵉ siècle, annonce d'autres temps, un monde à venir où les humains croiront à d'autres entités, à d'autres paradigmes, à d'autres dieux.

Elle s'établit au cœur d'une « machine » qui régule dans un univers compact et stable, hors du champ exponentiel du cosmos, des mouvements parfaitement organisés. L'espace et le temps n'y existe pas selon nos critères. Les mouvements s'effectuent dans même point — un centre — dans la même simultanéité — un infini — chacun créant le mouvement de l'autre du plus petit au plus grand, le plus petit contenant le plus grand, tout cela rythmé (cadencé) par une inversion perpétuelle, une inspiration et une expiration cosmique. Nous sommes les contenants d'un avenir qui fabrique notre passé ; nous appartenons à un ensemble que nous contrôlions déjà avant de naître. Mû sans doute par cette énergie dont nous ignorons encore la substance et l'origine.

Ce « retour vers le futur » conduit Jean-Charles Pichon des *Litanies* aux poèmes adolescents, du *Petit Métaphysicien* à la naïve *Éthique*, de *Reliefs* à *Un Homme en creux*, de *La Scandaleuse Élection* à *La Dame d'Avignon*, *Du nouveau chez les Gémeaux* à *Ceci est mon Corps*, du *Jeu de Bès* à *La Vie impossible*, du *Fonctionnaire déplacé* à *Sérum et Cie*, du *Dialogue* à *Dieu n'a pas de mémoire*.

La Bibliothèque Nationale de France propose de conserver les archives de Jean-Charles Pichon, qui seront ainsi à disposition des chercheurs futurs qui auront du temps à passer pour les décortiquer, tant est vaste l'étendue de sa vision.

NOTES

1 –   François Rabelais, *La vie horrifique du grand Gargantua, père de Pantagruel, jadis composée par M. Alcofribas abstracteur de quintessence. Livre plein de Pantagruélisme*, 1534.

2 –   Jorge-Luis Borgès, *L'Aleph*, Gallimard

Tableau I

LA FLÈCHE PASSÉ-AVENIR : MÉTONYMIE, ENTROPIE, ÉLOIGNEMENT PROGRESSIF DU DIEU

	Vers −3250	Vers −1100	1054
Fin du temps de Dieu	1er schisme Kish/Warka ; les dernières dynasties légendaires de Sumer.	Houang-ti, Antiochos III, Flaminius, Hannibal, Philippe V. −198 : 2e intervention romaine.	1er schisme Byzance/Rome ; l'Empereur contre le Pape ; HenriIV ; le Cid ; Alphonse d'Aragon ; F. Barberousse.
	Les fermiers asianites en Élam et en Anatolie.	Les nomades sémites en Chaldée.	Les chrétiens à Jérusalem
	Vers −3150	−980−970	1170
	Gilgamesh	Salomon ; Chéchonq ; 1er avènement des Mèdes.	1er royaume portugais ; Frédéric II (1218-1250) ; Saint Louis.
	Adapa	Ecclésiaste ; Job ; Tirésias ?	Flore ; Ramanuja ; Ibn Arabî.
	−3100	−930	1261
Fin de l'Église fondatrice (dépeuplement)	Début de la période Kali indienne ; conflits Kish/Warka ; hérésies.	Schisme Israël/Juda ; hérésies ; schismes à Juda.	Latins chassés de Byzance ; hérésies ; schismes à Rome.
	Renaissance des jumeaux (Suse ; Égypte).	Renaissance de Mardouk ; Baal en Israël ; l'ancienne Athènes (−750) ; Homère.	Renaissance juive (kabbalistes) ; Justice et Savoir (Duns Scot) ; l'ancienne Perse ; Attar, Rumî.
	−2900	−730−720	1453
1er pressentiment du mythe nouveau	Renaissance du mythe lunaire comme composant du Bélier : Kématef, Toth.	Renaissance du mythe gémique comme composant du Poisson : l'Ange et Tobie.	Renaissance du mythe de Création comme composant du Verseau : Borgia Médicis.
	Avènement des Oumman (la Vierge).	Avènement des Perses : −653/Cyrus Ier.	Avènement de l'Espagne : Charles Quint.
	Les Pierres levées.	Corros et Coré en Grèce	Henri VIII ; François Ier ; la création en Art et Science.
	Phénicie légendaire	Lycurgue à Sparte	Les Turcs : Soliman.

	Vers −2800	−620	1550
La réaction	Ourouk et Our.	Josias, Dracon ; rois étrusques à Rome.	le concile de Trente ; Henri II ; Marie Stuart ; Philippe II.
Renouveau du dieu précédent	Renouveau des villes gémiques : Suse, Troie.	Renouveau de Babylone ; Nabuchodonosor ; colonies tyriennes à Rome.	Guerres de religion ; la Bible ; Jéhovah ; puritains du May Flower en Amérique
	Vers −2700	**−530**	**1640**
Impatience et classicisme	Oumma : la déesse Vierge ; puis Ea (Min en Égypte) sous l'influence des chaldéens.	Avènement de la Perse : le dieu-lumière et le dieu-souffle (influence juive).	La grande Espagne : le dieu de Vérité puis la Vierge (influence catholique).
	Jumeaux en Égypte et à Suse ; croissance de l'Élam.	Expansion de la Phénicie (Baal) ; croissance de Carthage.	Expansion de l'Angleterre puritaine ; croissance de la Russie.
	Seth ; dieux-serpents aux Indes ; naissance de la notion de l'Empire.	Confucius ; Bouddha ; Dioscures à Rome ; naissance de la notion de République.	Dieu Créateur : Sadra, Leibniz ; naissance des notions de Masse et de Démocratie.
	Vers −2600	**−480**	**1680**
Troubles	En Égypte ; à Sumer (Lagash).	À Babylone, en Chine, dans l'Inde, en Égypte.	Dans le monde entier (fin des Aztèques, du Mali ; révoltes en Chine, Camisards, etc.)
	Affaiblissement d'Oumma ; expansion des hittites anciens (Louwites).	Affaiblissement de la Perse ; expansion de la Grèce (Athènes) ; Sparte (−404).	Affaiblissement de l'Espagne ; expansion de l'Iran puis des Turcs.
	Ishtar aux enfers.	Crépuscule solaire.	Crépuscule du Savoir.
	Vers −2550	**Vers −400**	**Vers 1750**
2e pressentiment	les Scribes : approche de la notion de Loi.	Platon, Mô : approche de l'Amour (Bonté, Salut).	Rousseau, les moullas : approche de la Liberté (Passion).
	−2500	**−365**	**1777**
Les derniers mythes ; la 2e mue (aurore).	Ra en Égypte ; An à Our.	Aristote et le mythe du Savoir ; Sérapis	Constitution américaine ; l'observation scientifique.
	Avènement d'Akkad.	Avènement des rois macédoniens.	Avènement de la France républicaine ; la déesse Raison
	Dieu-lune ; déesses-lune.	Néo-platonisme ; néo-confusianisme ; cynisme ; Hippocrate.	Romantisme (Kant Gœthe).
	Sargon.	Alexandre.	Napoléon.

	Vers −2450	−320	1820
Les temps matérialistes (développement démographique).	Expansion d'Akkad sous les petits-fils de Sargon ; éclipse des Louwites ; conquête de l'Élam (fin de Suse) ; débuts de l'Anatolie hittite.	Les royaumes hellénistiques ; effondrement de la Perse ; colonisation de la Grèce.	La nouvelle Europe ; effondrement de l'Espagne ; colonisation de l'Islam.
	Naissance historique de l'Assyrie.	−294–286 : Démétrios ; naissance de la Sélcucie.	1852-1870 : Napoléon III ; naissance de l'Allemagne.
		−229 : 1re intervention romaine.	1917 :1re intervention américaine.

Tableau II

LA FLÈCHE POSSIBLE-DURÉE : MÉTAPHORE, NÉGUENTROPIE, RAPPROCHEMENT DU DIEU

	Vers −2300	−220	1930
Ébranlement du matérialisme (développement démographique).	Ébranlement des États : Akkad, Ancien Empire égyptien.	Houang-ti, Antiochos III, Flaminius, Hannibal, Philippe V. -198 : 2ᵉ intervention romaine.	Staline, Hitler, Mussolini, Roosevelt, Franco, De Gaulle. 1942 : 2ᵉ intervention américaine.
	Libération de l'Élam ; dernier renouveau de Suse ; fin d'Akkad.	Libération de la Grèce. −187 : défaite d'Antiochos III ; renouveau de Lagash ; fin des royaumes hellénistiques.	Libération de l'Islam. 1945 : défaite d'Hitler ; renouveau laïque d'Israël ; affaiblissement de l'Europe occidentale.
	−2250	−144	Vers 2000
Fin des temps matérialistes.	Fin de l'Ancien Empire égyptien ; avènement des Hittites ; les Goutéens.	Fin de Carthage ; avènement des barbares : Numides, Germains, Nordiques, Huns.	Fin de l'U.R.S.S. ? Avènement de la Chine ; les peuples d'Afrique et les Noirs
	Croissance de l'Assyrie	Croissance de Rome ; nouvelle ère en Chine : −113.	Croissance des U.S.A.
Crépuscule de l'avant-dernier dieu (développement démographique)	Crépuscule gémique : Osiris aux enfers (fin de la Loi Modèle, de l'Image et du Double).	Crépuscule taurique : mort de Pan, Mitrhraïsme parthe (fin de l'esprit de Création).	Crépuscule du dieu de Justice (Iahvé, Brahma) : fin des Tribus, de la Famille.
	−2225	−100	2050
Éveil de l'esprit par la 2ᵉ mue (Dvâpara) puis la 3ᵉ mue (Kali) des mythes antérieurs.	Hiérarchie sans figure : An, Assur, Mitra ; puis : Vierge (Arinna, Ishtar, Kubula, Qadesh, Isis).	Serpent-Savoir : Sérapis, Hermès, Asklépios, Tao ; puis, soleil (Wotan, Krishna, Maître de Justice, Mazda-Saoshyant).	Culte gémique : Image, instinct grégaire divinisé ; puis, culte de la spirale et du Christ-Omega.
	−2150-2000	−5-+100	Vers 2150-2200
Avènement mystique du Dieu nouveau.	Dieu-Justice à Lagash, en Égypte, au Canaan.	Nouvelle ère indienne.	Approche du Dieu
	Abraham.	Jésus.	Le Berger.

	Abraham.	Jésus.	Le Berger.
Destruction des anciens temples.	Dernières dynasties d'Ourouk et Our ; destruction des Temples (achevée en −1950).	Destruction de Jérusalem ; diaspora des juifs (en, 135).	Destruction du Vatican ?
Création du Dieu (début du dépeuplement).	Amon-Toth en Égypte ; Jacob-Israël ; Œdipe ; Phryxos. Vers —1900 : Arinna Ishtar, Isis contre Iahvé.	Bouddha triomphe du Tao en Chine ; Jésus triomphe de Sérapis (vers 184) ; puis, le Soleil (Sol, Mazda) contre Jésus.	Les nouveaux Apôtres ; la Science contre le Dieu.
	Vers −1850	300	2450
Avènement social du Dieu (dépeuplement).	Joseph en Égypte ; sacrifice du mouton en Assyrie. Royaume sémite de Babylone sur ancienne Akkad.	Constantin ; Christianisme reconnu à Rome. 330 : fondation de Byzance sur l'ancienne Macédoine. Che Hou en Chine.	Nouvelle Église reconnue aux U.S.A. ; puis, nouveau Temple en Europe occidentale (France ?).
	Vers —1750	380	2530
	Hammourabi à Babylone.	Théodose à Byzance	?
Le Fléau	Invasions hyksos ; indo-européennes ; sémites. Fin de l'ancienne Assyrie.	Invasions barbares : Huns, Turcs, Vandales ; les Germains. Fin de Rome.	Invasions ?
	Vers −1650	500	2650
Croissance du Dieu	Renouveau assyrien en Akkad. Persécution des chaldéens.	Renouveau « romain » à Byzance. Persécution des juifs	Renouveau U.S. en Europe. Persécution des chrétiens.
	Création du mythe hébreu (Iavhistes, Élohistes).	Création du mythe chrétien (Double Nature, Vierge).	Création du mythe du Verseau (Création et Hiérarchie).
	Vers −1550	600	2750
La 1ʳᵉ mue : Trêta. Les Infidèles	Orphée : Soleil-Jumeaux + Taureau. Expansion de l'Achaïe (Mycènes).	Mahomet : Lune-Taureau + Bélier. Expansion de l'Islam au Moyen Orient.	Modèle-Justice + Christ. Expansion des nouveaux infidèles.
	Vers −1400	750	2900
Le temps du Dieu (nouveau développement démographique).	Moïse. Arrêt de l'expansion achéenne ; évolution de Poséidon-Dionysos à Pallas.	Charlemagne. Arrêt de l'expansion islamique ; évolution du dieu de Justice au dieu d'Amour.	? Arrêt des conquêtes infidèles ; évolution du dieu d'Amour au dieu du Verseau.

	Vers −1300	800-900	3000
	Ulysse et le Bélier. Triomphe d'Amon, de Brahma, du Tigre, du Singe dans le monde entier.	Les premiers soufis ; le Poisson. Triomphe du Christ, du Bouddhisme en Chine ; les Chimus, les Toltèques, etc.	Le Verseau dans le monde.
	Les Juges.	Les Paladins.	?
	−1200-1100	950-1050	3100-3200
	Les Tribus (agonie de la Vierge).	Les Féodalités (agonie des dieux-soleils).	Agonie du mythe du Savoir.

LE SENS INITIATIQUE DU MYTHE D'ŒDIPE
ET L'ACCESSION A LA FONCTION ROYALE

Christian de Caluwe,
6 octobre 2012 – 15 octobre 2015

La Sphinge de Delphes

INTRODUCTION

Le personnage d'Œdipe nous est familier grâce au complexe décrit dans la psychanalyse. L'hypothèse de Freud qui était loin d'être aussi dogmatique que ses épigones, est la suivante : tout enfant, garçon ou fille, passe nécessairement par une phase œdipienne, avec désir sexuel du parent de sexe opposé et désir de meurtre du parent du même sexe. Faisant cela, il l'a déformé en créant — comme l'a remarqué Lévi-Strauss — un mythe moderne dans le contexte actuel [1] et selon Karl Popper « un effet-Œdipe ». Freud part de l'*Œdipe* de Sophocle et s'arrête au moment où il se crève les yeux. Et pourtant la vie d'Œdipe ne s'arrête pas là puisqu'il part de Thèbes et va trouver la mort à Crotone. De plus, dans la légende, Œdipe ne sait pas qu'il tue son vrai père ! Or Robert Graves retrouve le sens initiatique de cette coutume : « dans l'ancien système, le nouveau roi, bien qu'il fût étranger, avait été théoriquement, le fils du vieux roi qu'il tuait et dont il épousait la veuve ; les envahisseurs patriarcaux, interprétant mal cette coutume, considérèrent qu'il s'agissait d'un parricide et d'un inceste. La théorie freudienne selon laquelle le complexe d'Œdipe est un instinct commun à tous les hommes a pris sa source dans cette anecdote inexacte ; Plutarque, lorsqu'il rapporte (Isis et Osiris) que l'hippopotame tua son père et viola sa mère n'a jamais prétendu que les hommes avait un complexe de l'hippopotame. »

Rappelons que chez les Romains, le mois de Février, februarius, est le mois des purifications car il faut se purifier avant d'aborder l'année nouvelle. A ce moment, Mamurius Veturius, le Vieux Mars, doit être régénéré. On tue symboliquement le vieux roi afin que le jeune prenne sa place. Le carnaval se situe à ce moment. Nietzsche nous rapporte un mythe semblable dans La naissance de la tragédie : Œdipe le meurtrier de son père, Œdipe l'époux de sa mère, Œdipe qui déchiffre l'énigme du Sphinx : que veut nous dire la mystérieuse trinité de ces actes fatals ? Une très ancienne croyance populaire, répandue surtout en Perse, affirme qu'un mage doué de sagesse ne peut naître que d'un inceste.

De plus, Jacques Van Rillaer, commentant le livre de Jacques Bénesteau dénonçant la stratégie falsificationniste de Freud dans *Mensonges freudiens* rapporte : « il a menti quant à ses succès thérapeutiques, il a inventé des patients, il a développé un art de spéculer sans faits réellement observés. Sa doctrine est fondée sur un mélange inextricable de faits, d'interprétations et de falsifications. »

Bornons nous à remarquer qu'il ne s'agit pas dans la théorie freudienne de tuer le *papa* mais le *Père primordial, opérateur symbolique anhistorique,* au cours d'un meurtre. Quoi qu'il en soit, dans le mythe grec, Œdipe a pu vouloir imposer le patriarcat venu du centre de l'Europe alors que la civilisation méditerranéenne était matriarcale. De cette rencontre est né le miracle grec.

Nous envisagerons dans un premier mouvement, une réflexion sur l'étymologie du nom Œdipe ainsi que sur sa généalogie, puis nous essaierons de retrouver la légende primitive. Nous étudierons ensuite le thème de la claudication, d'abord ses aspects positifs dans la mythologie gréco-romaine, dans la tradition hébraïque, dans la tradition maçonnique et en anthropologie structurale. Puis ses aspects négatifs. Enfin, nous tenterons de dégager l'aspect proprement initiatique de ce mythe.

I – SÉMANTIQUE ET GÉNÉALOGIE D'ŒDIPE

1 – SÉMANTIQUE

Le mot Œdipe peut venir du grec ***oidos-podos*** : *Οι'δι΄πους,* composé du grec *Οι'διω,* *oideô,* « être enflé » et *πους, ποδος,* « pied », littéralement « pied enflé » du fait que son père lui troue les pieds alors qu'il vient de naître et que plus tard une roue du char de son père qu'il ne connaît pas lui écrasera un pied !

2 – GÉNÉALOGIE

Cette étymologie est d'autant plus intéressante qu'Œdipe était de la famille des Labdacides avec comme ancêtre la reine ***Labda*** (la boiteuse) mère de ***Labda***cos, le boiteux, père lui-même de Laïos, l'homosexuel, père d'Œdipe au pied enflé. (la cheville gonflée). En effet, Laïos, amoureux de Chrysippe, avait quitté Thèbes, sa patrie, pour enlever le jeune homme à Pise. L'autre étymologie plus discutable serait (oida ***podos***) celui qui connaît l'énigme du pied posée par la sphinge : « Qui a quatre pieds (tétra***pous***) le matin, deux pieds (di***pous***) le midi, et trois pieds (tri***pous)*** le soir ? » Bref ! Œdipe provient d'une généalogie boiteuse, c'est le cas de le dire. Remarquons que certaines villes de Grèce ont été fondées par des boiteux :
– Corinthe par les Labdacides,
– Cyrène par Battos qui était bègue.
Comment ne pas songer à la règle des **5 B** et plus (boiteux – pied **b**ot – **b**igleux, **b**ègue, **b**atard, **b**ossu et j'ajouterai **b**ougre=homosexuel) excluant à l'origine ce type de handicapés de toute démarche initiatique ? Nous y reviendrons. Ce Battos donnera naissance à la dynastie des Battiades dont le dernier représentant sera un autre Battos, mais boiteux celui-ci.

Après avoir abordé l'étymologie du nom *Œdipe* et sa généalogie, abordons succinctement le mythe.

II – LE MYTHE D'ŒDIPE

Avant la naissance d'Œdipe, ses parents, Laïos et Jocaste, consultent l'oracle de Delphes. Il leur prédit que s'ils avaient un fils, celui-ci tuerait son père et épouserait sa mère. Cette punition reste énigmatique faute de documents : Laïos, n'a-t-il pas enlevé et violé Chrysippe dont il est tombé amoureux ?

Toujours est-il que Laïos et Jocaste ont un fils, Œdipe. De peur que l'oracle ne s'accomplisse, ils font exposer le nouveau-né sur le mont Cithéron, après lui avoir fait percer les chevilles à l'aide d'un clou pour l'accrocher à un arbre afin qu'il succombe.

Un berger de Corinthe le libère et trouvant que ses pieds étaient enflés le nomme Œdipe ; c'est de là que lui viendrait son nom. Il l'amène à Corinthe où règnent le roi Polybos et sa femme Périboea qui deviennent ses parents adoptifs sans qu' Œdipe connaisse la vérité ; (une autre version parle d'un coffre et d'un simulacre d'accouchement.

Lorsqu'il grandit, Œdipe, qui ne ressemble pas à ses parents, va consulter l'oracle qui lui révèle l'atroce prophétie. Il fuit alors ses parents, croyant qu'ils sont les vrais.

A la bifurcation de trois routes près de Delphes, il rencontre Laios [2], son vrai père qui, ne sachant pas que c'est son propre fils, le frappe au front de son bâton par trois fois ; l'une des roues de son char, conduit par Polyphontès, lui écrase un pied. En colère, Œdipe tue de sa lance le conducteur puis jette son père à terre. Pris dans les rênes, traîné sur la route, il meurt déchiqueté.

Rencontre d'Œdipe avec la Sphinge, venue d'Éthiopie par les airs. Elle est envoyée par la femme de Zeus, Héra, en Béotie à la suite du meurtre du roi de Thèbes, Laïos. Cette créature ravage les champs, terrorise les populations. Ayant appris des Muses une énigme, elle déclare qu'elle ne quittera la province que lorsque quelqu'un aura résolue cette devinette. A l'entrée de Thèbes, elle étrangle et dévore quiconque échoue. Le régent, Créon, promet alors la main de la reine veuve Jocaste et la couronne de Thèbes à qui débarrassera la Béotie de ce fléau. De nombreux prétendants s'y essaient, mais tous périssent. Arrive alors Œdipe. La Sphinge lui demande : « Quel être, pourvu d'une seule voix, a d'abord quatre jambes le matin, puis deux jambes le midi, et trois jambes le soir ? » (cf. Apollodore).

Œdipe trouve la solution : l'homme.

« De fait, lorsqu'il est enfant, il a quatre jambes, car il se déplace à quatre pattes ; adulte, il marche sur deux jambes ; quand il est vieux, il a trois jambes, lorsqu'il s'appuie sur son bâton. »

La Sphinge, entendant les trois bonnes réponses dans la bouche d'Œdipe, se jette du mont Phicion et se fracasse la tête dans le fond de la vallée.

Œdipe devient roi de Thèbes parce qu'il a bien répondu et épouse Jocaste, ne sachant pas que c'est sa véritable mère ; il est ainsi « le Fils de la veuve » et son époux !

Ils ont ensemble deux garçons et deux filles.

La peste s'abat sur Thèbes : il y a dans Thèbes un meurtrier et un inceste ! Jocaste découvre la vérité dans la bouche de Tirésias. Une lettre de Périboa en apporte la preuve. Jocaste se pend. Œdipe se crève les yeux à l'aide d'une épingle arrachée à sa robe.

Au bout d'un an, il part sur la route et mendie. Sa fille Antigone le conduit et après des années de pérégrinations, ils arrivent à Colone où les Erinyes le poursuivent jusqu'à sa mort. Thésée enterre son corps à Athènes et le pleure aux côtés d'Antigone.

La victoire sur le monstre assurait donc au héros, et la main de la reine de Thèbes et le trône de Laïos. Mais qui est la sphinge ?

III – LA SPHINGE ET SON ÉNIGME

Œdipe, Gustave Moreau

Il faut bien reconnaître que pour nous, lecteurs du XXIᵉ siècle, nous savons peu de choses sur la sphinge (sphinx femelle) que l'on confond d'ailleurs avec son homonyme mâle égyptien, le sphinx. C'est Euripide qui en dresse le meilleur portrait dans *Les Phéniciennes* : « Vierge à demi bête, monstre terrible... ça et là, tu promenais tes serres carnassières... c'est toi, qui jadis des parages de Dircé enlevais les jouvenceaux aux accents de ton chant sans lyre... et pareil au tonnerre éclataient sanglots et clameurs chaque fois que la vierge ailée faisait disparaître un homme... » La Sphinge enchanteresse est donc une aède qui enchante et fascine, assise sur un fût de colonne.

C'est Eschyle qui dans *Les Sept contre Thèbes*, commentant le bouclier de Parnéthopé, écrit : « La Sphinge mangeuse de chair crue... elle tient sous elle un Cadméen pour attirer sur elle la plupart de nos traits. »

Quant à Sophocle, il la définit comme « la Sphinge aux chants perfides...la chienne rhapsode... la vierge aux serres de rapace ».

Quoi qu'il en soit, « cette fille aînée de la terre et de l'Echidna infernale est la fille de Typhon. Elle a une jolie *tête de femme* aux cheveux tressés, un *corps de lion* souple et vigoureux, (période de croissance de l'année thébaine) une *queue de serpent* (période de décroissance de l'année) et des *ailes d'aigle* ». La Sphinge des Naxiens au musée de Delphes, (VIᵉ siècle avant J.C.) a un beau visage au sourire mystérieux.

Le mot *sphinge* est emprunté au latin *sphinx, sphingis* provenant du grec *sphinx, sphingos* que l'étymologie populaire a rapproché de *sphingein* : enserrer, lier. De là sphincter. Quoi qu'il en soit le verbe *sphingo* veut dire étreindre. Est-elle donc un monstre érotique qui se nourrit de jeunes hommes ? Une mante religieuse qui souhaite ardemment garder le secret de son énigme, c'est-à-dire ce qu'elle laisse entendre à mots couverts ? Toujours est-il que les réponses d'Œdipe, celui qui boite, la précipite dans la mort.

IV – LA CLAUDICATION, MARQUE DU DIVIN OU DU MALIN ?

Chaque symbole a son avers et son revers.

1 – LA CLAUDICATION, MARQUE DIVINE

Pourquoi boiter ? La claudication est une marque divine : *oidos-oida* ? Héphaïstos/Vulcain, Odin, Jason, Jacob, Judas... en sont des exemples mais aussi l'alchimiste Geoffroy de Peyrac dans *Angélique, Marquise des Anges* [3]. Que dire de Talleyrand et de Byron qui ne sont pas entrés dans le mythe ! « Œdipe, ajoute Joël Thomas, ce «fils de la Veuve», porte effectivement les marques de son initiation à travers sa boiterie initiatique, marque à la fois de son handicap et de sa prédestination. Il s'inscrit dans cette lignée glorieuse de «handicapés»: dans la mythologie, aux côtés d'Héphaïstos lui-même, de Thésée (boiteux provisoire, puisqu'il a perdu sa sandale). Leur font écho, curieusement, des génies de la littérature bien réels : Shakespeare, Byron, et Claudel ... dont on se souvient que sa Dona Prouhèze, dans le *Soulier de satin*, s'écrie (I, 5) : «Quand j'essaierai de m'élancer vers le mal, que ce soit avec un pied boiteux !» Je les mettrais, ajoute-t-il, sur le même plan que les manchots (Mucius Scaevola, à Rome; Cervantès — «el manco de Lepante» — étaient également manchots...), et bien sûr les aveugles, qui voient ce que les autres ne voient pas (sur ce plan, il est révélateur qu'Œdipe soit d'abord boiteux, puis aveugle ; c'est sans doute un signe de sa progression dans l'initiation) : Horatius Coclès à Rome, qui forme avec Scaevola le même couple que les dieux Thor et Odin dans la mythologie scandinave : le manchot et le borgne. »

Alors pourquoi cette malédiction ? Parce que toute invention est une tentative d'égaler les dieux et la punition infligée au coupable est une déformation : Vulcain inventeur de la forge boîte, Wotan est borgne, Jason boîte au moment de s'emparer de la toison d'or.

La claudication dans la mythologie gréco-romaine : Héphaïstos/Vulcain

Dans la mythologie grecque, Héphaïstos, le forgeron est boiteux. Il en est de même pour son équivalent dans la mythologie romaine, Vulcain qui, au sein de l'Etna, forge les éclairs des dieux en compagnie des Cyclopes. D'après Lanoë-Villène, l'homme boiteux qui marche lentement, a symbolisé chez les Grecs le Feu domestique maîtrisé. Vulcain, dieu des Arts et de l'Industrie, est chez Homère « le célèbre boiteux » qui crée le labourage.

Un autre héros issu des Dionysiaques, Tylos (le feu souterrain) lutte contre un dragon (le feu céleste) qui le foudroie. Il ressuscite cependant mais boiteux grâce aux enchantements de sa sœur Morie qui lui présente la fleur de Zeus (le Lys ?). Elle est aidée par le géant Damasène.

Ajoutons également Talos Circinos, (« qui fait des cercles »), car il aurait inventé le compas. Il est l'apprenti de son oncle, Dédale, architecte du labyrinthe destiné à servir de prison au Minotaure. Mais Talos porte comme autre nom celui de Tantale qui signifie : « celui qui boite ou qui titube ». Le compagnonnage a conservé le culte à Dédale (*Déadalus)* inventeur possible de la scie et du rabot. Il présidait d'ailleurs aux cortèges des Charpentiers romains.

La claudication dans la tradition hébraïque :

Jacob

Selon Lanoë-Villène, « Du jour où il devient *boiteux d'une hanche,* Jacob symbolise socialement la nation hébraïque et est appelé, de ce fait Israël, *Celui qui domine avec Dieu* ou mieux encore, en Chaldéen, *Qui voit Dieu.* »

Judas

Claude Mettra rapporte que le personnage de Judas, tel qu'il apparaît dans une légende juive, s'inscrit au milieu de la lignée des caïnites, c'est-à-dire des forgerons descendant de Tubalcaïn qui forge le tain du miroir. Une doctrine connue prétend que certaines personnes sont passées dans le Temple de Dieu, au-delà de la Voie lactée, et qu'ils en sont revenus rapportant Son Nom véritable. Cependant deux chiens d'airain terrifiants les attendent en aboyant au retour essayant de leur faire perdre le souvenir du Nom en les sidérant. Judas, selon une légende juive, en toute connaissance de cause, grave le nom divin sur une lanière qu'il glisse dans sa cuisse afin de ne pas l'oublier. De ce fait, il boite comme Œdipe qui est précisément naît sous le signe du cancer représenté par l'arcane XVIII du Tarot où se trouvent la lune et deux chiens aboyant. Séduire les chiens c'est être cynique (du grec *kýôn* : chien) pour éviter l'oubli de ce que l'on a appris dans l'au-delà. Rabelais parle de rompre l'os et sucer la substantifique moelle car le chien est le plus philosophe du monde. N'oublions pas que Diogène meurt soit en mangeant du poulpe en imitant un chien, soit à la suite de sa morsure.

La claudication dans la tradition maçonnique

Mais lors d'une initiation maçonnique, le récipiendaire, « ni nu ni vêtu, ni chaussé ni déchaussé » boite lui aussi au cours de ses voyages symboliques. Tubalcaïn, (« forgeron de l'univers » en hébreu) et son descendant Hiram, parfois écrit Huram, (« boiteux » en hébreu ?), boitent également. De plus la danse boitée des neuf maîtres autour du cénotaphe, dans certains rites, n'est-elle pas troublante ?

La claudication en anthropologie structurale

Remarquons que le mot PAQUE, **PeSaH,** vient du verbe hébreu : **PaSoHa** signifiant boiter, clopiner, claudiquer, passer. La pleine lune à ce moment suit l'équinoxe du printemps. Selon Claude Lévi-Strauss, ce changement de saisons s'oppose, par son déséquilibre au cycle régulier des saisons. Il annonce la régénération du temps comme aux premiers jours de la création.

Mais toute médaille a son avers, toute médaille a son revers.

2 – LA CLAUDICATION, MARQUE DU MALIN ?

Lucien rapporte (cité par Lanoë-Villène, *Le livre des symboles*) :
« nous avons soin d'éviter la rencontre des gens qui boitent du pied
droit ; c'est un mauvais présage, surtout le matin. »
La boiterie gauche ou droite est également en rapport avec le sens du
courant du fleuve que le héros traverse quand il rapporte le Nom divin
de l'Au-delà. Quant aux Hébreux, ils n'offraient pas dans les sacrifices
de victimes boiteuses à Jéhovah.
Lanoë-Villène rapporte que « les Lacédémoniens, ayant été vaincus
dans une bataille, attribuèrent cette défaite à ce que leur roi Agésilas
était boiteux, parce qu'un oracle leur avait défendu de placer sur le
trône un dieu boiteux ».
La règle des 5 B dans l'Église, le compagnonnage et la franc-maçonnerie
opérative en était également un témoignage. Aussi, nous l'avons abordée
dans la première partie. Mais quel est le sens initiatique du mythe d'Œdipe ?

V – LE SENS INITIATIQUE DU MYTHE D'ŒDIPE

Ce mythe récapitule le destin de tout initié qui se croit très bien parce
qu'il pense avoir réponse à tout. Il devient roi. Il a la puissance mais à
quoi bon la détenir quand on n'a pas la Connaissance ? Car il ne
connaît pas encore le Nom de son vrai père, pas plus le fait qu'il vient
de le tuer et qu'il vient d'épouser sa mère. Touché par l'orgueil d'un
enfant malheureux, Œdipe s'illusionne trop sur son savoir alors qu'il
est dans une fausse sagesse ; non seulement il ne se connaît pas lui-
même, mais son scénario de vie lui est encore inconnu puisqu'il ignore
qui sont ses ancêtres. Quel crédit peut-on porter à un tel homme ?
Avec sa mère, il aura quatre enfants, deux fils et deux filles que l'on
peut mettre en correspondance avec la composition du corps de la
Sphinge, au taureau près, puisque ce monstre fabuleux possède une
queue de serpent à la place, (le taureau est le père du serpent et réciproquement, dans l'initiation dionysiaque) :
– le fils **Étéocle,** « vraie clef », en correspondance avec l'Aigle,
– la fille **Ismène,** « force vigoureuse » en correspondance avec le
Serpent/Taureau,
– le fils **Polymnice,** « multiples victoires » en correspondance avec le Lion,
– la fille **Antigone,** « l'antigénération » en correspondance avec l'être
humain.

Jocaste en apprenant qu'elle s'est mariée avec son fils se tue. « Œdipe arrache les épingles dorées qui ornaient le vêtement de la morte, il les porte à ses paupières, il en frappe les globes de ses yeux. » *(Œdipe Roi / 1269-1270)* car il comprend que le combat a lieu désormais en lui-même. Mais écoutons Henri Bauchau[4] : « Fier de ma réussite et de mon savoir, je me suis pris pour un homme accompli. Pire, pour un sage. C'est ainsi qu'ont commencé mes malheurs » (p. 42.) — « Renonce, Œdipe à ton savoir, attends le jour de ta lucidité. » (p. 155) — « Vous découvrez tous les deux le bonheur de n'être plus ni le sens ni le centre de vous-mêmes. » (p. 84)

Il est prêt à passer au-delà des apparences. Les sages, comme Homère, qui sont aveugles, font partie de la Tradition. Lanoë-Villène, dans le *Livre des symboles,* (dictionnaire de symbolique et de mythologie) mentionne un collège de Rhapsodes aveugles, les Homérides, à Smyrne ou dans l'île de Chio où Pindare atteste la descendance d'Homère. La cécité à cette époque fait des ravages en fin de vie et notamment en Chine.

Muni d'un bâton, Œdipe devient ce vieillard à trois pieds comme il a su si bien le dire à la Sphinge et c'est Antigone qui va désormais lui servir de guide au cours de sa dernière épreuve initiatique. Il va partir en errance en devenant un mendiant aveugle, un *homo viator.* Et cette errance, lui permettra de se dépasser et d'atteindre à la clairvoyance. Par conséquent Œdipe aura surmonté cinq obstacles :

—   l'adoption,

—   le char avec son père,

—   la Sphinge,

—   sa mère, Jocaste,

—   lui-même.

Dans *Œdipe à Colone*, il clame bien fort qu'il n'est pas responsable de son parricide pas plus que de son inceste. Il est plus victime que coupable : « Mais on ne pourra me faire un crime ni de l'inceste ni de ce parricide, que tu ne cesses de me reprocher aigrement », dit-il à Créon, son beau-frère et oncle à la fois.

Et grâce à ces luttes, Œdipe est devenu plus réceptif. Sa sensibilité s'est affinée. Il s'est bonifié. Ses souffrances, ses blessures, lui permettent désormais d'écouter, de mieux comprendre. Il peut tout entendre : la douleur et la souffrance de celui qui passe. Car la déchirure nous ouvre le cœur qui bat et bat sur l'océan du monde. Il faut accepter le combat, refuser honneurs et profits ; enfin, se sentir responsable et solidaire de son prochain avec abnégation. *Œdipe à Colone* est un voyage initiatique qui fait de ce mendiant aveugle un clairvoyant grâce à la vision interne qu'il a développée au delà de ses yeux morts, en s'acheminant vers le lieu secret de sa disparition.

CONCLUSION

Ainsi, l'interprétation exclusivement freudienne du mythe d'Œdipe nous semble réductrice. Il est important de situer tout texte dans son contexte que ce soit dans le temps ou dans l'espace. De là l'importance de l'ethno-psychanalyse ou de l'anthropologie psychanalytique. Nous avons vu avec Robert Graves et Frédéric Nietzsche que ces actes fatals, meurtre du père, mariage du fils avec la mère renvoient à une tradition grecque ancienne perpétrée également dans le carnaval : la nécessité de tuer le vieux roi afin qu'un jeune prenne sa place : « l'initié tue l'initiateur » (le Père primordial et non le papa), comme Zeus détrône son père Kronos et Kronos son père Ouranos au niveau des archétypes. N'en est-il pas de même pour Abraham dans les religions du Livre, car ce patriarche est le modèle du précurseur animé d'une désobéissance créatrice : il quitte son père, il rompt avec ses origines en osant casser les idoles de ses pères. Quittant les terres de ses ancêtres, cet iconoclaste sera le premier hébreu à instaurer le monothéisme.

Un autre sens de cette légende a retenu notre attention : plus on monte, plus l'Adversaire qu'il y a en nous nous guette. L'ennemi est là en effet, mais il finira par être vaincu si nous prenons conscience du danger essentiel : celui de se croire très bien alors que nous ne nous connaissons pas, pas plus que notre scénario de vie qui se rejoue en nous comme un lointain et atavique murmure.

Aussi, devenir roi de nous-même sans vouloir régner sur l'esprit des autres doit être notre seul désir. De là l'Art royal qui, pour paraphraser André Malraux, est un anti-destin.

Notre autorité toute spirituelle repose sur un retournement de la fonction royale telle qu'elle a été galvaudée au cours de l'histoire alors qu'elle devrait nous conduire à :

– refuser toutes les manifestations de pouvoir personnel qui nourrissent l'ego ;

– partir à la recherche du Dieu transcendant, vivant et véritable qui siège dans notre cœur, par une meilleure connaissance de nous-mêmes : « Connais-toi toi même et tu connaîtras l'Univers et les dieux » ; (cf. annexe) ;

– apprendre à transmettre dans l'impersonnalité, nos rites et nos symboles sans les altérer ;

– aimer, sans espoir de retour ;

– éprouver le désir de servir et d'aider l'autre à vivre en se tournant vers les plus défavorisés : « aider pour guérir ensemble », telle est la devise de la branche humaniste des chevaliers teutoniques.

Au reste, le sens initiatique du mythe d'Œdipe suggère l'informulable : « Comprendre le mythe, dit Joël Thomas, c'est le faire sien et guérir. C'est pour cela que, si certains mythes (celui d'Orphée, celui d'Icare, de Phaéton) nous montrent ce qu'il ne faut pas faire, d'autres nous proposent une voie à suivre pour construire notre espace symbolique ».

Et cet auteur ajoute que « Sophocle nous raconte l'histoire d'Œdipe à travers la thématique de l'aveuglement, comme puissant « ne pas vouloir dire » qui symbolise toutes les angoisses, tous les phantasmes humains devant l'inavouable et l'indicible en nous ».

« On ne devient pas éclairé en imaginant des images de lumière, dit C.G. Jung, mais en rendant l'obscurité consciente ».

Ainsi, le mythe d'Œdipe n'pas fini de nous interpeller. Il parle en se taisant et s'adresse à notre subconscient en son propre langage.

ANNEXE

« CONNAIS-TOI TOI-MÊME ET TU CONNAÎTRAS L'UNIVERS ET LES DIEUX ».

« *GNÔTI SEAUTON* » :

Socrate reste très discret sur la deuxième partie de cette phrase qui a trait aux dieux.

Mais, sur le frontispice du Temple de Delphes figuraient aussi ces mots de Pindare :

« *MÊDEN AGAN* » :

« RIEN DE TROP ».

Pas d'excès !

Quels commentaires en fait Socrate ? Référons-nous au Charmide, 164 d : « C'est ainsi que le dieu s'adresse à ceux qui entrent dans son temple, en des termes différents de ceux des hommes, et c'est ce que pensait, je crois, l'auteur de l'inscription : à tout homme qui entre il dit en réalité : « Sois sage «. Mais il le dit, comme un devin, d'une façon un peu énigmatique ; car «Connais-toi toi-même» et «Sois Sage», c'est la même chose, au dire de l'inscription et au mien. Mais on peut s'y tromper : c'est le cas, je crois de ceux, qui ont fait graver les inscriptions postérieure : «Rien de trop» et «Cautionner c'est se ruiner». Ils ont pris le «Connais-toi toi-même» pour un conseil et non pour le salut du dieu aux arrivants, puis, voulant offrir eux-mêmes des conseils non moins salutaires, ils les ont consacrés dans ces inscriptions. »

Mais comment interpréter le « connais-toi toi-même et tu connaîtras l'Univers et les dieux » ?

1. Un niveau psychologique d'introspection est le plus souvent retenu. Il a trait à la connaissance de soi pour « oser devenir qui l'on est » afin d'affirmer sa Personnalité véritable.

2. Cependant les lois qui régissent le microcosme et le macrocosme sont les mêmes. Par conséquent, ce raisonnement par analogie nous donne une clef : en partant du monde visible qui tombe directement sous les sens, je peux accéder à des arrière-mondes invisibles, je peux dévoiler le réel. Par exemple le quaternaire hippocratique nous permet de faire le diagnostic de notre tempérament d'une façon clinique et objective. Et ce quaternaire se retrouve au niveau des éléments, des saisons...

A. le bilieux ou colérique – FOIE – qui est un réalisateur, un dirigeant ; élément FEU > LION > VOULOIR *(chaud/sec)* > *AUTOMNE*.

B. le nerveux ou mélancolique (l'atrabilaire) – THYROÏDE – qui est un penseur :
élément TERRE > L'ANGE ou l'HOMME > SAVOIR *(froid/sec)* > *ETE*.

C. le sanguin ou pléthorique – GLANDES GENITALES – qui est un mobile ; élément AIR > L'AIGLE > OSER *(chaud/humide)* > PRINTEMPS.

D. le lymphatique ou flegmatique – PANCREAS – qui est un sédentaire ; élément EAU > LE TAUREAU (géniteur) > SE TAIRE *(froid/humide)* > *HIVER*.

C'est ce mélange plus ou moins heureux de nos humeurs, qui détermine si nous sommes de « bonne » ou de « mauvaise humeur », si nous nous « faisons de la bile », si nous avons « l'humeur noire » ou du « sang froid ».

3. Mais un troisième niveau peut être envisagé : celui d'un éveil progressif vers le *Noûs*, vers le Soi éternel et vers la Connaissance immuable. La Lumière de la caverne en est une belle parabole : c'est la connaissance de la « lumière souveraine dans l'intelligible, dispensatrice de vérité et d'intelligence [...] cause universelle de toute rectitude et beauté »[5],

Car en effet « on ne peut même pas dire, Cratyle, qu'il y ait connaissance, si tout change et si rien ne demeure fixe ; car, si cette chose même que nous appelons connaissance ne cesse pas d'être connaissance, alors la connaissance peut subsister toujours et il y a connaissance. Mais si la forme même de la connaissance vient à changer, elle se change en une autre forme que la connaissance et du coup, il n'y a plus de connaissance ; et, si elle change toujours, il n'y aura jamais connaissance, et pour la même raison il n'y aura ni sujet qui connaisse ni objet à connaître. Si au contraire le sujet connaissant subsiste toujours, si l'objet connu subsiste, si le beau, le bien, si chacun des êtres subsiste, je ne vois pas que les choses dont nous parlons en ce moment aient aucune ressemblance avec le flux et le reflux et le mouvement. »[6]

Ce débat épistémologique sur l'impermanence des choses nous entraîne vers un au-delà de l'opposition des contraires.

Permanence ? Impermanence ? Voilà des thèmes relevant de l'hindouisme et du bouddhisme.

Or Aristoxène de Tarente, philosophe grec péripatéticien, a été formé par son père, élève de Socrate, et par les pythagoriciens avant d'étudier avec Aristote.

Il prétend que Socrate a croisé sur son chemin quelque sage indien ?

Ainsi, la science du divin (théosophie) repose sur l'étude des correspondances qui existent entre Dieu, l'Homme et l'Univers, pour reprendre le titre d'un ouvrage de Louis-Claude de Saint-Martin.

NOTES

1 – Bauchau Henri, *Œdipe sur la route*, J'ai lu, 1990, page 278

2 – De ce nom provient un *laïus* : faire un discours emphatique qui manque de simplicité. C'est du bavardage. « Cependant, ce pauvre Laios n'est pour rien dans l'interprétation péjorative du «laïus»: c'est uniquement parce qu'au premier concours de Polytechnique, on avait proposé comme sujet de dissertation «Rédigez la réponse de Laïos à Œdipe», qui avait beaucoup inspiré les candidats, pondant des discours interminables et pas toujours bons, que le mot «laïus» est devenu synonyme de «discours ennuyeux... » (Note de Joël Thomas).

3 – Anne et Serge Golon, *Angélique, marquise des Anges*.

4 – Bauchau Henri a fait une psychanalyse avec Blanche Reverchon-Jouve, épouse du poète Pierre-Jean Jouve. Il exercera comme psychothérapeute dans un hôpital parisien.

5 – Platon, *La République* 517 c, traduction Robin

6 – Platon, *Cratyle*, 440

BIBLIOGRAPHIE

LIVRES

Bauchau Henry, Œdipe sur la route.
Editions j' ai lu, 2000.

Carton Paul, Diagnostic et conduite des tempéraments.
Librairie Le François, 1961.

Dor Joël, Le Père et sa fonction en psychanalyse.
Point Hors Ligne, 1989.

Graves Robert, Les mythes grecs, tome II.
Editions Pluriel, Fayard, 1967.

Guénon René, Aperçus sur l'initiation – Des qualifications initiatiques.
Editions traditionnelles, 1964.

Lanoë-Villène Georges, Le livre des symboles – Lettre B – article Le boiteux.
Editions Bossard, 1927.

Sophocle, Œdipe Roi – Œdipe à Colone. Gallimard.

Sperber Dan, Le structuralisme en anthropologie. Points.
Editions du seuil, 1973.

Thomas Joël, Mythanalyse de la Rome Antique. Les Belles Lettres, 2015.

Viard Marcel. Chacun face à son destin. Vigot, 1960.

ARTICLES

Boyer Alain. L'effet-Œdipe. Sciences et Avenir n° 127   juillet/août 2001.

Leroy Patrice. La Sphinge et son énigme – Connaissance hellénique n° 20 – juillet 1984.

Matossy Jean. De la mythologie du boiteux : Œdipe, Vulcain et les autres.

Mondouris Danièle, Propos sur l'Elixir de longue vie. Collection privée.

EMISSIONS DE RADIO – TV

La lune et le voyage des âmes de Claude Mettra, France-culture, 1992.

OCCULTISME ET ÉSOTERISME EN RUSSIE

DE L'ÂGE D'ARGENT À LA TERREUR STALINIENNE

Par Christian Bouchet

« Les idées occultistes qui eurent cour en Russie au début du XXe siècle contribuèrent massivement aux mythes et cultes politiques qui culminèrent dans le stalinisme. Durant les dernières années de l'Empire des tsars, les doctrines occultes politisées aidèrent à structurer la perception et la réception des événements contemporains, nourrissant le maximalisme et l'utopie de la gauche extrême. (…) Durant et après la révolution bolchevique les idées occultes furent un facteur majeur de l'utopie soviétique. Des symboles et des techniques issues de l'occultisme furent utilisés lors des premiers meetings de masse soviétiques, dans les cultes rendus à Lénine et à Staline ainsi que dans le réalisme soviétique ».
Bernice Glatzer Rosenthal [1].

INTRODUCTION

Cet article de vulgarisation a pour but de faire découvrir aux lecteurs francophones un chapitre de l'histoire de l'occultisme et de l'ésotérisme occidental très peu connu faute de sources dans notre langue[2] : celui traitant de la situation en Russie de l'âge d'argent à la fin de la terreur stalinienne.

A – OCCULTISME ET ÉSOTÉRISME DURANT L'ÂGE D'ARGENT

Qu'est-ce que l'âge d'argent ? Une période de deux décennies qui, selon les auteurs, s'étend de 1890 à 1914 ou de 1900 à 1920 et durant laquelle la Russie connut une effervescence intellectuelle particulière qui donna naissance à nombre de courants artistiques nouveaux (futurisme, symbolisme, acméisme, etc.) et qui fut marqué par la quête de nouvelles valeurs éthiques.

Durant tout ce laps de temps, l'occultisme dans toutes ses variétés bénéficia d'un engouement sans précédent des classes moyennes et supérieures russes et devint de ce fait un véritable phénomène de mode.

1 – LE SPIRITISME

On date la naissance du spiritisme en mai 1848 avec la « manifestation » d'Esprits aux sœurs Fox, dans leur ferme d'Hydesville aux États-Unis. Dix ans après, c'est le médium Daniel Douglas Home qui fit découvrir ce mouvement en Russie en faisant parler les morts dans le salon du comte Grégoire Kushelev-Bezborodko [3]. La réussite fut immédiate et l'homme fut invité à faire tourner des tables à la cour impériale. Un premier cercle spirite fut alors organisé par l'écrivain et poète (et ami d'enfance du tsar Alexandre II) Alexis Tolstoï. Après son décès en 1875, le leadership du mouvement spirite passa à un autre aristocrate Alexandre Aksakov [4]. Ce disciple et traducteur d'Emanuel Swedenborg fut le grand propagateur du spiritisme en Russie en le faisant sortir des salons aristocratiques pour devenir une pratique commune à tous les milieux. La censure ne lui permettant pas de publier sur ses thèmes de prédilection en Russie, il fonda en Allemagne la revue *Les Études psychiques* dans laquelle il avait une approche « scientifique » du spiritisme, allant jusqu'à créer, avec le célèbre chimiste Dimitri Mendeleïev [5], une Commission scientifique pour l'étude des phénomènes médiumniques.

En 1881, parut le numéro 1 de l'hebdomadaire occultiste et spirite *Rébus*, qui, après un adoucissement de la censure en 1905, fut concurrencé par six autres titres : *La Voix de l'amour universel*, *De l'au-delà*, *Le Spirite*, *La Tribune de l'occultisme et du spiritisme*, *Les Problèmes de la philosophie psychique et spirite* et *La Vie des Esprits*.

Autour de *Rébus* se créa une Société des spirites russes qui attira sept cents personnes à son premier congrès en 1906. À cette date, on estimait qu'il existait mille six cents cercles spirites, fédérés ou non, dans l'Empire des tsars, ceux-ci furent réprimés dès 1918 et dissout par décret, comme la plupart des sociétés secrètes, en 1922.

2 – LA THÉOSOPHIE

Fondée en 1875 à New York, la Société théosophique n'accorda qu'en septembre 1908 une charte permettant la création de sa première loge russe, à Saint-Pétersbourg [6].

Il existait cependant dans de nombreuses villes russes, depuis les années 1890, des cercles où l'on discutait des idées théosophiques, mais ceux-ci étaient soit indépendants, soit animés par des théosophistes appartenant à des Grandes loges étrangères [7]. De plus, la censure n'avait pas permis, avant 1905, que la littérature théosophique soit publiée [8], qu'un organe théosophique soit créé et que les démarches pour enregistrer la Société théosophique comme une association soit entreprises. Dirigée par Anne Kamenski, Hélène Pisarev et Anne Filosofov (une pionnière du féminisme en Russie) la Société théosophique s'investit principalement dans des activités humanitaires et progressistes : droits des femmes, éducation alternative, création de restaurants végétariens, d'hébergement pour les miséreux et de dispensaires. Cependant, elle n'oublia pas la propagande intellectuelle qui fut assurée, en sus de la revue *Le Messager théosophique*, par les éditions Messager à Saint-Pétersbourg, et Lotus à Kalouga.

La Société théosophique russe, qui fut forte de plusieurs milliers de membres, en majorité de sexe féminin, eut une influence très importante dans les milieux culturels et compta, pour une durée plus ou moins longue, nombre d'artistes dans ses rangs, les plus connus étant André Bely, Nicolas Berdiaev, Olga Forsh, Alexandre Scriabine, Constantin Balmont et Vassily Kandinsky [9].

3 – L'ANTHROPOSOPHIE

Secrétaire-général de la section allemande de la Société théosophique depuis 1902, Rudolf Steiner développa, à partir de 1906, son activité de théosophiste au niveau européen. Il participa à de nombreuses conférences hors d'Allemagne et il se posa en challenger d'Annie Besant au Congrès théosophique européen qui se tint à Munich en 1907. En 1911, il s'opposa de nouveau à Annie Besant au sujet du rôle dévolu à Jiddu Krishnamurti [10] et, en 1913, il concrétisa son désaccord en faisant scission et en fondant la Société anthroposophique.

Immédiatement, la scission fut aussi consommée en Russie et une Société anthroposophique russe Vladimir Soloviev fut fondée à Moscou par André Bely et Lev Koblinsky-Ellis. De nombreux membres de celle-ci se rendirent à Dornach pour aider à la construction du Goetheanum, tandis qu'à Moscou étaient organisés de nombreuses conférences et créée la maison d'édition La Connaissance spirituelles qui publia des traductions de Rudolf Steiner jusqu'en 1920.

4 - La maçonnerie spiritualiste et le martinisme

La franc-maçonnerie apparut en Russie dès 1731 et se développa jusqu'en 1822, date à laquelle le tsar Alexandre Ier l'interdit par décret. Il fallut attendre la libéralisation de 1905 pour qu'elle réapparaisse au grand jour. Les nombreuses loges qui se créèrent alors furent majoritairement des loges rationalistes et politisées dont une bonne part était liée au Grand Orient de France ou au Droit Humain. Peu de traces de l'existence de loges spiritualistes ou occultistes on subsisté, bien que l'on sache qu'une Loge des Philalèthes était apparue clandestinement en Russie au début du siècle et qu'une Loge Lucifer fondée en 1910 et disparut en 1914 [11].

Le martinisme qui avait connu une vogue certaine en Russie à la fin du XVIIIe mais qui en avait disparu [12] y fut réveillé par Gérard Encausse et son Ordre martiniste. Initiée en 1897, la violoniste Olga de Moussine-Pouchkine représenta en Russie, dès janvier 1899, le Suprême Conseil de l'Ordre Martiniste. En décembre-janvier 1900, Papus se rendit lui-même à Saint-Pétersbourg, et en février 1900, *L'Initiation* rendit compte d'une visite d'une délégation martiniste en Russie[13]. En 1905, Papus fonda la loge La Croix et l'étoile au sein même de la cour impériale de Saint-Pétersbourg [14].

Avant la révolution d'octobre 1917, nombreux furent les martinistes dans la bourgeoisie et l'aristocratie russe : à Vladimir, où la loge Saint-Jean l'Apôtre fut fondée en mai 1910, sous l'autorité de Pierre Kasnatcheev ; à Saint-Pétersbourg, où la loge Apollonius, fut créée en 1910 par Grégoire Mebès et à Kiev, où Serge Marcotoune dirigeait la loge Saint-André l'Apôtre.

Pierre Kasnatcheev, fut nommé en 1913 délégué général de l'Ordre martiniste à Moscou, tandis que Grégoire Mebès prenait son indépendance et fondait le Détachement autonome du martinisme de rite russe qui prit ultérieurement, en 1916, le nom d'Ordre martiniste de rite oriental. Étroitement lié à la revue occultiste *Isis*, Grégoire Mebès devint alors la personnalité incontournable du martinisme russe. Aidé par son épouse, il développa des ordres supérieurs : la Société pour le renouveau de la pure connaissance et l'Ordre martinéziste (dont le cercle intérieur prit le nom de Groupe Prométhée) [15].

5 – L'occultisme

Les groupes occultistes russes de l'âge d'argent étaient particulièrement redevables au français Gérard Encausse dont de très nombreux livres avaient été traduits en langue russe et dont la Faculté libre des sciences hermétiques avait accueilli beaucoup d'étudiants russes.

C'est de lui que se revendiquaient, plus ou moins ouvertement, Ivan Antoshevsky et Alexandre Troianovsky, les éditeurs d'*Isis, mensuel des sciences occultes*, qui parut de 1909 à 1916, Czeslaw von Czinski qui officiait à Saint-Pétersbourg ou Sofia Tukholka qui publia de nombreuses éditions de son livre *Occultisme et magie*.

En marge de cela divers conventicules de peu d'importance furent créés : en 1911, l'Ordre Lux astralis de Boris Zubakin et, en 1916, la Société Sphinx de Georges Loboda, l'Ordre des chevaliers du saint Graal d'Alexandre Gaucheron de la Fosse et l'Ordre d'Orion de Vsevolod Viacheslavovich [16].

6 – Le satanisme

Si les références sataniques et lucifériennes furent multiples dans la littérature russe prérévolutionnaire, aucun mouvement réellement sataniste ne se développa durant l'âge d'argent et, à l'exception de deux cas dont nous traiteront ci-après, il est impossible de trouver des preuves concrètes qu'un culte à Satan y exista, que des messes noires y furent tenues et que la magie noire y compta des pratiquants [17].

La réalité se résume à des influences littéraires et à un état d'esprit. La lecture des Symbolistes et des Décadents français, des romans gothiques anglais et d'Edgar Poe, ainsi que celle de Frédéric Nietzsche, créèrent dans la Russie fin de siècle un véritable effet de mode et tous les littérateurs se firent un devoir de rédiger qui des poèmes, qui des romans, traitant de Satan qui incarnait l'esprit de rébellion contre les normes morales bourgeoises et la répression politique qui suivit la révolution avortée de 1905. Prendre des drogues et écrire des louanges à Satan fut, de 1890 à 1914, dans les milieux artistiques russes un comportement banal qui n'était rien de plus qu'une pose.

Seuls deux individus, Alexandre Dobrolioubov [18] et Valéry Brioussov [19], incarnèrent réellement, durant quelques temps, leur satanisme.

Alexandre Dobrolioubov apparut, à 15 ans, sur la scène littéraire de Saint-Pétersbourg en 1891. Alors qu'il était encore lycéen, il se proclama disciple d'Edgar Poe et de Charles Baudelaire, devint opiomane, se vêtit uniquement de noir et vécut dans une petite pièce sans fenêtre, entièrement tendue de tissu noir, décorée d'objets symboliques qu'il disait utiliser pour rendre un culte à Satan. Il semble qu'il se fit quelques disciples à l'Université de Moscou ce qui entraîna son exclusion de celle-ci. Peu de temps après, en 1895, il abjura son satanisme et devint membre d'une secte issue de l'orthodoxie au sein de laquelle il joua un rôle important dans les régions de Samara, Perm et Orenburg.

Un de ses disciples fut Valéry Brioussov, qui devint un homme de lettre de premier plan dans la Russie pré-bolchevique où il fut l'un des fondateurs du symbolisme russe, et où il agit comme poète, dramaturge, traducteur [20], critique littéraire et historien de la littérature. Or, à partir de 1894 et jusqu'aux premières années du XXe siècle, Valéry Brioussov qui adoptait une vêture, une apparence (barbe taillée en pointe, vêtements sévères et entièrement noirs) et un comportement (il était un adepte des drogues, vivait dans un appartement décoré d'estampes érotiques en compagnie de son épouse et d'une jeune maîtresse) qui le faisait immédiatement identifier comme un magicien noir. Il fut l'Anton LaVey moscovite de l'époque, organisa autour de lui un cercle qui évoquait les démons via une table tournante et il collabora à l'hebdomadaire occultiste moscovite *Rébus*. Il adopta par la suite un comportement plus *mainstream* et, après la révolution d'octobre 1917, il soutint les bolcheviques, devint membre du Parti communiste de l'Union soviétique et occupa nombre de fonctions officielles (dont celle de membre du conseil de rédaction de la revue *Le philatéliste soviétique* [21] !) avant de décéder en 1925.

7 – LE COSMISME

Le cosmisme est un courant occultiste né en Russie et tout à fait particulier, puisqu'il ne s'incarna jamais en des structures précises bien qu'il défendit des idées qui influencèrent beaucoup d'intellectuels prérévolutionnaires, furent compatibles avec le bolchevisme et peuvent être considérées comme la première manifestation du transhumanisme [22].

Le père du cosmisme fut Nicolas Fedorov (1828-1903). Fils bâtard du prince Pavel Gagarine, il fut scolarisé à Odessa et exerça pendant un temps le métier d'enseignant dans diverses villes provinciale de Russie. En 1878, il fut engagé à la Bibliothèque Roumiantsev [23] ce qui le mit en contact quotidien avec nombre d'intellectuels. Hostile à la propriété privée des livres et des idées, il ne publia aucun ouvrage de son vivant, se contentant de quelques articles parfois signés d'un pseudonyme. C'est une sélection de ceux-ci, réalisée après sa mort et publiée sous le titre *La philosophie de la cause commune* [24], qui présente les théories dont il affirmait qu'il avait eu l'illumination durant l'automne de l'année 1851. À sa lecture, on peut résumer sa doctrine en huit points :

« *1 - La Mort est le mal absolu. Elle doit être vaincue par l'évolution générale de l'humanité. 2 - La résurrection devra être le fait non de Dieu, mais de l'homme, l'homme nouveau "théurgique". 3 - La résurrection doit s'accomplir à l'aide de procédés scientifiques et psychiques. Toute l'humanité doit nécessairement participer à cet acte suprême. 4 - L'homme nouveau doit acquérir le pouvoir absolu sur la nature, il doit contrôler les phénomènes atmosphériques. 5 - Le temple comme place du sacré par excellence doit être remplacé par le musée (ou le sacré s'alliera avec la science). 6 - L'évolution de l'humanité est arrivée à son acmé. Les hommes doivent commencer l'œuvre de la résurrection ici et maintenant. 7 - La chrétienté doit s'allier avec l'aryanité des ancêtres pour créer une humanité nouvelle, unifiée, théurgique, commune. 8 - La "cause commune" c'est la lutte scientifique, sociale, économique, culturelle, psychologique, spirituelle, industrielle, cosmique contre la mort et pour la vie absolue et infinie. La stratégie de cette lutte étant nommée par Fedorov "Le Projet".*[25] »

Nicolas Fedorov se considérait comme un prophète, il vivait comme un ascète et toute l'intelligentsia russe le connaissait personnellement du fait du poste central qu'il occupait à la bibliothèque Roumyantsev. Il ne fonda aucun mouvement particulier. Son influence fut plus subtile et plus discrète et s'exerça sur Fiodor Dostoïevski, Léon Tolstoï, Vladimir Soloviev, Maxime Gorki, etc. De plus, il était très considéré dans les milieux révolutionnaires, tant bolcheviques que mencheviques, dont il influença certains dirigeants comme nous le verrons ci-après.

B - Occultisme et ésotérisme en Russie soviétique

Deux millions de Russes environ, hommes, femmes et enfants, de toutes les classes sociales et de toutes les opinions furent contraints à l'exil au lendemain de la révolution d'octobre 1917 et durant les trois années de guerre civile qui suivirent. Parmi eux, on compta un nombre important de membres des sociétés occultistes et ésotériques d'avant-guerre, tant et si bien que l'importance numérique de celles-ci décrut fortement. De plus, la Russie soviétique, tout particulièrement durant la période stalinienne, tenta d'éliminer toutes pensées et pratiques métaphysiques. Comme les membres des Églises officielles et des sectes, les adeptes des sociétés secrètes et initiatiques qui n'avaient pas choisi l'exil furent soumis à la répression. Ils virent leurs ordres et fraternités dissoutes et pour certains furent envoyés au goulag. Cependant certains courants et certaines personnalités occultes furent utilisés soit dans un but de provocation, soit pour ce qu'ils pouvaient apporter au plan national [26] ou international [27]. D'autres enfin, se fondirent dans le marxisme soviétiques et contribuèrent à la mise en place de certains de ses aspects les moins orthodoxes [28].

1 – Le devenir des sociétés initiatiques traditionnelles

La Société théosophique

Si les membres de la Société théosophiques qui demeurèrent en Russie connurent les rigueurs de la censure et de la répression de la part de la Tchéka [29] puis du Guépéou, ils ne furent pas particulièrement ciblés en tant que tels [30]. Certains bénéficièrent du soutien d'Anatole Lounatcharski, commissaire du Peuple à l'Instruction publique, soit pour des raisons d'amitié [31], soit parce qu'il les utilisa pour mettre en place les écoles et studios du *proletkult* [32].

Les stocks des éditions rosicruciennes furent saisis en 1919 et en 1920, Anna Kamensky, qui dirigeait la Société théosophique à Saint Pétersbourg, et Tsetselia Helmboldt, la responsable des éditions théosophiques dans cette ville, furent convoquées par la Tchéka pour enquête, il leur fut proposé de travailler pour le Commissariat du peuple à l'Instruction publique ou de créer une nouvelle structure spiritualiste où elles seraient libres de propager les idées de la Société théosophique à la condition qu'elles promeuvent aussi l'athéisme. Elles refusèrent ces deux propositions. En juin 1921, dans l'impossibilité de subvenir à leurs besoins car toute profession leur était interdite et craignant d'être arrêtées, les deux femmes choisirent l'exil et passèrent clandestinement la frontière russo-finlandaise [33]. Elles s'installèrent ultérieurement en Suisse d'où elles dirigèrent la Société théosophique russe en exil.

Malgré la terreur stalinienne, des groupes théosophiques se maintinrent en activités plus ou moins secrètement, à Leningrad, le couple Alexandre et Olga Obnorsky, effectua des traductions de Jiddu Krishnamurti, diffusa de la littérature théosophique et maintint des contacts dans d'autres cités, jusqu'à leur arrestation en 1952 (ils furent libérés l'année suivante). Dans la même ville, le couple Joseph et Sophia Leman joua aussi un rôle important dans le mouvement théosophique russe puisque Sophia Leman devint la dirigeante de la société après le départ d'Anna Kamensky pour l'exil. Arrêtés par la Guépéou, le couple fut exilé à Alma-Ata où il continua ses activités théosophiques. À Moscou, l'âme des théosophistes de l'époque soviétique fut le couple Anatolli et Ariadna Grigoriev qui diffusait les écrits d'Hélène Blavatsky, de Rudolf Steiner, de Jiddu Krishnamurti, ainsi que de Nicolas et d'Hélène Roerich. Ils furent assez heureux pour échapper à toute répression [34].

LA SOCIÉTÉ ANTHROPOSOPHIQUE

Chez les anthroposophes, la révolution d'octobre fut bien accueillie et Rudolf Steiner conseilla à ses disciples russes résidant à Dornach de rentrer en Russie pour y propager ses idées. Ce qu'ils firent. Plusieurs d'entre eux furent alors engagés par le Commissariat du peuple à l'Instruction publique à l'exemple de Margaret Sabshnikova-Voloshin qui travailla pour le *proletkult* ou de l'historien Trifon Trapeznikov qui, de 1918 à 1924, dirigea le service du ministère chargé du recensement et de la protection des œuvres d'art. La Société anthroposophique fut interdite en 1923, mais ses idées et pratiques continuèrent d'avoir une audience certaine. En 1925, le célèbre acteur Michel Chekhov donnait encore des cours d'art dramatique durant lesquels il se référait aux idées de Rudolf Steiner. Il fut réprimandé pour cela par le Commissariat du peuple à l'Instruction publique et, découragé, il profita d'une tournée en Allemagne, en 1928, pour y demander l'asile politique. Cette défection attira l'attention sur les réseaux anthroposophes subsistants et un certain nombre de leurs membres furent alors envoyés au goulag ou exilés.

LA MAÇONNERIE SPIRITUALISTE ET LE MARTINISME

En mai 1919, Jean Bricaud confirma Serge Marcotoune comme délégué général pour l'Ukraine, mais ce dernier choisit l'exil et se réfugia en France, ou il fonda la loge Saint-André n°2 (en souvenir de la loge de Kiev), qui rassembla des Français, des Russes et des Ukrainiens en exil.

Les ordres créés par Grégoire Mebès continuèrent de se réunir durant et après la guerre civile, organisant des conférences de formation et des activités pratiques (méditations collectives, séances de télépathie et de psychométrie).

En 1919, Mebès nomma le juriste franc-maçon Boris Astromov Inspecteur général de l'Ordre martiniste, mais l'homme entra en conflit avec ses frères, fit scission et fonda la Grande loge autonome des francs-maçons russes en 1921, qui asopta ultérieurement le nom de Grande loge astreia. En 1925, il prit contact avec le Guépéou et lui proposa de le servir comme informateur. Il fournit alors à la police politique des dossiers précis sur les divers groupes occultistes qu'il avait fréquentés. Il s'en suivit le démantèlement de toutes les structures martinistes dont plusieurs dizaines de membres furent jugés en 1926 dans ce qui fut nommé « *le procès des francs-maçons de Léningrad* ».

L'OCCULTISME

L'Ordre Lux astralis, fondé avant la révolution ne commença à être vraiment actif qu'après celle-ci. Son animateur, Boris Zubakin était un archéologue et un ethnologue doué pour les arts qui, à ses moments de loisir sculptait et versifiait. Se revendiquant des Rose-Croix, il voulait développer « *une association d'individus vivant en communauté, effectuant ensemble des rituels et jouant en commun des mystères* ». Des loges de l'ordre s'ouvrirent dans une demi-douzaine de villes (dont Moscou, Petrograd et Minsk) et des personnalités de premier plan s'y intéressèrent dont l'écrivain Maxime Gorki et le cinéaste Serge Eisenstein [35] (qui y fut initié). En 1929, Boris Zubakin fut exilé à Arkhangelsk et l'Ordre Lux astralis devint totalement clandestin. En 1937, tous ses membres furent arrêtés et Boris Zubakin fut exécuté par le Guépéou [36].

La Société Sphinx cessa d'exister en 1918, son dirigeant, Georges Loboda fut employé en 1923 et 1924 par l'Institut d'étude du cerveau et des activités psychiques [37]. En 1926, après une arrestation par la Guépéou, il choisit de s'exiler.

L'Ordre des chevaliers du Saint Graal d'Alexandre Gaucheron de la Fosse fut démantelé par la Guépéou en 1927.

Fondé en 1916, l'Ordre d'Orion fut restructuré en 1926 et prit le nom d'Ordre d'Orion-Khermorion. En 1933, il fut découvert par la Guépéou et la plupart de ses membres furent envoyés au goulag, mais certains, dont l'archiviste de l'ordre, passèrent à travers les mailles du filet et ils maintinrent l'Ordre d'Orion-Khermorion en activité jusque dans les années 1970.

À l'origine de l'Ordre d'Orion se trouvait un homme : Vladimir Smakhov [38]. Il s'était fait connaître avant la révolution par ses nombreux ouvrages traitant d'occultisme et de cabbale. En 1922, il publia, à compte d'auteur, *La Fondation de la pneumatologie, les mécanismes théoriques de la formation des Esprits* qui fut le dernier livre occultiste qui parut en Union soviétique avant la *perestroïka*. Durant l'été 1924, il s'exila d'abord en Tchécoslovaquie puis en Argentine. Lui succéda à la tête de l'ordre Vsevolod Beliustine.

De manière assez surprenante, la doctrine de l'Ordre d'Orion-Khermorion et sa pratique ressemble par de nombreux points à celles de l'Ordre du temple d'Orient d'Aleister Crowley : références à Thélèma, à la magie énochienne, etc. Il y eut vraisemblablement une influence des écrits du Maître Thérion sur Shmakov ou Beliustine, voire des contacts directs, mais malheureusement ceci n'est pas documenté.

Divers degrés d'initiation existaient au sein de l'Ordre d'Orion-Khermorion. Tout d'abord, l'impétrant était considéré comme un apprenti et il devait se former sous la supervision d'un mentor et rédiger un travail de recherche sur un sujet magique. Après cela, il devenait écuyer, puis chevalier du château extérieur avant d'être reçu chevalier du château intérieur [39].

Deux ordres furent créés après la révolution : le Détachement oriental de l'Ordre du temple et l'Ordre emesh redivivus.

Le Détachement oriental de l'Ordre du temple fut fondé par Apollon Kareline, un théoricien anarchiste qui revint en Russie en 1917 après dix années d'exil politique. Se définissant clairement comme gnostique, l'ordre travaillait, selon son manifeste, au perfectionnement de l'homme et de la société avec l'aide des connaissances mystiques et scientifiques. Pratiquant des cérémonies qui mélangeaient les rituels maçonniques et chevaleresques, le Détachement oriental de l'Ordre du temple était strictement hiérarchisé en sept degrés et pratiquait un secret absolu. Ses membres qui se réunissaient deux fois par semaine ne connaissaient que les membres de leur groupe dont seul le chef était en contact avec les initiés du niveau supérieur. Malgré ces précautions, le centre moscovite de l'ordre fut anéanti par la Guépéou en 1929. Les autres cercles subsistèrent jusqu'en 1937 où ils furent emportés par la Grande terreur qui fut la cause de l'exécution de la plupart de ses membres. Certains échappèrent cependant à la répression ou survécurent au goulag et tentèrent, sans succès, de relancer le Détachement oriental de l'Ordre du temple dans les années 1950 [40].

L'Ordre emesh redivivus [41] fut fondé en 1926 à Moscou par des occultistes qui avaient fréquenté l'Ordre Martiniste avant la révolution. Il était dirigé par Eugène Teger, un économiste, et Vadim Chekhovskii, un météorologue passionné de télépathie et de parapsychologie qui travailla pour l'Institut d'étude du cerveau et des activités psychiques où il mena des expériences sur l'influence des couleurs sur la psyché humaine. Comme au moment de sa création toutes les structures initiatiques étaient interdites, l'ordre se dissimula derrière une façade scientifique, se déclara comme un laboratoire d'étude sur la télépathie travaillant de commun avec l'Institut d'étude du cerveau et des activités psychiques et se dota d'un local volontairement choisi comme voisin du siège de la Guépéou [42]. Parmi les activités principales de l'Ordre emesh redivivus, qui comptait neuf niveaux d'initiation, il y avait des cours sur la magie pratique, la cabbale, l'astrologie, etc. Il y eut aussi des activités pratiques de pure magie et la tentative de mettre au point une technique visant à contrôler les élémentaux à l'aide de narcotiques et d'hallucinogènes puissants issus de la pharmacopée des sorcières. L'existence de l'ordre fut découverte par le Guépéou en février 1928 et tous ses membres furent arrêtés et condamnés les uns à de la prison, les autres à l'exil intérieur. Vadim Chekhovskii fut envoyé au goulag et tué lors d'une tentative d'évasion en 1929. Eugène Teger, connut quant à lui la prison puis l'exil [43].

2 – L'OCCULTISME ET L'ÉSOTÉRISME TEINT EN ROUGE

A – LA FRATERNITÉ OUVRIÈRE DU TRAVAIL

L'histoire de la Fraternité ouvrière du travail est celle d'un homme Alexandre Bartchenko, ainsi présenté par Andrei Znamenski : « *un écrivain occultiste de Saint-Pétersbourg, qui avaient mené des recherches sur la cabbale, le soufisme, le kalachakra, le chamanisme et d'autres traditions ésotérique, tout en préparant une expédition au Tibet afin de partir à la recherche de la ville légendaire de Shambhala* » [44].

Écrivain occultiste dès avant la révolution, très influencé par Éliphas Lévi et Saint-Yves d'Alveydre, Bartchenko continua de fréquenter les milieux occultistes dans les années 1917-1918 et il constitua autour de lui un petit cercle dont un des membres fut Constantin Vladimirov, un graphologue connu qui travaillait alors pour la Tchéka. Grâce à lui, Bartchenko se lia avec d'autres membres de la police politique intéressés par l'occultisme. En 1920, il commença à travailler pour l'Institut d'étude du cerveau et des activités psychiques pour qui il mena une mission dans la région de Mourmansk où il étudia l'hystérie arctique puis pour lequel il participa à une commission d'étude des phénomènes parapsychologiques.

En 1923, après s'être intéressé au tantrisme tibétain, Bartchenko créa à Petrograd une communauté communiste-bouddhiste la Fraternité unie du travail fortement inspirée des pratiques de Georges Gurdjieff. Les femmes s'y livraient à des travaux de couture et les hommes à de l'ébénisterie. Chaque soir, les membres de la communauté lisaient ensemble des ouvrages de spiritualité et d'occultisme puis ils en discutaient. Ses amis, les ex-officiers de la Tchéka et du Guépéou, la rejoignirent et intervenant auprès de Lounatcharski firent embaucher Bartchenko par l'Administration centrale des établissements scientifiques et scientifico-artistiques et des musées [45] qui le nomma directeur du laboratoire de biophysique existant au sein du Musée polytechnique de Petrograd. Dans le même temps, Alexandre Bartchenko s'agitait pour faire découvrir par les dirigeants bolcheviques les thèses occultistes qu'il nommait « *la science antique* » et le mythe d'Agartha-Shambhala. Il devint alors le protégé de Gleb Boki, un des dirigeants principaux de la Guépéou. Largement financé par celui-ci, il multiplia les rencontres avec tout ce que l'URSS pouvait compter d'occultistes, de membres de mouvements sectaires, de soufis, de cabbalistes, de chamans, etc. S'il se présentait à eux comme un chercheur de vérité, il n'y a aucun doute qu'il travaillait dans le même temps pour la Guépéou et qu'il fut un rouage de diverses manipulations. Dans le même temps, il semble qu'il n'abandonna jamais l'idée qu'il pouvait convaincre les dirigeants soviétiques de l'intérêt des sciences occultes.

Il fut arrêté en 1937, avec les autres membres de la Fraternité ouvrière du travail pourtant disparue depuis longtemps, accusé d'avoir créé le réseau d'espionnage « Shambhala-Dunkhor » et exécuté avec tous ses « complices », y compris son protecteur Gleb Boki.

B – Les cosmistes et les Constructeurs de Dieu

C'est chez des intellectuels et, à la fois, activistes bolcheviques exilés, qu'apparut avant la révolution de 1917 le mouvement des Constructeurs de Dieu.

Au lendemain de 1905, les bolcheviques furent victimes d'une guerre de tendances opposant Vladimir Lénine et Alexandre Bogdanov, le leader de la fraction « En avant ! », la plus radicale du parti. Lénine fut mis durant quelques temps en minorité et Bogdanov devint le leader des bolcheviques avant que Lénine ne reprenne la main et le marginalise.

Obligé à l'exil pour échapper à la police tsariste, Alexandre Bogdanov s'installa à Capri avec Maxime Gorki et Anatole Lounatcharsky. C'est de leurs discussions et de leur influence commune par la pensée de Fedorov que naquit le mouvement des Constructeurs de Dieu.

Pour eux, la religion était une forme primitive de lien, une première pulsion de l'humain vers la communauté, et en ce sens une base éthique. Ils considéraient qu'en développant les aspects scientifiques et rationnels du marxisme, Engels et Plekhanov avaient négligé la dimension émotionnelle et éthique que Marx conférait au communisme. Ils préconisaient donc le principe d'un marxisme que les bolchéviques propageraient à la manière d'une religion anthropocentrique dont le dieu serait l'homme élevé à la puissance de ses pouvoirs et dont la célébration serait la révolution, point culminant du processus de la construction de Dieu. Anatoli Lounatcharsky, dans *La Religion et le socialisme* [46], appela « *à une religion moniste et prolétarienne. Il s'agit de compléter par des mythes et des rituels nouveaux le rationalisme marxiste qui manque de pouvoir de conviction et d'entraînement. Dès lors les symboles chrétiens sont transposés, le Père sera représenté par les forces de production, le Fils par le prolétariat et le Saint-Esprit par le socialisme. L'homme devient dieu lui-même mais par le collectif. Le collectivisme futur réalisera pleinement la divinité de l'homme : l'humanité atteindra au savoir suprême, à la toute-puissance, à l'amour universel et à la vie éternelle. Toutefois cette immortalité ne sera pas acquise à titre individuel mais au travers de la communauté* » [47].

Cette immortalité, Alexandre Bogdanov la décrivait dans deux ouvrages de sciences fiction *L'Étoile rouge* et *L'Ingénieur Menni* [48] où il montrait l'utopie communiste réalisée sur la planète Mars et où l'on apprenait que c'étaient des transfusions de sang qui procuraient cette vie qui ne cessait pas.

Marginalisés par Lénine au sein du Parti bolchevique, les Constructeurs de Dieu acquirent un peu de pouvoir dans les rouages de l'État soviétique qui leur permit d'y infuser leurs thèses. Anatole Lounatcharsky devint commissaire du peuple à l'Instruction publique et Alexandre Bogdanov fut à la fois le concepteur du *proletkult* et le fondateur de l'Institut d'hématologie et de transfusion sanguine où il se livra à des expériences visant à atteindre l'immortalité [49]. Tous les deux protégèrent et utilisèrent d'anciens occultistes et ésotéristes.

Un ami de Lounatcharsky et de Bogdanov, Leonid Krasin, avait été lui aussi convaincu par la lecture de Fedorov de la possibilité d'accéder à l'immortalité. Il fut la cheville ouvrière de l'inhumation de Lénine sur la Place rouge et il semble qu'il tenta, en vain, de le cryogéniser en vue d'une future résurrection [50].

Un autre tenant des thèses cosmistes fut le militant du *proletkult* Andrei Platonov qui, après des débuts prometteurs, fut marginalisé à partir des années 1930. En développant les idées de Fedorov sur le contrôle absolu sur la nature, il proposait, par exemple, de faire sauter les montagnes du Pamir pour ouvrir la voie aux vents du Sud qui transformeraient la Sibérie en une immense terre fertile. Tenant lui aussi de la thèse de l'immortalité humaine, il envisageait qu'un « cimetière mondial », permettant d'attendre une résurrection grâce à la science, fut créé dans le sol gelé de la Sibérie.

Il convient encore de citer parmi les cosmistes influents, Alexandre Gorsky. Poète et philosophe, il s'était passionné dans sa jeunesse pour la théorie de la « force odique » de Karl von Reichenbach [51], puis pour les thèses de Prentice Mulford, un des fondateur de l'école de la Nouvelle Pensée qui affirmait que l'individu pouvait, par le contrôle et l'application du pouvoir créatif de la pensée, maîtriser la santé, la longévité et même l'immortalité. Plus tard, il fut l'élève de Paul Florensky [52] à l'Académie théologique de Moscou, eu des liens avec Nicolas Roerich, connut le goulag et fut exécuté en 1943, accusé d'avoir créé un cercle d'anthroposophes à Kalouga. Dans les années 1920, Gorsky écrivit *Un Grand schéma* , ouvrage où il reprit les idées de Fedorov sur la chasteté positive (la redirection de l'énergie sexuelle vers la restauration de la vie chez les morts), spéculant sur la transformation et la sublimation de l'énergie sexuelle en un potentiel créatif puissant pour la perfection de l'humanité, l'abolition de la mort, et la conquête et la restructuration de l'univers. Dans ces spéculations, il faisait allusion aux idées de Reichenbach et de Mulford, de même qu'aux théories qui lui étaient contemporaines (dont les idées de Freud) [53]. Gorsky s'appuyait aussi sur les recherches concernant les radiations psycho-physiques du cerveau et de la transformation de l'énergie nerveuse humaine, dont l'ouvrage *La Magie comme science naturelle expérimentale* [54] de Ludwig Staudenmaier, qui postule que les phénomènes magiques sont liés à la transformation de l'énergie nerveuse [55].

Enfin, dans les années 1920, il exista à Petrograd un Groupe biocosmiste-immortaliste, regroupant un certain nombre de cosmistes et publiant le magasine *Immortalité*. Ses membres proclamaient que l'être humain avait deux droits fondamentaux : le droit à l'existence infinie (l'immortalité) et celui au mouvement sans entrave (les voyages interplanétaires). Ils eurent une relation directe avec Constantin Tsiolkovsky, lui-même disciple de Fedorov, qui est considéré comme le père et le théoricien de l'astronautique moderne.[56]

c – Les Scythes

Le groupe politico-littéraire Skify (Les Scythes) qui regroupait les poètes et écrivains André Bely [57], Alexandre Blok, Serge Essénine, Nicolas Kliouïev [58] et Olga Forche [59], fut créé par Vasilyevich Ivanov-Razumnik en 1916. Sociologue et critique littéraire éminent, sympathisant du Parti socialiste révolutionnaire et rédacteur des pages littéraires de nombreux journaux populistes, il prit parti à la révolution de février 1917, puis, avec la fraction de gauche du PSR, il condamna le gouvernement provisoire et la prolongation de la guerre et appuya la révolution bolchevique d'octobre, mais il s'opposa au régime du parti unique et à la répression contre les partis de l'opposition. De 1919 à 1925, il co-présida, avec Andreï Biély, l'Association philosophique libre (Volfila), autour de laquelle se regroupèrent la majorité des Skify, dédiée à la « *recherche des aspects philosophies de la culture et de la créativité dans la société socialiste* ».

Les Skify, qui avaient choisi leur nom en références aux tribus barbares nomades qui conquirent le sud de la Russie dans les temps anciens, ne limitaient pas leur champ d'action à la politique et à la littérature et la base de leur pensée était foncièrement occultiste. Stefani Hoffman [60] analysant les travaux de la Volfila insiste sur le fait que les centres d'intérêts principaux de ces étranges « *philosophes d'extrême-gauche* » étaient « *la religion, la métaphysique, la métapsychique et l'occultisme.* » Quant à Bernice Glatzer Rosenthal [61], elle a montré comment tant les Scythes que l'Association philosophique libre ont adapté la pensée de Rudolf Steiner à la révolution russe analysant celle-ci selon un filtre occultiste. Pour certains d'entre eux, la première guerre mondiale et la révolution devaient être considérées comme la passion de la Russie et il convenait maintenant d'attendre sa résurrection, tandis que pour d'autres, la révolution russe avait été une apocalypse négative que devait suivre une apocalypse positive, une « *révolution spirituelle* » qui complèterait la révolution politique et sociale. Cette résurrection ou cette apocalypse positive devant faire de la Russie « *le messie des nations* » et « *le vainqueur du serpent* [62] ».

L'orientation d'extrême-gauche de ce courant occultiste, ne lui épargna pas de subir la répression, bien que celle-ci fut au final modérée puisque seul Nicolas Kliouïev fut exécuté en 1937. L'Association philosophique libre fut interdite dès 1925. À plusieurs reprises, entre 1917 et 1937, Vasilyevich Ivanov-Razumnik fut accusé de propager des idées populistes et emprisonné [63]. Alexandre Blok décéda de mort naturelle en 1921, André Bely fit de même en 1934, Serge Essénine dépressif se suicida en 1925, quant à Olga Forche, elle devint un membre éminent du Congrès des écrivains et décéda, couverte d'honneur, en 1961.

Conclusion

À la lecture de ce qui précède, on peut constater que la Russie soviétique n'eut pas une politique unifiée vis-à-vis des divers courants ésotéristes et occultistes. Certains furent durement réprimés, d'autres curieusement ignorés, sans qu'il soit possible de faire ressortir de tous cela une quelconque logique.

Quoiqu'il en soit, même aux moments les plus terribles de la terreur stalinienne, il subsista toujours des conventicules ésotéristes et magiques, ce sont eux qui firent renaître l'occultisme russe dès que les premiers signes de dégel apparurent.

NOTES

1 –   Bernice Glatzer Rosenthal, « Political Implications of the Early Twentieth-Century Occult Revival », in Bernice Glatzer Rosenthal, *The Occult in Russian and Soviet Culture*, Ithaca, Cornell University Press, 1997, p. 379-380.

2 –   Alexandre Andreev, « Le mythe de Shambhala revisité : l'occultiste Alexandre Bartchenko et le pouvoir soviétique », *Slavica Occitania* n° 29, 2009 ; Christian Bouchet, « Entretien avec Oleg Chichkine », in La Russie occulte (dossier), *Thélèma*, nouvelle série, vol. 1 n° 4, 1997 ; Alexandre Douguine, « Le complot idéologique du cosmisme russe », *Politica Hermetica* n° 6, 1992, *Eurasia* n° 4, 2009 ; Anatoli Filipov, *Les Racines occultes de la révolution russe*, Nantes, Ars magna, 2010 ; Mehmet Sabeheddin, *Le Secret de l'Eurasie*, Nantes, Ars magna, 2007 ; Andrei Znamenski, *Shambhala, le royaume rouge, magie et géopolitique au cœur de l'Asie*, Rosière-en-Hayes, Camion noir, 2015 ; Collectif, « Ésotérisme rouge », *La Montagne cosmique* (revue non numérotée), 2012 ; Collectif, « Le Christ rouge de la révolution », *Apex* n° 2, sd.

3 –   Maria Carlson, « Fashionable Occultism. Spiritualism, Theosophy, Freemasonry and Hermeticism in Fin-de-Siècle Russia », in Bernice Glatzer Rosenthal, *The Occult in Russian and Soviet Culture, op. cit.*, p. 135-152.

4 –   Il est l'auteur du célèbre *Animisme et spiritisme, essai d'un examen critique des phénomènes médiumniques, spécialement en rapport avec les hypothèses de la « force nerveuse », de l'« hallucination » et de l'« inconscient »*, Paris, Librairie des sciences psychiques P. Leymarie, 1895 (4 éditions successives jusqu'en 1906).

5 –   L'inventeur de la table éponyme.

6 –   Maria Carlson, *No Religion Higher Than Truth, A History of The Theosophical Movement in Russia, 1875-1922*, Princeton, Princeton University Press, 1993 ; Elena Pisareva, *The Light of the Russian Soul: A Personal Memoir of Early Russian Theosophy*, Wheaton, Quest Books, 2008.

7 –   Ainsi, Anna Kemensky, dont nous allons parler, appartenait à la Grande loge d'Angleterre, Nina Pshenetsky à celle de France et le compositeur Alexandre Scriabine à celle de Belgique, voir Elena Pisareva, *Early Years of Theosophy in Russia*, disponible sur www.theosophy.ru, et Maria Carlson, « Fashionable Occultism: The Theosophical World of Silver Age Russia », *Journal of the Scriabin Society of America*, vol. 12, n° 1, 2007, p. 54-62, *Quest*, vol. 99, n° 2, p. 50-57.

8 –   Elle pénétrait en Russie sous forme de contrebande en langue étrangère ou était reproduite manuellement pour les traductions, Maria Carlson, « Fashionable Occultism: The Theosophical World of Silver Age Russia », *op. cit.* ; Elena Pisareva, « The Light of the Russian Soul: A Personal Memoir of Early Russian Theosophy », *Quest*, vol 96 n° 5, 2008, p. 171-174.

9 –   Maria Maria Carlson, « Fashionable Occultism: The World of Russia, Composer Aleksandr Scriabin », *The Journal of the International Institute*, vol. 7 n° 3, 2000.

10 –   Il était alors présenté par l'entourage d'Annie Besant comme le messie ou l'« *instructeur du monde* ».

11 –   Nina Berberova, *Les Francs-maçons russes du XXe siècle*, Arles, Actes Sud, 1990.

12 –   Contrairement à ce qu'affirment certains, il n'existe aucun document crédible établissant une filiation martiniste russe remontant au prince Alexandre Galitzine ou à Nicolas Novikov.

13 –   Serge Caillet, « Serge Marcotoune et la science secrète des initiés », consultable à institut-eleazar.blogspot.fr

14 –   Plusieurs membres de la famille impériale en furent membres et des bruits persistants laissèrent à croire que le tsar Nicolas II y aurait été initié, voir Maria Carlson, « Fashionable Occultism. Spiritualism, Theosophy, Freemasonry and Hermeticism in Fin-de-Siècle Russia », in Bernice Glatzer Rosenthal, *The Occult in Russian and Soviet Culture, op. cit.*, p. 149.

15 –   Konstantin Burmistrov, « Esotericism in Soviet Russia in the 1920s-1930s », in Birgit Menzel, *The New Age of Russia, Occult and Esoteric Dimension*, Munich, Verlag Otto Sagner, 2012, p. 56-59.

16 –   *Idem.*

17 –   Kristi A. Groberg, « The Shade of Lucifer's Dark Wing, Stanism in Silver Age Russia », in Bernice Glatzer Rosenthal, *The Occult in Russian and Soviet Culture*, op. cit., p. 99-133.

18 –   Samuel D. Cioran, « Aleksandr Dobroliubov: A Prophet of Silence », *Canadian-American Slavic Studies*, vol. 5, n° 2, 1971, p. 178–195 ; Joan D. Grossman, « Aleksandr Dobroliubov: The Making of a Decadent », introduction à Aleksandr Dobroliubov, *Sochimenie*, Berkeley, University of California Press, 1981, p. 7-18.

19 –   Joan D. Grossman, *Valery Bryusov and the Riddle of Russian Decadence*, Berkeley, University of California Press, 1985 ; Franklin D. Reeve « Dobroljubov and Brjusov : Symbolist Extremists », *The Slavic and East European Journal*, vol. 8, n° 3, 1964, p. 292-301.

20 –   Il fut le premier à traduire en russe les poèmes de Paul Verlaine. Il a également traduit des œuvres d'Émile Verhaeren, d'Edgar Poe, de Romain Rolland, de Maurice Maeterlinck, de Victor Hugo, de Byron, d'Oscar Wilde, etc.

21 –   Le sataniste antinomiste Valéry Brioussov était aussi un collectionneur de timbres-poste célèbre membre de la Société russe des philatélistes ! L'URSS édita d'ailleurs un timbre à son effigie en 1963.

22 –   George Young, *The Russian Cosmists: The Esoteric Futurism of Nikolai Fedorov and His Followers*, Oxford, Oxford University Press, 2012.

23 – Fondée en juillet 1862 sous le nom de Bibliothèque du musée public de Moscou et du musée Roumiantsev, ou plus simplement Bibliothèque Roumiantsev, ce fut la première bibliothèque russe gratuite ouverte au public. De 1925 à 1991, elle fut appelée Bibliothèque d'État V.I. Lénine d'URSS. Depuis 1992, elle est nommée Bibliothèque d'État de Russie.

24 – Ce livre porte parfois le titre : *La Philosophie de la résurrection physique*.

25 – Alexandre Douguine, « Le complot idéologique du cosmisme russe », *Politica Hermetica* n° 6, 1992.

26 – Bernice Glatzer Rosenthal, « Political Implications of the Early Twentieth-Century Occult Revival », *The Occult in Russian and Soviet Culture, op. cit.*, p. 400.

27 – L'utilisation de Nicolas Roerich (dont nous ne parlons pas dans cet article car il développa son mouvement occultistes dans l'immigration) par les services secrets soviétiques dans un but de géopolitique et d'espionnage est longuement traité dans Andrei Znamenski, *Shambhala, le royaume rouge, magie et géopolitique au cœur de l'Asie*, op. cit., et dans Vladimir Rosov, « La mission bouddhique de Nicolas Roerich au Tibet », *Slavica occitania* n° 21, 2005.

28 – Tout particulièrement, mais pas uniquement, les cultes rendus à Lénine et Staline, voir notre paragraphe « Les cosmistes et les constructeurs de Dieu ».

29 – La police politique créée en décembre 1917 sous l'autorité de Félix Dzerjinski pour combattre les ennemis du nouveau régime bolchevique. En février 1922, elle fut renommée Guépéou.

30 – La preuve en est qu'en 1955, cinq des treize premiers membres de la Société théosophique russe étaient encore vivants en Russie et qu'un seul avait été exécuté par la police politique soviétique, les autres avaient immigré ou étaient décédés de mort naturelle, voir Natali Reinke, « Dr. A. A. Kamenskaya, Biographical Sketch with some Excursions into the History of the Russian Section of the Theosophical Society », *Alba*, 1955, disponible sur www.theosophy.ru.

31 – Tel fut le cas d'Alexandre Usov qui avait fondé une communauté théosophique et construit un temple au soleil près de Sotchi dans le Caucase. Il ne fut inquiété qu'à la fin des années 1930, après le décès de Lounatcharski, et condamné légèrement : il fut exilé en Sibérie où il vécut librement et non pas envoyé au goulag, Andrei Gnezdilov, « The Fate of Russian Theosophists », intervention au Congrès théosophique de 1991, disponible sur www.theosophy.ru.

32 – *Proletkult* est un mot-valise pour *Proletarskaïa koultoura*, ce qui signifie en russe « *culture du prolétariat* ».
Ce fut une organisation artistique et littéraire active en URSS de 1917 à 1925 qui voulait fournir les fondations d'un véritable art prolétarien absout de toute influence bourgeoise. Son principal théoricien fut Alexandre Bogdanov, beau-frère d'Anatole Lounatcharski, qui envisageait le *proletkult* comme la troisième partie de la trinité du socialisme révolutionnaire. Alors que les syndicats se seraient occupés des intérêts économiques du

prolétariat et que le parti communiste aurait défendu leurs intérêts politiques, le *proletkult* aurait pris en charge leur vie culturelle et spirituelle. Le *proletkult* fut vivement combattu par Léon Trotsky.

33 – Elena Pisareva, « The Light of the Russian Soul: A Personal Memoir of Early Russian Theosophy », *Quest, op. cit.*

34 – Andrei Gnezdilov, « The Fate of Russian Theosophists », *op.cit.*

35 – Hakan Lövgren, « Sergei Eisenstein's Gnostic Circle », in Bernice Glatzer Rosenthal, *The Occult in Russian and Soviet Culture, op. cit.*, p. 273-297.

36 – Konstantin Burmistrov, « Esotericism in Soviet Russia in the 1920s-1930s », in Birgit Menzel, *The New Age of Russia, Occult and Esoteric Dimension, op. cit.*, p. 72-73.

37 – Créé par Vladimir Bekhterev, un scientifique qui avait commencé sa carrière bien avant la révolution et qui avait été le premier Russe à mener des recherches sur l'hypnose et la suggestion. Parmi bien d'autres sujets, Bekhterev et ses assistants étaient intéressés par la contamination psychologique, quand une excitation se transmet d'une personne à une autre et se manifeste de diverses manières : mouvements de masse, hystérie religieuse, hallucinations collectives et possession démoniaque. Bien qu'il ait interprété la révolution bolchevique comme un cas d'école d'hystérie de masse, Bekhterev, par pur opportunisme, collabora avec le nouveau régime et il reçut bientôt, de ce fait, le soutien financier des bolcheviques. Les dirigeants soviétiques estimaient, en effet, que son institut pouvait découvrir de nouvelles techniques psychologiques qui pourraient être utilisées pour l'éducation et la propagande communiste. Bekhterev fit travailler avec lui de nombreux occultistes, spirites et mystiques.

38 – Il était le fils d'Alexis Shmakov (1852-1916), un des dirigeants de l'extrême-droite antisémite russe.

39 – Konstantin Burmistrov, « Esotericism in Soviet Russia in the 1920s-1930s », in Birgit Menzel, *The New Age of Russia, Occult and Esoteric Dimension, op. cit.*, p. 65-72.

40 – Konstantin Burmistrov, « Esotericism in Soviet Russia in the 1920s-1930s », in Birgit Menzel, *The New Age of Russia, Occult and Esoteric Dimension, op. cit.*, p. 73-79.

41 – *Emesh* est un acronyme formé par les lettres de l'alphabet hébreu *aleph, mem* et *shin.*

42 – Il se dit qu'ils choisirent cet emplacement parce que cela leur permettait de piéger plus facilement les larves et les élémentaux attirés par les souffrances des victimes de la Guépéou.

43 – Konstantin Burmistrov, « Esotericism in Soviet Russia in the 1920s-1930s », in Birgit Menzel, *The New Age of Russia, Occult and Esoteric Dimension*, op. cit., p. 59-65.

44 – Andrei Znamenski, *Shambhala, le royaume rouge, magie et géopolitique au cœur de l'Asie*, Rosière-en-Hayes, Camion noir, 2015.

45 – Habituellement désigné par son acronyme Glavnauka.

46 – Première édition en 1908.

47 – Chus Martinez, « L'Étoile rouge », in *La Montagne cosmique, op. cit.*, p. 10-12

48 – Alexandre Bogdanov, *L'Étoile rouge*, suivi de *L'Ingénieur Menni*, Lausanne, L'Âge d'Homme, 1985. Une première édition de *L'Étoile rouge* est parue dans la revue *La Société nouvelle*, numéros de juin 1913 à février 1914, et est disponible en ligne à www.bibliotheque-russe-et-slave.com. *La Société nouvelle* fut une revue anarchiste qui parut de 1884 à 1914 (de 1897 à 1906 elle porta le nom de *L'Humanité nouvelle*).

49 – C'est à la suite de l'une d'entre elles qu'il décéda en mars 1928.

50 – Il croyait fermement à cette possibilité ayant écrit en 1921 : « *Je suis certain que le temps viendra où la science sera toute-puissante, qu'elle sera capable de recréer un organisme décédé. Je suis certain que le temps viendra où l'on sera capable d'utiliser les éléments vitaux d'une personne pour recréer sa personne physique. Et je suis certain que lorsque ce temps viendra, lorsque la libération de l'humanité usant toute la puissance de la science et de la technique sera capable de ressusciter les grandes figures historiques* », Léonid Krasin, *Discours lors de l'inhumation de Lev Iakovlevich Karpov*, cité par Nina Tumarkin, « Religion, Bolshevism, and the Origins of the Lenin Cult », *Russian Review*, vol. 40, n° 1, janvier 1981, p. 35-46.

51 – Karl von Reichenbach (1788-1869), est un scientifique à qui l'on doit la découverte de la créosote et de la paraffine. Pour lui, la « force odique » est un concept qui exprime « *une force qui pénètre toutes choses à travers tout l'univers, qui ne peut être interrompue, pénètre rapidement chaque chose et court à travers tout.* » On peut assimiler la « force odique » au « corps éthérique ». On lira : Karl von Reichenbach, *Lettres odiques-magnétiques du chevalier de Reichenbach*, Paris, Cahagnet, 1897.

52 – Paul Florensky (1882- 1937) est un théologien orthodoxe russe, philosophe, mathématicien et inventeur. Il fut parfois comparé par ses contemporains, du fait de l'étendue des domaines auxquels il s'intéressait et dans lesquels il excellait, à Léonard de Vinci. Considéré comme proche des cosmistes, il formula ainsi sa position après la révolution de 1917 : « *J'adhère à une vision philosophique et scientifique du monde que j'ai développée et qui contredit l'interprétation vulgaire du communisme... mais cela ne m'empêche pas de travailler honnêtement au service de l'État.* » De fait, il fut employé à Moscou au Plan d'État pour l'électrification de la Russie sur la recommandation de Léon Trotsky. Arrêté en 1933, il fut envoyé au goulag où il décéda.

53 – Ses considérations sur l'accumulation et la transformation de l'énergie sexuelle ne sont pas sans rappeler la thèse de l'énergie orgonique (et cosmique) de Wilhelm Reich et ses tentatives de la mettre en application.

54 – Ludwig Staudenmaier, *Die Magie als experimentelle Naturwissenschaft*, Whitefish, Kessinger Publishing, 2010 (reprint de l'édition de 1912)

55 – Chus Martinez, « The Men Who Stare at Dogs », in *La Montagne cosmique*, *op. cit.*, p. 10-12 ; Michael Hagemeister, « Russian Cosmism in The 1920s And Today », in Bernice Glatzer Rosenthal, *The Occult in Russian and Soviet Culture, op. cit.*, p. 192.

56 – *Idem*, p. 185-202

57 – André Bely (1880-1934) est considéré comme un des plus grands écrivains russes du XXe siècle. Lors d'un séjour en Allemagne avec son épouse, en 1912, il rencontra Rudolf Steiner qui le fascina au point qu'il s'établit avec lui à Dornach en 1914. Il fit partie de la communauté qui construisit le Goetheanum, son épouse dirigeant l'équipe de sculpteurs qui y travaillait tandis que lui-même accompagnait Steiner dans ses tournées de conférence. De retour en Russie, il participa à la fondation, en 1917, du groupe anthroposophique de Moscou tout en soutenant la révolution bolchevique.

58 – Nicoalas Kliouïev qui se déclarait proche des sectes russes issues de l'orthodoxie tels les Vieux Croyants et les Khlysts (une célèbre secte de castrats) affirmait que le Christ avait été homosexuel. Il défendait l'innocence du corps et une approche dionysiaque de la religion.

59 – Épouse d'un officier supérieur tsariste rallié au bolchevisme et devenu général de l'Armée rouge, elle s'était intéressée à la théosophie et au bouddhisme.

60 – Stefani Hoffman, « Scythian, Theory and Literature », in *Art, Society, Revolution: Russia 1917-21*, Stockholm, Nils Nilsson, 1979, p. 138-164.

61 – Bernice Glatzer Rosenthal, « Political Implications of the Early Twentieth-Century Occult Revival », in Bernice Glatzer Rosenthal, *The Occult in Russian and Soviet Culture, op. cit.*, p. 391-394.

62 – Le serpent représente pour les anthroposophes les formes les plus inférieures de la connaissance que l'humanité doit dépasser.

63 – En octobre 1941, il fut fait prisonnier par l'armée allemande. Lors de sa libération, il réussit à ne pas retourner en URSS et il s'installa à Munich où il décéda en 1946.

SCIENCE ET ÉSOTÉRISME, L'EXEMPLE DE L'ÉTHER

Par Geneviève Béduneau

Dès le XVIIIe et surtout au XIXe siècles, lorsque la révolution industrielle bat son plein, adossée à l'essor de la recherche scientifique, un double mouvement se fait jour dans les cercles qui se réclament de l'occultisme ou de l'ésotérisme ; d'une part, on se dresse au nom de l'Esprit contre le matérialisme et le positivisme qui règnent dans les milieux scientifiques, de l'autre, on intègre les concepts et certaines représentations du monde que propose la science, avec toutefois un léger retard. Etudier en profondeur les relations à la fois intimes et conflictuelles qui se tissent entre l'univers des laboratoires et celui des loges, maçonniques ou paramaçonniques, demanderait une thèse aussi volumineuse que celle que Bertrand Meheust a consacrée à la querelle du somnambulisme lucide [1] ; aussi nous bornerons-nous dans cet article à une notion dont on trouve encore un écho non négligeable sur Internet et qui connaît aujourd'hui un regain polémique, l'*éther*, au sens que lui donnèrent les physiciens et que l'on ne doit pas confondre avec celui des chimistes.

Renouveau d'un terme archaïque

Le nom même d'Éther remonte à l'antiquité grecque, déité mineure qui personnalise la brillance d'un ciel lumineux. Hésiode le nomme au début de sa *Théogonie*, après l'invocation aux Muses : « Au commencement exista le Chaos, puis la Terre à la large poitrine, demeure toujours sûre de tous les Immortels qui habitent le faite de l'Olympe neigeux ; ensuite le sombre Tartare, placé sous les abîmes de la Terre immense ; enfin l'Amour, le plus beau des dieux, l'Amour, qui amollit les âmes, et, s'emparant du cœur de toutes les divinités et de tous les hommes, triomphe de leur sage volonté. Du Chaos sortirent l'Érèbe et la Nuit obscure. L'Éther et le Jour naquirent de la Nuit, qui les conçut en s'unissant d'amour avec l'Érèbe. »

L'auteur anonyme des *Argonautiques*, poème qu'il attribue à Orphée [2], introduit une légère variante : « Et la nécessité du premier Chaos, et Kronus qui produisit l'Éther dans un laborieux enfantement, et l'Amour son frère jumeau, dieu aimable, parent de la Nuit éternelle que les hommes plus modernes ont nommée Phanéte, et qui apparut le premier. » L'*hymne orphique* conservé par Stobée s'achève par ce vers : « Il est une force, un dieu, grand principe du tout, un seul corps excellent qui embrasse tous ces êtres, le feu, l'eau, la terre et l'*éther*, la nuit et le jour, et Métis la créatrice première et l'Amour plein de charmes. Tous ces êtres sont contenus dans le corps immense de Jupiter. » Déjà, il s'inscrit parmi les quatre éléments en lieu et place de l'air. Xénophane, au fragment 12, écrit de manière assez énigmatique : « Nous voyons sous nos pieds cette limite de la Terre, en haut, du côté de l'éther, mais le bas s'en va à l'infini. » Anaxagore le place au sommet du ciel diurne, dans une région de feu dont la chaleur emplit, féconde et nourrit tout ce qui existe. Nous ne sommes pas loin de l'empyrée — *pyr*, πυρ, en grec désigne le feu — que Dante place au sommet des cercles planétaires de son *Paradiso*, reprenant la description d'Aristote : « Il est de toute nécessité qu'il existe un corps simple dont la nature soit de se mouvoir selon la translation circulaire, conformément à sa propre nature… En dehors des corps qui nous entourent icibas, il existe un autre corps, séparé d'eux, et possédant une nature d'autant plus noble qu'il est plus éloigné de ceux de notre monde [3]. » Les auteurs ultérieurs comme Sextus Empiricus ou le pseudo-Plutarque, sans oublier les stoïciens, n'hésitent pas à nommer *éther* ce cinquième élément, ainsi que le commente Festugières : « Dans les plus anciens auteurs, « éther » désigne le ciel… Le mot «éther» avait été employé déjà par Empédocle, mais pour désigner l'air atmosphérique, par opposition au brouillard… Anaxagore est le premier à avoir fait la distinction entre air et éther, mais ce qu'il désignait sous le nom d'éther était le feu (fragments 59 A 43, 59 A 73) … À partir du *Phédon* de Platon, l'espace entre l'air et le ciel des fixes (région du feu) devient l'éther, séjour des dieux astres. Platon attribue à l'éther son caractère spécifique d'être toujours en mouvement. L'éther est considéré comme une espèce de l'air, l'espèce la plus pure. Platon distinguait trois sortes d'éther : l'air supérieur, l'air atmosphérique, l'air brouillard… C'est avec l'*Épinomis* et le *De la philosophie* d'Aristote, deux ouvrages contemporains, que nous voyons apparaître la notion d'éther, cinquième corps. L'*Épinomis* mentionne une première fois l'éther comme cinquième corps (981c6), comme une sorte d'air plus subtil et plus pur : l'éther n'est pas, d'ailleurs, le séjour des astres (celui-ci est le feu), mais, comme l'air, celui d'êtres démoniques de nature translucide, qui servent d'intermédiaires entre les hommes et les dieux visibles (984 b). Les fragments du *De la philosophie* d'Aristote montrent que la notion d'éther cinquième corps y tient une place importante. Les Anciens ont unanimement regardé Aristote comme l'inventeur de la doctrine de l'éther cinquième Élément. Aristote a toujours la suite éther, feu, air, eau, terre, et c'est l'ordre qui prévaudra, l'éther (et non le feu) étant alors considéré comme la matière des astres et l'élément où ils séjournent. L'âme est un mouvement perpétuel parce qu'elle est tirée de l'éther qui court toujours. Enfin, cet éther aristotélicien est une chaleur, il est principe de chaleur, donc de vie [4]. » Ce cinquième élément deviendra la quintessence des alchimistes.

Il faudrait, mais le format d'un article ne permet pas d'aller au bout de cette discussion, reprendre la notion d'élément dont le sens a beaucoup varié au cours du temps [5]. Chez les philosophes grecs, il ne s'agit pas tant des constituants de la matière au sens des éléments chimiques mais de ce que l'on appellerait aujourd'hui ses états ou ses phases, solide, liquide, gazeux, plasmique. L'éther représenterait alors une cinquième phase.

L'éther des physiciens

La notion d'éther, largement oubliée, voire critiquée depuis la relecture universitaire d'Aristote au XIIIe siècle reparaît chez Descartes, liée à une relecture de l'atomisme antique. Il s'agit alors d'un milieu formé d'atomes transparents dont les tourbillons internes expliquent le mouvement des planètes. Il forme l'hypothèse d'un tel milieu par refus d'envisager que quoi que ce soit puisse se mouvoir dans le vide, pas même la lumière que l'éther transmet par pression. Newton, s'il abandonne cette idée de tourbillons pour lier à la masse des corps sa théorie de la gravitation, ne se satisfait pas davantage du vide. Il écrivit à Richard Bentley en 1692 : « Que la gravité soit innée, inhérente et essentielle à la matière, en sorte qu'un corps puisse agir sur un autre à distance au travers du vide, sans médiation d'autre chose, par quoi et à travers quoi leur action et force puissent être communiquées de l'un à l'autre est pour moi une absurdité dont je crois qu'aucun homme, ayant la faculté de raisonner de façon compétente dans les matières philosophiques, puisse jamais se rendre coupable. » Il va donc postuler une « espèce d'esprit très subtil qui pénètre à travers tous les corps solides[6] » et ajouter que « c'est par la force, et l'action de cet esprit que les particules des corps s'attirent mutuellement. » N'oublions pas qu'à l'époque le terme *esprit* désigne souvent un produit de distillation, pensons à l'*esprit-de-vin*.

Tant qu'il s'agit de corps ou même de corpuscules, ces atomes dont l'hypothèse vient des Grecs et reparaît à propos de la lumière, les réflexions sur l'éther ne changent rien aux équations et peuvent passer pour une option métaphysique, si ce n'est théologique. Mais lorsque Young en 1801, dans sa célèbre expérience des fentes, met en évidence la nature ondulatoire de la lumière, tout change. Si la lumière est une onde, elle met donc en mouvement un milieu qui permet sa transmission. Les travaux sur le magnétisme et l'électricité vont conforter l'ensemble du monde savant dans l'hypothèse d'un éther mais les définitions varient beaucoup avec les spécialités, éther électrique, calorique, etc. Augustin Fresnel, en 1830, va reprendre la question de la lumière et résoudre l'obstacle que constituait la polarisation, que Young n'expliquait pas, en supposant l'éther comme certes impondérable mais solide et élastique. Cet apport va permettre de nombreuses avancées dans l'étude de la lumière et des ondes en général. L'éther offre aussi une base théorique à l'astronomie, voire à la toute jeune astrophysique. Tous les grands savants du XIXe siècle ont travaillé à une théorie de l'éther : Cauchy, James Mac Cullagh, Stokes, Fizeau, Heimholtz, William Thomson, Maxwell, Fitzgerald, Herz… sans parvenir à un accord.

En 1887, l'expérience de Michelson et Morley, censée trancher entre les diverses théories de l'éther, les renvoie *toutes* aux poubelles de l'histoire. Aucune prévision n'était vérifiée par les faits. Il fallait tout remettre à plat, ce à quoi s'attelèrent des hommes comme Lorentz et Larmor. Des critiques se font jour quant à sa réalité, comme celle de Poincaré : « Peu nous importe que l'éther existe réellement, c'est l'affaire des métaphysiciens ; l'essentiel pour nous c'est que tout se passe comme s'il existait et que cette hypothèse est commode pour l'explication des phénomènes. Après tout, avons-nous d'autre raison de croire à l'existence des objets matériels ? Ce n'est là aussi qu'une hypothèse commode ; seulement elle ne cessera jamais de l'être, tandis qu'un jour viendra sans doute où l'éther sera rejeté comme inutile [7]. »

Henri Poincaré

Ce jour allait survenir plus tôt que ne le supposait Poincaré et grâce à ses propres travaux, lus, compris et prolongés par un jeune diplômé de l'Institut Polytechnique de Zürich employé au Bureau des Brevets, un certain Albert Einstein. Si dès 1905, lorsqu'il publie son travail sur la relativité restreinte, Einstein abandonne toute notion d'éther, il n'en va pas de même des autres physiciens de cette époque. Lorentz, en particulier, s'oppose fortement à ce rejet. Einstein propose alors en 1909, en s'appuyant sur les travaux de Planck sur les quanta comme il avait prolongé ceux de Poincaré sur la relativité, une double nature de la lumière, corpusculaire et ondulatoire, qui se passe de tout éther. En 1913, il parachève ses hypothèses par la relativité générale qui « dépouille l'espace des derniers vestiges de réalité [8] » physique, cette réalité impliquée par la conception de l'éther que défend Lorentz.

Le débat repart en 1916, dans la correspondance échangée entre Einstein et Lorentz ; il est trop technique pour que nous l'exposions ici en détail. Le résumé qu'en fait l'auteur de la fiche wikipedia suffira : « En juillet 1917, Lenard publie un article *Principe de relativité, Éther, Gravitation* où il tente de montrer que la théorie de la relativité générale a recyclé le concept d'éther en le renommant «espace», et que cette théorie ne tient pas sans le concept d'éther. En réponse à cet article, Einstein publie en novembre 1918 son premier article explicitant ses nouvelles positions concernant l'éther : *Dialogue*

Henrdrick Antoon Lorentz

concernant les accusations contre la théorie de la relativité. Dans cette réponse, il accorde à Lenard que la théorie de la relativité générale implique d'accorder des propriétés physiques à l'espace. En revanche, il dénie que cela signifie un retour à l'éther de Lorentz, possédant un état de mouvement défini [9]. » Le débat rejaillit alors, de plus en plus âpre. En 1920, Einstein y revient dans son discours d'investiture à l'université de Leyde intitulé *l'Éther et la théorie de la relativité* dans lequel il résume tout l'historique de la notion d'éther et comment ses propres travaux ont rendu caduques les conceptions que l'on s'en faisait à partir de la gravitation newtonnienne puis de l'électromagnétisme. Il conclut en affirmant qu'aucun point de l'espace ne saurait être dénué de propriétés gravitationnelles, alors qu'il peut l'être de propriétés électromagnétiques [10]. Einstein conclut ainsi son discours : « Nous pouvons résumer comme suit : selon la théorie de la relativité générale, l'espace est pourvu de propriétés physiques, et dans ce sens, par conséquent, il existe un éther. Selon la théorie de la relativité générale, un espace sans éther est impensable, car dans un tel espace non seulement il n'y aurait pas de propagation de la lumière, mais aussi aucune possibilité d'existence pour un espace et un temps standard (mesuré par des règles et des horloges), ni par conséquent pour les intervalles d'espace-temps dans le sens physique du terme. Cependant, cet éther ne peut pas être conçu comme pourvu des qualités des medias pondérables et comme constitué de parties ayant une trajectoire dans le temps. L'idée de mouvement ne peut pas lui être appliqué. »

Aujourd'hui, la notion d'éther est plutôt portée par la physique quantique, tant sont déconcertantes les propriétés du vide, celles de la matière noire et celles de l'énergie noire. Mais c'est tout un prolongement de l'univers observable qui se révèle au bout des équations, plus complexe dans ses interactions, peut-être plus simple dans sa nature profonde que ne l'avaient envisagé les physiciens du XIXe siècle.

L'éther de la théosophie

L'idée selon laquelle les hommes bénéficient de plusieurs corps, plus ou moins subtils, plus ou moins dégagés de la matérialité du monde n'est certes pas nouvelle. L'anthropologie antique est toujours complexe et s'est prolongée jusqu'à la Renaissance et même au-delà. Tout au plus pourrions nous noter un appauvrissement de cette image de l'homme au cours du temps, jusqu'au simple dualisme âme/corps défendu par Descartes, puis au matérialisme pur et simple d'un Claude Bernard ou d'un Berthelot annonçant que la chimie suffirait un jour à tout expliquer de l'homme, y compris sa pensée, ou que le cerveau sécrète la conscience « comme la vésicule sécrète la bile ».

Au XIXe siècle, tandis que les physiciens postulent un éther porteur de la lumière ou des ondes électromagnétiques, les premiers théosophes allemands, à ne pas confondre avec la Société Théosophique qu'Helena Blavatsky créera plus tard, vont reprendre l'idée d'une anthroposophie en poupées russes. Justinus Kerner et ses amis, en particulier Franz von Baader, vont élaborer une nouvelle anthropologie complexe à partir des succès du magnétisme mesmérien et surtout du somnambulisme lucide. Antoine Faivre résumait ainsi les travaux qu'il consacrait à cette école : « l'idée généralement retenue par eux est que l'être humain est composé de cinq éléments : 1. le corps extérieur (*der äussere Leib*), qui disparaît après la mort ; 2. le corps intérieur (*der innere Leib*), qui maintient la cohésion du corps extérieur et deviendra notre corps de résurrection) ; 3. le *Nervengeist*, qui réside dans l'âme, relie celle-ci au corps intérieur, et par le truchement de celui-ci au corps extérieur ; il est l'enveloppe éthérique de l'âme et une sorte d'étincelle divine en l'homme ; 4. l'âme (*Seele*), qui relie l'esprit au *Nervengeist*, au corps intérieur et au corps extérieur 5. l'esprit (*Geist*), qui est l'élément le plus élevé des cinq [11]. » Toutefois, ces diverses dimensions de l'être humain ne s'appuyaient pas sur d'autres données scientifiques que la notion de *vitalisme*, d'un principe vital distinct des propriétés physico-chimiques du corps, gouvernant les phénomènes de la vie. Vers 1850, le baron Karl von Reichenbach, chimiste découvreur de la paraffine et de la créosote, métallurgiste et expert en météorites, proposa de ramener ce principe vital à l'od, ou force odique. « Od est », selon lui, « le mot capable d'exprimer la dynamique d'une force qui, avec une puissance qui ne peut être interrompue, pénètre rapidement chaque chose et court à travers tout l'univers. »
Il faut attendre la fin du siècle, l'essor du spiritisme puis la création de la Société Théosophique par Helena Blavatsky et le colonel Henry Steel Olcott le 17 novembre 1875 pour voir une harmonisation des langages avec la science contemporaine. Encore Helena Blavatsky s'en tient-elle, dans sa *Doctrine secrète*, à un mélange de néologismes spirites et de notions hindoues plus ou moins déformées. C'est Annie Besant qui va résumer l'enseignement de la S.T. en la rapprochant des préoccupations des physiciens : « La matière physique forme sept subdivisions, qu'on peut distinguer les unes des autres, et dont chacune produit, entre ses propres limites, des combinaisons infiniment diverses. Ces subdivisions sont : le solide, le liquide, le gaz, puis l'éther sous quatre états aussi distincts les uns les autres que sont distincts entre eux le solide, le liquide et le gaz. Le corps physique de l'Homme se compose de matière physique

en ces sept états, — son corps grossier consistant en solides, liquides et gaz, et son double éthérique se composant des quatre subdivisions de l'éther, respectivement désignées par éther I, éther II, éther III et éther IV. (...) Les fonctions du corps astral proprement dit ont souvent été attribuées au double éthérique, auquel on donnait parfois à tort le nom de corps astral. Le double éthérique se compose des éthers physiques seulement, et, s'il est extériorisé, il ne peut ni quitter le plan physique, ni s'éloigner notablement de sa doublure [12]. » Les éthers qu'elle numérote à l'envi correspondent vaguement aux hypothèses qui s'affrontent dans le monde savant. Notons qu'elle ne reprend pas les éléments traditionnels, terre, eau, air et feu, mais les phases de la matière qui en sont l'interprétation la plus plausible.

Helena Blavatsky

Cet enseignement sera repris, dans un jargon plus obscur, par Alice Bailey qui décrit le corps éthérique comme un brouillard qui déborde légèrement le corps physique. Pour elle, « il se compose d'un tissu de courants d'énergie, de lignes de force et de lumière. L'énergie circule le long de ces lignes comme le sang dans les veines et les artères. Cette circulation permanente, humaine, planétaire et solaire de force vitale animant le corps éthérique de toutes les formes est la base de toute vie manifestée. Aucune vie n'existe sous une forme séparée. Le corps éthérique d'un être humain fait partie du corps éthérique de la planète donc, il est relié à toutes les formes qui se trouvent dans ce corps éthérique, quel que soit le règne de la nature auquel il appartient [13]. »

On retrouvera aussi la notion de corps éthérique dans l'Anthroposophie de Rudolf Steiner, mais sa conception de l'éther renoue surtout avec le vitalisme de Baader et sans doute, plus lointainement, avec la vision du monde de Paracelse. Le corps éthérique, qui déborde aussi spatialement le corps physique, en maintient la cohésion par l'intermédiaire des liquides et fluides corporels. Il se dissout après la mort et rejoint l'éther universel — ou plutôt les quatre éthers qui le constituent car Steiner garde la subdivision d'Annie Besant, bien qu'il se détourne de ses références à l'hindouisme pour revenir à des conceptions occidentales de l'ésotérisme. Notons que cette conception de l'éther intervient de manière pratique dans les conseils qu'il donne tant aux jardiniers qu'aux éducateurs.

Annie Besant et Steiner

L'ambiguïté de ces descriptions qui tentent une synthèse ou plutôt un syncrétisme entre les définitions scientifiques et les restes éclatés de ce que la Renaissance nommait *philosophia perennis* n'échappera à personne et c'est sans doute la caractéristique la plus évidente de l'occultisme du XIXe siècle, pris entre les critiques des positivistes contre tout ce qui s'éloigne de leur modèle de la raison, les tentatives émanant surtout des milieux magnétistes et spirites pour donner une assise scientifique aux phénomènes de perception extrasensorielle et de psychokinèse et l'expérience intérieure donnée par la pratique du symbolisme, de l'alchimie, voire de la magie selon des rituels traditionnels. Helena Blavatsky, nourrie de spiritualité monastique russe attentive aux variations des états de conscience, confrontée comme tous les

Russes de son temps à la pratique soufie chi'ite comme à la magie mongole, va rencontrer la phénoménologie spirite et l'intérêt que lui portent d'éminents physiciens comme Crookes. Elle ne pouvait que trouver là une forme de confirmation occidentale de ses recherches orientales. Le mélange qui en résulte lui attirera les critiques souvent justifiées tant des milieux scientifiques que du chantre de la tradition que fut René Guénon. Mais le mouvement était lancé ; après quoi tous ceux qui se piquaient d'ésotérisme de haut vol vont chercher des passerelles avec la science, une science qu'ils espèrent aussi débarrasser de son idéologie positiviste.

L'éther dans le rosicrucianisme

Max Heindel, dans l'introduction de sa *Cosmogonie des Rose-Croix*, illustre parfaitement cette démarche : « Dans l'état actuel de notre civilisation, il existe chez l'homme, entre son intellect et son cœur, un gouffre large et profond. Cet abîme se creuse chaque jour davantage ; à mesure que l'intellect vole de découverte en découverte dans le domaine de la science, le cœur est relégué de plus en plus au second plan. L'intellect, pour être satisfait, exige impérieusement qu'on lui donne des explications rigoureusement démontrées au point de vue matériel sur l'homme et sur les créatures qui l'environnent et qui forment le monde phénoménal. Le cœur, au contraire, sent instinctivement qu'il existe quelque chose de plus élevé, et il aspire à des vérités plus hautes que celles qui peuvent être embrassées par l'intellect seul. L'âme humaine voudrait enfin prendre son essor sur les ailes éthérées de l'intuition et parvenir aux sources éternelles de la lumière et de l'amour spirituels ; mais les opinions scientifiques modernes lui ont coupé les ailes, et elle demeure ici-bas, enchaînée et silencieuse, tandis que ses aspirations non exaucées la rongent comme le vautour dévorait le foie de Prométhée [14]. »

Dès les premiers chapitres, lui aussi reprendra la notion de corps éthérique, affirmant que « pour agir dans n'importe quel monde et pour exprimer les qualités qui lui sont propres, il faut d'abord posséder un véhicule composé de la substance de ce monde. Dans le Monde Physique, il faut un corps dense adapté à notre milieu d'existence. Sinon, nous serions des fantômes invisibles pour la plupart des êtres de ce monde. Il nous faut un corps vital pour être capable d'exprimer la vie, de croître ou de manifester les autres qualités spéciales à la Région Ethérique [15]. » Il ajoute : « La science matérielle, pour expliquer certains faits reconnus, admet l'hypothèse que, dans les solides les plus denses comme dans les gaz les plus raréfiés et les plus ténus, pas un atome n'est en contact avec son voisin; elle affirme qu'il existe une enveloppe d'éther autour de chacun et que tous les atomes de l'univers flottent dans un océan d'éther. L'occultiste scientifique sait que ce qui précède est vrai pour la Région Chimique; il sait que les minéraux ne possèdent pas de corps vital distinct. C'est l'éther planétaire seul qui enveloppe les atomes des minéraux. Comme nous l'avons vu, il est nécessaire d'avoir un corps vital, un corps du désir et un corps mental distincts, pour exprimer les qualités inhérentes à chaque monde. » Mais c'est pour reprendre les quatre éthers différenciés selon Annie Besant et les répartir dans les quatre règnes de la nature, éther chimique pour les minéraux, auquel s'ajoute l'éther vital chez les plantes, l'éther lumière devenant dynamique chez les animaux, ce qui leur permet la perception sensorielle mais sans pensée ni mémoire, affirmation que plus personne n'oserait soutenir aujourd'hui mais qui reflétait assez bien les présupposés des naturalistes de l'époque. Enfin, chez l'homme s'ajoute l'éther réflecteur, terme assez insolite mais qui désigne le milieu qui permet l'activation de la pensée et de la mémoire. Il est assez piquant de relire aujourd'hui ce texte et de noter toutes les allusions aux sciences et techniques de l'époque, fils télégraphiques, microbes et autres, devenus métaphores pédagogiques au service d'une doctrine hybride.

La « région éthérique », chez Max Heindel comme chez les savants qu'il semble lire (au moins au travers des vulgarisations qu'offraient les journaux et revues), reste étroitement liée à la matière dont elle représente la contrepartie subtile permettant sa dynamique. Au dessus s'étend le Monde du Désir, au sein duquel nous retrouvons les quatre règnes et même une des premières formulations de l'hypothèse Gaia. « Quand on brise une pierre, elle n'éprouve pas de sensation; mais on aurait tort de croire que ce fait ne cause aucune sensation ailleurs. C'est le point de vue matérialiste ou celui de la foule mal informée. L'occultiste scientifique sait qu'il n'y a pas d'action, grande ou petite, qui ne soit ressentie à travers tout l'univers, et quoique la pierre ne puisse éprouver de sensation, parce qu'elle n'a pas de corps du désir distinct, l'Esprit de la Terre, lui, en éprouve une parce que la pierre est pénétrée par le corps du désir de notre planète. (…) Notre Terre est un corps vivant, doué de sensation, et toutes les formes qui n'ont pas de corps du désir distinct au moyen duquel leur esprit en évolution pourrait en éprouver sont comprises dans celui de la Terre qui, lui, est sensible. (…) Le Monde du désir planétaire palpite dans le corps dense et vital des animaux et de l'homme, de la même manière que dans les minéraux et les plantes, mais les premiers ont, en outre, un corps du désir distinct, qui leur permet d'éprouver des désirs, des émotions et des passions [16]. » Passons sur la hiérarchisation qu'il introduit, des animaux jusqu'aux saints en passant par celle des « races ». Elle s'inscrit dans la même démarche qui, d'une certaine manière soumet celui qu'il nomme « occultiste scientifique » aux visions du monde admises par les savants de son temps, à commencer par le darwinisme appliqué aux sociétés humaines. Toute sa doctrine, d'ailleurs, s'appuie sur la notion d'évolution. Il ne se sépare des positivistes que par une vision spiritualiste de cette dernière, orientée comme une montée graduelle de la matière vers l'esprit au travers de l'histoire de la vie.

On retrouve l'éther dans la présentation sur internet des enseignements de l'AMORC : « Le premier degré expose les lois fondamentales qui régissent le macrocosme et le microcosme. Il constitue une synthèse de ce que les mystiques du passé, en particulier les philosophes de la Grèce antique, ont enseigné au sujet des origines de l'univers, des vibrations de l'Éther et de la structure atomique de la matière. Cette synthèse inclut naturellement les données scientifiques les plus récentes dans ce domaine. » On ne saurait mieux résumer la préoccupation des ordres paramaçonniques depuis le XIXe siècle.

L'éther chez Papus et les autres mages au tournant du siècle

Papus, introduit son *Traité élémentaire de sciences occultes* par une affirmation sans ambiguïté. « L'histoire rapporte que les plus grands penseurs de l'antiquité qu'ait vus naître notre Occident allèrent parachever leur instruction dans les mystères égyptiens. La Science enseignée par les détenteurs de ces Mystères est connue sous différents noms Science occulte Hermétisme, Magie, Occultisme, Ésotérisme, etc., etc. Partout identique dans ses principes, ce code d'instruction constitue la Science traditionnelle des Mages, que nous appelons généralement Occultisme. Cette science embrassait la théorie et la pratique d'un grand nombre de phénomènes dont une faible partie seulement constitue de nos jours le domaine du magnétisme ou des évocations dites spirites. Ces pratiques, renfermées dans l'étnde de la Psychurgie, ne formaient, notons-le bien, qu'une faible partie de la Science occulte, qui comprenait encore trois grandes divisions: la Théurgie, la Magie, l'Alchimie. » C'est dans ce contexte de retour aux Anciens, à leurs connaissances supposées, qu'il introduit ça et là des allusions à l'éther. Dans le chapitre qu'il consacre au mouvement, il cite divers personnages dont Christian, auteur de *L'homme rouge des Tuileries*, lequel expose la doctrine syncrétique : « Dans l'âme du Monde fluide ambiant qui pénètre toutes choses, il y a un courant d'amour ou d'attraction et un courant de colère ou de répulsion. Cet éther électro-magnétique dont nous sommes aimantés, ce corps igné du Saint-Esprit qui renouvelle sans cesse la face de la Terre est fixé par le poids de notre atmosphère et par la force d'attraction du globe. » Plus loin, s'intéresse aux âmes et note en passant, à propos de l'orphisme grec, que le « nom primitif » de la Thrace « signifie, en Phénicien, l'Espace éthéré ». Lorsqu'il aborde les astres, il met en note une citation de Robert Fludd : « La lumière, en se mêlant à l'air invisible a produit l'éther, autre espèce de feu plus subtil et plus actif, principe de la génération et de l'organisme, véhicule de la vie dans toute l'étendue de l'Univers. L'éther n'est pas à proprement parler un corps, mais un terme moyen, une sorte de médiateur entre les corps et la force vivifiante dont ils sont pénétrés, c'est-à-dire l'âme du monde. »

Enfin, après un long aperçu de l'histoire universelle des religions, il reproduit les « Notes sur l'astral » de F.-Ch Barlet, parues en deux parties dans *L'Initiation* en novembre 1896 et janvier 1897. L'article explique comment un mage peut créer une sorte d'élémental chargé de réaliser son désir : « Si c'est dans son propre organisme que l'âme, après avoir formulé quelque désir, cherche l'éther nécessaire pour l'incorporer, elle le trouve en opérant sur le fantôme ou partie inférieure de son corps astral (*Linga Sarira, Than Nephesh*) par l'intermédiaire de son principe magnétique central (*Kama, Khi* ou *Ruach*). Elle peut alors, comme nous l'avons décrit, agir, traduire son désir en acte ou en geste du corps matériel, avec le secours de la force vitale qui l'imprègne en même temps que le corps astral. Mais soit qu'elle ne le veuille ou qu'elle ne le puisse pas, l'âme n'achève pas toujours cette réalisation extérieure bien qu'elle n'y puisse renoncer en ce cas, elle peut du moins extérioriser l'ébauche astrale, et dans ce but, aspirer l'éther ambiant avec une ardeur proportionnée à sa convoitise, l'informer par son Verbe en un tourbillon astral, sans noyau, imprégner cette forme de son propre magnétisme et le lancer, par son centre intermédiaire, comme nous l'avons dit (par l'âme du corps spirituel *Kama, Khi, Ruach*) à la recherche d'un organisme plus capable que le sien de la réalisation rêvée. » On lit, plus loin dans cet article de Barlet repris par Papus que « les actes, les émotions des êtres incarnés, les désirs même et les mouvements consécutifs des êtres éthérés, produisent autant de vibrations lumineuses, calorifiques, électriques, magnétiques surtout, qui se propagent, comme on le sait, dans ce milieu, en s'y croisant sans se détruire, qui s'y conservent, en partie réfléchis par l'enveloppe du tourbillon supérieur et y persistent pendant un temps mesuré sur leur intensité et leur finesse. » Le milieu en question serait la « mer astrale » que parcourent les voyants et autres médiums. Ce long article affirme la réalité de ce milieu nourri des émotions des hommes et des animaux et discute des possibilités de le maîtriser par la volonté plutôt que d'en rester le jouet par l'enchaînement réflexe des émotions.

Un mot unique pour des réalités divergentes

Tout au long du XIXe siècle, les physiciens ont disputé de l'éther, de ses propriétés, de son rôle dans la propagation de la lumière, du magnétisme, de l'énergie. Comme nous l'avons vu, la Relativité générale ne l'a pas entièrement fait disparaître, contrairement à ce qu'on lit dans la plupart des histoires des sciences et des manuels à l'usage des étudiants de première année. On fait simplement comme si la question n'avait plus de sens, quitte à l'habiller d'autres mots. Mais le succès de celui-ci, oublié depuis des siècles, a retenu l'attention des occultistes à la fin du siècle. Entre ces deux univers mentaux que rien ne préparait à se rencontrer, il nous faut tenir compte du rôle essentiel qu'ont joué d'une part les magnétiseurs et la querelle académique autour du somnambulisme lucide [17], d'autre part les spirites et l'intérêt qu'ils ont suscité aussi chez les hommes de sciences [18]. La Society for Psychical Research ou SPR en Angleterre et sa branche américaine, l'Institut métapsychique à Paris se créent au tournant du siècle pour explorer avec les outils et les méthodes de la science ce qui apparaît à la fois comme des pouvoirs inconnus de l'homme, des dimensions inconnues de l'univers et des réponses potentielles à la question lancinante de la mort. Les querelles idéologiques plus encore que réellement scientifiques traversent tout le XIXe siècle. En France, l'Académie des sciences va dépêcher plusieurs fois des observateurs chargés de faire un rapport sur les phénomènes insolites qui accompagnent le somnambulisme lucide, comme la lecture les yeux bandés, l'endoscopie, l'exoscopie, la voyance à distance, la prévision d'événements futurs. Or les théorisations des magnétistes heurtent de plein fouet le positivisme hérité des Lumières et de leurs préjugés sur l'insularité de l'homme. Ce modèle présenté comme le summum de la raison décrit le psychisme, fruit du cerveau, enfermé dans une boîte crânienne étanche, ce qui implique que la seule communication possible entre ces hommes-îles passe par le langage et le geste, donc par le truchement des cinq sens répertoriés. Si l'on ajoute un modèle de causalité étroitement lié à la flèche du temps, tel que seul un événement passé puisse être cause d'un événement ultérieur, modèle assez bien respecté par les calculs astronomiques et les trajectoires des boulets de canon, on voit combien la phénoménologie du somnambulisme pouvait être scandaleuse pour les positivistes. Quant au spiritisme, la prétention de recevoir des messages des morts, ce qui implique la survie au moins temporaire d'une conscience indépendante du corps physique, ne pouvait que faire hurler ceux qui avaient résolu la question non par l'indécidabilité de toute métaphysique à la manière de Kant mais par l'affirmation matérialiste que « le cerveau sécrète la pensée comme la vésicule sécrète la bile [20]. »

Il n'est pas étranger à notre thématique qu'Helena Blavatsky ait commencé sa carrière comme médium spirite. Allan Kardec décrivait le milieu porteur des manifestations médiumniques comme un *périsprit*, mais il n'était pas difficile de le rapprocher de l'éther des physiciens et, parmi ces derniers, ceux qui se penchaient sur les phénomènes engendrés par le guéridon spirite eurent tôt fait de les rapprocher. Helena Blavatsky et plus encore Annie Besant étaient assez fines mouches pour comprendre que jouer sur cette parenté et reprendre le terme usité par le monde savant ne pouvait que renforcer la réputation de sérieux de leur entreprise. Il s'est ensuite répandu dans toutes les obédiences paramaçonniques tant en Angleterre (SRIA, Golden Dawn où l'on utilise aussi la variante Eth) qu'en Allemagne (Steiner, Max Heindel), comme nous l'avons esquissé. Le modèle d'univers et surtout le modèle de l'homme en plusieurs couches, des plus matérielles et denses aux plus subtiles, astral, monde de désir, se retrouve à peu près identique dans tous ces mouvements.

Avec Papus, plus généralement avec l'école française représentée d'abord par Stanislas de Guaïta, les frères Péladan ou Éliphas Lévi, si l'on affirme haut et clair le caractère expérimental de la magie et si l'on parle de mage scientifique, si l'on se pique de rationalité, le lien avec la physique reste plus relâché. Tout au plus, l'électricité puis la radioactivité découverte par Pierre et Marie Curie serviront-elles de métaphores pour décrire les échanges d'énergie que suggèrent les opérations magiques. Le terme d'éther se réfère à son usage dans l'antiquité grecque beaucoup plus qu'à celui des physiciens de l'époque. On s'appuie plutôt sur la redécouverte de la gnose et le dualisme qu'elle implique. La recherche d'une convergence entre occultisme et science s'affirmera davantage dans la seconde moitié du XXe siècle et le truchement en sera la revue *Planète* et ses prolongements ultérieurs comme *Question de*, *Nouvelles Clés* ou *Troisième millénaire* dont les articles nourriront nombre de planches maçonniques et de spéculations de groupes moins officiels, ainsi que de magazines consacrés à l'étrange autant qu'à l'initiation. Mais dans ces spéculations, l'éther, de plus en plus affirmé comme une évidence, perd toute qualification sinon d'être plus subtil que la matière, une sorte d'intermédiaire entre la densité du monde sensible et le divin.

Notes

1 – Meheust Bertrand, *Somnambulisme et médiumnité*, 2 tomes, Synthélabo, coll. Les empêcheurs de penser en rond, Le Plessis-Robinson, 1999.

2 – Orphée, héros principal de l'épopée, est censé la raconter et parle à la première personne, procédé littéraire qui sera mille fois repris par la suite. Dans les traditions orphiques, Chronos (ici Kronus), fils de Gaïa et d'Hydros ou parfois, selon Nonnos, surgi du Néant, s'unit à la déesse Ananké, la Nécessité. De cette union vont naître trois enfants : Chaos, Éther et Phanès. On a donc ici une variante sur le rang généalogique de Chaos, remplacé par l'Amour dans la fratrie des descendants. Ces variantes suggèrent des visions du monde concurrentes, un débat sur les origines porté par le langage du mythe.

3 – Aristote, *Du ciel*, I, 2.

4 – Festugières André Jean, *Études de philosophie grecque*, Vrin, 1971, pp. 389-400 ; repris dans la fiche wikipedia sur l'éther physique.

5 – Cette évolution du sens et les malentendus qui en résultent ont largement contribué au mépris dans lequel les hommes de science du XIXe siècle et même du XXe ont tenu les auteurs du passé ou des cultures non européennes. Les accusations de naïveté, les notions de « peuples en enfance », de « pensée primitive » opposée à l'âge de raison, tout ce darwinisme social subreptice fausse encore largement le regard que nous portons sur les cultures traditionnelles ou ancestrales, ainsi que sur les philosophes de l'antiquité.

6 – Newton, *Principia*, livre III, Scholium général.

7 – Henri Poincaré, *La Science et l'hypothèse*.

8 – Einstein, lettre à Ernest Mach.

9 – Wikipedia, fiche francophone sur l'éther physique

10 – Cela se discute aujourd'hui, puisque toute particule, selon la théorie quantique, a une probabilité non nulle de présence sur tout l'univers — ce qui a permis par exemple à Stephen Hawking de mettre en évidence l'évaporation des trous noirs par effet tunnel. Or toute particule relève des trois interactions fondamentales que l'on a pu unifier, forte, faible et électromagnétique. Rappelons que la gravitation échappe toujours à cette unification. La théorie des supercordes qui devait la permettre demande tant de complications *ad hoc* qu'on a pu la comparer aux épicycles de l'astronomie pré-copernicienne.

11 – Faivre Antoine, « Recherches sur les courants ésotériques dans l'Europe moderne et contemporaine », *Annuaire de l'École Pratique des Hautes Études, section des sciences religieuses, résumés des conférences et travaux*, 2006-2007.

12 – Besant Annie, *L'homme et ses corps*, 1911.

13 – Bailey Alice, *Traité du feu cosmique*, 1925.

14 –   Heindel Max, *Cosmogonie des Rose-Croix*, édition en ligne, p.29

15 –   Ibid, p. 64

16 –   Ibid., pp 70-71.

17 –   Je ne peux ici que renvoyer à la thèse de Bertrand Meheust, *Somnambulisme et médiumnité*, op. cit., qui explore quasiment tous les aspects factuels et idéologiques de cette question.

18 –   Parmi les nombreuses références possibles, citons en particulier Tocquet Robert, *Les pouvoirs secrets de l'homme*, Les productions de Paris, 1963, réédition J'ai Lu, 1972, et *Les mystères du surnaturel*, mêmes éditeurs, mêmes dates.

19 –   Que l'on me pardonne, je ne me souviens plus si la phrase citée, par ailleurs authentique, vient de Claude Bernard ou de Berthelot.

YI KING (I JING), PREMIÈRE PHYSIQUE QUANTIQUE DES TRANSFORMATIONS ?

Par Pascal Pastor,
revu par Geneviève Béduneau

Il m'a paru intéressant de donner à nos lecteurs le point de vue d'un physicien sur les arts divinatoires et particulièrement sur le I Jing chinois. Ce texte a fait partie d'un cours publié à très peu d'exemplaires, à peine une dizaine, par l'association Ea Anahita au milieu des années 1990, cours dont j'avais assuré l'essentiel mais auquel Pascal Pastor avait tenu à ajouter ce chapitre. Il nécessitait un léger nettoyage pour ôter les allusions au reste du cours et c'est ma seule intervention. Pascal Pastor, polytechnicien, spécialiste de mathématiques appliquées, de physique quantique et de chimie physique ainsi que d'informatique, est décédé en 2001 et ne pouvait donc pas opérer lui-même ces minuscules ajustements.

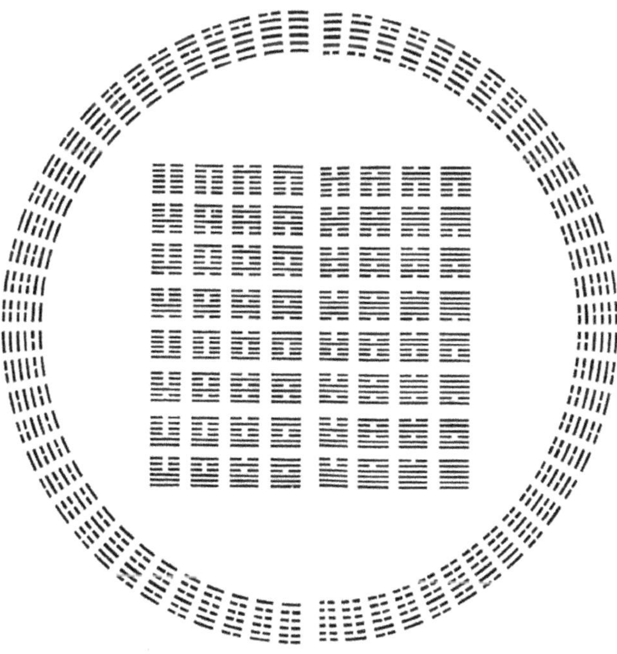

Les hexagrammes du I Jing

Temps et causalité

Nous allons aborder ici le problème de l'usage divinatoire du Yi King du point de vue de sa justification théorique. En fait, ce problème ne peut se concevoir à partir d'une conception naïve de la causalité et du temps. Ce serait là une grave erreur de perspective. Il ne peut se comprendre que si l'on se place dans l'optique chinoise ou dans la conception la plus résolument moderne, celle de la physique fondamentale, qui peut permettre d'établir une passerelle épistémologique dans un langage compréhensible pour les occidentaux.

Les Chinois ont donné un sens très spécial à la causalité, puisqu'ils s'intéressent au processus de transformation lui-même beaucoup plus qu'à la nature propre des « entrées » et des « sorties ». Dans la science contemporaine, on ne peut aborder cette question sans référence à l'expérience d'Aspect, qui a fait émerger au laboratoire et non plus par de simples expériences de pensée une rétroaction du temps et une causalité complexe. Cette causalité complexe prend la forme de coïncidences porteuses de sens et mathématiquement prédictibles.

La rétroaction du temps est sans doute ce qui choque le plus le sens commun. Depuis le XVIIe siècle, une grande part de l'effort technique des occidentaux a été consacré à la mise au point d'horloges régulières. Comme se développe à notre époque un véritable culte des images, à partir tout d'abord de la généralisation du cinéma, puis de la prégnance de la télévision dans tous les foyers et maintenant des progrès de l'informatique et de la mise au point des images de synthèse, un phénomène du même ordre a entouré entre le XVIIe et le XIXe siècle les progrès de l'horlogerie. Les découvertes de Galilée sur le pendule ont permis aux artisans hollandais la mise au point d'horloges au mouvement régulier. D'abord énormes machineries réservées aux monuments publics, aux beffrois urbains en particulier, ces mécaniques à mesurer le temps se sont progressivement miniaturisées. Elles ont d'abord trôné chez les puissants, rois et seigneurs, puis ont gagné les foyers particuliers. L'horloge à balancier dans le salon bourgeois ou la grande salle de ferme devint un élément du décor familier. Enfin, au XVIIIe, la montre à gousset permettait d'emporter l'heure avec soi, même en dehors des demeures. Cette miniaturisation et cette vulgarisation équivalaient à un apprentissage collectif du repérage du temps par intervalles réguliers et successifs et de son lien avec une mécanique. Le temps, de ce fait, n'était plus lié dans la conscience collective à un rythme cosmique, diurne ou saisonnier, mais au mouvement « sans fin » d'une série d'engrenages dépendant d'un ressort. On remontait la montre de façon à ce que ce mouvement ne s'arrête jamais. De ce fait, la conception d'un temps linéaire s'imposait à tous. Elle devait amener une notion nouvelle de la causalité, dont la puissance semblait s'exercer en raison inverse du temps écoulé. Plus une cause était proche, temporellement parlant, et plus elle provoquait des effets mesurables. Plus elle s'éloignait dans le passé, et plus on supposait son action insensible ou négligeable. La pensée collective s'était rendue esclave du temps linéaire. Toute la physique classique s'est construite à partir de là.

Nous savons désormais que la réalité n'est pas descriptible entièrement comme linéaire, mais pas davantage comme non linéaire. Prenons l'exemple des théories de la lumière. A l'époque de Pascal et de Newton et de leurs travaux sur l'optique, la propagation de la lumière était connue comme émission de corpuscules le long de rayons, c'est à dire à partir de la géométrie euclidienne des droites. Cette conception a prévalu jusqu'aux expériences de Young mettant en évidence des phénomènes d'interférence. On en est alors arrivé à une théorie ondulatoire où la lumière se manifestait en halo autour d'un point. Un « rayon », vu en coupe transversale, par exemple en interposant un écran, montre une zone circulaire intense au centre, puis des cercles alternativement sombres et clairs, de plus en plus mal décelables, comme les rides à la surface d'une mare dans laquelle on vient de jeter un caillou. Avec la physique quantique, il a fallu admettre que la lumière combinait onde et corpuscule. Ces théories correspondent à une approximation de plus en plus fine du réel. Le rayon droit décrivait l'expérience immédiate de l'optique. Les conceptions ondulatoire pure, puis corpusculo-ondulatoire correspondent à des phénomènes de moins en moins perceptibles par l'expérience quotidienne.

Il en va de même du temps et de la causalité. La perception immédiate engendrée par l'habitude de l'horloge serait celle d'une droite, d'une dimension linéaire euclidienne. Une approche plus subtile montrerait des récurrences, des cyclicités de nature ondulatoire et suggérerait une « propagation » différente de la simple linéarité. Si l'on considère ainsi l'évolution temporelle de chaque élément du réel, on peut mettre en évidence des phénomènes d'interférence et des nœuds de possibilités. A ces nœuds, le choix de l'orientation du comportement futur, du destin si l'on veut, serait possible, mais pas de manière continue sur un temps linéaire. L'image la plus parlante serait celle d'une autoroute.

On peut bifurquer aux sorties mais, si l'on rate une porte, il faut attendre la suivante. La causalité linéaire et le déterminisme correspondraient au trajet entre deux portes. Au moins le vivant, et donc *a fortiori* le psychisme, disposerait aux portes d'un certain degré de liberté. Cette conception du temps n'en fait plus une simple dimension, d'ailleurs, mais une réalité physique opérant par quanta et connue comme théorie du chronon. Elle a été complétée dans les années 1960-70 par une théorie corpusculaire de l'espace-temps afin de la rendre cohérente avec la Relativité et la mécanique quantique.

Comment concevoir le comportement du vivant (et du psychisme) dans les états que nous avons comparés à des portes ou des sorties d'autoroute temporelle ? Si nous envisageons alors que se présentent des possibilités, des « lignes de temps » différentes, chacune à son tour en engendre d'autres au « nœud » suivant. On aboutit à une notion fractale des temps potentiels. Certains physiciens en ont conclu à la formation, à chacun de ces nœuds, d'univers divergents bien que coexistants, notion qui a d'ailleurs inspiré plusieurs écrivains de science-fiction.

Si, par contre, nous restons dans une perspective linéaire et triviale du temps, alors l'avenir est entièrement déterminé, et cela signifie que tout est écrit, *mektoub*, sous la tyrannie des horloges. Ce fut d'ailleurs un des arguments de la querelle entre les premiers physiciens des quanta et Einstein auquel ils reprochaient une vision hyperdéterministe de l'univers, évacuant trop aisément l'indéterminé au niveau de la particule, l'accidentel dans le monde macroscopique et la liberté chez l'homme. Même un physicien attaché théoriquement au déterminisme strict doit, de fait, constater que tout n'est pas prévisible, que des événements peuvent survenir sans se faire annoncer, en invités surprises. Mais tout ce qu'on oppose d'ordinaire au déterminisme absolu se borne à une autre façon de garder la linéarité du temps, penser tout en termes d'aléatoire, de hasard et de probabilités générant parfois des structures stables. Au niveau du psychisme, cette hypostasiation du hasard dans le temps linéaire engendrera les philosophies existentialistes, dans lesquelles la liberté, absolue à l'origine, se pose à elle-même des contraintes en s'exerçant, jusqu'à la définition finale d'une essence totalement déterministe et figée.

Aucune de ces dernières théories ne décrit complètement ce que l'on peut appeler le croisement de la liberté et de la ou des destinées. Il faut prendre en compte d'une part la fractalité du temps, que confirment les théories grand unifiées les plus récentes, d'autre part les degrés de liberté de chaque élément du réel, qui sont fonction de sa complexité systémique propre. Un chimpanzé dispose de plus de choix potentiels de comportement qu'un annélide et l'homme de bien davantage qu'un chimpanzé, mais cette liberté n'est jamais absolue autrement qu'en abstraction. Concrètement, même l'homme ne pourra pas devenir pilote de ligne à trois mois, en admettant qu'il le désire !

Il résulte de tout cela que, si l'on interroge le Yi King pour connaître à l'avance un futur déterminé, un *fatum*, c'est une idiotie. S'il s'agit de jeter un coup de sonde pour savoir ce qui peut arriver, quelle est la possibilité la plus probable, comme aide à la décision lors d'un nœud temporel, la démarche se justifie. Il reste à examiner comment et pourquoi cet usage est théoriquement concevable.

Un modèle typologique du consultant

Commençons par rappeler quelques truismes. Si les hommes sont égaux d'un point de vue juridique, cela n'efface pas la variabilité interindividuelle des compétences, facultés, et même des seuils biologiques de perception, à l'intérieur d'une fourchette commune. On sait que la distribution statistique prend le plus souvent l'allure d'une courbe de Gauss. Mais il est toujours possible de définir, sur une telle courbe, des seuils qui permettent une répartition en catégories. Lors d'un examen dans le cursus scolaire, par exemple, on définira une note moyenne en dessous de laquelle l'étudiant sera recalé, et reçu s'il la dépasse. Même si l'ensemble des notes se répartit sur une gaussienne, personne ne remettra en doute la validité de ce classement. On peut même définir des catégories plus fines : recalé définitif, qui doit tout repasser ; recalé avec possibilité d'examen de rattrapage ; reçu simplement ; reçu avec mention, selon une échelle des mentions. Or cet exemple montre que les possibilités d'orientation ouvertes seront différentes selon la catégorie dans laquelle se place l'étudiant. Il en va de même dans tous les domaines où nous devons opérer des choix. L'éventail des possibles va dépendre de la personne qui choisit, et il sera plus ou moins ouvert, le choix plus ou moins difficile. Il serait absurde de proposer à un homme qui n'a pas la formation et les réflexes d'un pilote de course de rouler à 250 km/h, et tout aussi absurde de supposer qu'un de ces pilotes pourrait ou devrait se traîner à 50 km/h sur le circuit d'un Grand Prix.

Une lecture des commentaires chinois du Yi King montre une répartition des consultants en plusieurs catégories qui correspondent à une philosophie de l'existence puis, plus tardivement, à une philosophie sociale. Mais cette catégorisation indique déjà la prise en compte des possibilités personnelles de celui qui demande une aide à la décision. Ces catégories sont traduites en français par les termes : homme vulgaire, homme noble, grand homme, sage, prince, souverain, anciens rois (modèles mythiques de l'homme parfait). Il s'y ajoute selon les cas une différenciation père/fils ou homme/femme. Les trois plus fréquentes seront l'homme vulgaire, l'homme noble ou le prince. L'homme, sans autre qualificatif, implique une possibilité commune à tous. Ce modèle typologique, qui d'ailleurs demande à être explicité dans le détail car les Chinois ne mettent pas forcément les mêmes qualités que nous derrière ces concepts, est fortement culturalisé, donc discutable. Cependant, c'est le plus connu et il demeure intéressant en première approximation, pour comprendre :

1. comment se répartit l'ensemble des possibles,
2. comment, lors d'un nœud temporel permettant un choix, les degrés de liberté de chaque individu vont amener telle ou telle orientation.

Cette catégorisation des consultants correspond à des degrés de liberté de plus en plus nombreux. Approximativement, l'homme vulgaire est celui qui se contente le plus souvent de subir les influences extérieures, qui se voit ligoté par un ensemble de contraintes et de limites, culturelles, sociales, éducatives ou individuelles. Il n'est pas entièrement déterminé, mais son éventail de choix est restreint. L'homme noble est celui qui travaille sur lui-même et a développé un certain sens de la responsabilité qui lui permet d'améliorer ses performances, et son choix est plus étendu. Le prince atteint le stade où sa décision implique non seulement son propre destin mais celui de tout ce qui est sous sa responsabilité. Du point de vue du Yi King, n'a droit à ce titre que celui qui est suffisamment évolué personnellement pour que cette responsabilité soit consciente. Selon ces catégories, le Yi King offrira une appréciation des circonstances et une aide adaptée à la décision : ce qui est bon pour les uns pourrait s'avérer désastreux pour les autres et vice-versa. Il ne s'agira donc jamais de divination au sens que, en occident, « l'homme vulgaire » donne à ce terme.

Que cette typologie soit fortement culturalisée n'empêche pas de la re-traduire pour un usage transculturel. Le Yi King est né en Chine mais, même à l'intérieur de cet univers linguistique et culturel, le sens de ces catégories a évolué tout au long de l'histoire. Et l'universalité poten-tielle du formalisme autorise parfaitement une adaptation aux besoins actuels des occidentaux.

L'expérience de la causalité. L'éventail du ou des temps.

Selon les principes de la Relativité, nous ne vivons pas dans un espace et un temps séparables, mais dans quelque chose de commun à l'espace et au temps, ce que l'on appelle un continuum espace-temps à 4 dimen-sions minimum. Chaque élément du réel se déploie ainsi selon une ligne d'univers, que nous pourrions aussi bien nommer sa « ligne de vie », qui est une courbe de cet espace-temps. Si nous reprenons notre exemple de la lumière, la première approximation, le rayon droit si l'on ne considère que les dimensions spatiales, ressemblerait dans l'espace-temps à un tube souple plus ou moins courbé et sinueux.

Il existe des points de vue d'où l'on pourrait observer des lignes d'uni-vers orientées aussi bien dans le sens « ordinaire » de la flèche du temps, du passé vers le futur, que dans le sens inverse, du futur vers le passé. Le « tube » ou le « fil » qu'est une ligne d'univers pourrait même former des boucles, recouper ainsi des points déjà connus. Certes de telles bou-cles semblent exceptionnelles, et il faudrait examiner la courbe « à la loupe » pour les repérer, mais la théorie admet leur possibilité.

Notre seconde approximation du rayon lumineux, rappelons le, offre en coupe un faisceau central avec des faisceaux plus faibles disposés en couronne autour de lui, un halo de nature ondulatoire. Les lignes d'univers, selon ce point de vue, ne se réduisent pas à des « tubes », mais sont entourées d'un halo plus ou moins étendu. Prenons alors deux de ces lignes, relativement proches. Elles peuvent, sans que les faisceaux centraux ne se recoupent, interagir par leurs halos. De telles interactions n'obéiraient pas à une définition classique de la causalité, qui concerne toujours le faisceau principal. Il s'agit plutôt d'une mise en résonance mutuelle qui, d'ailleurs, pourrait expliciter ce que Jung et Pauli nommaient *synchronicités* ou liaisons significatives non causales intervenant, au même titre que les liaisons causales, dans la construction du réel.

Ces phénomènes de résonance interviennent en permanence dans la physique quantique, en astrophysique et même en cosmologie, comme dans la théorie des supercordes par exemple. Ils commencent à poser question lorsque l'on a affaire aux lignes d'univers d'êtres complexes, où l'un au moins appartient au vivant. En ce cas, il semble qu'intervienne une forme d'intentionnalité et une dissymétrie telle que l'un serait « émetteur » et l'autre « récepteur » pour employer des métaphores simples. Le plus puissant, « l'émetteur », provoquerait ainsi une altération sur la ligne d'univers de l'autre. C'est ce qui se passe dans la gravitation où la courbure de l'espace-temps par le corps le plus massif va infléchir la ligne d'univers de son satellite. Cependant, le « récepteur » n'est jamais négligeable. Au niveau gravitationnel, les deux astres se déplacent autour du barycentre du système et non le satellite autour du corps le plus massif, ce qui ne serait qu'une première approximation. Dans le vivant, le « récepteur » résonne certes, mais grâce à une connivence avec « l'émetteur ». Entre deux êtres vivants, ou deux êtres psychiques, si soit « l'émetteur » soit le « récepteur » n'accepte pas la mise en résonance, rien ne se passe.

Ce partage des rôles correspond assez bien à ce que les Chinois désignent sous les noms de mouvement yang (« émetteur ») et mouvement yin (« récepteur »). Et, comme dans le formalisme chinois, ces termes n'ont pas de sens absolu, ils ne peuvent se définir que de manière relative. D'autre part, les penser dans le vivant en termes de rapports de force ou de rapports de valeur serait la meilleure manière de ne pas les comprendre. Dans une discipline comme le tai ji martial, par exemple, c'est le mouvement yin qui assure par sa plasticité la « victoire » sur le mouvement yang, mais au bout d'un jeu d'alternances et d'interactions dans lequel la fonction du yang est justement de révéler le yin.

Dans une pratique oraculaire, ou d'aide à la décision, si un être recherche la résonance avec un autre, c'est pour que ce dernier lui renvoie quelque chose de lui-même. Il va donc se placer en mouvement yang, « émetteur », et choisir un système susceptible de jouer par rapport à lui le rôle yin. La mise en résonance du système yin lui renverra des éléments significatifs. C'est la base théorique de tous les arts divinatoires, le système yin étant alors formé d'éléments naturels ou artificiels beaucoup moins complexes que l'homme (cailloux, plantes, cartons coloriés, etc.).

Si, par contre, le questionneur se trouve face à des phénomènes plus vastes, puissants ou complexes que lui, dont il veut apprécier le sens et l'impact potentiel sur lui-même, ce qui serait difficile par observation directe à cause de la différence d'échelle, il peut se mettre en résonance en choisissant de jouer temporairement le rôle du système yin. S'il est capable de le faire en conscience, sans entraîner d'altération durable en lui, l'introspection lui donnera une idée de ce qui se passe dans le système plus important. Sinon, il va se placer en posture intermédiaire relative, yin par rapport au grand yang, yang par rapport à un système yin moins complexe, et nous revenons au cas précédent. Mais cette fois l'outil divinatoire renverra des informations sur le système le plus puissant.

Nous parlerons très peu de la manière générale ou théorique d'établir la résonance entre le consultant et son « instrument de mesure ». Et ceci pour deux raisons :

1. des raisons culturelles. Les codes employés ou susceptibles de l'être sont très variables et complexes, non seulement entre les peuples, les ensembles culturels, mais il existe aussi une grande variabilité interindividuelle. Une même figure, dans une interrogation par les cartes, par exemple, sera interprétée de façon totalement différente, si ce n'est contradictoire, selon les praticiens. Cela n'empêchera pas que ces derniers pourront obtenir les mêmes informations avec des conventions opposées. Si l'on décidait un jour, en mathématiques, de tout inverser, et de coder l'addition par - et la soustraction par +, cela dérouterait certainement les mathématiciens âgés, mais cela ne changerait rien aux théorèmes.

2. des raisons éthiques. Il y a eu dans le passé des cultures qui n'ont pas hésité à employer des animaux en tant que système yin. L'exemple des haruspices romains qui examinaient les entrailles de bêtes sacrifiées est connu de tous. Il pose quand même de sérieuses questions de déontologie, et donc de contrôle. Tant que, en ces domaines, il n'existe pas d'équivalent du serment d'Hippocrate...

C'est d'ailleurs à la fois pour donner un code de référence commun, une garantie déontologique et éviter ce type de dérive que le formalisme du Yi King a été proposé comme instrument d'évaluation, système résonant, et qu'ont été élaborés les rituels de consultation que nous avons déjà évoqués. Ces rituels permettent, lorsque l'on commence le tirage, d'établir la résonance avec l'univers, d'ouvrir le contact, et de le refermer, de sortir de la résonance quand, tirage accompli, on entre dans l'interprétation, c'est à dire la traduction du code.

Apprécier les possibilités

Lorsque l'on se trouve sur un nœud temporel et que l'on désire savoir comment les situations peuvent évoluer, ou comment choisir au mieux, c'est que s'offre une série de possibilités entre lesquelles il s'agit de déterminer une ou plusieurs orientations. L'erreur consisterait à penser que, quand on tire le Yi King, il faut se conformer à une méthode standard, seule efficiente. C'est la plus fréquente, mais ce n'est pas non plus la seule possible. Elle résulte de la collation d'expériences et les règles existantes possèdent une histoire. En particulier, pour l'interprétation, les Chinois proposent des images qui correspondent à diverses étapes de leur développement culturel, mais qui sont pour la plupart incompréhensibles aux occidentaux. Que faire, par exemple d'une sentence comme « dix couples de tortues ne peuvent s'opposer à lui » ou « voici qu'arrive l'homme aux genouillères écarlates » ? Encore faut-il savoir que ces genouillères n'étaient portées que par les princes, ou que les dix couples de tortues renvoient à un mode oraculaire archaïque. Il faut donc trouver des équivalences immédiatement lisibles par un occidental pressé.

Il serait possible d'élaborer ainsi une série d'images tirées de la physique contemporaine pour comprendre comment s'est construit le Yi King. Nous allons, à partir de notre propre approche du réel, tenter de refaire la démarche pour retrouver les fondements du Yi King.

Prenons l'exemple d'une particule dans un puits de potentiel, c'est à dire confinée en un lieu, comme le proton ou le neutron dans le noyau d'un atome. Elle bouge à l'intérieur de ce puits, d'elle-même et avec son énergie propre, c'est à dire l'énergie qui donne le sens même de l'existence de cette particule, indépendamment d'éventuelles interactions ou de l'entropie. Cette énergie s'exprime toujours de la même façon : la particule heurte les parois de ce puits. Si la ligne d'univers de cette particule était, comme dans la première approximation de la lumière, la trajectoire balistique d'un corpuscule bien délimité, elle ne sortirait jamais. Mais elle est aussi de nature ondulatoire, elle est entourée d'un halo d'existence et, quand elle choque la paroi, une partie de ce halo est dehors. Ou, pour le dire d'une manière plus scientifique, sa probabilité de présence est non nulle à l'extérieur du puits de potentiel.

Selon une vision classique, il n'y aurait que deux possibilités, exclusives l'une de l'autre. Elle serait dedans ou dehors. En fait, elle existe à n% dedans et m% dehors. Comme la causalité n'est pas entièrement mécanique, la physique quantique admet une incertitude sur son devenir, qui doit s'interpréter comme un degré de liberté par rapport à la problématique dedans/dehors. Elle possède une chance sur x de se retrouver dehors. Mettons qu'il s'agisse d'une chance sur cent, pour simplifier.

De notre point de vue, celui que nous donnent nos instruments de mesure, nous la voyons dedans puis, un beau jour, dehors. La transition est indescriptible avec exactitude car la moindre intervention, la moindre mesure provoquerait un autre événement, puisqu'il n'existe pas de mesure qui ne perturbe pas le système étudié. La particule apparaît ainsi « discrète et pudique » : la scrutation par l'observateur empêche le déroulement naturel du processus. Mais ce qui est impossible à décrire au niveau d'une particule isolée n'empêche pas une certaine prédictibilité. Si elle a 1% de chances de sortir, cela signifie que, sur 100 particules confinées, 1 sortira ; et 10 sur 1000, etc. C'est sur de telles prévisions que se fonde toute la technologie de la fission nucléaire, par exemple les centrales électriques. Comme nous ne pouvons détecter la particule que comme dedans ou dehors, il faut opérer une recomposition statistique : n événements favorables/p événements au total.

Si l'on veut exprimer avec précision le pourcentage de chances ou le degré de liberté dans une situation, et si l'on ne dispose que d'un outil binaire, un rapport simple entrées/sorties, on est forcé de travestir le réel. Plus l'outil sera nuancé et plus la description sera correcte. Cependant la façon la plus simple d'exprimer une quantité est toujours binaire : oui/non, 1/0.

Prenons un segment AB sur lequel peut se déplacer un point P. Si notre seul outil se résume à 1 et 0, nous pouvons diviser notre segment en deux zones égales. Si P est proche de A, il vaut 0 ; s'il est proche de B, il vaut 1. Nous pouvons ainsi décrire la situation sauf lorsque P se trouve exactement au milieu. Avec deux quantités élémentaires d'information, on peut nuancer, partager AB en 4 et obtenir ainsi plus de précision. P vaudra 00, 01, 10 ou 11. Cela grimpe très vite. Avec dix quantités élémentaires d'information, on arrive à 1024 fractionnements élémentaires et l'on obtient ainsi la position de P au millième.

Le Yi King utilise cette propriété. Il faut toutefois se souvenir que, plus on cherche la précision, et moins on peut décrire le réel sans l'influencer. Si les principes d'incertitude de la physique quantique ont été mis en évidence à l'échelle des particules, c'est parce que les perturbations atteignaient le même ordre de grandeur que les systèmes étudiés, mais cette règle reste valable quelle que soit l'échelle du phénomène.

Le Yi King propose ainsi plusieurs niveaux de précision. Avec 1 quantité élémentaire d'information, nous avons la bipolarité yin/yang, - -/ −. Avec 2, les 4 « bigrammes » ; avec 3, les 8 trigrammes ; et avec 6, les 64 hexagrammes.

La bipolarité yin/yang dans l'usage « divinatoire »

Nous avons dit que les arts divinatoires reposent sur la possibilité de mise en résonance d'un système « récepteur » avec un système « émetteur », en l'occurrence nous-mêmes dans une situation précise. Admettons que la position du point P entre A et B nous serve de système « récepteur ». On ne peut alors avoir qu'un renvoi : bon/pas bon ; ou, comme dirait Pifou, glop/pas glop. Mais il faut que ce système binaire soit au départ en état métastable, le point P exactement au milieu du segment, pour qu'une cause très faible puisse le faire basculer d'un côté ou de l'autre. Ou, dans le cas de la particule, à 50% dedans et 50% dehors. En d'autres termes, il s'agit de tirer à pile ou face en lançant une pièce en l'air (état métastable par excellence).

Mais établir la résonance signifie que la réponse ne se fera pas au hasard. On sollicite le réel pour créer la coïncidence significative adéquate. Ce qui veut dire que la question posée doit pouvoir recevoir une réponse en oui/non, et cela implique une première analyse, même triviale : « J'ai l'occasion de... (vendre mon cochon, rencontrer Marylin, m'inscrire au cours de body building, etc. Une question à la fois, SVP), est-ce bon pour moi ? Oui/non. » Une autre façon d'obtenir une réponse en oui/non est celle qu'utilise, par exemple, la Géomancie. On jette des cailloux à l'intérieur d'un cercle et l'on compte selon la parité : impair = 1 ; pair = 2 (plus maniable que 0). Ou bien l'on arrache une poignée d'épis mûrs et l'on compte les grains selon la parité. Peu importe la nature de ce que l'on compte, du moment qu'une codification est établie. D'ailleurs, les instituts de sondage le savent fort bien.

Cette méthode, la plus simple de toutes, est sans doute à l'origine de la bipolarité yin/yang, mais elle reste très rudimentaire. Il faut, pour obtenir une précision suffisante, une arborescence de questions où, à chaque pas, « deux cas se présentent », comme dans la célèbre blague. Il devient alors plus commode de jeter deux pièces ou d'arracher deux poignées d'épis, pour avoir d'un coup 4 possibilités. Mais alors, la façon dont ils se présentent n'est pas neutre. Nous avons à tenir compte d'un arrangement gauche/droite ou premier tas/deuxième tas. Nous voyons ainsi l'origine de l'âge du trait, tel d'ailleurs que le décrivent les commentaires chinois en le reliant aux bigrammes. Deux yin = vieux yin ; deux yang = vieux yang ; les deux polarités présentes ensemble, le trait sera jeune. C'est alors une information supplémentaire en termes de devenir : la polarité qui se présente est elle au début ou à la fin de son action ?

Nous savons déjà que la situation met en jeu plutôt un mouvement yang, ou plutôt un mouvement yin, et vers quoi elle risque de basculer. Une autre question se pose : est-elle fragile ou consistante ? Cette troisième interrogation pourrait être à l'origine des 8 trigrammes. Ainsi, avec un enchaînement de trois questions, nous savons si une action commence ou s'achève, si elle est fragile ou non, si elle opère en profondeur ou en surface, ce qui amène à élaborer une notion d'intérieur/extérieur ; ou celle d'une histoire ancienne/nouvelle histoire. On aurait ainsi l'origine des hexagrammes.

L'hexagramme, pour employer une expression parlante due au physicien Jacques Ravatin, est la mise en dualité dynamique de deux trigrammes. Ils peuvent certes être déterminés en un seul tirage. Mais l'usage chinois archaïque, ou très savant, étudie aussi l'hexagramme formé par le premier trigramme du tirage en cours et le dernier du tirage précédent, ce qui renseigne sur les continuités et les ruptures ou les bifurcations.

La genèse de l'hexagramme et sa relation avec l'univers

Avant la formalisation du Yi King, la consultation se faisait en Chine en jetant au feu une tortue. Sa carapace, en effet, symbolisait l'univers : la face bombée correspondait au ciel et la face plate, sous l'animal, à la terre. On retirait la bestiole quelque peu grillée et l'on examinait comment s'était fendue la partie ventrale, qui renseignait ainsi sur l'application du ciel sur la terre. On n'utilisait à cet usage qu'une espèce de tortue, qui offrait la particularité d'une carapace divisée en 6 « cases » de chaque côté d'une médiane très apparente. Chacune des cases s'interprétait selon le système oui/non : fendue/pas fendue, située à gauche ou à droite de la ligne médiane. La tortue, avec ses 6 x 2, soit 12 cases, permettait une analogie avec la voûte céleste, ainsi projetée sur la terre. De cette origine très pragmatique, le roi Wen aurait donc tiré le formalisme complexe que nous avons décrit.

Nous ne reviendrons pas sur la ritualisation du tirage, fort connue. Le formalisme du Yi King décrit des modes de transformation. Lors d'une consultation, on s'attend donc à ce qu'au moins un trait de l'hexagramme soit mutable. Mais il peut arriver que l'on obtienne un hexagramme dont aucun trait ne mute. La plupart des praticiens, suivant en cela l'opinion de Confucius, considèrent alors que la question a été mal posée, ou que la mise en résonance n'a pas eu lieu et qu'il convient de refaire la démarche. Implicitement, c'est se replacer dans une perspective de temps linéaire et de bifurcation potentielle continue. Un hexagramme non mutable indiquerait plutôt une situation bloquée de fait, soit parce que l'on n'a pas encore atteint un nœud temporel où se déploie l'éventail des possibles, soit parce que la question n'implique aucun devenir, ou lorsque l'environnement implicite et inconscient global n'est pas assez grand. La réponse se résume alors à la simple description de ce qui est. L'expérience prouve que, très souvent, un tel blocage apparent précède l'irruption de l'imprévisible, d'un élément impossible à prendre en compte parce qu'il dépend d'un choix sur une ligne d'univers encore éloignée de celle que l'on consulte. En ce cas, la situation sur laquelle on s'interroge n'évoluera pas, de fait, parce qu'elle sera remplacée intégralement par une autre. A proximité de l'événement crucial, on obtiendrait au contraire la mutation critique de tous les traits.

Une des difficultés de la consultation est donc le choix de l'instant le plus propice à une mise en résonance signifiante. A l'époque archaïque, une tortue se manifestait ou non, permettant ainsi de ne pas se poser véritablement le problème de repérage des nœuds temporels. Il est vrai qu'on pouvait toujours tricher en faisant un élevage, mais à quoi bon ? L'interrogation de l'univers passait par une première question, implicite : est ce le moment juste ? Réponse : tortue/pas de tortue. C'était en quelque sorte le signe de la connivence de l'ensemble du réel. Mais nous avons perdu, ne serait-ce que par l'apprentissage des horloges ou même des codes sociaux de rendez-vous, d'audience par les puissants, cette familiarité avec la nature. Les baguettes d'achillée, les trois pièces de monnaie, le livre sont en permanence à notre disposition. Comment alors savoir si c'est l'instant juste, si nous sommes à proximité suffisante d'un nœud ?

N'oublions pas non plus que, dans la conception chinoise, le *quantum* de temps est propre à chaque système, et que donc, selon le type de question posée, le moment juste ne sera pas toujours le même. Vendre son cochon et sortir avec Marylin ne relèvent pas forcément du même rythme, du même sous-système existentiel. On peut, bien entendu, se fier à son intuition, c'est à dire à une résonance spontanée. Mais les Chinois ont choisi une autre forme de solution, étendre le code aux cyclicités les mieux repérables, diviser par exemple la journée en 8 tranches horaires, chacune correspondant déjà à un trigramme. On retrouve cette même rythmique avec les demi phases lunaires. Il ne s'agit pas là d'un découpage arbitraire. Si nous prenons, dans une autre perspective que celle du temps linéaire et horloger, la succession des jours, la simple alternance jour/nuit induit une pulsation yang/yin. On y repère aisément quatre points signifiants. Si nous prenons la luminosité comme indicateur, elle passe par un maximum au midi vrai, un minimum au minuit vrai. Entre les deux, nous trouverons les deux crépuscules du soir et du matin, qui correspondent à la droite d'équilibre autour de laquelle oscille le système. Le yang pur se distribuera ainsi sur une étroite crête de part et d'autre du maximum, et le yin pur, à l'inverse, autour du minimum. L'émergence du yang se lit à l'aube et l'émergence du yin au couchant. Les quatre points intermédiaires sont alors assez aisés à déterminer, empiriquement par la hauteur du Soleil sur l'horizon durant la journée, ou celle d'étoiles prises comme repère pendant la nuit. Mais ce repérage implique aussi la connaissance des variations saisonnières.

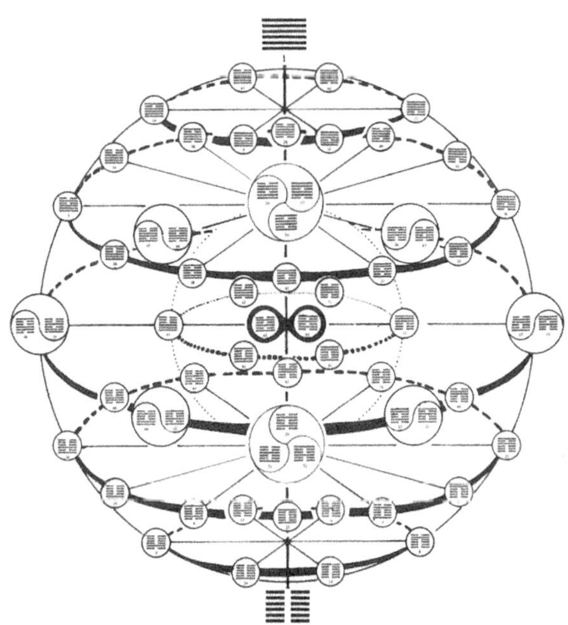

Les deux « successions du ciel » décrites dans le Chouo Koua pourraient correspondre à cette double distribution des trigrammes, diurne et annuelle. Nous savons par le commentaire chinois que la « succession postérieure » attribuée au roi Wen décrit l'ordonnance saisonnière, sur laquelle nous reviendrons. Il n'est pas interdit de penser que la « succession antérieure », qui organise les trigrammes par couples axiaux, représenterait alors l'ordonnance diurne. A chaque fois, une indication spatiale selon la rose des vents est indiquée. Or, si nous prenons la distribution dite antérieure, le yang pur se place au sud. Aux latitudes de la Chine, le Soleil au midi vrai sera effectivement plein sud. Logiquement, le yin pur se place alors au nord, dans la direction de l'étoile polaire. Li, le feu lumière, se voit à l'est, ce qui correspond bien au levant, et K'an, l'abîme, lui fait encore très logiquement face, à l'ouest, au couchant. Touei, le lac, associé aux notions de joie et de sérénité, occupe le sud-est, et donc la position matinale. En face, au nord-ouest, nous trouvons Ken, l'immobilisation, ce qui se conçoit pour la période d'entrée dans le sommeil. Au sud-ouest, Souen, le vent, le pénétrant, indique la redescente apparente de l'astre, tandis qu'au nord-est Tchen, l'éveilleur, annonce la venue prochaine de l'aube, comme le coq qui chante une première fois bien avant le lever de l'astre. Remarquons que, sémantiquement, ce seraient plutôt les repères nocturnes, à prédominance yin, qui déterminent le plus clairement, ou le plus transculturellement, les positions intermédiaires et leur sens.

A partir d'une telle distribution sur le cycle diurne, il devient aussi évident pour un Chinois de poser, selon le moment du jour, les questions qui correspondent aux énergies en action, au trigramme qui les symbolise, que pour un occidental habitué au temps des horloges de se rythmer sur les heures de bureau, ou les principales émissions de télévision !

La « succession postérieure », attribuée au roi Wen, correspondrait aux saisons. Mais pour comprendre cette nouvelle distribution, il nous faut dire quelques mots du système chinois. Tout comme nous, ils repèrent l'année par les minima et maxima d'éclairement que sont les solstices d'hiver et d'été, et les points d'équilibration que sont les équinoxes. Mais nous faisons de ces points remarquables des butoirs, chacun ouvrant une saison. Les Chinois ont un meilleur ressenti culturel de la pulsation annuelle de l'éclairement. Les saisons s'organisent ainsi autour des points solsticiaux ou équinoxiaux qui en marquent le centre. D'autre part, quatre intersaisons de 18 jours chacune marquent les temps intermédiaires. Le printemps commence au 6 février, culmine au 21 mars, et se termine le 17 avril. Il correspond à l'est et, dans le système du roi Wen, au trigramme Tchen, l'éveilleur, position assez logique puisqu'elle correspond à la montée de sève. La première intersaison va du 18 avril au 5 mai, et correspond à Souen, le pénétrant, et au sud-est. Comme Souen est aussi le vent, il se peut que cela corresponde à une observation climatique locale. Du 6 mai au 20 juillet, avec un pic le 21 juin, nous trouvons l'été, le sud et le trigramme Li, le feu lumière, ce qui se conçoit. Du 21 juillet au 7 août, la seconde saison intermédiaire, le sud-ouest et K'ouen, la terre yin. Du 8 août au 20 octobre, donc autour du 22 septembre, c'est bien sûr l'automne, l'ouest, et on lui attribue le trigramme Touei, le serein. C'est assez conforme, de fait, à l'expérience de l'automne. Du 21 octobre au 7 novembre, la troisième intersaison se place au nord-ouest, avec le trigramme K'ien, le yang pur. Du 8 novembre au 18 janvier, centré donc sur le 22 décembre, c'est le nord, l'hiver, et K'an, l'abîme. Enfin vient la quatrième intersaison, du 19 janvier au 5 février, au nord-est, avec Ken, la montagne ou l'immobilisation. Nous ne discuterons pas de l'attribution des trigrammes sur le modèle saisonnier, même si tout n'est pas immédiatement compréhensible. Il décrit les saisons non tant par les phénomènes astronomiques que par les manifestations climatiques et végétales, les cycles du vivant. Il est par contre intéressant de remarquer que toute consultation du Yi King se faisant à un moment précis du jour, lui-même occupant une position précise dans l'année, nous obtenons déjà un premier hexagramme implicite qui correspond à l'ambiance cosmique ou vitale de la consultation elle-même. A l'heure de l'éveilleur dans la saison du feu lumière, ou des forces de cohésion, le moment n'est pas forcément idéal pour se poser des questions concernant la dissolution, celle par exemple des liens d'un contrat. Le rendez-vous avec Marylin conviendrait mieux, à condition d'avoir envie d'une réponse franche !

Le Yi King et l'acupuncture

Nous disposons donc d'un calendrier saisonnier, à distinguer de l'année lunaire qui sert de calendrier civil, associé aux 8 trigrammes. Notons la répartition en nombre de jours. Chaque saison « classique » vaut 2 x 36 = 72 jours. Le total des intersaisons 18 x 4 = 72 jours. Il reste 5 jours que l'on va distribuer par demi-journées théoriques aux limites des saisons et intersaisons, afin de rendre compte de la fluctuation des équinoxes et des solstices. Les saisons valent en fait 2 x 36,5 = 73 jours, et le total atteint 364 jours. Mais si nous négligeons les fluctuations, nous voyons que les 4 intersaisons correspondent en fait à une saison de 72 jours, éclatée ou déployée sur l'année. A titre de comparaison, nos 4 saisons valent chacune 1/4 d'année, soit 91,31 jours.
Ce passage de 5 saisons à 8 se retrouve dans la forme déployée de l'Ecrit du fleuve Lo. Nous voyons ainsi associés nombres, trigrammes et saisons.

Le Plan du fleuve Jaune, lui, répartit les nombres selon 5 éléments : Eau pour 1 et 6, Bois pour 3 et 8, Feu pour 2 et 7, Métal pour 4 et 9, Terre pour 5 et 10. Nous retrouverons ces éléments associés aux saisons : Eau pour l'hiver, Bois pour le Printemps, Feu pour l'été, Métal pour l'automne, et Terre pour la saison intermédiaire éclatée. Cela signifie que 4 trigrammes se voient associés étroitement à un élément, par le rythme saisonnier. Tchen est bois, Li est feu, Touei est métal, K'an est eau. Les 4 autres se rattachent à la terre, même, notons le, le Ciel. Tout hexagramme sera donc en même temps relation entre éléments et les mutations indiqueront aussi la transformation de l'un en l'autre. Mais de quoi parle-ton sous le terme « élément » ? Une erreur de compréhension serait d'y voir des « briques » constitutives du réel. Il s'agit plutôt de typologies étroitement liées aux saisons dont elles expriment, de manière synthétique, la qualité énergétique. A ces types élémentaires vont alors se rattacher les grands systèmes physio-énergétiques du vivant. A ce sujet, nous employons le mot *énergie* utilisé d'ordinaire par les acupuncteurs. Qu'il y ait dans ces phénomènes une composante énergétique au sens que la science occidentale donne à ce terme est évident : toute activité du vivant consomme et transforme de l'énergie. Mais, là encore, les concepts chinois ne sont pas entièrement superposables aux nôtres. Il reste que, au delà de cette question de vocabulaire, chaque saison, conçue comme une transformation climatique complexe, éveille certains systèmes dans le vivant, certains organes et la chaîne de transformations qui leur est associée. A chaque saison, un système physio-énergétique sera particulièrement stimulé.

Au printemps, élément Bois, il s'agit du système foie/vésicule biliaire ; en été, élément feu, du système cœur, maître du cœur/intestin grêle, triple réchauffeur ; en automne, élément métal, du système poumon/gros intestin ; en hiver, élément eau, du système reins/vessie ; enfin, les 4 intersaisons voient le réveil du système rate-pancréas/estomac. Mais les saisons ne sont pas seules à stimuler ces systèmes. La médecine chinoise regroupe sous les étiquettes des 5 éléments tout ce dont l'action se traduit par une favorisation du système physio-énergétique correspondant. On en trouve parfois, à l'usage des occidentaux, des tableaux récapitulatifs. Ils sont utiles comme aide-mémoire, à condition de comprendre la pensée qui a permis de les établir et de ne pas les prendre comme des tiroirs fourre-tout.

Chaque système physio-énergétique relie des points du corps dont la stimulation entraîne celle de certaines fonctions organiques. Pour ce qui concerne la surface, la peau, ces points ont pu être cartographiés, ainsi que l'ordre dans lequel ils se relient les uns aux autres : c'est ce que l'on appelle les méridiens. Mais il existe aussi des méridiens internes, ou profonds, qu'aucune aiguille n'ira jamais titiller, et dont la cartographie reste entièrement à faire. Ceux là ne pourront être atteints que par résonance avec des points superficiels. D'autre part, les aiguilles de l'acupuncteur ne sont pas seules à stimuler ou apaiser les fonctions qui ont besoin de l'être. Comme dans toute médecine, elles se complètent d'une pharmacopée, mais aussi d'une diététique et, le lien psychosomatique s'établissant aisément dans cette théorie médicale, de toute une médication du psychisme, à base de travail sur les émotions, les rêves, de couleurs, de sons, d'exercices respiratoires, etc.

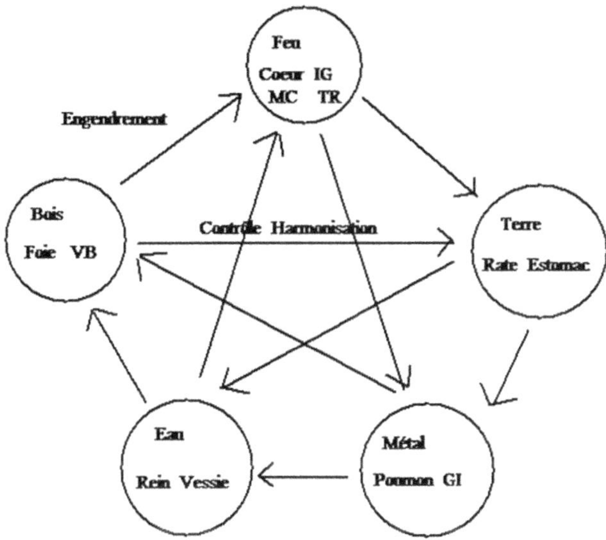

La Chine n'a jamais conçu le vivant comme une machine, mais comme le lieu de cycles de transformation qu'il convenait de comprendre et, au besoin, de rectifier en respectant leur dynamique propre. On ne peut pas l'assimiler complètement à une médecine qui soignerait le terrain plutôt que le symptôme, comme celle d'Hippocrate ou l'homéopathie. On ne peut pas non plus y voir une agence de réparation après coup, qui attend la manifestation du symptôme, ce qu'est souvent la médecine occidentale. En médecine chinoise, on interviendra aussi bien sur le symptôme que sur le terrain ; en amont, sur l'instant et en aval du trouble, et cela aussi bien d'un point de vue temporel que d'un point de vue « énergétique » ou « élémentaire ». Comme toute la science chinoise, la médecine travaille directement dans le complexe. Les 5 grands systèmes de méridiens ne sont pas des entités isolées. Il existe deux cycles d'interaction qui les relient. Le premier, qui suit l'ordre des saisons, en regroupant les intersaisons entre été et automne, est nommé le sens « d'engendrement » ; le second, qui « saute » une saison, le sens de « contrôle » ou « d'harmonisation ». En sens inverse de ce dernier circuit, se produisent au contraire les « attaques » amenant un dysfonctionnement en chaîne. Le rôle du médecin sera d'assurer la continuité du cycle vital de transformations et de le rétablir s'il se comporte anormalement.

Comme chaque trigramme est associé à une saison et un élément, il se voit donc associé de même à l'un des 5 grands systèmes de méridiens. Il est ainsi possible de décrire par le formalisme du Yi King l'évolution des transformations biologiques. Mais il est aussi possible, par le biais du tirage, d'obtenir des indications précises sur le fonctionnement de ces cycles de transformation. Ce qui permettait le plus souvent aux Chinois de consulter leur médecin avant l'apparition des symptômes, et de se maintenir en santé plutôt que d'attendre qu'une maladie se déclare.

Tableau récapitulatif des correspondances

trigrammes	saison et élément	système biologique	saveurs alimentaires	Aliments
Tchen	Printemps, bois	Foie, VB	acide	Boldo, mouton, millet
Li	Eté, feu	Cœur MC, IG, TR	amer	Verveine, poulet, blé
Souen, K'ouen, K'ien, Ken	Intersaison, terre	Rate, estomac	doux, sucré	Sauge, bœuf, millet non glutineux
Touei	Automne, métal	Poumon, GI	piquant	Serpolet, chien, cheval, riz
K'an	Hiver, eau	Rein, vessie	salé	Sarrazin, haricots, châtaignes, porc

Une généralisation : l'usage préventif du Yi King

Nous avons vu comment le Yi King pouvait servir d'aide à la décision, mais aussi d'aide au diagnostic. En fait, ce ne sont pas seulement les cycles biologiques qui peuvent se décrire à l'aide de ce formalisme mais tous les cycles de transformation et, par là, tout le réel. De ce fait, dans la sphère d'action humaine, il peut servir à déceler, avant même que les effets n'en soient devenus visibles, les perturbations en germe. La consultation n'aura donc pas seulement un caractère décisionnel, mais permettra aussi une aide à la prévention.

La description du cycle saisonnier par les trigrammes permet ainsi une prévision des altérations climatiques. On pourrait voir en étudiant le « parcours type », l'ordre canonique des hexagrammes, que les images évoquées décrivaient clairement des systèmes climatiques et écologiques comme le cycle de l'eau. Donnons un exemple. Nous sommes aux alentours de l'équinoxe de printemps, saison décrite par Tchen, l'éveilleur mais aussi le tonnerre. Les tempêtes d'équinoxe, on le sait, sont souvent les plus violentes de l'année climatique. Un tirage révèle H25, ciel/tonnerre, en harmonie avec la saison, mais qui mute en H35, feu/terre. Si la question concernait le court terme, nous pourrions en conclure qu'un orage va se déclencher dans la journée ou les jours à venir, suivi d'un retour du beau temps. Mais si nous avions interrogé sur l'évolution de toute la saison, nous pourrions nous inquiéter davantage. Le Yi King nous suggèrerait que la période des tempêtes serait suivie d'une sécheresse anormale. Il n'y aurait plus qu'à prévoir d'urgence le remplissage de réserves d'eau, afin d'assurer l'arrosage des cultures. Le même tirage en été nous préviendrait au contraire du passage anormal d'une perturbation, mais avec, ensuite, remontée sensible et normale du baromètre. Ce tirage accompli juste avant l'été suggérerait un début de saison orageux, avec une belle transition vers l'automne. Comme le début d'été chinois est le temps de la récolte des foins, du fourrage, il faudrait dégager un budget pour compléter, au besoin, l'approvisionnement.

L'économie moderne est certes moins dépendante des fluctuations climatiques, encore que les transports en soient toujours affectés, mais d'autres modes d'appréciation peuvent entrer en jeu. Nous ne les détaillerons pas. Une compréhension en profondeur des systèmes de transformation permettrait d'établir les homologies nécessaires. Il en va de même dans tous les domaines où les fluctuations sont imprévisibles ou difficilement prédictibles par les outils actuels : statistiques, causalité classique, automatisme ; c'est à dire quand les systèmes à examiner sont trop complexes pour être complètement décrits, ou les degrés de liberté trop importants pour pouvoir en pondérer toute l'arborescence.

Cependant, l'usage préventif du Yi King n'est pertinent que si l'on peut apprécier les conséquences à long terme d'une éventuelle intervention corrective et, de plus, être capable d'une remise en question permanente de ses propres points de vue, de sa propre action. Admettons, par exemple, que le tirage annonce à quelque responsable politique la préparation d'une émeute. Il peut évidemment réagir à courte vue et mettre au trou quelques meneurs. Mais le malaise social, lui, n'a pas été soigné pour autant. Il pourrait fort bien en résulter des troubles plus graves à long terme. Accepter de voir que la situation résulte de ses propres erreurs et demande d'avoir à prendre un cap très différent de ses premiers désirs n'est pas donné à tous les dirigeants... Or, le Yi King révélera toujours l'état global de la situation, les lignes d'évolution les plus actives en fonction de ce qui est, ou de ce qui est en voie de décision. Les susceptibilités de l'ego l'affectent fort peu ou, du moins, ne contraignent pas sa réponse. Il est inutile de l'interroger comme la marâtre de Blanche Neige son miroir, à moins d'être prêt à entendre que l'on n'est ni la plus belle ni la plus futée du royaume et que c'est en soi même que la première transformation devient urgente. Rappelons aussi que l'interprétation du Yi King ne se borne pas à la lecture des sentences associées aux hexagrammes. Ces dernières ne sont qu'un aide mémoire, très culturalisé de surcroît. C'est la comparaison des hexagrammes tirés, de la question posée et de toutes les informations déjà connues sur le problème qui permet le diagnostic réel. Il peut sembler un truisme de dire qu'un tirage médical aura du sens pour un médecin et un tirage climatique pour un spécialiste de la météo. Au profane, ce type de question, même si le Yi King répondait avec finesse, n'apporterait que fort peu d'éléments, faute d'un contexte cognitif qui permettrait de dégager toute l'information contenue dans les hexagrammes. Nous retrouvons la distinction des consultants, leur catégorisation non plus morale mais sur le plan de leurs compétences. L'outil qu'est le formalisme du Yi King a une vocation universelle, mais son universalité même exige, en complément, une certaine spécialisation dans son emploi, dans son application concrète. D'autre part, rappelons également que celui qui opère le tirage doit être capable de mettre sa propre ligne d'univers en résonance avec celle du système étudié et avec le formalisme. Cela aussi demande quelque compétence, donc un apprentissage. Ce dernier peut exiger du temps, d'autant plus de temps que l'on veut pouvoir utiliser cet outil en finesse.

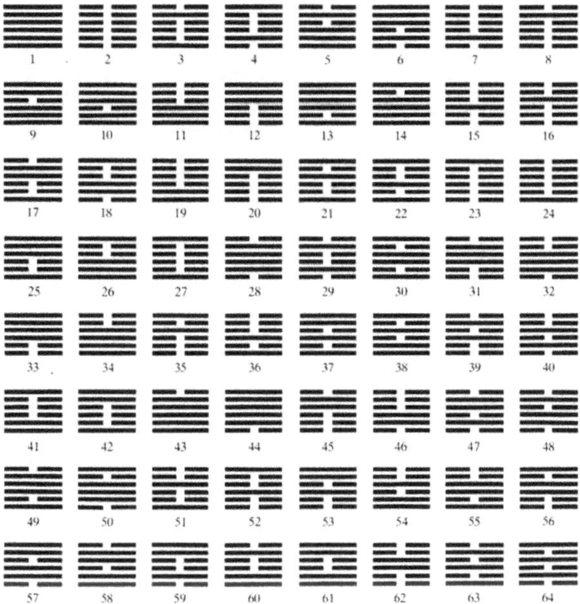

VOX BOGOMILI : LA VOIX DES BOGOMILES

par Alain Vuillemin
Professeur Émérite de Littérature Comparée
Laboratoire « Lettres, Idées, Savoirs » de l'université Paris-Est

Une voix, celle de « bogomiles », d'« aimés de Dieu »[1], celle de ces « bons chrétiens »[2] qui sont venus jadis d'Orient, d'Arménie, jusqu'en Bulgarie au Xᵉ siècle, puis jusqu'en France, en Occitanie, entre les Xᵉ et XIIIᵉ siècles, pour transmettre leur foi, resurgit, vibrante d'émotion, dans *Vox Bogomili. Souffle bulgare en Terre cathare.* Ce spectacle musical *a capella* a été créé en 2008 par le « Quatuor Balkanes ». Quatre voix de femmes, deux bulgares, celles de Milena Jeliazkova et de Milena Roudeva, et deux françaises, celles de Martine Sarazin et de Marie-Madeleine Scaglia, accompagnées par trois voix d'hommes, celles de Bruno Martins et de Simon Gallot, tous deux français, et celle de Luben Drensky, lui bulgare, retrouvaient un « souffle bulgare » perdu, une parole révélée qui avait été oubliée. Deux scénographes français, Emmanuelle Ricard et Jean Manifacier, associé à un projectionniste, Philippe Andrieux, et à une costumière, Agathe Trottignon, ont aussi participé à cette magie. Ce spectacle racontait le voyage hasardeux de deux prédicateurs bulgares, un homme et une femme, chargés de « porter la vérité », la parole du « pope Bogomile »[3], à travers le sud-est de l'Europe, en Grèce, en Bosnie, en Croatie, en Italie, et cela jusqu'en « Terre cathare »[4], en Occitanie. La chronologie est disloquée. L'action commence en Bulgarie, au mois de février 1211, dans les environs de la ville de Véliko-Tarnovo[5], lors d'un concile de l'Église bulgare qui condamna le bogomilisme. Un retour en arrière évoque les toutes premières prédications des prêtres bogomiles[6] au Xᵉ siècle, en Bulgarie. Le spectacle s'achève à une date indéterminée, entre 1244 et 1321, en terre occitane, au temps des bûchers. Organisé en quatre temps forts, en Bulgarie, en Europe du sud, en Italie, en la cité de Concorezzo en Lombardie, puis en Occitanie, en différents lieux qui restent indéterminés. *Vox Bogomili* se décompose en sa version étendue en quarante-trois chants, écrits en neuf langues différentes, en bulgare, en slavon, en grec, en bosniaque, en croate, en latin, en italien, en français (en langue d'oïl[7]) et en occitan (en langue d'oc[8]). Ces chants, ces chansons et ces prières, ont été puisés à de multiples sources, les unes immémoriales, traditionnelles et orales, et d'autres, écrites, plus récentes et littéraires. Un chant en latin, *Vox Bogomilica*[9], résume l'argument : « Je vous salue […] / Je suis un bogomile. / Que ma voix soit inspirée par l'Esprit / Pour que je proclame notre foi… ». Telle est cette « voix », ce « souffle » hétérodoxe venu du second Royaume bulgare vers les terres des « Bons Hommes » et des « Bonnes Femmes »[10], les « cathares », à travers des contrées orthodoxes et catholiques. Le propos est ambigu. Cette « voix qui sommeillait depuis mille ans, la *Vox Bogomili* »[11], est hérétique. Elle s'oppose aux dogmes professés à l'époque aussi bien en Orient qu'en Occident. C'est aussi une « voix » qui est reconstruite, qui est née ou qui a plutôt resurgie au début de ce XXIe siècle à partir de sources extrêmement éclatées. Que révèlent à cet égard les circonstances de la naissance de cet ensemble musical, celles de la genèse de ce projet singulier et, enfin, celles de la création de cette œuvre si particulière ?

I. LA NAISSANCE DU GROUPE

Vox Bogomili est un spectacle musical qui a été conçu par quatre auteures : Milena Jeliazkova, Milena Roudeva, Martine Sarazin et Marie Scaglia . L'élaboration de cette œuvre collective, composite, est étroitement liée à la naissance de ce groupe qui est né d'une série de rencontres fortuites, qui s'est ensuite forgé une âme, une identité en se donnant un nom et qui s'est enfin transformé, à partir du mois de juillet 2006, en un septuor mixte en incluant des voix masculines, uniquement pour ce spectacle.

Dans la formation du groupe, le hasard a joué un grand rôle. Les premières rencontres ont été tout à fait imprévues. Au cours de stages de chants ethniques, Martine Sarazin avait fait la connaissance d'une danseuse professionnelle, Sophie Tabakov, une Française d'origine bulgare, qui cherchait à retrouver les racines musicales de ses origines pour les intégrer à ses spectacles de danse. À l'automne 1996, le « Café des arts », un établissement du quartier Saint-Georges de Lyon,

donne carte blanche à Sophie Tabakov pour animer une soirée autour
de chants bulgares. Tout naturellement, Sophie Tabakov propose à
Martine Sarazin de chanter avec elle. Cependant, la polyphonie étant
plus riche à trois voix, Martine Sarazin demande à Marie Scaglia, ren-
contrée en août 1996 au cours d'un stage de *Tao* de la voix (une méthode de chant inspirée de l'Orient), de se joindre à elles. C'est ainsi
qu'un premier concert est donné à trois voix à la fin du mois de novembre 1996 en ce lieu associatif, le « Café des arts », à Lyon. Dans le public se trouvait Milena Roudeva. Le trio se transforma alors en un quatuor avec le concours de cette dernière lors d'un autre concert donné à
Lyon, le 24 janvier 1997, qui plut beaucoup. En septembre 1997, toutefois, Sophie Tabakov quitta le groupe pour se consacrer à la compagnie chorégraphique « Anou Skan », implantée à Lyon. Une jeune étudiante bulgare en lettres de l'université « Lumière-Lyon 2 », Milena
Jeliazkova, fut invitée alors par Milena Roudeva à remplacer Sophie
Tabakov. Le quatuor était constitué, avec quatre voix aux timbres complémentaires : deux sopranos, Milena Jeliazkova, née en 1975 à Sofia,
en Bulgarie, et Martine Sarazin, née en 1964 à Colmar, en France, une
mezzo-soprano, Marie-Madeleine Scaglia, née en 1968 à Paris, en
France, et une voix de baryton féminin, Milena Roudeva née en 1965
à Roussé, en Bulgarie. C'est à ce moment-là, vers la fin de l'année
1998, que l'attention du Centre des Musiques Traditionnelles Rhône-
Alpes à Villeurbanne fut attirée par l'émergence de ce nouveau groupe
musical, mixte, franco-bulgare. En 1993, la Bulgarie était devenue un
membre à part entière de la communauté des États francophones. Son
entrée dans l'Union Européenne était prévue pour le début de l'année
2007. La découverte des traditions bulgares était alors un aspect du
rapprochement qui était en train de s'opérer entre la France, la
Bulgarie et d'autres pays du sud-est de l'Europe. Cet engouement
contribua à consolider la petite formation.

Un groupe, c'est un nom, une âme et un répertoire. Le choix du
nom, celui de « Quatuor Balkanes », a fait l'objet de nombreuses discussions entre les quatre membres du groupe au cours de l'année 1997.
Entre les deux langues, entre le bulgare et le français, le terme « balkanes » ne possède pas les mêmes significations. Il repose sur un jeu
subtil entre la prononciation en bulgare du substantif masculin
« Balkan », qui désigne la « Vieille Montagne », et, par métonymie, les
« pays balkaniques », et celle, en français, de l'adjectif féminin
« Balkanes » au pluriel. En français, ce mot possède une dénotation

plutôt positive. En bulgare, l'expression a acquis des connotations plus négatives à la fin du XXe siècle en raison de son abus par la propagande pendant la période totalitaire que la Bulgarie a connue entre 1947 et 1989. En dépit de cette équivoque, irréductible, cette dénomination fut adoptée. L'unité du groupe s'est ensuite affirmée entre 1997 et 2006 en plusieurs étapes, au fur et à mesure de l'élaboration de son répertoire. Le but, faire connaître la richesse de la musique polyphonique bulgare, demeurait inchangé. L'intérêt porté aux polyphonies balkaniques, serbe, bosniaque, croate, grecque, etc., ne s'affirma que plus tard, et seulement au moment de la conception de *Vox Bogomili*. De 1998 à 2004, l'orientation a été plutôt profane et a puisé aux sources de diverses traditions populaires, avec des chants très anciens, de la terre et du passé, hors du temps, dont « on ne sait pas de quand ils datent […], des chants très vieux […] des histoires très simples »[12], qui disent la vie quotidienne d'un pays, l'âme d'un peuple, les travaux et les jours, les joies et les peines. En 2003, le groupe se professionnalise en partie, en intention du moins à l'époque et, dans les faits, en 2005. C'est aussi à partir de 2005, en une seconde période, que le quatuor a porté un intérêt accru à la musique sacrée, puis, en 2006, au chant liturgique orthodoxe bulgare, toujours chanté *a capella*, sans aucun instrument, dans les Églises orthodoxes. Cette évolution a été déterminante dans la genèse de *Vox Bogomili*.

À l'occasion de l'élaboration de ce spectacle, *Vox Bogomili*, entre 2006 et 2008, le groupe est devenu un ensemble de sept voix féminines et masculines, avec le renfort de trois chanteurs, deux qui étaient français : un baryton léger, Bruno Martins, un professeur de musique, et un baryton basse, né en 1963 à Bourges, en France, Simon Gallot, un musicologue, né en 1976 à Bordeaux, en France, et un autre chanteur, bulgare, formé à l'Académie nationale de musique de Sofia, en Bulgarie, Luben Drensky[13], un baryton basse, décédé en 2013. En 2004, les chanteuses du groupe « Balkanes » ne savaient encore rien de l'histoire des bogomiles et du bogomilisme en Bulgarie en dehors de Milena Jeliazkova et de Milena Roudeva qui n'en connaissaient que ce qu'elles avaient appris à l'école, en Bulgarie, au temps du régime communiste, à savoir qu'ils avaient été des hérétiques très dangereux mais aussi des « révolutionnaires », des précurseurs au haut Moyen-âge, en Bulgarie, des mouvements socialistes européens des XIXe et XXe siècles car ils s'étaient rebellés dès le Xe siècle contre les riches *boyards* (les grands propriétaires aristocratiques terriens). C'est dans le courant de l'année 2006 que plusieurs facteurs ont contribué à faire naître parmi les « Balkanes » l'idée de monter un spectacle sur ce sujet. Philippe Thévenet, co-fondateur avec Catherine Crouzat de l'agence de création d'événements artistiques « Opus 31 » de Montpellier, encouragea les chanteuses à concevoir un projet original, d'une grande envergure, qui aurait évoqué des événements historiques partagés par les Bulgares et par les Français. C'était dans l'air du temps au moment de l'entrée de la Bulgarie dans l'Union Européenne. Or, Milena Jeliazkova, qui avait été étudiante entre 1993 et 1999 à la faculté des lettres et civilisations de l'université « Lumière-Lyon 2 », y avait découvert la littérature médiévale, celle des troubadours du sud de la France et celle des romans courtois des XIIe et XIIIe siècles. Elle connaissait déjà les liens historiques qui avaient existé au haut Moyen-âge entre les hérétiques bulgares, lombards et occitans, des relations qui étaient enseignées en histoire, en Bulgarie, au lycée, aux élèves bulgares. C'est cette connaissance qui lui avait permis de traiter de ce sujet, des bogomiles et de l'hérésie dualiste dans les Balkans, dans le cadre des enseignements de civilisation ancienne qu'elle avait suivis à l'université « Lumière ». Ceci aurait donné aux membres du groupe l'idée d'associer les bogomiles aux cathares en une histoire que le quatuor, constitué de deux bulgares et de deux françaises, aurait racontée. Pour y parvenir, il fallait s'associer à d'autres voix, masculines. Luben Drensky, Bruno Martins et Simon Gallot furent alors sollicités au cours de l'année 2006. Le quatuor est ainsi devenu un septuor entre 2008 et 2009 pour la seule durée des représentations de *Vox Bogomili*.

À l'origine, rien ne prédisposait le « Quatuor Balkanes » à s'intéresser au bogomilisme. Le groupe est né à Lyon, en 1996-1999, à partir d'une série de rencontres inattendues entre des chanteuses, les unes françaises et les autres bulgares, qui étaient toutes des amatrices. Il se consolide ensuite entre 1997 et 2006 en adoptant le nom de « Quatuor Balkanes » et en élaborant un répertoire très personnel, d'abord profane puis sacré, autour des polyphonies balkaniques. Un concours de circonstances, une suggestion faite par Philippe Thévenet et par l'agence « Opus 31 », aurait fait naître l'idée de donner la parole à des bogomiles. Le titre, *Vox Bogomili* (la « Voix des bogomiles »[14]), est trouvé en 2006. La conception et la préparation de ce spectacle ont alors amené le groupe, le quatuor initial, à se fondre en un ensemble plus vaste, en un septuor pour la durée des représentations.

II. LA GENÈSE DU PROJET

Une première ébauche du projet serait née « à l'issue d'un concert dans l'abbaye cistercienne de Noirlac [...]. Milena [Jeliazkova] nous parlait souvent des bogomiles et de la passerelle qu'ils représentaient vers les cathares. Petit à petit, les idées ont germé en nous »[15], rapporte le quatuor au printemps 2009, lors d'un entretien accordé à un journaliste, Patrick Courault. Sa genèse proprement dite se serait étendue sur une période de dix-huit mois environ, à partir de l'été 2006. Les quatre « Balkanes » avaient d'abord à s'imprégner de l'histoire du bogomilisme et du catharisme, sans idée préconçue. Un long travail de préparation et de documentation commença, menée par chacune d'une manière indépendante. Les lectures ont été immenses, en français, en bulgare mais aussi en latin et en occitan, et en d'autres langues. Les travaux de l'historien bulgare Jordan Ivanov et son recueil de *Livres et légendes bogomiles*, traduit en français en 1976 par Monique Ribeyrolle, ont été utilisés. Les extraits de *Poesia* (« Poésie »), un recueil du poète bulgare Stéfan Guetchev paru en Bulgarie en 1990, relatifs aux prédications supposées du pope bogomile, étaient déjà disponibles en différentes versions et traductions en bulgare, en anglais et en français, sur internet, sur le site *Bogomilistvoto/Bogomilism*[16], dès 2007. Les trois tomes de l'*Histoire de l'Inquisition au Moyen-âge*[17] de l'historien américain Henry Charles Lea et les livres d'une historienne française, Anne Brenon, sur le catharisme, dont *Les femmes cathares*[18], furent mis à contribution. Le livre secret des cathares, l'*Interrogatio Iohannis*[19], un écrit apocryphe bulgare, avait été traduit du latin en français par Edina Bozóki en 1980. Les recherches ont aussi pris appui sur des écrits en langue latine, sur les quatre tomes de l'*Historia Inquisitionis*[20] de Philip van Limborch, un théologien hollandais, sur le traité de Moneta da Crémone, un dominicain italien, *Summa adversus catharos et valdenses*[21] et à la *Summa de Catharis*[22] de Rainer Sacconi, un ancien dignitaire de la communauté hérétique de Concorezzo en Italie, en Lombardie, devenu un inquisiteur dominicain. En Occitan, *Le Nouveau Testament traduit au XIIIᵉ siècle en langue provençale*[23], suivi du *Rituel cathare* en occitan, en sa version manuscrite conservée à la Bibliothèque municipale de Lyon et en sa version photo-lithographique imprimée, établie par Léon Clédat, un philologue français, a été utilisé. L'*Histoire de l'Inquisition dans le midi de la France*[24] de Charles Molinier, un autre historien français, et divers écrits sur les cathares et les poèmes des troubadours d'Henri Gougaud, un écrivain régionaliste à la fois français et occitan ont été aussi exploités. Le livre de Jacques-Bénigne

Bossuet sur les *Cathares. Histoire abrégée des albigeois, des vaudois, des viclefites et des hussites*[25] a été lu avec attention. À ces lectures très dispersées se sont ajoutées au moins trois références importantes en bulgare, le *Discours contre les hérétiques* du prêtre Cosmas, traduit en français en 1945, et le *Synodicon* ou *Recueil des décisions conciliaires*[26] du roi Boril, très connu en Bulgarie, traduit en partie en français, en 1992, sur le cédérom *Sveta Sofia-Sainte Sophie-Saint Sophia*[27] de la collection *Mémoires du Monde* de l'UNESCO, et, enfin, un ouvrage qui n'a pas été traduit en français, *Stara bulgarska literatura. Apocriphi* (« La littérature bulgare ancienne. Les Apocryphes ») [28], publié en 1982 en Bulgarie par Donka Petkanova.

De ces lectures, il fallait extraire des textes qui fussent significatifs. Une contrainte de temps s'est alors exercée. La durée du spectacle ne devait pas dépasser quatre-vingt-dix minutes. Il a fallu condenser la matière recueillie, écarter des matériaux, découper des textes brefs, en alternant prières, prédications, anathèmes, témoignages et professions de foi. Il en a résulté un travail rare, collectif, de marqueterie littéraire, chacune des « Balkanes » y contribuant en fonction de ses affinités propres. *Vox Bogomili* comporte au total quarante-trois chants en sa version complète. Les sources sont pour la plupart identifiables. Le premier air, une monodie en bulgare, *Aïde Slœntse zaïde* (« Regardez, le soleil s'est couché… », est un chant traditionnel bulgare dont l'origine est immémoriale. *Slivane*, le morceau n°6, un chant en bulgare à quatre voix, dont le titre originel est intraduisible en français et qui est sous-titré pour cette raison *Taïna* (« Secrète »), est une adaptation par Milena Roudeva, avec des coupures, de la *Onzième prédication,* dite *Secrète,* prêtée au pope Bogomile par le poète Stéfan Guetchev dans *Poesia,* un recueil de poésie paru en 1990 en Bulgarie. Le chant 29, à trois voix, en français, *Deuxième prédication du pope Bogomile,* a été adapté par Martine Sarazin à partir de la traduction qui avait été en français par Gueorgui Vassilev de ce même poème de Stéfan Guetchev, également intitulé *Deuxième prédication du pope Bogomile.* La composition musicale en est aussi de Martine Sarazin. Les prières, le chant 3, *Da Ispravitsya molitva moya* (« Que ma prière s'élève… »), un chant liturgique en slavon à trois voix, et le chant 4, *Svyatii* (« Dieu Saint »), un autre chant liturgique à six voix, en slavon, sont des chants liturgiques en slavon, arrangés par Milena Roudeva. Le chant 8, *Ottche Nach* (« Notre Père ») en slavon, à cinq voix, est une composition inspirée du *Rituel cathare* contenu dans *Le Nouveau Testament, traduit au XIVe siècle en langue* *provençale* de Léon Clédat. La musique est de Milena Roudeva. Le chant 30, *Pater Noster* (« Notre Père »), à trois voix et en latin, a été aussi composé par Martine Sarazin à partir de ce même *Rituel cathare*. Le chant 37, *Paire sant*, à quatre voix, en occitan, est une prière anonyme des croyants cathares occitans, découverte dans une anthologie de troubadours du Moyen-âge par Marie-Madeleine Scaglia, puis traduite en français moderne par Yves Rouquette et, enfin, arrangée sur le plan musical par Marie-Madeleine Scaglia. Les condamnations, *Glachataï* (« Crieur public »), le chant 9, à deux voix, en bulgare et en français sur un texte et une musique de Milena Roudeva, et *Anatema* (« Anathème »), le chant 10, sur un texte et une musique de Milena Jeliazkova, et la variation sur le seul mot « Anatema » du chant 16, à deux voix, sur un arrangement de Milena Roudeva, récapitulent les principaux anathèmes qui sont contenus dans le *Synodicon*, le recueil des décisions conciliaires du roi Boril qui condamnaient les bogomiles en Bulgarie en 1211. Le chant 26, en latin, à cinq voix, *Adversus hereticos* (« Contre les hérétiques »), est une sorte d'intertexte très composite, construit comme une mosaïque de références. La composition musicale en est de Milena Roudeva. Le texte et les paroles en latin ont été élaborés par Marie-Madeleine Scaglia, en collaboration étroite avec Milena Roudeva et à partir d'un travail de recherche très approfondi qui a condensé de multiples sources. Le titre de ce morceau reprend, traduits en latin, les termes mêmes du titre du *Slovo Sviatago Kosmi prezvitera na heretiki preprenie*, c'est-à-dire, en slavon, le « Sermon [ou Traité] de Kosmas le prêtre contre les hérétiques », le tout premier discours qui a été tenu en Bulgarie, vers 972, contre les hérétiques. Mais ce texte contient aussi de multiples apports dans le détail : la première strophe vient de la *Summa contra Hereticos* de Rainier Sacconi, la seconde se réfère au début de l'*Interrogatio Iohannis*, le livre secret des bogomiles et des cathares, la troisième strophe reprend les anathèmes qui excommuniaient les hérétiques, la quatrième strophe résume la *Summa adversus catharos et valdenses* de Moneta de Crémone. La musique et le texte du chant 20, *Prenie na dyavola* (« La dispute du Diable »), à quatre voix, en bulgare, ont été élaborés enfin par Milena Roudeva à partir d'un écrit apocryphe bulgare, *La dispute du Christ avec le diable*, tiré du livre de Donka Petkanova, *Stara bulgarska Literatura. Apocriphi*, dont on peut retrouver une version en français dans l'ouvrage de Jordan Ivanov, *Livres et légendes bogomiles : aux sources du catharisme* [29], où il est d'ailleurs associé à d'autres légendes sur la création du monde.

Aux textes sacrés se sont ajoutés des chants profanes afin d'évoquer des scènes de la vie quotidienne en chacun des pays où l'action se déplace. Certains viennent du répertoire traditionnel bulgare. Il en est ainsi du chant 2, *Ivantchuftsa*, à cinq voix qui inclut un couplet traditionnel bulgare et dont le reste du texte ainsi que la musique sont de Milena Roudeva, à partir d'une source anonyme utilisée par Milena Roudeva. Le chant 13, *Ksenous íman* (« J'étais un étranger »), à deux voix, en grec, est un chant traditionnel anonyme, d'une origine thrace et macédonienne, au nord de la Grèce, découvert sur internet par Milena Roudeva. Le chant 14, en grec également, à six voix, *Ki apano stin triantafília* (« Sur le rosier »), reprend un chant traditionnel grec de mariage arrangé par Milena Roudeva en s'inspirant d'un disque de musique folklorique grecque d'Andréas Papas. Le chant 18, en croate, *Viyalo se pero paounovo* (« Une plume de paon virevoltait »), à trois voix, arrangé par Martine Sarazin, vient d'un disque de chants croates traditionnels. Le chant 19, *Tchoban* (« Le berger »), à quatre voix, en bosniaque, arrangé par Milena Roudeva, provient d'un autre disque de musique populaire, bosniaque. Le chant 24, *Per tropo fede* (« Par trop de confiance »), à cinq voix et en ancien italien, arrangé par Milena Roudeva_correspond à la première et à la dernière strophes de *Per tropo fede talor se perigola !,* une ballade de Francesco Landini, un poète et un organiste italien du XIVe siècle. Le chant 23, *O Lilium convallium* (« Le lys de la vallée … »), à quatre voix, en latin, est un fragment d'un chant marial anonyme, repris et arrangé par Milena Roudeva. Le chant 34, à trois voix, *Di me de cal escola* (« Dis-mois de quelle école… »), en occitan, sur la croyance en la métempsychose et en la transmigration des âmes, est un dizain composé en alexandrins, arrangé par Marie-Madeleine Scaglia après avoir été extrait des *Novas del eretge* ou *Controverse d'Izarn,* un poème de la fin du XIIIe siècle, où Izarn, un troubadour occitan et aussi un « religieux dominicain, peut-être prieur du couvent de Villemur […] se met en scène discutant avec Sicart de Figueiras, évêque cathare »[(30)], comme le rapporte Henry Charles Lea dans son *Histoire de l'Inquisition au Moyen-âge.* Cet extrait d'Izarn a été traduit en français moderne par Yves Rouquette. Le chant 35, en occitan, à quatre voix, *Solamentz us Dieus* (« Il n'y a qu'un seul Dieu »), un texte anonyme, viendrait d'une partition incomplète tirée d'une anthologie de chants occitans publiée en Allemagne, et développée par Marie Scaglia. Le chant 39, *Un sirventes novel* (« Un sirventès nouveau »), à deux voix et en occitan, arrangé par Milena Roudeva, juxtapose le premier et le dernier couplets d'un poème satirique, intitulé *Un sirventes novel vueill comensar*, élaboré en langue d'oc vers 1232 ou 1233 par un troubadour, Pèire Cardenal, et sans doute tiré du recueil des *Poèmes politiques des troubadours* publié en 1974 par Henri Gougaud.

Les emprunts et les adaptations se sont prolongés par des créations, tantôt individualisées tantôt collectives. Le « souffle bulgare », l'inspiration bogomile, s'y manifeste peut-être le mieux. *Orissiya* (« Destinée »), le chant 5, en bulgare et à quatre voix évoque les persécutions des bogomiles en Bulgarie. C'est une composition originale dont les paroles sont de Milena Jeliazkova et la musique de Milena Roudeva. Le chant 7, *Bogomilsko verouyou* (« Credo bogomile »), en bulgare, à quatre voix, est une profession de foi dont la musique et les paroles sont de Milena Jeliazkova, de même que celles du chant 11, *Bogomili* (« Bogomiles »), à sept voix en bulgare, qui se présente comme une variation sur la signification étymologique même du mot « bogomile » (« chéri par Dieu ») en slavon. Le chant 27, *Zora* (« L'aube »), à six voix, en bulgare, cristallise en neuf couplets les lectures, les inquiétudes et les croyances diffuses qui existent encore toujours dans la société bulgare contemporaine à propos de l'histoire du bogomilisme. C'est une création, texte et musique, de Milena Jeliazkova. Le chant 25, *Vox Bogomilica* (« Voix bogomile »), à quatre voix, est une autre profession de foi dont les paroles ont été écrites directement en latin par Marie-Madeleine Scaglia et par Milena Roudeva, à partir d'un canevas original conçu par Milena Roudeva et grâce à la maîtrise de la langue latine que Marie-Madeleine Scaglia possédait. La composition musicale en est aussi de Milena Roudeva. Une autre profession de foi, très féministe, *Les Amies de Dieu*, le chant 36, en français, est une monodie originale en quatre dizains qui a été conçue par Marie Scaglia et qui s'inspire d'une manière très libre du livre d'Anne Brenon, *Les Femmes cathares*. Un autre morceau en français, le chant 41, intitulé *Le Témoin bienveillant*, à sept voix, dont le texte et la musique sont dus aussi à Marie-Madeleine Scaglia (dont les deux premières strophes ont été chantées lors de la création du spectacle et les autres coupées), fait état des sentiments d'incompréhension et de compassion qui sont éprouvés par un spectateur, un « témoin », à la fois impie et impuissant, devant les bûchers auxquels les bogomiles et les cathares étaient condamnés. Ces convictions s'expriment avec encore plus de force dans le chant 38, à trois voix, en français et en bulgare, intitulé *Souffle bogomile*, composé par Martine Sarazin, dont le texte s'inspire de plusieurs passages de la troisième et de la onzième prédications qui avaient été prêtées au pope Bogomile par le poète bulgare Stéfan Guetchev dans *Poesia* en 1990. Les six strophes en bulgare et en français du chant 31, à sept voix, *Doukh i materia* (« Esprit et matière »), amalgament aussi, non moins librement, de nombreuses sources bulgares, occitanes et françaises, depuis l'*Interrogatio Iohannis*, le livre ou l'évangile secret, jusqu'aux *Livres et légendes bogomiles* de Jordan Ivanov, sous la forme d'un texte qui a été écrit directement en français et en bulgare par Milena Jeliazkova. Ses mélodies ont été composées en bulgare par Milena Jeliazkova et, en français, par Milena Roudeva. Le chant 40, *Soedniyat Den* (« Le jour du jugement »), à sept voix, dont le texte et la musique on été composés entièrement par Milena Roudeva, à la fois en bulgare et en français, élargit la perspective eschatologique en faisant allusion au jour d'un jugement dernier, et en condensant la conclusion de l'*Interrogatio Iohannis*. Au chant 42, dans *Le Bûcher*, à sept voix, en français et en bulgare, dont le texte en bulgare est de Milena Roudeva, le texte en français de Milena Jeliazkova, et la musique de Milena Jeliazkova et de Milena Roudeva ensemble, le terme de l'aventure humaine des hérétiques est évoqué en un chœur final : « la mort fera [d'eux] de vrais chrétiens » [31]. Ils se consument dans les flammes mais leur vraie vie commence. L'épilogue, le chant 43, *Outré* (« Demain »), en français et en bulgare, à sept voix, dont le texte et la musique ont été composés par Martine Sarazin est un poème qui a été supprimé du spectacle. Il reprenait et prolongeait à la fois en bulgare et en français les paroles du chant initial, *Aïde slœntse zaïde* (« Regardez, le soleil s'est couché »). Le temps n'est qu'un éternel recommencement. C'était une autre profession de fois bogomile.

La genèse de *Vox Bogomili* a été un processus particulièrement complexe. L'examen de ses sources révèle l'étendue des recherches, l'ampleur de la documentation et la variété des lectures qui ont été faites par les quatre auteures. La diversité des chants fait aussi apparaître la part d'une création très originale, composite, extrêmement personnelle. À décaper de cette manière les strates d'emprunts et de remaniements qui ont été effectués, on découvre l'existence de plusieurs principes au cœur de cette démarche : un désir arrêté de s'imprégner des croyances du bogomilisme, une intention très ferme d'en privilégier les conceptions dites « modérées » [32], réputées caractéristiques des communautés bogomiles bulgares dans l'histoire du bogomilisme, et une volonté très délibérée de pratiquer une esthétique de la brièveté, très ramassée. L'extrême subtilité de la construction de l'œuvre commence à apparaître.

III. LA CONSTRUCTION DE L'ŒUVRE

L'œuvre est très construite. Un spectacle musical nécessite une mise en scène. Pour monter *Vox Bogomili*, le « Quatuor Balkanes » a fait appel à deux scénographes qui avaient l'habitude de travailler ensemble depuis 2003 : Emmanuelle Ricard, une chanteuse confirmée, et Jean Manifacier, un auteur, un comédien, un chanteur et un metteur en scène expérimenté. De rencontres en discussions et de débats en répétitions, l'œuvre a commencé à prendre forme et à se construire à partir d'un livret remanié, d'une dramaturgie très élaborée et d'effets visuels très recherchés.

Le livret du spectacle a connu plusieurs variantes. Les brouillons n'ont pas été conservés. En l'état de la présente édition, les quarante-trois chants et airs réunis ont été organisés pour exprimer ce que les quatre auteurs du « Quatuor Balkanes » croyaient être l'aspiration fondamentale, le souffle spirituel premier qui aurait animé la foi partagée par les bogomiles et les cathares. Dans cette perspective, le périple hasardeux de deux prédicateurs partis de Bulgarie pour se rendre en Occitanie afin d'y apporter un livre sert de prétexte à un découpage de l'aventure et du scénario en une succession de tableaux vivants. La chronologie est assez disloquée, avec des retours en arrière et des anticipations sur les temps à venir. Le découpage du spectacle et le choix des étapes et des pays qui sont traversés, la Grèce, la Bosnie, la Croatie, l'Italie, la France méridionale, a été lié à un projet de représentations itinérantes à travers l'Europe du Sud-est auquel Luben Drensky avait été très attaché, et qui n'a jamais abouti. L'action se décompose en quatre parties, une description de la vie quotidienne en Bulgarie, au temps du second Royaume Bulgare, vers 1211, peu après le concile de Véliko-Tarnovo[33] qui condamna l'hérésie des bogomiles sous le règne du roi Boril ; une évocation de la traversée de la Grèce, de la Bosnie, de la Croatie et de l'Italie par les deux prédicateurs exilés ; une rencontre entre les bogomiles et les cathares en un lieu qui reste indéterminé mais qu'on peut imaginer proche des terres du royaume de France, vers Lyon ; puis l'arrivée en Occitanie jusqu'à la vision impressionnante d'un bûcher final qui semble condenser tous les brasiers où, en Europe occidentale, périrent tous les hérétiques entre le XIIe et le XIVe siècles. En 2008, du fait de la trop longue longueur du spectacle, des coupures furent pratiquées. Ce fut peut-être malheureux. Six textes furent supprimés : le chant 11, *Bogomili* (« Les

Bogomiles »), dans la première partie ; les chants 28, *Prokoudeni 4* (« Les exilés »), en français et 29, la *Deuxième prédication du pope Bogomile*, en français, tous deux composés par Martine Sarazin, dans la troisième partie ; et, dans la quatrième partie, le chant 33, *Le Bouié* (« Le Bouvier »), le seul chant présumé cathare qui ait été conservé en France. On en connaît de multiples versions. Le contenu n'est pourtant en rien religieux. *Le Bouié* est un chant rural qui n'aurait guère été qu'un chant de ralliement, tout à fait profane, utilisé lors des croisades menées contre les Albigeois pour avertir, de vallées en vallées, d'une prochaine attaque de la part des croisés francs venus du nord. Ce chant, arrangé par Martine Sarazin mariait deux versions collectées par Éric Montbel et une version popularisée par le groupe de musique populaire « Malicorne ». Le chant 35, *Solamentz us Dieus* (« Il n'y a qu'un seul Dieu… »), en occitan, et le chant 35, *Les Amies de Dieu*, qui est une sorte de variation féministe sur la signification littérale du mot « bogomile » en sa traduction en français et l'épilogue, le chant 43, *Outré* (« Demain »), composé par Martine Sarazin, furent aussi supprimés du spectacle. Un morceau, le chant 6, *Slivane*, sous-titré *Taïna* (« Secrète »), en bulgare, est un remaniement par Milena Roudeva, avec des coupures, de la *Onzième prédication,* dite *Secrète,* prêtée au pope Bogomile par le poète Stéfan Guetchev dans son *Poesia.* Ce chant fut lu seulement en bulgare par Luben Drensky, associé à sa mélodie, lors de la création du spectacle. Ces professions de foi reposent aussi sur une même conviction, sur l'idée que l'on peut parvenir à une connaissance directe, intuitive, intérieure, de Dieu. C'est une approche gnostique, individuelle, très personnelle. Quelles qu'en aient été la nécessité ou les justifications, ces coupures ont altéré la nature première, initiale, de ce « souffle bulgare », orthodoxe et hétérodoxe, venu d'Orient. L'intention première des auteures a été altérée. D'autres aspects contradictoires de la dramaturgie ont accentué cette distorsion.

Sur la dramaturgie du spectacle, on ne possède que quelques indications et de rares indices. *Vox Bogomili* n'a jamais été enregistré en vidéo. On ne dispose que de quelques photographies, contenues pour la plupart dans un court diaporama conçu en 2013 à la mémoire de Luben Drensky. Ce que l'on peut en déduire est ténu. Il est manifeste que la mise en scène adoptée s'est surtout efforcée de faire ressortir les voix, les visages, les silhouettes et les corps des chanteurs. Les costumes sont amples, sobres, d'une couleur en général assez terne, où dominent les ocres, les marrons et le rouge. Cette dernière

couleur avait été imposée par les scénographes pour les deux prédicateurs bogomiles pour des raisons d'un ordre esthétique mais ce choix
allait à l'encontre de tout ce que l'on sait des croyances et des pratiques
des bogomiles sur un plan historique. Les arrière-plans sont souvent
bleu-nuit. On se trouve en un moyen-âge de convention, très occidental et très éloigné de la bigarrure colorée des pays du sud-est de
l'Europe. Cet univers imaginaire est extrêmement loin de ce que l'on
sait de la réalité historique. Les bonnets ronds et les tenues bleues des
dignitaires cathares qui sont représentés par exemple en des tableaux
du XVe siècle, sur la prédelle du *Couronnement de la Vierge*[34] de Fra
Angelico, un peintre italien du *Quatrocento* (et un dominicain), à propos du *Miracle du feu*[35] attribué à saint Dominique, ou les vêtements
plus colorés de ces mêmes dignitaires dans le *Miracle de Fanjeaux*[36]
de Pedro Berruguete et dans celui de Cardenas Bartholome[37], deux
autres peintres, le premier espagnol et le second portugais, sont ignorés, de même que l'estampe d'Alexandre du Mège, intitulée aussi le
Miracle de Fanjeaux[38], gravée au milieu du XIXe siècle. C'est un
parti-pris, une manière de conférer aux personnages une noblesse morale qui est peut-être conforme aux canons occidentaux modernes mais
qui semble aussi très éloigné des usages et des traditions en les pays du
sud-est de l'Europe au Moyen-âge. La démarche a aussi consisté à animer la scène en jouant sur les déplacements des chanteurs, leurs mouvements, leurs regroupements, leurs dispersions ou leurs oppositions.
Les dialogues et les réponses, les monodies ou les polyphonies entre-
lacées, l'alternance des chants à une, deux, trois, quatre, cinq, six et
sept voix, en neuf langues différentes et, parfois, en deux langues en
même temps, la succession de tableaux où l'on passait « de la légèreté
d'une fête villageoise lumineuse et colorée à l'austérité d'une salle
voûtée dans laquelle se [déroulait] un rituel religieux »[39], tous ces éléments contribuaient à donner vie à un « mystère sacré »[40], au dire
d'une critique, Michèle Fizaine, lors de la création du spectacle. Les
éclairages et les effets de lumière y participaient aussi.

En raison de l'économie des décors, très dépouillés et remplacés
par de grands voilages, la scénographie a privilégié les jeux de lumière,
les projections et les transparences. Les effets sont spectaculaires. Ils superposent au spectacle un imaginaire visuel supplémentaire et des recherches qui vont parfois à l'encontre des intentions initiales des auteures. Plusieurs imageries se juxtaposent et se contrarient. Le spectacle
s'ouvre sur un portrait qui est supposé être celui d'un « moine

Bogomile ». C'est un visage de noble vieillard projeté en grand format, intitulé *Monk Bogomil* [41] ou encore *Pope Bogomil* [42] selon les sites internet bulgares où il a pu avoir été repris. Ce tableau est anonyme. On n'indique nulle part le nom de son auteur. On ignore qui l'a signé, ni même s'il a vraiment un lien avec le bogomilisme. Ce prêtre ou ce « pope Bogomile », contemporain du tsar Pierre Ier de Bulgarie, aurait été à l'origine de l'hérésie. Mais on ne sait rien non plus de la vie de ce prêtre hérétique. Son existence est purement légendaire. Un autre portrait, celui d'une femme dont le visage est entouré d'un voile bleuté, qui apparaît également, peut être regardé tout autant comme celui d'une « madone », une représentation de la Vierge, que comme celui d'une « parfaite », d'une dignitaire bogomile ou cathare. Les images et les imageries, orthodoxes et hérétiques, se superposent et s'opposent. La croix occitane, ou croix de Toulouse, d'or sur un champ de gueules, qui est devenu au XXe siècle le symbole emblématique central de la région Midi-Pyrénées, renvoie au Languedoc et à l'Occitanie, la terre d'accueil des deux prédicateurs bulgares exilés jadis, dans le spectacle. D'après René Nelli, un poète occitan et un historien du catharisme, en un article sur l'iconographie des cathares, paru en 1964 et trop peu connu, il ne semble pas que cette croix ait jamais été un signe de ralliement des cathares [43]. La colombe qui s'y superpose sur les photographies qui ont été conservées, est un symbole que les cathares récusaient également, de même qu'ils rejetaient absolument le culte de la Croix. En revanche, le combat moral et métaphysique entre les ténèbres et la lumière, l'une des croyances fondamentales de la doctrine dualiste, semble avoir été illustré d'une manière remarquable par les éclairages, les contre-jours et les contre-plongées. En cette perspective, cette scénographie lumineuse semblerait avoir retrouvé en partie quelques uns des aspects métaphysiques majeurs de la foi bogomile.

Tel que ce spectacle, *Vox Bogomili*, a été créé et représenté en 2008, sa portée initiale semble avoir été fortement altérée au moment de sa création. Des préjugés secrets se sont-ils manifestés ? La portée générale de l'œuvre paraît avoir beaucoup souffert des coupures qui ont été opérées dans sa construction et dans son livret. Les chants supprimés dans le livret contenaient une bonne part de cette foi « bogomile » dont les membres du groupe « Balkanes » avaient tenté de s'approcher au cours de leurs recherches et de leurs lectures. La dramaturgie, très raffinée, a pu donner le change aux spectateurs profanes. La voix des bogomiles n'a pas moins été altérée par la mise en scène qui a été adoptée au moment de cette création. La démarche a été ambiguë.

CONCLUSION

Créé en France et en Bulgarie en 2008 par le « Quatuor Balkanes », *Vox Bogomili*, la « Voix des Bogomiles », sous-titré « Souffle bulgare en Terre cathare », est un spectacle musical et théâtral insolite. Il est très original. Il inaugure peut-être, en ce début du XXIᵉ siècle, l'apparition d'une nouvelle forme de littérature européenne, francophone et plurilingue, française et bulgare, où des apports réciproques se croisent et se fécondent. Ce spectacle a d'ailleurs fait partie du programme de la « Saison culturelle européenne » 2008-2009. Il est dû à quatre auteures, deux qui étaient bulgares, Milena Jeliazkova et Milena Roudeva, et deux qui étaient françaises, Martine Sarazin et Marie Scaglia. Lors des représentations de ce spectacle, ces chanteuses ont été associées à deux chanteurs qui étaient français, Bruno Martins et Simon Gallot, et à un troisième qui était bulgare, Luben Drensky. C'est une œuvre collective, composite, produite à l'époque par l'agence de création d'événements artistique « Opus 31 » de Montpellier, dont les responsables, Philippe Thévenet et Catherine Crouzat, en avaient encouragé la conception et l'élaboration. Cette création a aussi été réalisée avec le concours de deux scénographes français, Emmanuelle Ricard et Jean Manifacier, et d'un projectionniste, Philippe Andrieux, qui en a conçu la plupart des effets visuels. Cette œuvre relève d'un genre dramatique ancien, médiéval, à savoir celui des « mystères », des pièces de théâtre qui étaient jouées dans les rues ou sur les parvis des églises, et qui mettaient en scène des sujets religieux. Le titre, *Vox Bogomili*, qui juxtapose le mot latin « vox » (la « voix ») au mot bulgare « Bogomili », les « Bogomiles » au pluriel, translittéré en caractères latin, révèle le propos : ressusciter, retrouver « l'épopée oubliée des bogomiles »[44], celle du bogomilisme, une doctrine née en Bulgarie, au cours du Xᵉ siècle, au contact du dualisme paulicien et de l'évangélisme chrétien. Le spectacle évoque cinq siècles de l'histoire tragique des bogomiles et de leurs frères en hérésie, les cathares, en suivant les pérégrinations d'un couple de prédicateurs à travers le sud-est de l'Europe, jusqu'en Occitanie, jusqu'en « Terre cathare ». Ils y apportent un « souffle », une foi, celle de ces « bons chrétiens » qui étaient regardés comme des « aimés de Dieu », avec toute l'ambiguïté que cette dénomination comporte. La genèse de cette œuvre est étroitement liée à la naissance du groupe de chanteuses, le « Quatuor Balkanes », qui en a été à l'origine. Son élaboration s'est fondée sur de nombreuses recherches de leur part. Sa construction initiale a été toutefois altérée lors de sa création, en 2008, par des coupures. Ce spectacle n'a connu qu'un nombre de représentations limité : le 05 juillet 2008, en avant-première, lors des rencontres musicales de

Saint-Guilhem-le-Désert dans l'Hérault ; les 09 et 10 août 2008 (dates de création du spectacle) en l'abbaye de Sylvanès dans l'Aveyron, à l'occasion de son festival international de musique sacrée ; le 23 septembre 2008, à Paris, à la Maison des Cultures du Monde, en présence d'un représentant de l'Ambassade de Bulgarie en France ; le 13 octobre 2008 lors du festival d'art sacré de Nantes, en Loire-Atlantique ; le 6 novembre 2008 au théâtre de Lons-le-Saulnier, le 13 décembre 2008 ; en Bulgarie, à Sofia, au Théâtre laboratoire Sfumato, avec l'aide de l'Institut Français et de l'Ambassade de France en Bulgarie ; le 7 janvier 2009 au Train-Théâtre de Portes-lès-Valence, dans la Drôme, et, le 07 novembre 2009, au Casino de Lavelanet dans l'Ariège. En règle générale, les échos de la presse ont été extrêmement favorables, saluant ce « spectacle prenant »[45], ces voix magiques et enchanteresses, la richesse de la polyphonie, les timbres fascinants et les tessitures somptueuses de ces polyphonies. De cette réalisation unique, il reste un livret, quelques photographies, un bref diaporama et des enregistrements sonores.

Annexe I : la liste des chants[46]

PROLOGUE
1. * Aïde slœntse zaïde *(Le soleil s'est couché...)*[47]

PREMIÈRE PARTIE : AU CŒUR DU ROYAUME BULGARE
2. Ivantchuftsa *(Ivantchouftsa)*[48]
3. Da ispravitsya molitva moya *(Que ma prière s'élève...)*[49]
4. Svyatii *(Dieu Saint)*[50]
5. Orissiya *(Destinée)*[51]
6. Slivane *(Prédication secrète du pope Bogomile)*[52]
7. Bogomilsko verouyou *(Credo des Bogomiles)*[53]
8. Ottche Nach *(Notre Père)*[54]
9. Glachataï *(Crieur public)*[55]
10. Anatema 1 *(Anathème 1)*[56]
11. * Bogomili *(Bogomiles)*[57]
12. Prokoudeni 1 *(Exilés 1)*[58]

DEUXIÈME PARTIE : L'EXIL À TRAVERS DES CONTRÉES DE RELIGION ORTHODOXE
13. Ksenous iman *(L'étranger)*[59]
14. Ki apano stin triantafilia *(Sur le rosier)*[60]
15. Slœntchova svatba *(La Noce du Soleil)*[61]

16. Variation sur « Anatema 1 » *(Anathème 1)*[62]
17. Prokoudeni 2 *(Exilés)*[63]
18. Viyalo se pero paounovo *(Une plume de paon virevoltait)*[64]
19. Tchoban *(Le berger)*[65]
20. Prenie na Dyavola *(La dispute du Diable)*[66]
21. Variation sur « Anatema 2 » *(Anathème 2)*[67]
22. Prokoudeni 3 *(Exilés)*[68]

TROISIÈME PARTIE : POURSUITE DE L'EXIL À TRAVERS DES CONTRÉES CATHOLIQUES
23. O lylium convallium *(Ô Lys de la vallée !)*[69]
24. Per tropo fede… *(Par trop de confiance…)*[70]
25. Vox bogomilica *(Voix bogomile)*[71]
26. Adversus hereticos *(Contre les hérétiques)*[72]
27. Zora *(L'aube)*[73]
28. Prokoudeni 4 *(Exilés)*[74]
29. * Deuxième prédication du pope Bogomile[75]
30. Pater Noster *(Notre Père)*[76]
31. Douh i Materia *(Esprit et Matière)*[77]

QUATRIÈME PARTIE : ARRIVÉE EN OCCITANIE
32. Pitsounelo *(Quand j'étais petite fille)*[78]
33. * Le bouié *(Le bouvier)*[79]
34. Di me de cal escola... *(Dis-moi de quelle école…)*[80]
35. * Solamentz us Deus *(Il n'y a qu'un seul Dieu)*[81]
36. * Les amies de Dieu[82]
37. Paire Sant *(Père Saint)*[83]
38. Souffle bogomile *(Prédications du pope Bogomile)*[84]
39. Un sirventès novel *(Je veux commencer un chant nouveau)*[85]
40. Sœniyat Den *(Le Jour du Jugement)*[86]
41. Le témoin bienveillant[87]
42. Le bûcher[88]
43. * Outré (Demain)[89]

NOTES

1 – « Aimé de Dieu », traduction en français du mot « bogomile » proposée par Maria Koleva dans l'adaptation en français, en 1995, de la pièce radiophonique de Maria Koleva, *Eretitzite. Piesi* [Hérétiques. Pièces de théâtre], Sofia, Ed. Sibia, 1993, à savoir : Karalieva, Nedialka, *Les Bogomiles ou les Aimés de Dieu comme disaient les gens… (Eretitsite. Piesi* [Hérétiques. Pièces de théâtre]. Sofia, Ed. Sibia, 1993 [traduit par Maria Koleva sous le titre *Les Bogomiles ou les Aimés de Dieu comme disaient les gens…*, Paris, éditions Cinoche-Vidéo-M. Koleva, 1995]. Le terme est cité pour la première fois (et une seule fois) par le prêtre Cosmas dans son discours, *Le Traité contre les bogomiles* [*Slovo Sviatago Kosmi prezvitera na heretiki preprenie : pouchenie ot bojestvennikh knig* ou *Traité du prêtre Cosmas contre les hérétiques : des leçons tirées des livres divins*, Paris, Imprimerie Nationale – Librairie Droz, 1945, p. 54]. Ce traité a été écrit au plus tard en 972 pour dénoncer les erreurs de toutes les hérésies qui étaient alors répandues à l'intérieur du premier royaume ou empire bulgare du Danube, sous le règne du tsar Pierre Ier (927-969), tel qu'il avait été reconnu par l'empire byzantin en 681 au temps du Khan Asparoukh (v.640-701), sous le règne de l'empereur Constantin IV Pogonat (v.650-685). Cosmas le prêtre définit immédiatement le sens de ce terme par antiphrase : ce « prêtre », dit-il, « nommé Bogomil, " digne de la pitié de Dieu ", mais à vrai dire " indigne de la pitié de Dieu " [aurait été celui] qui, pour la première fois, [aurait] commencé de prêcher l'hérésie dans le pays de Bulgarie ». Ce substantif signifie en slavon, à la lettre : « celui qui est chéri par Dieu ». Le substantif « Bog » désigne « Dieu ». La désinence « -o- » renvoie à un datif, « bongo » (le slavon possédait des déclinaisons), et se traduit par la préposition « par ». Le suffixe « mil » veut dire « chéri », « cher » ou « aimé ». Par antiphrase et par extension, « bogomile » est devenu un synonyme d'« hérétique ».

2 – « Bons chrétiens » : voir *infra*, chant 28 (*Deuxième prédication du pope Bogomile*). Les « Bons chrétiens » ou « Boni Christiani » étaient le nom, en latin, identique entre la Bulgarie et l'Occitanie, que les bogomiles et les cathares se donnaient entre eux. C'est un « endonyme », un terme utilisé par les intéressés pour se désigner eux-mêmes. Les « Bogomiles » et les « cathares » ne se sont jamais appelés ainsi entre eux. Ces deux dernières expressions sont des « exonymes », des surnoms et des sobriquets inventés par leurs adversaires.

3 – On ne sait strictement rien de la vie du pope Bogomile. On ne possède aucun document sur son existence historique. Il existe aussi des controverses entre historiens sur la nature même de ce nom : ce terme n'aurait pas été un patronyme, un nom propre, mais plutôt un surnom collectif donné aux premiers groupes d'hérétiques.

4 – Historiquement, il n'a jamais existé de « Terre cathare » en Occitanie. Les cathares étaient disséminés dans toute la région en de très petites communautés. L'expression de « Pays cathare » est devenue depuis la fin du XXe siècle un terme purement touristique (et une marque commerciale déposée en 1991, propriété du Conseil général du département de l'Aude) utilisé pour encourager le tourisme.

5 – C'est à Véliko-Tarnovo, capitale du second Royaume bulgare, sous le règne du roi Boril (1207-1217), le 11 février 1211, que se tint le concile de l'Église bulgare qui condamna les bogomiles.

6 – Voir Cosmas le prêtre, *Le Traité contre les bogomiles* [*Slovo Sviatago Kosmi prezvitera na heretiki preprenie : pouchenie ot bojestvennikh knig*], traduction et étude par Henri-Charles Puech et André Vaillant, Paris, Imprimerie Nationale – Librairie Droz, 1945, traduit à partir de l'édition établie par Popruženko, M. G. « Kozma Presbiter, bolgarskij pisatel » X veka. Balgarski starini, 12. Sofia: Balgarska akademija na naukite, 1936. En slavon (comme en grec), Cosmas le prêtre est un « presbiter », c'est-à-dire un « vénérable », un « ancien ».

7 – La langue d'oïl désigne l'ensemble des parlers de la langue française au Moyen-Âge, au nord du Massif central, de la Gironde aux Alpes.

8 – La langue d'oc (en occitan « occitan » ou « lenga d'òc ») désigne l'ensemble des langues parlées dans le tiers sud de la France depuis les Pyrénées jusqu'aux Alpes. Cette aire linguistique et culturelle est aussi appelée l'« Occitanie ».

9 – Chant 25 : *Vox Bogomilica* (*Voix bogomile*).

10 – Chant 41 : *Le Témoin bienveillant.*

11 – Courault, Patrick, « Quatuor balkanes. *Vox Bogomili*, la voix bogomile retrouvée » [Entretien avec le Quatuor balkanes pour la revue *Histoire du Catharisme*, n°10, juillet 2009]. Voir le site *Balkanes* : http://www.balkanes.com/presse.htm

12 – Quatuor balkanes, « Balkanes ! Encore ! » [Entretien avec le Centre des Musiques Traditionnelles Rhône-Alpes]. *In : Lettre d'Information* n°29, printemps 1998. Voir le site *Cmtra* : http://www.cmtra.org/spip.php?article960&var_recherche=balkanes&recherche=balkanes

13 – Luben Drensky (1959-2013).

14 – Le titre, *Vox Bogomili,* a été fabriqué par la juxtaposition du mot « vox », la « voix » en latin, et « bogomili », les « bogomiles », au pluriel, en bulgare.

15 – Courault, Patrick, « Quatuor balkanes. *Vox Bogomili*, la voix bogomile retrouvée » [Entretien avec le Quatuor balkanes pour la revue *Histoire du Catharisme*, n°10, juillet 2009]. Voir le site *Balkanes* : http://www.balkanes.com/presse.htm

16 – Voir le site *Bogomilistvoto/Bogomilism and Related Doctrines and Medieval Movements : Patarenes, Cathars, Lollards :* et le site : http://www.bogomilism.eu/

17 – Lea, Henry Charles : *Histoire de l'Inquisition au Moyen-âge*, Paris, Société nouvelle de librairie et d'édition, 1900-1901.

18 – Brenon, Anne : *Les femmes cathares,* Paris, Perrin, 1992.

19 –   Bozóki, Edina, *Le Livre secret des cathares. Interrogatio Iohannis* [latin-français. Édition critique, traduction, commentaire par Edina Bozóky, 1980], Paris, Beauchesne (nouvelle édition revue et augmentée), 2009.

20 –   Limborch, Philip van : *Historia Inquisitionis. Cui subjungitur Liber sententiarum inquisitionis tholosanae ab anno Christi 1307 ad annum 1323,* Amsterdam, chez H. Wetstenium, 1692.

21 –   Moneta, de Crémone, *Summa adversus catharos et valdenses libri,* Rome, Ex typographia Palladis excudebant Nicolaus et Marcus Palearini, 1743.

22 –   Sacconi, Rainer, *Summa de Catharis et Leonistis et Pauperibus de Lugduno* (1548). In : Edmundi Martène et Ursini Durand, *Thesaurus novus anecdotorum,* Paris,1717. Voir le site *Internet Archive* : https://archive.org/details/bub_gb_iA6znRb1B2AC

23 –   *Le Nouveau Testament traduit au XIIIe siècle en langue provençale* suivi du *Rituel cathare* en occitan, en sa version manuscrite conservée à la Bibliothèque municipale de Lyon et en sa version photo-lithographique établie par Léon Clédat

24 –   Molinier, Charles, *L'Inquisition dans le midi de la France,* Paris, G. Fischbacher, 1880.

25 –   Bossuet, Jacques Bénigne, *Cathares. Histoire abrégée des albigeois, des vaudois, des viclefites et des hussites* [*In : Histoire des variations des Églises protestantes* (1688). *Fac-simile* d'un extrait des *Œuvres complètes* de Bossuet, tome XXXIV, Paris – Besançon, Gauthier, 1828], Nîmes, Lacour, 1999.

26 –   Voir Popruzhenko, M. G., Попруженко, М.Г. *Синодикъ царя Бориса.* Известия Русского археологического института в Константинополе. II, 1897 [« Sinodik tsarja Borisa » / « Synodicon du tsar Boril »], Izvest. Russk. Arkheol. Inst. v Konstant], V (1900), p. viiiff. Известия Русского археологического института в Константинополе. II, 1897 id., *Синодикъ царя Бориса* [« Sinodik tsarja Borila » / « Synodicon du tsar Boril »], Одесса, Экономическая типография и литография, 1899.

27 –   UNESCO, *Sveta Sofia-Sainte Sophie-Saint Sophia,* Paris, UNESCO, collection « Mémoires du Monde », 1995, un cédérom.

28 –   *Stara bulgarska literatura, Apokriphi* (« La littérature bulgare ancienne. Apocryphes »), Sofia, Bulgarski pisatel, 1982.

29 –   Ivanov, Jordan : *Bogomilski knigi i legedi,* Sofia, Pridvorna pechatnitsa, 1925, traduit par Monique Ribeyrole sous le titre *Livres et légendes bogomiles,* Paris, Maisonneuve et Larose, 1976.

30 –   Lea, Henry Charles : *Histoire de l'Inquisition au Moyen-âge,* Paris, Société nouvelle de librairie et d'édition, 1900-1901, p. 423.

31 –   Chant 42 : *Le Bûcher.*

32 – Le bogomilisme « modéré », caractéristique de la doctrine de l'Église ou la communauté de Bulgarie (*Ecclesia Bulgara*) par opposition aux dualistes absolus de l'Église de Dragovitsia (*Ecclesia Dragovitsia*), professait l'idée que le bien, né avant le mal, finirait par l'emporter et par s'imposer comme puissance unique. Cette conviction se trouve aussi au cœur de l'*Interrogatio Ioannis*.

33 – Ce concile de l'Église bulgare s'est tenu à Véliko-Tarnovo, en Bulgarie, du 06 au 11 février 2011.

34 – Le *Couronnement de la Vierge,* œuvre peinte vers 1430 par Fra Angelico.

35 – Le *Miracle du feu* est une légende d'origine catholique, attribuée à saint Dominique, le fondateur de l'ordre des Dominicains. Venu en Languedoc, en 1207, pour combattre l'hérésie cathare par la parole, saint Dominique affronta à Pamiers, près de Carcassonne, le Parfait cathare Guilhabert de Castre en une longue dispute théologique. Les deux orateurs se trouvèrent être excellents. On ne pouvait pas les départager. On recouru alors à une « ordalie », à un jugement de Dieu par le feu. Les notes rédigées sur des parchemins au cours des débats par Guilhabert de Castre furent lancées dans les flammes. Elles brûlèrent aussitôt. Les notes de saint Dominique furent jetées à leur tour dans le feu, s'élevèrent au-dessus des flammes et commencèrent une danse incombustible sans jamais brûler elles-mêmes. Dieu avait tranché.

36 – Le *Miracle de Fanjeaux,* œuvre peinte vers 1493-1499 par Pedro Berruguete

37 – Le *Miracle de Fanjeaux,* œuvre peinte en 1610 par Cardenas Bartholome.

38 – Le *Miracle de Fanjeaux,* estampe du XIXe siècle par Alexandre du Mège (ou Dumège), conservée à la bibliothèque de Toulouse.

39 – Ricard, Emmanuelle et Manifacier, Jean, « Note d'intention des scénographes ». *In* : *Opus 31* & *La route de la Voix* présentent *Vox Bogomili. Soufle bulgare en Terre cathare.* Voir le site *Opus31* :
http://www.opus31.fr/pdf/Presentation_vox_bogomili.pdf

40 – Fizaine, Michèle, « *Vox Bogomili,* Festival de Sylvanès ». *In* : *Le Midi libre,* 08 août 2008. Voir le site *Balkanes ochté/Presse* :
http://www.balkanes.com/presse.htm

41 – Voir le site bulgare *Beinsadouno,* à propos de « Jeremia-Bogomil » :
http://www.beinsadouno.com/%D1%81%D1%82%D0%B0%D1%82%D0%B8%D0%B8/d0b1d0bed0b3d0bed0bcd0b8d0bbd181d182d0b2d0be-d0b8-d0b1d0bed0b3d0bed0bcd0b8d0bbd0b8/%D0%B9%D0%B5%D1%80%D0%B5%D0%BC%D0%B8%D1%8F-%E2%80%93-%D0%B1%D0%BE%D0%B3%D0%BE%D0%BC%D0%B8%D0%BB-r532/
ou le site *Pomaknews,* à propos de la révolte des bogomiles, « Bogomil Revolt (1086-1091) », où ce portrait apparaît d'une manière absolument anonyme : http://pomaknews.com/en/?p=198

42 – Ce portrait, intitulé tantôt *Monk Bogomil,* tantôt *Pope Bogomil,* composé par un auteur dont on ignore l'identité, est supposé être celui du prêtre « Jérémie », un autre nom du pope « Bogomile » d'après Nicolaï Raïnov (1889-1954), un écrivain symboliste bulgare, en ses *Bogomilski legendi* (« Légendes bogomiles », 1918). Voir le site bulgare *The-history-notes,* « Jérémie – Bogomile » :
http://the-history-notes.blogspot.fr/2011/05/bogomils.html

43 – Nelli, René : « Iconographie du catharisme ». *In* : Duvernoy, Jean, Nelli, René, Niel, Fernand et Roché, Déodat : *Les Cathares,* Paris, Édition de Delphes, 1964, p. 158.

44 – Fizaine, Michèle, « *Vox Bogomili,* Festival de Sylvanès ». *In* : *Le Midi libre,* 10 août 2008. Voir le site *Balkanes* : http://www.balkanes.com/presse.htm

45 – *Ibidem.*

46 – Les chants précédés d'un astérisque (*) ont été laissés de côté lors de la création de Vox Bogomili en 2008.

47 – Chant écarté lors de la création du spectacle en 2008.

48 – Chant à cinq voix, en bulgare par Milena Roudeva (texte et musique, plus un couplet emprunté à un chant traditionnel bulgare. Durée : 2'35'')

49 – Chant liturgique, à trois voix, en slavon, arrangement par Milena Roudeva. Durée : 2'06''.

50 – Chant liturgique, pour six voix, en slavon, arrangement par Milena Roudeva. Durée : 2'5''.

51 – Chant à quatre voix, en bulgare, composition dans le style traditionnel, texte par Milena Jeliazkova ; musique par Milena Roudeva. Durée : 2'20''.

52 – Chant à quatre voix, en bulgare, adaptation du texte de Stefan Guetchev et musique par Milena Roudeva. Durée : environ 4'.Un bogomile entame la lecture de la prédication tandis que le chant 7 : Bogomilsko verouyou est chanté.

53 – Chant à quatre voix, en bulgare, texte et musique par Milena Jeliazkova. Mélodie avant le texte. Durée : 1'55''

54 – Chant à cinq voix, en slavon tiré du Rituel de Lyon, musique par Milena Roudeva. Durée : 3'34''.

55 – Chant à deux voix, en bulgare et en français, texte et musique par Milena Roudeva. Durée : 1'32''.

56 – * Chant à sept voix, en bulgare, texte et musique par Milena Jeliazkova. Durée : environ 3'. Chant écarté lors de la création du spectacle en 2008.

57 – * Chant à sept voix, en bulgare, texte et musique par Milena Jeliazkova. Durée : environ 3'. Chant écarté lors de la création du spectacle en 2008.

58 – Chant à cinq voix, en bulgare, composition par Martine Sarazin. Durée : 0'57''. Texte coupé lors de la création du spectacle.

59 – Chant(chant traditionnel grec, arrangement par Milena Roudeva. Durée : 2'4''.

60 – Chant à six voix, en grec (chant traditionnel grec de mariage, arrangement par Milena Roudeva. Durée : 2'17''.

61 – Chant à six voix, en bulgare (texte et musique par Milena Jeliazkova) rythme, puis texte, puis musique. Durée : 2'06''.

62 – Chant à deux voix (composition sur le mot « anathema » par Milena Roudeva. Durée : 0'41''.

63 – Chant à cinq voix, en bulgare, composition par Martine Sarazin. Durée : 0'43''.

64 – Chant à trois voix, en croate (chant traditionnel croate, arrangement par Martine Sarazin. Durée : 0'59''.

65 – Chant à quatre voix, en bosniaque (chant traditionnel bosniaque, arrangement par Milena Roudeva. Durée : 1'33''.

66 – Chant à quatre voix, en bulgare (musique et poème inspirés de l'écrit apocryphe : Dispute avec l'Antéchrist... par Milena Roudeva. Durée : 3'40''.

67 – Chant à une voix, variation et composition sur le mot « anathema » par Milena Roudeva. Durée : 1'06''.

68 – Chant à six voix, en bulgare, composition par Martine Sarazin. Durée : 0'33''.

69 – Chant à quatre voix, en latin, chant marial anonyme, arrangement par Milena Roudeva. Durée : 1'06''.

70 – Chant à cinq voix, en ancien italien, chant traditionnel italien, arrangement par Milena Roudeva. Durée : 2'20''.

71 – Chant à quatre voix, en latin, texte par Milena Roudeva et par Marie-Madeleine Scaglia, musique par Milena Roudeva. Durée : 1'24''.

72 – Chant à cinq voix, en latin, texte par Milena Roudeva et par Marie-Madeleine Scaglia, musique par Milena Roudeva. Intertexte en mosaïque. Durée : 2'47''.

73 – Chant à six voix, en bulgare, entremêlé au chant 11 : Bogomili, texte et musique par Milena Jeliazkova. Durée : 5'02''.

74 – * Chant à cinq voix, en français, texte et musique par Martine Sarazin. Chant écarté lors de la création du spectacle en 2008.

75 – * Chant à trois voix, en français, texte adapté de Stéfan Guetchev, musique par Martine Sarazin. Durée : environ 2'30''. Chant écarté lors de la création du spectacle en 2008.

76 – Chant à trois voix, en latin, tiré du Rituel de Lyon, musique par Martine Sarazin. Durée : 3'06''.

77 – Chant à sept voix, en bulgare et en français, texte bulgare et français par Milena Jeliazkova, musique en bulgare par Milena Jeliazkova ; musique en français par Milena Roudeva. Durée : 3'56''. Profession de foi partagée par les Bogomiles et les Cathares.

78 – Chant traditionnel occitan à quatre voix, arrangement par Martine Sarazin. Durée : 1'08''.

79 – * Chant traditionnel occitan, à quatre voix, en occitan et en français, arrangement par Martine Sarazin. Durée : environ 2'20''. Chant écarté lors de la création du spectacle en 2008.

80 – Chant à trois voix, en occitan, tiré d'un poème du moine Izarn du 12ème siècle, musique par Marie-Madeleine Scaglia. Durée : 1'17''.

81 – * Chant anonyme occitan, à quatre voix, musique par Marie-Madeleine Scaglia. Durée : 1'05''. Chant écarté lors de la création du spectacle en 2008.

82 – Ce chant en français est demeuré inachevé.

83 – Chant anonyme occitan, à quatre voix, musique par Marie-Madeleine Scaglia. Durée : 1'17''.

84 – Chant à trois voix, en français et en bulgare, adaptation de la traduction de Stéfan Guetchev en français et musique par Martine Sarazin. Durée : 3'15''.

85 – Chant à deux voix, en occitan, musique et texte en occitan de Paire Cardenal, arrangement par Milena Roudeva. . Durée : 1'38''.

86 – Chant à sept voix, en bulgare et en français, musique et poème inspiré de l'Évangile secret, arrangement par Milena Roudeva. Durée : 3'11''.

87 – Chant à sept voix, en français (* les couplets A et B ont été chantés lors de la création du spectacle, texte et musique par Marie-Madeleine Scaglia. Durée : 1'17''

88 – Chant à sept voix, en français et en bulgare, texte en bulgare par Milena Roudeva, texte en français par Milena Jeliazkova ; musique par Milena Jeliazkova et par Milena Roudeva. Durée : 5'03''.

89 – * Chant à sept voix, en français et en bulgare, texte et musique par Martine Sarazin. Durée : 2'. Texte coupé lors de la création du spectacle.

CHRONIQUES DU CROCODILE ET AUTRES NOTES DE LECTURE

LES CHRONIQUES DU CROCODILE

Par Rémi Boyer

Bouchart d'Orval, Jean, *L'harmonie secrète, cœur de l'ancienne Egypte,* éditions Almora.

Par ce livre important, Jean Bouchart d'Orval s'inscrit dans la continuité de René Schwaller de Lubicz dont les écrits demeurent incontournables pour saisir le sens de l'hermétisme chaldéo-égyptien qui imprègne encore certains collèges internes de la vieille Europe ou pour approcher la science du sacré de l'Egypte antique que les auteurs grecs ont souvent déformée.
 Jean Bouchart d'Orval invite le lecteur à se dessaisir des approches dualistes pour laisser émerger le pressentiment, parfois le sens même, de l'essentiel. Il n'est point question d'érudition mais d'une intimité à laquelle porte toute la civilisation du Nil.
« Dès le départ, rappelle-t-il au lecteur, tout reposait sur la Connaissance et la tradition fut maintenue vivante par les initiés et les sages regroupés autour des temples. L'Egypte entière fut tournée vers l'Eternité. En cela, elle offre un aperçu de ce que pouvait être une civilisation normale, ou traditionnelle, c'est-à-dire fondée d'abord et avant tout sur la réalité profonde de l'existence. »
Le symbolisme égyptien n'est jamais une invitation à l'idolâtrie mais une langue à part entière que l'université se montre incapable de comprendre. C'est ce symbolisme et sa géométrie qui sont explorés dans ce livre de manière très pédagogique et accessible et en respectant une nécessaire distinction entre ce qui ne peut être que célébré et ce qui doit être étudié. Ce symbolisme sert totalement une voie de retour à l'Un. Dès le début de l'ouvrage, Jean Bouchart d'Orval indique quel est l'Orient :

« Cette voie passe par un retour à ce qui nous a un jour fait prendre conscience que « j'existe » et nous a dès lors amenés à nous affirmer en tant qu'individu. C'est uniquement par la reconnaissance de ce mouvement que peut luire en toute clarté la pure Lumière consciente qui le provoque. C'est par la prise de conscience directe du mouvement de la création temporelle que l'homme se découvre sa propre intemporalité. C'est en réalisant ce qui a assisté à la prise de conscience « j'existe » qu'il se découvre au-delà de l'existence et de la non-existence. C'est le sens véritable d'expressions telles que l'immortalité ou la vie éternelle : Cela qui est au-delà même du fait d'exister ou ne pas exister. C'est cela qu'on dit au-delà de toute dualité. Même parler du Un est une licence poétique. »

Fondamentalement, l'enseignement traditionnel de l'Egypte antique est non-dualiste et cette perspective restitue au symbole son opérativité initiale. Ainsi, « la causalité ne joue pas tant sur un mode horizontal que vertical ». Alors que le symbole n'est souvent utilisé que pour réunir sur un même niveau logique, autorisant des digressions stériles sans fin, sa fonction est de réunir dans l'axialité, « à plus haut sens ». Dès lors, les mythèmes de l'Egypte antique deviennent hautement dynamiques et renvoient aux principes et aux archétypes dans un jeu sublime de miroirs et de regards, déterminé par une harmonie secrète.

Au fil des pages, cette harmonie secrète se déploie dans sa simplicité, c'est-à-dire qui pointe toujours vers le Un : tétraktys, pentaktys, nombre d'or, gamme pythagoricienne (héritage de l'Egypte), division harmonique, renversement et croisement, hexagone, canevas… autant de contributions à l'harmonie invisible que nous retrouverons inscrites dans le Temple de Luxor. L'intemporalité de la tradition de l'Egypte ancienne, présente aussi bien dans sa représentation du Ciel que dans ses pyramides, la rend accessible ici et maintenant à qui est attentif à lui-même. « C'est en nous » conclut Jean Bouchart d'Orval, « le cœur de l'Egypte ancienne est très vivant : il est en nous, il est nous. Ce cœur est universel et intemporel, il ne se réfère pas à une tradition particulière. Nous n'avons pas à revenir en arrière dans le temps et tenter de reproduire une civilisation disparue, mais si nous pouvions enfin faire preuve d'un peu d'humilité et écouter ce qu'elle nous raconte sur *nous-mêmes*, nous n'aurions pas perdu notre temps. »

Editions Almora, 51 rue Orfila, 75020 Paris, France.
www.almora.fr

Fragments d'enseignements rosicruciens. Noviciat, présentés par Fred MacParthy, Sesheta Publications.

Ce livre propose les enseignements croisés entre la kabbale, l'hermétisme et la théurgie, d'un ancien courant de la Rose-Croix qui sut rester discret au fil des siècles. En introduction, Fred MacParthy relate le procès qui conduisit au renouveau du Collegium Rosae-Crucis, appellation qui désigne extérieurement l'ordre concerné. Cette fraternité est née au milieu du XVIIIe siècle à la croisée de différents ordres rosicruciens de l'époque, constituée par des membres de la Rose-Croix d'Or d'Ancien Système, des Frères de Saint-Jean l'Evangéliste d'Asie et d'Europe mais aussi de la branche française d'une Societas Rosae-Crucis Hermetica presque inconnue. Cette création cosmopolite répondait à une nécessité de recentrage sur l'opérativité réelle que ne permet pas le grand nombre. On croise dans l'histoire de cette Société Hermétique de la Rose-Croix le Comte François de Chazal de la Genesté qui en arrivant à l'Île Maurice laissa une empreinte notable qui influença le poète-mage Malcolm de Chazal.

Ce collège est avant tout un lieu de recherches traditionnelles porté par des valeurs :

« Les trois valeurs essentielles de l'hermétisme sont *la lettre* (l'étude des textes) permettant d'aborder *la valeur* (la connaissance des lois de la Nature et de l'Univers) toutes deux animées par *le cœur* (la recherche de l'amour divin, en soi comme en dehors de soi). »

Comme tout collège à vocation exclusivement interne, le Collegium Rosae-Crucis fut confronté à la question d'une propédeutique efficace permettant d'écarter chez les candidats potentiels les travers de besoins excessifs d'appartenance ou de reconnaissance, les adhérences et identifications diverses, fruits des conditionnements, les ignorances multiples, voire les superstitions, y compris celles inhérentes à la modernité. Les cours du noviciat proposent ainsi un « désapprendre », indispensable pour approcher l'essence de la voie, associé à une réconciliation qui autorise la « tranquillité » sans laquelle aucune œuvre n'est envisageable.

Les neuf cours du noviciat posent ainsi le cadre d'un véritable travail, apportant un certain nombre de rectifications, éclairant des points traditionnels obscurs et pointant toujours l'essentiel qui relève de l'interne.

Ce livre est d'une grande richesse.

Sesheta Publications, 2 bis rue Damiette, 76000 Rouen.

www.sesheta-publications.com

Savoire, Camille, *Regards sur les Temples de la Franc-Maçonnerie*, présentation de Jean-Marc Vivenza, collection Archives et documents maçonniques, La Pierre Philosophale Éditions.

Camille Savoire (1869-1951) est une personnalité essentielle du Régime Ecossais Rectifié au XXe siècle. Quelque peu oublié, il méritait cette réédition très commentée alors que nous fêtons le 80e anniversaire du « réveil » du R.E.R. en France qui s'opéra en mars 1935 par la constitution du Grand Directoire des Gaules, après un premier « réveil » avorté en 1911 dans le cadre du Grand Orient de France.

 Dans une préface très étayée, Jean-Marc Vivenza retrace la carrière étonnante de Camille Savoire et rappelle la complexité des contextes, historique et maçonnique qui, tantôt empêchèrent tantôt favorisèrent le réveil français du R.E.R.. Ce sont plusieurs décennies de la dynamique de la scène initiatique et ésotérique française mais aussi européenne que synthétise Jean-Marc Vivenza. L'analyse qu'il en fait permet de comprendre pourquoi le Régime Ecossais Rectifié est incompatible avec le régime obédientiel comme le démontrent les difficultés récurrentes rencontrées par le R.E.R. quand il s'inscrit dans une obédience comme un rite parmi les autres.

Outre les mouvements maçonniques, le lecteur croisera dans ces pages les mouvements martinistes, rosicruciens, la résurgence de l'Ordre des Chevaliers Maçons Elus Coëns de l'Univers, le développement du magnétisme ou de la parapsychologie et des organisations moins connues et aux activités plus souterraines comme l'Alpha Galates. Si certains personnages de cette longue et foisonnante période nous sont connus, d'autres comme Georges Monti ou le Père Emile Hoffet restent ignorés alors que leurs influences respectives furent déterminantes.

Jean-Marc Vivenza voit dans le livre de Camille Savoire, qui n'avait jamais été réédité depuis 1935, « un ouvrage d'actualité initiatique ». En effet si certains textes sont marqués par leur époque et par l'évolution de l'auteur vers un spiritualisme de plus en plus marqué, d'autres portent sur les fondements de la démarche maçonnique avec en particulier un essai de définition de « l'esprit maçonnique » qui anticipe le développement d'une véritable doctrine initiatique maçonnique telle qu'elle s'incarne au sein du Régime Ecossais Rectifié. En quête d'un « Criterium de Vérité dans les divers domaines de la Pensée », Camille Savoire en appelle à une remise en cause permanente de nos certitudes pour atteindre une sagesse nourrie de toutes les traditions et de tous les enseignements des initiés passés. Camille Savoire pose aussi les principes d'une éthique maçonnique qu'il veut sans faille et qui fait grandement défaut à notre époque par exemple quand il rappelle ce qu'est la vraie laïcité telle que la définissait Ernest Lavisse.

A travers ses propos, qu'ils soient de nature sociétale ou initiatique, Camille Savoire défend invariablement la liberté.

« L'Esprit Maçonnique, rappelle Camille Savoire, fait de celui qu'il anime le fervent admirateur et le prosélyte du culte d'un idéal consistant à n'admettre d'autre contrôle de ses pensées, de ses actions et de ses sensations, que celui qu'exercent simultanément dans un juste équilibre raison, intelligence et cœur. »

Editions La Pierre Philosophale, C3 Les Acacias, 17 avenue Eisenhower, 83400 Hyères, France.
http://lapierrephilosophale.free.fr/
http://www.lemercuredauphinois.fr/

Kelen, Jacqueline, *Les floraisons intérieures. Méditations sur la Dame à la Licorne*, La Table Ronde.

Une fois encore, Jacqueline Kelen nous convie à une plongée en Imaginal au côté de la Dame. La Dame à la bannière, la Dame à l'oiseau, la Dame à l'œillet, la Dame musicienne, la Dame au miroir, la Dame de Haut Désir guident le lecteur dans un voyage initiatique où règnent la grâce et la beauté.

Jacqueline Kelen fait surgir la plus haute métaphysique d'une étude rigoureuse des mythèmes inscrits dans les six tapisseries exposées au Musée de Cluny. Le dialogue poétique et herméneutique entretenu avec les symboles transcende la simple lecture classique qui en fait une allégorie des cinq sens.

« Au fond, remarque-t-elle, les six tapisseries de la Dame à la Licorne sont autant de visions qui éclairent la quête du pèlerin. Et l'on retrouve *Le Roman de la Rose, le Songe de Poliphile, Le Livre du Cœur d'amour épris,* récits initiatiques qui tous se déroulent en songe, laissant entrevoir une autre réalité dont l'âme garde la nostalgie. A la fin du récit, qui se révèle épopée amoureuse et mystique, le pèlerin se réveille. (…)

Il a à cœur de rejoindre dans un pays idéal la Dame du songe qui est Amour et Sagesse. Dame sans nom et sans visage, plus belle que toutes les femmes, plus désirable que toutes les richesses. Elle s'appellera

Rose, Polia, Doulce Mercy, ou encore la Dame à la Licorne. Eternellement présente sous le voile du temps. »
Eternel féminin. Dame initiatrice. Amante qui enseigne et éveille. La Sophia hante ces pages.
« Elle est une même femme en six apparitions, avertit Jacqueline Kelen, une seule femme derrière les apparences fragiles : sa silhouette juvénile, les traits de son visage sur lequel glissent les ans, et la grâce inaltérée de son maintien manifestent la percée de l'éternel sous la tapisserie du temps. Elle est tout entière printemps, fraîcheur de l'âme, jouvence du cœur. Et, sans jamais l'identifier, elle qui demeure lointaine, plus étrangère que la prêtresse de Mantinée dont Socrate reçut l'enseignement d'amour, chacune la rencontrant murmurera : voici la Beauté, ou encore : ainsi s'avance la Sagesse. »
Silence, solitude, immobilité, présence, immuabilité, la Dame incarne l'axialité couronnée. Souvent liée à l'Île, autre mythe qui évoque le centre, elle est à la fois inaccessible et inévitable. Elle rappelle que tout désir pointe l'Absolu, que tout désir est Désir de l'Un.
Jacqueline Kelen rend la parole aux symboles qui deviennent vivants. La poésie recouvre sa fonction prophétique, non une prophétie qui contraint mais une prophétie qui libère en indiquant le chemin du retour à sa nature originelle et ultime. Ce chemin, qui se parcourt sans personne, échappe à la morsure de chronos. Non seulement la Dame indique l'intervalle qui conduit hors temps mais elle se constitue en intervalle suprême.
« Embrasée d'amour divin, nous confie Jacqueline Kelen, la Dame entre dans la Lumière. Elle n'abandonne pas sur la rive des mortels ceux qui, un jour, répondant à son appel, sont venus en son jardin. Elle offre à discrétion la terre fertile, les couleurs et les parfums, l'ancolie et le myosotis, les gemmes étincelantes, les oiseaux qui chantent et ceux qui parlent, la caresse du vent, les arbres majestueux, les animaux tendres, ceux qu'on croit féroces et ceux qui, dit-on, n'existent pas… Comme tout cela est beau ! Comme l'intelligence est riche, et l'amour empli de merveilles !
Avons-nous oublié que nous avion spart à tant de splendeur, à tant de douceur ? Et que certains soirs notre âme chantait ? »
Ici, le chemin se fait Férie. L'opérativité ne réside plus dans quelque procédé mais la spontanéité du vivant.
Editions La Table Ronde, 26 rue de Condé, 75006 Paris.

Berton, Hugues et Imbert, Christelle, *Les Enfants de Salomon. Approches historiques et rituelles sur les compagnonnages et la Franc-maçonnerie,* éditions Dervy.

Cette somme monumentale, tout à fait remarquable, de près de 1000 pages, sera rapidement un ouvrage de référence dans le domaine de la recherche sur l'histoire, les mythes et les rites au sein du Compagnonnage et de la Franc-maçonnerie.

Soulignons d'emblée, avec les auteurs de la préface, Pierre Mollier et Jean-Michel Mathonière, spécialistes, le premier de la Franc-maçon-nerie, le second du Compagnonnage, que Hugues Berton et Christelle Imbert évite un premier écueil, malheureusement encore trop rarement évité par nombre d'auteurs, celui de ne pas séparer les deux courants traditionnels et d'entretenir une confusion qui perdure aujourd'hui. En s'inscrivant dans la démarche de ce que les historiens de Grande-Bretagne désigne comme « Ecole authentique », Hugues Berton font preuve de la rigueur indispensable à une telle étude, rigueur qui n'ex-clut ni l'originalité du propos ni les découvertes.

Il s'agit donc d'une étude parallèle de ces deux courants qui se dé-ploient en multiples structures à la recherche des racines et contextes religieux, politiques et sociétaux de leur temps. L'enjeu est considéra-ble puisqu'il s'agit de mettre en évidence la matière des mythes qui peut servir l'opérativité des rites. Cette matière s'inscrit dans ce que Gilbert Durand désigne comme mythèmes.

En préliminaire, les deux auteurs précisent la fonction du mythe :

« Le mythe définit une origine, point d'émergence du sacré, en relation avec un Principe. Le mythe a pour fonction de narrer ce qui est dans le monde en tant qu'espace sacré. Il a pour effet de préciser la manifestation et les moda-lités du passage du Non-Être à l'Être, de l'émergence de l'Être juste avant l'émergence de l'Histoire, ou encore du passage de l'Être au Non-Être, dans le cas de la mort et de la fin dernière, de l'eschatologie. Le mythe est l'ex-pression métaphorique et dramaturgique des origines, récit fondateur et exemplaire d'un acte sacré, et par là même, réservé, car qui connaît l'origine des choses et des êtres peut agir à leur instar. Il met en jeu des dieux ou des héros représentatifs de la communauté, sous des formes souvent tragiques rappelant la perte subie par la collectivité lors du passage du temps dcs ori-gines, paradis, âge d'or, à la décadence vécue dans le monde contemporain. Unificateur, le mythe est indissociable des rites et cérémonies qui constituent sa réactivation ici et maintenant et qui canalisent la violence sociale, image du chaos qui prééxiste à l'émergence des êtres d'origine. Il transforme l'individu qui va, par identification, assimiler la nature de la divinité ou les capacités de l'ancêtre, du héros fondateur. Il fonde et justifie comportements, fonctions, et activités humaines dans les sociétés traditionnelles. Il est alors facteur d'ordre et de cohésion sociale, maintenant un équilibre entre les différentes composantes collectives et individuelles, dans l'espace et dans le temps. »

Les auteurs rappellent très justement le rôle dynamique essentiel des antinomies comme vecteur de traversée de l'opacité dualiste.

La première partie de l'ouvrage est consacrée aux éléments historiques relatifs aux organisations de métiers, aux compagnonnages et à la Franc-maçonnerie. La deuxième partie traite de la pratique rituelle et de l'opérativité à travers les éléments symboliques et les rituels de divers compagnonnages, les Anciens Devoirs anglais, l'art de la mémoire et l'Ars notoria, les catéchismes et les rituels maçonniques enfin.

Les distinctions apportées, entre rites de passage, qui marquent une appartenance, une adhésion, et rite initiatiques, qui libèrent, entre transmission verticale, directe, d'origine non humaine et transmission horizontale, temporelle, par un médiateur humain, entre mythes, légendes et histoire, permettent à la fois de dissiper nombre de malentendus mais aussi de restaurer « les possibilités d'accomplissement de l'être humain, dans toutes ses dimensions ».

L'ouvrage, étayé par de très nombreux documents, est davantage qu'une vaste synthèse née de l'alliance entre compétences d'historien et compétences d'ethnologue, la dimension initiatique, marquée par l'inclusivité, est toujours présente dans le propos :

« Passant par des phases de construction, de destruction et de reconstruction, les initiés sont conduits à expérimenter, à se perfectionner, à s'élever sur le plan moral, intellectuel et spirituel au moyen des rites, rituels et symboles. La démarche initiatique est une démarche volontaire, libre et individuelle de l'homme en recherche de transcendance, de spiritualité et permet la découverte de l'harmonie.

La pratique se révèle comme étant un élément essentiel (…) Donner et se donner, accepter de recevoir sans être en mesure d'en évaluer pleinement les conséquences, prendre le risque de se mesurer à l'inconnu, d'abandonner ses béquilles pour aller de l'avant : voilà la gageure à laquelle le cherchant doit accepter de se prêter. »

Editions Dervy, 19 rue Saint-Séverin, 75005 Paris, France.
http://www.dervy-medicis.fr/

COUPS DE CŒUR DE NOS AUTEURS

Thomas Joël, Mythanalyse de la Rome antique, Paris, Les Belles Lettres,
coll. *Vérité des mythes*, 2015
Par Christian de Caluwe.

Dans son dernier livre, ***Mythanalyse de la Rome antique*** (Paris, Les Belles
Lettres, coll. *Vérité des mythes*, 2015), Joël Thomas nous livre un texte et
une réflexion d'une grande richesse, qui sont le couronnement de toute une
vie de chercheur passée à radioscopier les mythes et les légendes ; aujourd'hui, il montre, grâce aux avancées de l'anthropologie, et en particulier
aux études sur l'imaginaire, comment Virgile et d'Ovide ont su mettre en
forme le mythe par le langage des symboles. Les mythèmes qui leur sont
propres et qu'ils transforment, appartiennent au fonds commun de l'humanité. L'auteur essaie de saisir cette cristallisation en constellations d'images
qui se polarisent et prennent sens. La mythanalyse, rappelle Joël Thomas, est
une méthode d'analyse scientifique des mythes qui en tire non seulement le
sens psychologique, mais aussi le sens sociohistorique. Elle met en évidence
l'actualité de l'Antiquité si présente dans notre civilisation occidentale qui
est principalement sous l'influence de deux mythes :

> celui d'Hermès avec la «toile» informatique (internet, wifi) ;
> celui de Prométhée avec *«une Europe industrielle, coloniale et pré-
> datrice»* ; ajoutons que l'homme a allumé la flamme au fourneau
> atomique.

Joël Thomas a appartenu au prestigieux cercle *Eranos* en Suisse. Celui-ci a
été créé en 1933 par Olga Froebe-Kapteyn pour explorer la dynamique des
images et des forces archétypales (*« Crois-moi, l'image, c'est plus que
l'image »*, disait déjà Ovide). Rudolf Otto lui donne bientôt une impulsion
nouvelle en organisant des conférences animées autour d'une Table Ronde
par Carl Gustav Jung, Henry Corbin, Mircea Eliade, Gilbert Durand,
Gershom Scholem, Louis Massignon, Antoine Faivre... Ils œuvrent tous
dans une totale liberté spirituelle. Le temps d'*Eranos*, c'est le temps cheva-
leresque, « le temps de la quête », selon Henry Corbin. La chevalerie n'a rien
de moyenâgeux. Elle est juvénilité à demeure (le *puer aeternus* chez Virgile,
l'éternel adolescent !), noblesse, respect, courage, sincérité, générosité. Et ce
temps consiste, pour le gnostique des temps modernes, à être à la fois dans
le monde et hors du monde. Comment ne pas songer à une loge maçonnique,
d'autant plus que certains membres de ce creuset appartenaient à la maçon-

nerie ? Aussi comprendra-t-on mieux la devise alchimique d'*Eranos*, empruntée à Paracelse, car elle condense magnifiquement la psyché dans son travail d'évolution en spirale : *Eadem mutata resurgo* ; « je renais la même, mais métamorphosée ». Cette aventure spirituelle survit de nos jours dans ceux qui en ont fait partie. Tel est le cas de Joël Thomas, agrégé de Lettres classiques, professeur émérite de langue et littérature anciennes à l'université de Perpignan-Via Domitia. Ses principaux travaux portent sur la méthodologie de l'imaginaire appliquée essentiellement à la socio-culture antique. N'est-il pas le disciple et ami de Gilbert Durand, auteur des *Structures anthropologiques de l'imaginaire* ? Le mérite de l'œuvre de Joël Thomas est de montrer la constance de ces structures dans notre imaginaire, « car l' homme, dit Lévi-Strauss, a toujours pensé aussi bien. »
Quelques prismes de relecture permettent à Joël Thomas de revisiter l'*Énéide* en rappelant qu'Énée est à la fois un exilé, un guerrier et un passeur. La fonction initiatique du passeur chez Virgile retiendra plus particulièrement notre attention. Abordons dans un premier temps l'ésotérisme de l'*Énéide* et essayons de dégager, avec Joël Thomas, les trois phases de l'initiation (cf. *Structures de l'imaginaire dans l'Énéide*, Paris, Les Belles Lettres, 1981, rééd. 2015). Nous comprendrons mieux alors pourquoi un Franc-maçon doit avoir lu *Mythanalyse de la Rome antique.*

A - La première phase de l'initiation, la purification :
Lors de sa descente aux Enfers, Enée remonte dans son passé. Cette palingénésie fait songer à celle d'Adoniram tombant dans la Mer d'Airain (dans *la Légende de la Reine du Matin* de Gérard de Nerval), et rencontrant ses ancêtres, notamment Tubalcaïn, le forgeron qui va lui révéler l'art de marier le feu à l'eau afin qu'il puisse réparer la Mer d'Airain : ne faut-il pas voir dans toutes ces régressions une étape du voyage initiatique qui réalise une anamnèse afin de mourir à « un passé qui devient dépassé » ?

B - la deuxième phase de l'initiation, les révélations :
Anchise guide son fils aux Champs Elysées. Il lui explique que l'âme des morts se décante, se purifie par la Terre, l'Eau, l'Air et le Feu. De la même façon, le myste (de *muô* : changer, se transformer) commence son voyage à travers les quatre états de la matière. C'est un discours d'origine pythagoricienne et platonicienne, qui correspond à la croyance alchimique de la transformation de l'âme. La psyché est un microcosme à l'image du macrocosme qu'il faut imiter. Or le monde est composé de quatre éléments plus leur quintessence, l'éther, un océan d'énergie.

C - La troisième phase de l'initiation, la réalisation :
La guerre est nécessaire pour mieux la désapprendre car elle se termine par une alliance des trois peuples qui se combattaient. Nous assistons au passage du binaire au ternaire. Le tissage est accompli. A ce stade, l'initié a dépassé le monde élémentaire (Terre, Air, Eau et Feu). La décantation s'est faite, et un niveau supérieur est atteint. L'initié entre alors en relation avec les deux grands principes, l'*anima* (Lune) et l'*animus* (Soleil) qu'il va unifier. Par conséquent, on part de l'individu sensoriel gouverné par ses passions, pour arriver à l'individu qui a reconquis par germinations successives son corps de Lumière (par un processus de reliance). Le myste réintègre alors l'état adamique. En naissant aux autres, l'adepte découvre que l'humanité entière, présente et passée, est en lui. Il retrouve alors l'Éternité par delà le temps et l'espace et accède au Soi éternel, comme dans le cadre d'une pratique initiatique.
Joël Thomas mentionne par ailleurs une réécriture moderne de l'*Énéide* qui a le mérite de souligner le rôle actuel de la femme dans son effort de pacification du monde. En effet, la *Créüside*, interprétation transgressive de l'*Énéide* par une Hongroise, Magda Szabo, en 2009, permet d'aborder une lecture sociétale très actuelle. M. Szabo imagine qu'Énée a été tué lors de la prise de Troie, et elle le remplace par Créuse, son épouse ! Le roman se poursuit dans un refus de la guerre et se termine par le retour de l'héroïne à Troie. Notons que pour l'initié, tout au contraire, il s'agit de mourir à la nostalgie du passé. On songe au rôle que la femme joue de nos jours en Islande et dans le printemps arabe... Comment ne pas évoquer un passage de la *Lettre du Voyant* de Rimbaud qui annonce *la fin du servage de la femme.*

C'est ce même Rimbaud qui ébahissait sa classe lorsqu'il déclamait l'*Énéide* en latin et par cœur ! Il fallait l'arrêter ! Mais Joël Thomas a la ferme conviction que ce jeune poète de seize ans avait également pu être inspiré par le canot du *Phaselus,* un poème de Catulle. Il nous fait observer que ce thème du « bateau de la vie » battu par les flots, et qui finit par retrouver une mer d'huile, était récurrent dans l'Antiquité. Par ailleurs, la fonction de Janus, qu'aborde Joël Thomas, est prépondérante dans l'imaginaire maçonnique qui doit tant aux *Collegia Fabrorum,* ces confréries romaines de bâtisseurs.

Janus est le « Maître du triple temps », du temps absolu.
Il **est** et **devient.** Il incarne la dimension multiple du temps. Il est *bifrons,* c'est-à-dire qu'il a deux faces opposées, l'une tournée vers le passé, l'autre

vers le futur ; l'une vers l'Orient et l'autre vers l'Occident. Sous une forme métaphorique, il synthétise à lui seul le temps qui passe, le temps absolu et le temps cyclique.

Il est le dieu de l'initiation : c'est un autre sens symbolique du *bifrons*. Son double visage représente alors celui qui n'est pas initié, le vieil homme, et celui qui va devenir le nouvel homme. Mais il possède aussi un troisième visage, invisible celui-là, qui correspond à « l'éternel présent ». C'est le dieu du passage. Il joue un rôle dans le processus de ritualisation lors des initiations. Son nom a la même étymologie que *janua,* la porte. Mais il représente aussi les deux portes solsticiales qui renvoient aux deux saint-Jean.

Après avoir exploré le passé à la lumière de la mythocritique appliquée à la création littéraire, principalement chez Virgile, tournons nous vers le nouveau monde, si imprégné de culture romaine, en abordant l' aspect sociohistorique de la mythologie. Avec la mythanalyse, Joël Thomas aura recours à une méthodologie « moderne» et scientifique pour explorer les mythes, jetant ainsi un pont entre Antiquité et modernité.

Nos institutions témoignent encore de l' influence de la culture romaine, comme le révèle leur vocabulaire. Mentionnons par exemple **la centuriation**. Les anthropologues voient dans la géométrisation des champs mis en ordre par le labourage la marque du monde civilisé. Les Romains ont contribué à apprivoiser le monde avec la centuriation qui est l'invention du cadastre. On fait entrer le monde dans des formes ordonnées, ce qui lui donne son statut et le fait sortir de son ensauvagement. Quand les USA se développent, la centuriation est de règle dans les champs comme dans les villes car les Américains se sont beaucoup inspirés de la civilisation latine : leur devise est d' ailleurs, en latin : *E pluribus unum*, "tous pour un". Par ailleurs, le métissage romain pourrait devenir un modèle de tolérance pour l'Euro-méditerranée en train de se construire, à condition de ne pas tomber dans le manichéisme américain. Cette constance invite à revisiter les mythes gréco-romains à la lumière des sciences contemporaines.

On se souvient de l'hésitation des chercheurs devant le schéma bipartite, diurne et nocturne, de Mircea Eliade et celui, tripartite, de Gilbert Durand, introduisant dans le régime nocturne une nouvelle bipartition qui leur apparaît comme ambiguë. Il faut rappeler qu'en 1960, date à laquelle remonte la clef interprétative de Gilbert Durand, on ne connaissait pas la systémique pas plus que les théories de la complexité. Joël Thomas propose de les associer en s'inspirant de ces théories mises en lumière par Edgar Morin. Mais sa contribution ne s'arrête pas là. Une vision interdisciplinaire des mythes va en permettre une nouvelle lecture et notamment à la lumière de la biologie. Les études littéraires sont de plus en plus en relation étroite avec les disciplines scientifiques: l'anthropologie, l'ethnologie, les neurosciences. Par conséquent, la lecture d'une oeuvre peut se faire à plusieurs niveaux. Les outils seront empruntés à la linguistique, à la psychanalyse, à la sociologie, à l'histoire, à la théorie mathématique des ensembles, à la physique, à la neurobiologie. Par exemple, pour dépasser le clivage qui existe à l'heure actuelle entre le structuralisme et les neurosciences Joël Thomas recourt à un concept : celui de *l'exaptation.* Pour J. Thomas, toute l'histoire de la symbolique est une vaste exaptation. L'exaptation est une variation sur le thème de l'adaptation, qui est lui-même un élément de la théorie darwiniste. Dans l'évolution des espèces, l'exaptation peut se définir comme une rupture de la continuité, ou un détournement de la fonction originelle. Les plumes qui réchauffent deviennent ailes qui permettent de voler ! Par analogie, les grands mythes, l'*Odyssée,* l'*Iliade,* l'*Énéide* n'ont pas seulement été conçus comme support de méditation pour les peuples à qui ils s'adressaient; ils ont aussi été transmis, intemporellement, comme des histoires extraordinaires, merveilleuses, porteuses de charme mais aussi chargées de sens, et devant retenir l'attention de l'auditoire. Plusieurs niveaux peuvent alors être retenus, et se superposent sans s'exclure : le *plaisir* d'écouter un récit, mais aussi une lecture *anagogique* destinée à tirer celui qui l'écoute vers le haut, à l'éclairer spirituellement.

Alors, comment un Franc-maçon peut-il lire la légende d'Hiram ? Avec sa partie mythique, qui a trait à la mort et à la renaissance, et sa dimension de conte, en rapport avec la recherche du Corps disparu et de la Parole Perdue, le mythe d'Hiram peut être relié aux récits montrant des héros démembrés : Dionysos, Orphée, Osiris. Par ailleurs, les notions de liance, reliance et déliance introduites par Roger Clausse (1963) et par Marcel Bolle de Bal, reprises plus tard par Edgar Morin et Joël Thomas, permettent de réactualiser la doctrine de la réintégration en la simplifiant. La reliance nous unit à tous les niveaux d'organisation, de l'infiniment petit à l'infiniment grand. Elle s'oppose au démembrement et à la mort par l'amour de nos frères et soeurs en humanité, semblables et dissemblables. Mais pourquoi relier ? La liance ne serait-elle pas suffisante ? Or une rupture dans la liance est source de déliance (le *tsimsum* de la Kabbale hébraïque), qui conduit au morcellement, à la dissolution de son moi et à la rébellion. Une rectification s'impose pour retrouver le droit chemin vers la terre natale perdue qui est aussi l'allégorie d'un état spirituel que l'Homme Véritable doit retrouver : c'est la reliance *(tikkun)* qui est ouverture aux autres à condition de se libérer de soi. Le héros apprend à surmonter sa peur du risque et à affronter sa vie à condition d'être aimé de façon inconditionnelle. C'est la résilience dont nous parle B. Cyrulnik. Par ailleurs, la fréquentation de tous ces auteurs, profanes ou maçons, ne doit pas nous faire oublier les contacts directs que Joël Thomas a pu avoir d'authentiques initiés. Rappelons que ce professeur à l'Université de Perpignan a travaillé à Lisbonne avec José Anes, ancien Grand Maître du Portugal, Lima de Freitas, maçon, écrivain et artiste peintre. Le Grand Œuvre de Joël Thomas est d'avoir traqué pendant toute sa vie le fil rouge qui relie les mythes entre eux car, nous avait-il confié un jour, « le projet général qui préside à la création de ces mythes est impressionnant ! » C'est en cela que ses recherches s'inscrivent dans le courant de son maître et ami, Gilbert Durand. Et plus il approfondit son art, plus il le dispense avec respect et humilité. Veilleur il éveille, passeur, il accompagne et transmet en se donnant. Il vivra longtemps dans le coeur de ses étudiants qui ont eu le bonheur de l'écouter. Comment ne pas se souvenir de cette réflexion de Jean Mourgues, ancien Grand Commandeur *ad Vitam* du Grand Collège des Rites, traduisant ce vertige qui est aussi celui de Joël Thomas mais aussi de tout Franc-maçon qui s'est interrogé sur les grands rêves collectifs, les mythes et les mystères que véhicule la maçonnerie en tant qu'oratoire et laboratoire de l'imaginaire hermétique tentant de formuler l' informulable : « Il suffit de s'observer, de lire l' histoire des hommes, à travers les biographies, les romans et les mythes, il suffit de contempler l' univers pour la connaître. La difficulté à surmonter, c'est précisément que toute recherche de la cohérence débouche sur une découverte de l' infinie diversité, sur la multiplicité des perspectives et des objets. En définitive, on finit par percevoir l' impossibilité où nous sommes de découvrir le principe unificateur. Il nous reste une seule issue, c'est que ce principe soit la recherche même. C'est notre incapacité de découvrir le principe unifiant qui fera l' unité de notre vie, et de la vie. La seule espérance que nous ayons d' une paix, d'une sécurité, d'un bonheur possible, c'est de chercher inlassablement. »Bref, c'est avec passion que le livre de Joël Thomas se laisse lire, car il donne sens aux rites que nous perpétuons. Enfin il nous aide à retrouver la Parole Perdue et à prendre conscience de l'importance de réaliser en nous-mêmes le processus d'individuation dont parle C.-G. Jung qui ajoute dans *Les Racines de la conscience* : « Si l'explication avec l'ombre est l'œuvre de l'apprenti et du compagnon, dit Jung, l'explication avec l'anima est l'œuvre du maître. La relation avec l'anima est en effet une épreuve du courage et une ordalie du feu pour les forces spirituelles et morales de l'homme ».

Le général Fuller, un théoricien de la guerre, un politique et un magicien

Par Christian Bouchet

Le lieutenant-colonel Olivier Entraygues a soutenu, en 2012, une double thèse de doctorat en histoire contemporaine à La Sorbonne et au King's College [1] dont le thème était *J.F.C. Fuller : comprendre la guerre*. Depuis, il a publié la traduction d'un des principaux ouvrage du major-général britannique (*Les Fondations de la science de la guerre*[2]) ainsi des extraits de son doctorat agrémentés de fragments traduits du même militaires : *Le Stratège oublié, J.F.C Fuller 1913-1933*[3], *La Préparation du soldat à la guerre, J.F.C Fuller*[4], *L'Art du Général, J.F.C Fuller*[5] et *La Troisième voie, la pensée politique de J.F.C. Fuller*[6]. Ces quatre ouvrages présentant, selon l'éditeur, les « *quatre thématiques développées dans le corpus légué par le major-général J.F.C Fuller* » qui est un « *officier général, britannique, intellectuel, militaire rebelle, hérétiques, iconoclaste, progermanique, fasciste, antisémite, non-conformiste, agitateur d'idées, provocateur, historien, politicien et philosophe* ».

Il n'y aurait aucune raison de traiter dans *Historiae Occultae* de celui qui est considéré comme le « *véritable prophète de la Blitzkrieg et le chef de file de la pensée militaire moderne née de la Grande Guerre* » et qui inspira tant le général de Gaulle que le maréchal Toukhatchevski, s'il n'était pas indiqué, au détour d'une phrase, que le major-général J.F.C Fuller était aussi « *un occultiste* ». Sur ce point, Olivier Entraygues est peu disert. Il ne cache pas que Fuller fut le premier à consacrer un livre à la pensée d'Aleister Crowley et qu'il pratiqua le yoga toute sa vie durant, mais il ne va pas plus loin et comme il évacue le sujet en une phrase on comprend bien qu'il ne rédigera pas un cinquième livre sur une thématique pourtant fondamentale dans la pensée et l'action du militaire britannique. Quoiqu'il en soit, en écrivant : « *J'ai volontairement choisi de ne pas m'attarder sur les écrits occultes de Fuller. Les ouvrages The Star in the West — A Critical Essay upon the Works of Aleister Crowley et The Secret Wisdom of the Qabalah ou le pamphlet the Black Art n'auraient pas apporté de réelle plus-value au corps de cette thèse* »[7], Olivier Entraygues se prive, vraisemblablement sans s'en rendre compte, d'un outil d'analyse précieux.

Il n'est pas inutile de profiter de l'occasion que nous donne la parution de ces livres pour résumer à grands traits tant la vie de John Frederick Charles Fuller que sa pensée.

Issu de la classe moyenne, il naquît 1878 et fut admis, en 1897, à l'Académie royale militaire de Sandhurst[8]. En 1898, au sortir de l'école, il fut en poste en Irlande, puis il participa à la guerre des Boers avant d'être muté, en 1903, en Inde où il s'intéressa à la culture locale, rencontra des maîtres spirituels et commença à pratiquer le yoga.

Au milieu de l'année 1905 Aleister Crowley vint en Inde pour une de ses expéditions himalayennes. Fuller qui le connaissait de réputation lui écrivit alors pour lui acheter ses livres.

Le futur major-général était alors agnostique et professait un total mépris des masses, de la chrétienté à la démocratie [9], qui le faisait désirer une nouvelle spiritualité. Les ouvrages du maître Therion lui plurent et il profita d'une permission en Grande-Bretagne, en 1906, pour rencontrer Crowley. Il participa à un concours littéraire que celui-ci organisait pour promouvoir son œuvre et il le gagna en rédigeant *The Star in the West*, première analyse de la pensée crowleyenne. À la suite de cela, Crowley, qui n'avait pas encore accepté le contenu du *Liber legis* [10], en envoya une copie à J.F.C. Fuller et, à sa grande surprise, la réaction du militaire fut enthousiaste, sans doute parce qu'au-delà de son mysticisme le *Liber legis* défendait de manière poétique un anti-démocratisme aristocratique et martial, thèses que Fuller lui-même partageait.

L'année suivant, Crowley créa Argenteum Astrum, un ordre magique destiné à concurrencer la Golden Dawn. Fuller fut un des deux premiers initiés. Il s'impliqua dans la publication de *The Equinox*, le luxueux organe de l'ordre, qu'il subventionna et auquel il collabora.

J.F.C. Fuller rompit avec Aleister Crowley en 1911 quand un autre membre de l'AA, Cecil Jones, poursuivit une feuille à scandale, à cause d'allégations d'immoralité et d'homosexualité. Le procès se termina par la défaite de Jones et de nouvelles campagnes de la presse de caniveau contre Crowley. Fuller qui craignait pour sa réputation et sa carrière, trouva la situation intolérable et se retira.

Cependant, les deux hommes gardèrent l'un et l'autre du respect pour leurs talents intellectuels et Crowley cita positivement Fuller à de nombreuses reprises dans ses mémoires.

Aleister Crowley eut même une importance fondamentale, que ne perçoit pas Olivier Entraygues, pour l'avenir du Fuller militaire : il lui fit rencontrer un de ses amis le colonel Frederick Natush Maude, vulgarisateur en langue anglaise de la pensée de Carl von Clausewitz. C'est sous son influence que Fuller se mit à écrire des articles et des livres sur la science de la guerre où il prônait l'utilisation de nouvelles tactiques et de la mécanisation à un moment où la cavalerie était encore un corps sacro-saint.

En 1917, Fuller fut affecté au Corps des tanks où il fut nommé responsable de la formation, du renseignement et des opérations. En 1918, il commanda la première grande attaque avec des chars qui fut menée contre la ligne Hindenburg. Défendant la thèse du rôle offensif plutôt que défensif des chars, il fut nommé cette même année à l'état-major général de l'armée britannique pour prendre en charge l'ensemble de la cavalerie blindée. Son « *Plan de 1919* » prônant une stratégie offensive des tanks fut adoptée par les Allemands durant la deuxième guerre mondiale et fut très généralement utilisé pendant les guerres Israélo-Arabes. La stratégie étant de paralyser le commandement ennemi (le cerveau) plutôt que les forces combattantes (le corps).

Nommé responsable de toutes les formations blindées de l'armée anglaise, Fuller réussit à obtenir que le corps des tanks soit constitué en formation séparée de l'armée en 1923. Entre 1918 et 1920, il publia son propre journal consacré à l'arme blindée le *Weekly Tank Notes*. Son insistance pour que la cavalerie soit remplacé par les blindés lui fit de nombreux ennemis parmi les officiers britanniques de tradition. Il envisagea alors de démissionner, mais décida finalement de rester sous l'uniforme pour défendre le rôle du nouveau Corps des tanks. Il commença aussi à envisager une « *science de la guerre* » nécessaire selon lui pour réformer non seulement la chose militaire, mais aussi toute la nation ainsi que l'être humain.

Les vues de J.F.C. Fuller sur la guerre étaient de nature ésotériques et philosophiques. « *Sans guerre il n'y aurait rien pour faire faire sortir les prêteurs d'urgent du temple de l'existence humaine. Le vrai but de la guerre est de créer et non de détruire* » écrivait-il dans *Reformation of War* en 1923. Dans ce livre, la guerre était caractérisée comme « *le dieu de la destruction créatrice, ce sinistre iconoclaste synthétique* » et il insistait sur le fait que « *les grandes nations sont nées dans la guerre parce que la guerre est le point focal de la concentration nationale. Les grandes nations se délabrent dans la paix.* » Il se déclarait aussi en faveur d'un développement darwinien par l'État de ses citoyens favorisant les plus forts plutôt que les plus faibles. *Reformation of War* introduisit dans l'œuvre de Fuller des thèmes qui seront dorénavant récurrents dans la plupart de ses écrits : l'opposition à la démocratie parlementaire, au socialisme et à la Société des nations.

Dans le même temps, l'occultisme continuait de structurer d'une manière importante sa pensée. L'année de la parution de *Reformation of War*, il écrivit un article sur les sciences occultes dans un des numéros de *The Occult Review*. En 1926, il publia *Yoga : a Study of the Mystical*

Philosophy of the Braminhs and Buddhists définissant sa pratique comme permettant d'accéder à la maitrise de l'inconnaissable et se décrivant lui-même comme « *un chercheur de vérité* ».

De plus, l'occultisme, formait la base de sa conception de la science militaire. Partant de la nature triple des choses, croyance commune aux occultistes, il analysait le temps comme divisé en passé, présent et futur ; la force en énergie, déplacement et masse ; l'esprit en connaissance, foi et croyance ; la nature en terre, eau et air ; l'humanité en hommes, femmes et enfants ; la matière en solides, liquides et gaz ; l'homme en esprit, âme et corps ; et appliquait dans *Foundations of the Science of War* cette règle numérique à la science militaire, estimant que les guerres sont basées sur trois forces : mentale, morale et physique.

En 1926, Fuller fut nommé adjoint-militaire au nouveau chef de l'Imperial General Staff. La même année, il fut envoyé aux Indes pour faire un rapport sur la modernisation des forces armées qui y étaient cantonnées. Puis il fut commandant du 7e régiment d'infanterie et de la garnison de Tidworth qui comprenait une force mécanisée expérimentale. Fuller considérant les obligations de commandement de la garnison comme un fardeau, et estimant que son travail avec la force mécanisée était relégué à un rôle subordonné, donna sa démission. Jusqu'à sa retraite en 1933, ses fonctions militaires furent sans importance et il employa le plus clair de son temps à écrire, publiant neuf livres entre 1927 et 1933.

En décembre 1933, après avoir passé trois années à voyager à travers l'Europe en demi-solde, Fuller prit sa retraite à cinquante-cinq ans. Il put alors consacrer la totalité de son temps au journalisme et à la théorie militaire. Il fut libre aussi de s'intéresser à la chose politique. Le premier mouvement qu'il rejoignit fut le New Britain Movement, une étrange structure dirigée par Dimitri Mitrinovic, un ami d'Aleister Crowley, qui avait conçu une idéologie politique de « troisième voie » mêlant le crédit social[11], l'anthroposophie de Rudolf Steiner et la psychanalyse d'Alfred Adler… J.F.C. Fuller, qui eut l'occasion d'y côtoyer Alfred Richard Orage[12], fut très rapidement déçu par sa mauvaise organisation et il décida, en juin 1934, de l'abandonner pour rejoindre la British Union of Fascists d'Oswald Mosley dont il devint le conseiller militaire. Travaillant au siège du parti, il appartint à son Bureau politique et fut un des ses orateurs nationaux.

Très apprécié en Allemagne, J.F.C. Fuller fut reçu par Adolf Hitler en décembre 1934. En 1935, c'est le ministre allemand des Affaires étrangères, Joachim von Ribbentrop, et le bras droit du *Führer*, Rudolf Hess qui lui accordèrent des audiences. En septembre de la même année, il fut invité comme observateur aux manœuvres militaires allemandes. Le mois suivant, il fut fait correspondant spécial de guerre pour le *The Daily Mail* et envoyé observer l'invasion par les fascistes italiens de l'Abyssinie. Ce fut pour lui l'occasion d'une courte halte à Rome et d'une entrevue avec Benito Mussolini.

Son autobiographie, *Memoirs of an Unconventional Soldier*, parue en 1936, se concluait sur la constatation du besoin d'une « nouvelle spiritualité », prophétisant la montée de l'Asie et décrivant la lutte entre la « démocratie usée » et le « fascisme émergeant » qui offrait une « liberté supérieure ».

Malgré le soutien actif que Fuller accorda au fascisme, il conserva une certaine audience dans les cercles militaires britanniques. On lui demanda d'être un observateur du War Office lors de la guerre civile espagnole, ce qui fit qu'en 1937, il alla rendre visite à Francisco Franco et aux troupes nationalistes combattant le communisme. Le War Office fut impressionné par l'objectivité du rapport de l'officier retraité et il lui demanda d'effectuer une nouvelle mission d'observation en 1938.

En 1937, Fuller écrivit un nouveau livre occultiste *The Secret Wisdom of the Qaballah*.

Peu avant l'éclatement de la deuxième guerre mondiale, il expliqua à l'historien militaire Liddell Hart, qu'il était attiré par le fascisme non parce qu'il voulait que le peuple soit réduit en esclavage mais parce qu'il désirait qu'il soit libéré : « *L'autorité sans liberté est du despotisme et la liberté sans autorité est l'anarchie. Je n'en souhaite aucune, au lieu de cela je veux un équilibre entre autorité et liberté.* » Il estimait aussi, à l'époque, qu'il y avait plus de liberté intellectuelle dans l'Allemagne nationale-socialiste que dans la démocratique Angleterre.

En 1939, Fuller fut invité aux festivités du 50e anniversaire d'Adolf Hitler ce qui fit sensation dans la presse britannique. Naturellement il fut impressionné par l'armée allemande totalement mécanisée. Hitler en lui serrant la main pour le saluer, lui fit cette remarque : « *J'espère que vous êtes content de vos enfants.* »

Quand la deuxième guerre mondiale éclata, Oswald Mosley et de plus de sept cents autres dirigeants fascistes britanniques furent arrêtés immédiatement et emprisonnés dans des conditions très dures, J.F.C. Fuller fut épargné mais il resta durant toute la durée de la guerre sous la surveillance du MI5[(13)]. Malgré son association avec le fascisme, Fuller continua à être très recherché comme journaliste spécialisé dans le domaine militaire. Il en profita pour mener une campagne contre la politique de capitulation sans condition que les puissances alliées exigeaient de l'Allemagne, et une autre en faveur des droits des prisonniers politiques fascistes détenus dans les geôles anglaises.

Il continua, en parallèle, à collaborer à *The Occult Review* où il expliqua, dans un article d'avril 1942, la base occulte de sa pensée militaire : « *La magie et la guerre toutes les deux sont coercitives, propriatoires et dynamiques. Leur but est d'influencer les évènements. Quand dans un manuel le militaire déclare que son objectif dans la guerre est d'imposer sa volonté à son ennemi, il entre dans le royaume de la magie et quand le magicien entreprend d'imposer sa volonté à sa victime, il entre dans le royaume de la guerre.* » Dans la même contribution, il décrivit aussi la propagande comme une forme de magie et désigna Joseph Goebbels comme un magicien.

Fuller continua après la guerre sa carrière de journaliste et d'écrivain. Dans le même temps, il ne cessa pas de fréquenter la mouvance fasciste et il apporta tout le soutien qu'il put aux groupes d'émigrés anti-communistes de l'Europe orientale. Ce faisant, il ne rompit pas non plus avec le milieu occultiste, saluant la mémoire d'Aleister Crowley après son décès en déclarant : « *Il était un véritable avatar, il ne le savait pas mais il en avait conscience d'une manière émotionnelle* » et continuant de fréquenter des tenant des idées ésotéristes se rattachant à l'extrême droite comme le disciple de [14] ou Gerald Hamilton, un vieil ami d'Aleister Crowley qui fut proche d'Oswald Mosley dans l'immédiate après-guerre.

En 1963, la Chesney Gold Medal, la plus haute distinction que la communauté militaire britannique puisse conférer, lui fut remise par le Royal United Service Institute.

Fuller décéda le 10 février 1966. À cette date il était l'auteur de quarante-cinq livres, de centaines d'articles et il était resté un journaliste populaire malgré son peu d'intérêt pour l'opinion publique et son rattachement, jamais démenti, au courant occultiste et à la droite extrême.

NOTES

1 –   Londres.

2 –   John Frederick Charles Fuller, *Les Fondations de la science de la guerre*, Paris, Economica, 2014. Cinq autres ouvrages du même auteur avaient déjà été publiés, quatre consacrés à la chose militaire : *L'Influence de l'armement sur l'histoire depuis le début des guerres médiques jusqu'à la seconde guerre mondiale*, Paris, Payot, 1947 ; *La Guerre mécanique et ses applications*, Paris, Berger-Levrault, 1948 ; *Les Batailles décisives du monde occidental*, Paris, Berger-Levrault, 1980-1983, *La Conduite de la guerre*, Paris, Payot, 2007 ; et un traitant d'occultisme, *Le Trésor d'images*, Paris, Le Nouvel éon, 1996.

3 –   Olivier Entraygues, *Le Stratège oublié, J.F.C Fuller 1913-1933*, Brèches Éditions, 2012.

4 –   Olivier Entraygues, *La Préparation du soldat à la guerre, J-F-C Fuller*, Brèches Éditions, 2013, réédition annoncée en 2016 au Polémarque.

5 –   Olivier Entraygues, *L'Art du Général, J-F-C Fuller*, Brèches Éditions, 2013, réédition annoncée en 2016 au Polémarque.

6 –   Olivier Entraygues, *La Troisième voie, la pensée politique de J.F.C. Fuller*, Nancy, Le Polémarque, 2015.

7 –   Olivier Entraygues, *J.F.C. Fuller : comprendre la guerre*, www.theatrumbelli, 2012.

8 –   L'équivalent britannique de Saint-Cyr.

9 –   Dans une lettre à son frère datant de cette époque, il écrivait ainsi : « *Le socialisme n'est que l'écume du chaudron démocratique. Le socialisme est opposé au progrès, il tend à niveler le plus élevé à l'aune du plus bas.* »

10 –   Le *Livre de la Loi*, texte reçu médiumniquement par Aleister Crowley les 8, 9 et 10 avril 1904. Il lui aurait été dicté par l'Esprit Aiwass.

11 –   Le social-crédit social est une idéologie économique et un mouvement social qui est apparu au début des années 1920. À l'origine, c'était une théorie économique développée par l'ingénieur écossais Clifford Hugh Douglas. Chaque citoyen reçoit chaque année un total de monnaie créée proportionnel à la croissance des biens et services, et inversement proportionnel au nombre de citoyens de la zone monétaire. Le nom « crédit social » dérive de son désir de faire que le but du système monétaire (crédit) soit l'amélioration de la société (social).

12 –   Alfred Richard Orage (1873–1934), intellectuel britannique qui après s'être intéressé à la théosophie fut un important disciple de Pyotr Ouspenski et de Georges Gurdjieff, ainsi qu'un militant du crédit social.

13 –   Military Intelligence, section 5, service de renseignement responsable de la sécurité intérieure du Royaume-Uni.

14 –   Colin Henry Wilson (1931-2013). Cet écrivain britannique auteur, entre autres, de biographies de Georges Gurdjieff et de Rudolf Steiner, milita à l'Union movement (le parti qui succéda à la British Union of Fascists) dans les années 1950.

POURQUOI ADHERER A L'ODS

En plus de rassembler toute une « faune de l'espace » passionnée de littératures de l'imaginaire, science-fiction, fantastique, fantasy, etc et tant de chercheurs érudits des univers de l'étrange, l'ODS est une association active qui organise ou coordonne de nombreux événements dans les domaines qui nous intéressent.

C'est un fait que l'activité de publication de fanzines qui était son expression principale à ses débuts a dû être transférée vers notre maison d'édition, EODS, faute de lecteurs assidus dans un secteur qui s'est peu à peu reporté vers le web. Certaines revues ont disparu, d'autres sont nées à cette occasion. Force est de nous adapter au potentiel du lectorat d'aujourd'hui, et nous voilà au XXIe siècle !

Toutefois, tout en nous adaptant, nous tenons, à l'ODS, à préserver cette convivialité qui fut toujours la première motivation de notre existence associative. C'est pourquoi nous poursuivons avant tout l'organisation de rencontres, conférences, congrès, dîners thématiques et autres missions scientifiques autour des thèmes qui nous sont chers. Participer à ces nombreuses activités, les organiser ou permettre à certains invités de venir y présenter leurs travaux, voilà aujourd'hui la vocation de l'ODS. Ainsi, tout au long de l'année, vous êtes conviés à nous rejoindre lors de dîners informels, comme celui du Nouvel Eon en janvier, et toutes sortes de rencontres à thèmes intitulées « on the spot », selon le calendrier de la venue d'auteurs en région parisienne, ainsi qu'à des colloques de haute teneur dont ceux organisés à Rennes-le-Château (ARTBS) ou à Paris comme le Congrès Fortéen, les journées Heuvelmans ou Jacques Bergier, etc, mais aussi à nous rendre visite sur les stands des nombreuses conventions auxquels nous participons.

L'organisation de ces événements et la participation de l'association à ceux organisés par d'autres sont aujourd'hui devenus notre activité principale, car c'est ce qui fait vivre notre univers littéraire et préserve ce caractère unique qui nous plaît. Si certains supports de lecture disparaissent petit à petit au profit de medias plus modernes – du fanzine au webzine, des listes de discussions aux réseaux sociaux, etc. – il reste que nous sommes tous attachés aux livres originaux au format papier, non seulement à l'objet que l'on peut aujourd'hui commander en trois clics, mais surtout à ce qui va autour, c'est-à-dire les rencontres, les discussions, le partage et les possibles collaborations qui s'improvisent au gré des initiatives de nos membres les plus passionnés et, bien entendu, au plaisir de lire !

La participation de chacun à cette fourmillante activité littéraire et autour de la littérature se coordonne le plus simplement possible par le moyen de notre association, et c'est la raison d'être de l'ODS. En y adhérant, et surtout en participant par votre présence et votre concours à ces rencontres, ainsi qu'à la naissance et la réalisation de nouveaux projets, vous nous aidez à prolonger la vie de notre multivers littéraire. Bienvenue à tous et merci pour votre présence !

Emmanuel Thibault, membre du Conseil de AODS.

PETIT MANUEL P.A.O. A L'USAGE DES AUTEURS D'ARTICLES PROPOSÉS A LA RÉDACTION

Voici un bref résumé des principales règles typographiques en l'usage à l'EODS, de manière à ce que les auteurs puissent fournir à la P.A.O. des documents calibrés et réduire ainsi considérablement le temps de production, relecture et correction. Merci de bien vouloir vous y conformer scrupuleusement. Les souscriptions ne respectant pas ces principes ne pourront plus êtres prises en compte dans nos publications.

Format de base :

DOCUMENT WORD (.doc)

Typo :	**Times New Roman**
Corps :	**10**
Alignement :	**Justifié**
Interligne :	**Simple**

Nota Bene :

jamais de **soulignement** !
majuscules accentuées chaque fois que nécessaire (in Word « caractères spéciaux »)
une vérification orthographique automatique est dûment effectuée **par l'auteur avant soumission du texte.**
les **italiques** ont tendance à se perdre dans le transfert entre Word et Xpress ; les chefs de projets voudront bien prêter une attention particulière à ce point lors de la relecture.
Toute **indication bibliographique** respecte le standard officiel, soit :
> Nom, Prénom de l'auteur, *Le Titre correct*, éditeur, lieu & année d'édition, pages.
> Pas de guillemets, à l'exception des articles intégrés dans un recueil dûment cité.

Rappels de typographie standard :

Point d'exclamation :	précédé d'un espace insécable et suivi d'un espace normal
Point d'interrogation :	précédé d'un espace insécable et suivi d'un espace normal
Deux points :	précédé d'un espace insécable et suivi d'un espace normal
Point-virgule :	précédé d'un espace insécable et suivi d'un espace normal
Point final :	accolé au mot précédant, suivi d'un espace normal
Virgule :	accolée au mot précédant, suivie d'unespace normal
Tiret de liaison :	tiret court accolé aux mots précédantet suivant
Tiret de dialogue :	tiret long suivi d'un espace insécable
Tiret d'apposition :	tiret long précédé et suivi d'espaces insécables
Guillemets ouvrant :	chevrons ouvrants suivis d'un espace insécable
Guillemets fermant :	chevrons fermants précédés d'un espace insécable

TOUTES les notes de texte sont placées en **FIN DE CHAPITRE** !!! (*pas* en bas de page, ni en fin d'ouvrage) L'intégration de notes d'une autre manière par les auteurs génèrent d'incessants et laborieux problèmes de PAO.

L'indication d'une note se fait par un *chiffre seul* (sans tiret, parenthèse, etc.) disposé à l'endroit convenable et mis *en exposant*.

*****

LES ILLUSTRATIONS doivent nous parvenir au **format JPG en 300 DPI**, d'une taille de fichier avoisinant les 5 Mo par image, dans la mesure du possible. Toute image fournie en format exotique ou d'une taille insuffisante (moins de 2Mo) devra être refusée car sa résolution ne se prête pas à une impression papier. Lorsque vous scannez vous-même vos documents, vérifiez dûment le centrage, le format et la résolution de votre driver. Les images récupérées sur le web ne conviennent généralement pas à une impression de qualité, même lorsqu'elles sont libres de droits. Merci aux auteurs de se préoccuper de cette question avant de nous soumettre leurs textes.

*****

Les abréviations de titres réservés aux personnes sont également standardisées : [M. Mme. Melle. Me. Mgr. etc] Veuillez ne pas oublier de les vérifier et ne pas utiliser l'un pour l'autre, ni d'anglicismes (tel Mr.)

*****

Les siècles sont indiqués en chiffres romains et suivis de la seule mention et placée en exposant, de même que le rang : XVIIIe s., 3e guerre mondiale, etc

Note de la rédactrice en chef

Merci aux auteurs qui proposeront des textes pour les numéros suivants d'*Historia Occultae* de respecter ces règles simples. J'ai passé plus d'heures à remettre les textes dans un format utilisable par la PAO qu'à toute autre tâche.

LES ÉDITIONS DE L'ŒIL DU SPHINX

SARL au capital de 15.245 €

R.C.S. Paris B 432 025 864 (2000 B11249)

36-42 rue de la Villette
75019 PARIS
FRANCE
Mail ods@oeildusphinx.com
http://www.œildusphinx.com
http:/boutique.œildusphinx.com
Tél 09.75.32.33.55
Fax 01.42.01.05.38

Toutes nos parutions sont sur :
http://boutique.oeildusphinx.com

www.ingramcontent.com/pod-product-compliance
Lightning Source LLC
Chambersburg PA
CBHW061238120726
48001CB00001B/36